大家学术文库

中国民族史

王桐龄 著

江西教育出版社
JIANGXI EDUCATION PUBLISHING HOUSE

图书在版编目（CIP）数据

中国民族史 / 王桐龄著. -- 南昌 : 江西教育出版社, 2018.3（2020.1 重印）
（大家学术文库）
ISBN 978-7-5392-9793-4

Ⅰ. ①中… Ⅱ. ①王… Ⅲ. ①中华民族－民族历史 Ⅳ. ①K28

中国版本图书馆 CIP 数据核字(2017)第 250514 号

中国民族史
ZHONGGUO MINZU SHI
王桐龄 著

江西教育出版社出版
(南昌市抚河北路 291 号 邮编：330008)
各地新华书店经销
河北盛世彩捷印刷有限公司印刷
635 毫米×960 毫米 16 开本 35.25 印张 字数 507.5 千字
2018 年 3 月第 1 版 2020 年 1 月第 2 次印刷
ISBN 978-7-5392-9793-4
定价：82.00 元

赣教版图书如有印装质量问题，请向我社调换 电话：0791-86706047
投稿邮箱：JXJYCBS@163.com 电话：0791-86705643
网址：http://www.jxeph.com

赣版权登字-02-2018-9

“大家学术文库”编者按

中国学术，昉自伏羲画卦，至周公制礼作乐而规模始备。其后，王官失守，孔子删述六经，创为私学，是为诸子百家之始。《庄子》曰：“道术将为天下裂。”孔子殁后，儒分为八；墨子殁后，墨分为三。诸子周游天下，游说诸侯，皆以起衰救弊、发明学术为务，各国亦以奖励学术、招徕人才为务，遂有田齐稷下学官之设。商鞅变法，诗书燔而法令明；始皇一统，儒士坑而黔首愚，当此之时，学在官府，以吏为师，先王之学，不绝如缕。至汉高以匹夫起自草泽，诛暴秦，解倒悬，中国学术始获一线生机。其后，汉惠废挟书之律，民间藏书重见天日。孝武之世，董子献“罢黜百家，表彰六经”之策，定六经于一尊。其后，虽有今古之分、儒释之争、汉宋之异、道学心学之别、义理考据之殊，而六经独尊之势，未曾移也。

及鸦片战起，国门洞开，欧风美雨，遍于中夏，诚“三千年未有之变局”。当此之时，国人震于列强之船坚炮利，思有以自强；又羡于西人之政教修明，思有以自效。于是有“变法守旧之争”“革命改良之争”“排满保皇之争”，而我国固有之学术传统，亦因之而起变化。清季罢科举而六经独尊之势蹙，蔡孑民废读经而六经独尊之势丧。当此之时，立论有疑古、信古、释古之别，学派有“古史辩”与“学衡”之争，学说有“文学革命”“思想革命”“文字革命”“伦理革命”诸说，师法有“师俄”“师日”“师西”之分，众说纷纭，莫衷一是，百家争鸣，复见于近代。

民国诸家，为阐明道术、解救时弊，著书立说、授课讲学，其学术思想，历久弥新，至今熠熠生辉，予人启迪。然近人著作，汗牛充栋，多如恒河之沙，使人难免望书兴叹，不知从何下手，穷其一生，亦难以卒读。因此之故，我社特精选最具代表性之近人著作62种，分为6辑，依次出版，俾读者略窥学术门墙，得进学之阶。此次选辑出版，虽未能穷尽近人学术之精品，难免有遗珠之憾；然能示人以门径，使人借此以知近人学术规模之宏大、体系之完密，亦不失我社编辑出版"大家学术文库"之初衷。

此次出版，为适应今人阅读习惯，提升丛书品质，我社特对所选书籍做了必要之编辑加工。总体说来，约有如下诸端：

一、改繁体竖排为简体横排；
二、核查各书引文，改讹正误；
三、规范各书之标点符号用法，为一些书加新式标点；
四、校改原稿印刷产生之错字、别字、衍字、脱字；
五、凡遇同一书稿中同一人名有两种及以上不同写法者，一律统改为常用写法。

除以上所举五点之外，其余一仍其旧，力求完整保持各书原貌。

然限于编者之有限学力，书中疏漏之处，在所难免，尚祈广大方家、读者诸君不吝批评斧正。

编者

2017年6月（农历丁酉郁蒸）

目 录

序

晚清光、宣之交，国人对于民族观念上发生两种误解：一为对内之误解，是曰排满；一为对外之误解，是曰媚外。实则中国民族本为混合体，无纯粹之汉族，亦无纯粹之满人，无所用其排。中国文化常能开辟东亚，武力亦能震撼欧洲，亦不必用其媚。

著者往年曾在北京师范大学担任中国民族史，又在东南大学暑期学校担任北三民族活动史，皆急就章，组织不甚完密；兹将两种讲义合并为一，加以订证增补，交由文化学社出版，定名曰《中国民族史》。分为上、下二编：上编为内延史，叙述中国民族对内融合事迹；下编为外延史，叙述中国民族对外发展事迹。

内延史以汉族为主体，凡满族中之肃慎，扶馀，高丽，百济，靺鞨，渤海，女真，满洲；蒙族中之獯鬻，獫狁，狄，匈奴，蒙古，鞑靼，瓦剌；满蒙混血族中之山戎，乌桓，鲜卑，吐谷浑，柔然，奚，契丹；回族中之丁零，月氏，乌孙，高车，铁勒，突厥，回纥，沙陀；藏族中之戎，氐，羌，吐蕃，党项；苗族中之九黎，三苗，荆蛮，百越，西南夷；南诏与后世民族中无所归属之东夷，皆全部或一大部分融合于汉族血统中，为中国民族组成之主要分子。中国史上之国家：若金与清为满族所创，若前赵、后赵、夏、北凉、元为蒙族所创，若前燕、后燕、西燕、南燕、西秦、南凉、后魏、北周、北齐、辽为满蒙混血族所创，若后唐、后晋、后汉为回族所创，若前秦、后秦、后凉、仇池、西夏为藏族所创，若成为苗族所创者无论矣；即号称汉族创立之国家，齐为汉族与东夷混合体，秦为汉族与西戎混合体，楚、吴、越为汉族与南蛮混合体，晋、燕为汉族与北狄混合体，南越、闽越、东瓯及后来之长和、大理为汉族与苗族混合体，无不含有异族血统；号称汉族一统之大国家，若秦与汉为汉族与东夷、西戎、南蛮、北狄之混合体；隋与唐为汉族与匈奴、乌桓、鲜卑、氐、羌、巴氏之混合体，由唐至宋为汉族与高丽、百济、突厥、铁勒、沙陀、党项、吐谷浑、吐蕃、奚、契丹之混合体，明为汉族与女真、蒙古之混合体，“中华民国”为汉、满、蒙、回、藏、苗六族混合体，亦绝无单纯血统。

外延史以汉族向外发展事迹为主体，参以满、蒙、回族向外发展事迹，若朝鲜境内之汉领四郡，唐领安东都护府，越南境内之秦领象郡，汉领交趾刺史部，吴领交州，唐领安南都护府，直隶于中国中央政府者无论矣；即朝鲜境内之箕氏、卫氏、后高丽王氏、后朝鲜李氏四王国，越南境内之林邑区氏、范氏两王国，占城诸葛氏王国，文趾丁氏、黎氏两王国，大越李氏、安南陈氏、大越黎氏三帝国，安南莫氏都统使司，广南阮氏王国，暹罗境内之扶南范氏王国，暹罗郑氏帝国，其创立国家之人何一非汉族。日本、琉球、缅甸诸国及南洋群岛诸部落，其创国之人虽非汉族。主张亦不在汉族手，然其所以开化原因，何一不受汉族影响。他如郑成功父子开辟台湾，叶来开辟新加坡，美洲华侨建设横贯大西洋及太平洋间之大铁路，法国境内华工参加欧洲大战，何一非汉族成绩。至若匈奴西迁以后，建立匈加利王国；突厥西迁以后，建立伽色尼、塞尔柱克两王国，阿斯曼土耳其帝国；辽室西迁以后，建立西辽帝国；蒙古西征以后，建立钦察、察合台、窝阔台、伊儿汗四大汗国及帖木儿、莫卧儿两帝国，何一非满蒙回族武功。欧洲中古近古时代屡受亚洲影响，而其原动力皆在中国；我国民族亦可以自豪矣。是为序。

1928年7月26日王桐龄自序于燕京大学教员寄宿舍

凡例

一、本编所引用之史料，多系人所共知，无加注释之必要，惟原文太简单，读者或不明了其事迹之始末，故特注明出处，以便检查原文。

二、本编所用史料，往往取材于自著之书；因原文系讲义体裁，有时因陋就简：用自著之书，比较可以省事也。

三、本编注重民族之混合及发展事迹，对于国家之盛衰兴亡与社会文化之进步退步，有时连带叙及之，无暇详述；读者有愿研究当时各民族之政治状况与社会状况者，可参考文化学社出版之拙著《中国史》与商务印书馆出版之拙著《东洋史》，本编不恕多叙。

四、附表多载人名与户名数，读者或嫌其琐碎；然为本文作证据，不能不以民族中代表人物之姓名与归化部落之户口数证明；此系民族之实质，故取来当史料用，非故作点鬼簿，好当算博士也。

五、历史上代表民族之人物甚多，本编附表取材多在正史中，举例而已，不能列举也。

1934年5月13日王桐龄自志

序论

生物各有其环境，适合于环境则生，否则死；陆地之生物，移之水中则溺死；水中之生物，移之陆地则槁死；热带之生物，移之寒带则冻死；寒带之生物，移之热带则焦死；北极熊，猛兽也，足迹不到非洲；暹罗之象，波斯之狮，狞物也，足迹不到西伯利亚；鲸鲵，巨物也，陷于淖中，则为蝼蚁所困；虎豹，凶暴物也，游行海边，常为鳄鱼所食；物无大小，其受环境之支配则一也。吾人亦然：Eskimo（爱斯基摩人，大半居于美洲之北冰洋沿岸，身材短小，面色黄，目直而颊突出）民族，不能繁殖于非洲大陆；Ethiopia（居于非洲苏丹地方之黑色人种）民族，不能繁殖于北冰洋沿岸；纯粹欧洲白色人种血统，生活在南洋群岛者，不能继续至三代以上；人无灵蠢，其受环境之限制亦一也。

凡生物皆能顺应其环境：沙漠中之动物色多黄，雪地中之动物色多白，森林中之动物色多褐，海面上之动物多无色透明体，花间之蛱蝶，形与色全似花；草间之昆虫，形与色颇似草；鸟类生活于空中，故有能飞之羽；兽类生活于陆地，故有善走之足；鱼类生活于水中，故有能泳之鳍；凡此者皆非自始已然，乃经过无限年代，几多变化，几多淘汰，始得此适合于环境之组织也。吾人亦然：吾人冬衣裘，夏衣葛，春秋衣褐，以与时间相推移；水行乘舟，陆行乘车，泥行乘楯，山行乘樏，飞行乘机，潜行乘艇，以与空间相接触；凡此者亦非自始已然，乃经过无限年代，几多磨炼，几多研究，始得此适合于环境之设备也。

环境时常变化；有逐渐变化者，生物常逐渐变更其内部之组织以顺应之；有骤然变化者，生物内部之组织，不能不与之同时剧变，而又不能忍受此剧变，则蜕化尚焉，能蜕化者则生，否则死。前世界之大动物，其灭种者何限；现世界之生物，其灭种者何限；曰惟不善蜕化之故。蚕，小动物也，初生时为卵，一变为成虫，再变为蛹，三变为蛾；蝶，亦小动物也，初生时为卵，一变为虫，再变为蛹，三变为蝶；乃能遗传其种族以至今日，曰惟善蜕化之故。吾人亦然：塔斯马亚尼岛之黑人，在四十年前（一八七六年）已灭种；美洲之印第安人，澳洲及新西兰之土人，近来人口亦锐减；曰惟不善蜕化之故。北美洲，荒地也，盎格鲁撒逊人（Anglo-saxon）能吸收欧洲各国民族，造成富强甲于全球之合众国；曰惟善蜕化之故。我中国建国之久，已历四千余年；与我国同时建国之埃及何在？美索波达米亚何在？墨西哥何在？秘鲁何在？而我则国犹如是，民犹如是，户口之多，有加于昔；虽内部经过许多变乱，外部受过许多骚扰，而我常能顺应环境，利用吾族文化，抵抗外族武力，每经一次战争，常能吸收外来血统，销纳之于吾族团体之中，使之融合无间；中间受过几多压迫，忍过几多苦楚，而卒能潜滋暗长，造成庞大无伦之中国者；曰惟善蜕化之故。汉族性情喜平和，儒教主义尚中庸，不走极端，不求急进，此为善于蜕化之一大原因。而全国四亿人中，汉族竟占百分之九十五以上；其中经蜕化而来者固不少矣。兹列举其蜕化之事迹及时代于下，以供研究中国民族史者之参考：

一、汉族胚胎时代　汉族苗族之接触，汉族内部之融合，太古至唐虞三代。

二、汉族蜕化时代　东夷，西戎，南蛮，北狄血统之加入，春秋战国。

三、汉族休养时代　秦，汉。

四、汉族第二次蜕化时代　匈奴，乌桓，鲜卑，氐，羌血统之加入，三国，两晋，南北朝。

五、汉族第二次休养时代　高丽，百济，突厥，铁勒，回纥，沙陀，党项，吐蕃，奚，契丹血统之加入，隋唐。

六、汉族第三次蜕化时代　契丹，女真，蒙古及西域诸国血统之加入，五代，及宋，元。

七、汉族第三次休养时代　明。

八、汉族第四次蜕化时代　满洲，西藏血统之加入，清。

外族蜕化为汉人，其演进之经过大略如下：

甲、汉族为主体时，用下列方法同化外族。

一、杂居

1. 移外族部落于中国内地，而放弃其固有之地：如汉武帝灭闽越，徙其民于江淮间；招降乌桓，徙其部落于上谷、渔阳、右北平、辽东、辽西五郡塞外是也。

2. 征服外族以后，分其地为郡县，徙汉族于其地与之杂居：如秦始皇帝略取南越地，置南海、桂林、象郡，以谪徙民五十万戍之；汉武帝取河南地，置朔方、新秦中郡，徙山东贫民七十余万口以实之之类是也。

二、杂婚

1. 皇室　隋唐皇室之后妃杂有鲜卑人，隋唐之公主、郡主、县主亦往往下嫁与鲜卑、奚、契丹、突厥、回纥、吐蕃人者是也。

2. 贵族　汉大将军霍光之女，嫁与匈奴降人金日䃅之嗣子赏之类是也。

三、更名　外族用汉名者：如高丽人李怀玉立功于唐，代宗赐名正己；沙陀酋长朱邪赤心立功于唐，懿宗赐名国昌之类是也。

四、改姓　外族冠汉姓者：

1. 冠汉姓　匈奴休屠王太子降汉，武帝赐姓金，名日䃅；武乡羯人秝随晋牧率汲桑作乱，桑命以石为姓，勒为名者是也。

2. 赐国姓　靺鞨酋长突地稽，契丹酋长窟哥，奚酋长可度者归唐，唐太宗诏赐姓李；党项首领李继捧、继迁兄弟降宋，宋太宗诏赐姓赵之类是也。

五、养子　外族人为汉人养子，当然化为汉族。如安禄山部将张忠志本范阳内属奚，为张锁高养子，冒姓张；后以恒、赵等州降唐，代宗授为成德军节度使，赐姓名李宝臣；建中功臣李元谅本安息人，为宦官骆奉先养子，冒姓骆，名元光；以平朱泚之乱功，德宗授为陇右节度使，赐姓名李元谅之类是也。

乙、外族为主体时，亦尝努力于同化作用。

一、杂居

甲、自动的　后魏由漠北移居盛乐（今绥远归绥县），复迁平城（今山西大同县），最后定都洛阳；金自会宁（今吉林阿城县）迁都于燕（今北平）；清自兴京（今辽宁兴京县）迁都沈阳（今辽宁沈阳县），复迁北京；是为中央政府之杂居。金之猛安（千家以上之团体）、谋克（百家以上之团体）遍布于燕南至淮汉及秦岭山脉以北，清之驻防旗兵遍布于内地各行省，是为地方团体之杂居。

乙、被动的　金宣宗时，避蒙古侵略，由燕京移都汴京，是为中央政府之迁移；汉武帝时，闽越击东瓯，东瓯降汉，徙其民于江淮间，是为全部人民之迁移。

二、杂婚

甲、皇室　五胡十六国及北朝之后妃，汉人甚多。北朝之公主、郡主亦多下嫁于汉人。魏孝文帝时，以范阳卢敏、清河崔宗伯、荥阳郑羲、太原王琼四姓为衣冠所推，咸纳其女以充后宫；又更为六弟聘室，而以前所纳者为妾之类是也。

乙、贵族　后魏中叶以后，汉族世家崔、卢、李、郑与鲜卑世臣结婚者甚多之例是也。

三、更名　外族自动采用汉名者：如南匈奴单于於扶罗之子名豹，鲜卑大单于慕容涉归之子名廆，代王拓跋什翼犍之孙名珪之类是也。

四、改姓　外族自动冠汉姓者：如前赵高祖渊之父左贤王豹改姓刘，后魏孝文帝时，改国姓拓跋氏曰元；清室逊位以后，宗室多冠姓金之例是也。

五、养子　养子最易乱宗，亦最容易混合。晋王克用之养子甚多，后唐庄宗之大臣中，赐姓名受养子待遇者亦不少；其中多数为汉人，少数为外族；皆此例也。

六、易服色　如魏孝文帝时，始服衮冕，制五等公服，禁民胡服之类是也。

七、变更语言文字　如魏孝文帝之兴学校，求遗书，禁胡语之类是也。

八、尊重道德伦理　如魏孝文帝之亲祀七庙，断行三年丧及禁止同姓为婚之类是也。

丙、外族为主体时，有时强制汉人同化于彼之本族，是谓逆同化。

一、赐姓名

1. 赐本族姓　如西魏赐柱国李虎姓大野氏，大将军杨忠姓普六茹氏之类是也。

2. 赐国姓　西魏文帝赐王盟姓拓跋氏，北周闵帝赐柳庆姓宇文氏，辽赐李俨姓耶律氏，金赐张甫、张开姓完颜氏之类是也。

3. 赐本族姓与嘉名　如西魏赐王胡仁姓库汗氏，名勇，元顺帝赐贺惟一姓蒙古，名太平之类是也。

4. 赐国姓与嘉名　周明帝赐刘思汉姓名曰宇文志，辽圣宗赐韩德让姓名曰耶律隆运，金哀宗赐国用安姓名曰完颜用安者是也。

二、易服色　清室强制汉人剃发，易满洲衣冠之类是也。

三、提倡本族文字　金世宗强制士大夫学女真文之类是也。

丁、外族为主体时，有时强制其他外族同化于彼之本族，是谓横同化。

一、杂居　金之猛安、谋克杂有渤海、奚、契丹人；清之驻防旗兵杂有蒙古人之类是也。

二、杂婚　高丽王氏，汪古部及畏吾儿之君主，代代娶元室公主、郡主为妃；清朝内蒙古之科尔沁，外蒙古之赛因诺颜，代代联姻帝室之类是也。

三、赐姓名　南凉王秃发渟檀之子降魏，赐姓名源贺；夏主勃勃弟文陈之子若豆根降魏，赐姓宿之类是也。

四、养子　晋王克用养子嗣源为胡人，嗣恩为吐谷浑人，存信为回鹘人之类是也。

戊、在外族支配下之汉人，有时自进而摹仿外族，是为逆被同化。

一、更名　辽西面招讨使韩德威子名雱金，金保静军节度使王政名南撒里，清一等侯马得功之五世孙袭侯者名苏勒芳阿，一等子祖泽润之第十代袭爵者名庚音布之类是也。

二、易服色　唐河湟沦于吐蕃，居民皆着蕃服；唐宣宗大中三年，克复河湟，河陇老幼千余人诣阙，皆解胡服，袭冠带者是也。

三、学语言　唐司空图《河湟有感》诗曰："一自萧关起战尘，河湟隔断异乡春。汉儿尽作胡儿语，却向城头骂汉人。"（《四部丛刊·唐音统签》卷七百六《司空表圣诗集》）者是也。

己、外族为主体时，有时消极地阻止同化。

一、禁止杂居　如清代封锁东三省，柳条边以外不准汉人开垦，北京内城及各处驻防旗营驻在地不准汉人杂居，是为对汉人之消极的阻止同化；清代禁止旗人出城四十里，禁止旗人经商、务农，是为对满蒙人之消极的阻止同化也。

二、禁止结婚　清代禁止满汉通婚之类是也。

三、禁止冠姓　金世宗、章宗时代，屡下诏书，禁止女真人译为汉姓者是也。

四、禁止易服色　金章宗承安八年，敕女真人不得学南人装束；清仁宗、宣宗时代，屡下诏书，禁止八旗妇女学汉人装束者是也。

以上所举各条为历代君主积极地提倡同化或消极地阻止同化之各种作用与各民族被同化之经过，此外若通商及传教二事，现今欧洲经营殖民地者多着眼于此，而中国古人往往忽略焉。汉宣帝对于匈奴呼韩邪单于，隋文帝对于突厥启民可汗，唐宪宗对于沙陀，清高宗对于土尔扈特，经营布置其衣食住行等生活必需之资料，极为恳至周到，而于提高其文化，开辟其草昧之政策，则漠不关心焉。有清一代，封锁东三省，不许汉人插足，致招强邻之觊觎。及其末年，始毅然改之，招徕大批汉民，开辟东三省草昧，然已缓不济急矣。对于蒙族，以结婚政策笼络之；对于藏族，以喇嘛教笼络之；而绝不计及提高其文化，开辟其草昧。故蒙藏附属有清三百年，语言文字犹不能相通，遑论其他。儒教号称为中国国教，而于蒙藏二族漠不相关也。东三省及蒙藏富源遍地，清室岁縻内地之帑藏以经营之，始终得不偿失。农业牧畜业尚未发达，遑论工商。以此等方法融合外族，安能望其成功也？

融合种族之事，秦、汉、隋、唐极为努力，明亦相当用心，而宋室无功焉；盖大帝国之政治家与小帝国之政治家眼光本不同也。秦始皇帝尽瘁于移民，汉、隋、唐三朝极力提倡杂居、杂婚；唐尤着眼于赐姓名及养子，明亦注意于赐姓名；宋则除去献纳岁贡岁币之外，几与外族无关系焉；狭义之儒教哲学误人家国事，可羞亦可惜也。外族为主体，努力于同化作用者，以后魏为最。孝文帝对于杂居、杂婚、改姓各节，无一不彻底实行；辽与元则故步自封，金与清则欲以其固有之风来同化汉族；卒之衣冠服饰虽勉强附和于满风，而道德伦理、语言文字以及衣食住行等各种设备无一不被同化于汉族。从前之努力，结果适得其反；早知如此，不如在反对方向进行，较为得计也。然而迟矣晚矣！何嗟及矣！

1924年6月20日王桐龄自序

本　论

上编　内延史

第一章

汉族胚胎时代　太古至唐虞三代

第一节　中国民族之成分

现在中国人动言五族平等。所谓五族者，即汉、满、蒙、回、藏族，譬如作一家人看：汉族是长兄，满族、蒙族、回族、藏族便是幼弟；是为现在人的观察；若照历史上观察，中国民族除去汉、满、蒙、回、藏五族以外，还有一位长兄，即是苗族。

中国民族起源地，大概在葱岭一带，即亚洲中部的山脊，西洋书上称为帕米尔高原。相传前世纪末年，地球表面起过一次大变化，大陆多震裂，沉为洋海，地面上的生物，一时同归于殄灭；最后人类，乃奔避于地面最高处，是为帕米尔高原。迟之几千万年，地球表面之水，渐收敛成五大洋，新陆地逐渐浮出，遂成现世界的形势。[①] 现世界人类之祖宗，从帕米尔高原，分道下山，迁到平原：往西迁的，大半移到中央亚细亚、阿富汗、俾路芝、波斯、美索波达米亚、小亚细亚、阿剌比亚及欧洲等地，后来成为白色人种；往东迁的，移到新疆、青海、西藏、蒙古、满洲、朝鲜及中国内地，后来成为黄色人种。[②]

黄色人种下了帕米尔高原以后，便分道往东南、东北两方面进

---

① 看自著《中国史》第一编 26 至 28 页洪水说。一九三二年十月文化学社四版。

② 看自著《中国史》第一编第 162 页中国文化之发源地，自著《东洋史》第二编第 30、31 页印度文化之发源地。一九二九年四月商务印书馆四版。

行：往东南方面进行的有三族，历史家称之为南三系；往东北方面进行的亦有三族，历史家称之为北三系。南三系中第一族，迁到中国中部、南部（即扬子江流域七省、西江流域五省）同印度支那半岛（即越南、暹罗等）等地，历史家称之为交趾支那民族。现在四川南部之獠，贵州之苗，广西、湖南之越，云南之猓猓，广东之蜑，同暹罗、越南境内之土人，皆属于此族。因中国唐虞时代，此族曾创立过大国与汉族对抗：国名三苗，所以后人就简称之为苗族。第二族迁到中国北部，即黄河流域六省，因为此族在中国中古时代，曾创立过一统之大帝国，国名为汉，后人就简称此族为汉族。第三族迁到青海、西藏，历史家称之为图伯特族（Tibet），因为此族大多数住在西藏，所以就简称之为藏族。北三系中第一系迁到中国东北地方，历史家称之为通古斯族（Tungus），因为此族大多数住在满洲，所以现在就简称之为满族。第二系搬到中国正北地方，在中国近古时代，曾创立过蒙古大帝国，所以后人就简称之为蒙族（Mongol）。第三系迁到中国西北地方，即阿尔泰山系以东、以西等地，历史家称之为突厥族（Türk），因为此族大多数奉回教，所以现在就简称之为回族。

第二节　汉族、苗族之接触

就领土之广，户口之众，传世之久，文化程度之高言之，当然承认汉族为嫡长子，为元子；若但就移入中国内地之先后次序言之，毕竟系苗族先入中国？抑汉族先入中国？却甚有研究的余地。就中国史上观察：当四千年前，汉族占领黄河流域，以务农为业，逐渐向四方发展之时，扬子江中流，现在湖北、湖南、江西等地，已经有苗族占领；此族之国名为九黎，君主名蚩尤，蚩尤非常骁雄，当时同汉族共主炎帝榆罔氏大起冲突，击败榆罔兵，追逐至现在察哈尔涿鹿县，黄河流域几乎全陷；幸而汉族中有一大英雄，即当时大诸侯有熊国君主，姓公孙，名轩辕，迎击蚩尤，败其兵，杀之，于是众推公孙轩辕为共主，史书上称之为黄帝。[①]

黄帝非常英雄，即位以后，经略四方，天下有不服者，以武力制服之，于是汉族势力逐渐扩大。传数世至唐尧、虞舜二帝时代，苗族复作乱，当时苗族之大国名三苗，凭借现在湖北、湖南、江西为根据地，屡与汉族争战；相持若干年，至虞舜晚年大禹摄政之时，凭借治洪水之余威，始招降苗人；于是有史以前汉苗二族竞争，至此始告一结束。

当时苗族文化相当发达，第一发明刑法，第二发明兵器，第三发明宗教，后来汉族所用之五刑、兵器及甲胄，所信奉之鬼神教，大概皆苗族所创，而汉族因袭者。[②]后来苗族子孙，有一大部分完全同化于汉族；其不肯同化之一小部分，逐渐迁到中国西南各省（云、贵、广西、湖南等地）深山中，与木石居，与鹿豕游，不肯与汉族杂居，不肯与汉族结婚，文化程度遂落于汉族之后，到现在反为不开化之民族矣。

第三节　汉族内部之融合

黄帝以前之汉族，似是最先移入中国之一支，此一支汉族何时移至中国？现在尚难确定；不过据史书上所载之事迹观察：五帝中第一帝伏羲氏建都于陈，即现在河南淮阳县；第二帝神农氏建都于曲阜，即现在山东曲阜县；至少伏羲氏以前，汉族早已移到黄河下流、淮水北岸，休养生息若干年，经过渔猎时代，入于狩猎时代，再入于牧畜时代，最后进入农业时代。当时汉族文化程度，较现在外蒙古境内之蒙族、西藏境内之藏族，似乎少高。此一支汉族最古之皇帝：有所谓盘古氏、天皇氏、地皇氏、人皇氏；此诸位皇帝，是否真有其人？现在不敢臆断。[③]但后来几位皇帝，譬如有巢氏教民构木为巢，以避爪

① 看自著《中国史》第一编第 174 页黄帝之外征，自著《东洋史》第一编第 3 页汉族与苗族之冲突。

② 看自著《东洋史》第一编第 8、第 9 页五族同化论。

③ 看自著《中国史》第一编第 168 至 171 页太古之神话。

牙角毒之害，故称有巢；燧人氏教民钻木取火，使知烹饪，故称燧人；伏羲氏结网罟，教民佃渔，故称伏羲，又教民养牺牲以充庖厨，故又称庖牺；神农氏教民植五谷以资民生，又尝百草以疗民疾，故称神农；此诸位皇帝之尊称，与汉民族进化有直接关系，当然是实有其人矣。[①] 此一支最后之共主为炎帝榆罔氏，被苗族九黎国君主蚩尤击败，逼到现在察哈尔涿鹿县；于是黄帝起兵攻杀蚩尤，即皇帝位。据桐龄臆测，黄帝一支，是从现在察哈尔西北方面移来者，当然是另外一支；比着第一支，似乎是晚来若干年。黄帝一生，在文化方面有许多设施，但终身未尝建立都会，就侧面观察，可见尚是依着游牧习惯，同伏羲、神农前之一支汉族，情形稍有不同。[②] 黄帝崩后，嗣位之皇帝金天氏都曲阜（今山东曲阜县），高阳氏都帝丘（今河北濮阳县），高辛氏都亳（今河南偃师县），唐尧都平阳（今山西平阳县），虞舜都蒲坂（今山西永济县），夏禹都安邑（今山西夏县），自此以后，传十七王，四百三十九年，为商汤所灭；商汤都亳（今河南商丘县），传二十八王，六百四十四年，为周武王所灭；夏、商二代虽时常迁都，然总不离河南中部、北部、河北、山西南部一带，可见黄河中流两岸，为当时政治、文化之中心点无疑也。

周室勃兴，凭借陕西渭水流域为根据地，东向以灭商，是为西方迁来之民族，当然可认为是第三支。此一支在陕西（原名镐，亦称宗周，故址在今咸阳县境内渭水南岸）建都，传十二王，三百五十一年，为西藏族之犬戎所灭，嗣位之君主周平王，弃陕西，迁洛邑（今河南洛阳县），将陕西旧地封与当时西方之小诸侯秦襄公。[③] 襄公及其子文公，与犬戎血战二十年，击退戎兵，建立秦国。从此以后，历代嗣君多英主，逐渐在陕甘方面扩张势力，兼并戎人部落甚多；又东

① 看自著《中国史》第一编第 195、196 页三皇五帝说。

② 《史记·五帝本纪》天下有不顺者，黄帝从而征之，平者去之，披山通道，未尝宁居。东至于海，登丸山及岱宗；西至于空桐，登鸡头；南至于江，登熊湘；北逐荤粥，合符釜山，而邑于涿鹿之阿。迁徙往来无常处，以师兵为营卫”云云。

③ 看自著《中国史》第一编第 242 页西周之衰亡，第 265 页东周之式微，自著《东洋史》第一编第 13 页戎狄之猖镢。

下与诸侯争霸于中原，屡次获胜，在当时群雄中推为第一。传至第三十一代之嗣君政，遂统一中国，建立中国第一次中央集权之大帝国，自称始皇帝。此一支名义上虽称为周室世臣，但是马夫出身，从前在周穆王时代，其远祖非子，曾为穆王养马于汧渭之间（在今陕西宝鸡县、甘肃清水县一带），封于秦（今甘肃天水县）。周室根据地在陕西，秦室发祥地在甘肃，愈益偏西，与西藏族杂居，当然可以承认为第四支无疑矣。

以上各支汉族移到中国境内，当然是比较早来之一支文化发达，晚来之一支武力强盛；早来之一支与晚来之一支彼此结婚，于是血统逐渐混合，文化武力逐渐调和，汉族势力一膨胀。自黄帝至秦始皇帝，前后约略有二千余年，经过三次混合，三次膨胀，遂成为亚洲人口最多之民族。此有秦大帝国，在当时世界史上，当然是第一等国家；与欧洲之罗马帝国，东西对峙，代表两方之文化。

第二章

汉族蜕化时代　东夷西戎南蛮北狄血统之加入 春秋战国

第一支汉族滋生之区域，仅在黄河下流，第二支扩张到黄河中流，第三、四支更扩张到黄河上流，愈扩张愈西，于是现在甘肃东部、陕西中部、河南中部、北部、山西南部、河北西南部、山东西部全成为文化区域。但除去此数省的几部分以外，还有许多民族，占领中国境内若干地方，尚未与汉族同化，兹列举其名目如下。

第一节　东方民族　夷

据史书上所载之事迹观察：当时东方有一支民族，占领现在江苏、安徽北部之淮水流域与山东半岛，史书上称之为东夷。此一支文化程度颇高，大约与汉族相亚；不过自羲、黄以前，已经分立许多部落，与汉族对峙。周灭商时，此一支表同情于商室，举义旗抗周。周武王封妻父吕尚（即太公望）于齐（今山东益都县），经略山东半岛；封弟周公旦于鲁（今山东曲阜县），经略淮水流域。武王崩，武王之子成王幼，周公留宗周摄政，命长子伯禽代就国，经略淮水流域，双方相持若干年，始将此次风潮消弭。[①] 穆王、宣王时代，屡起冲突；东夷之强国在淮水中流（江苏西北部旧徐州、淮安二府）者名徐戎，在淮水下流（江苏东北部旧扬州府、海州直隶州一带）者名淮夷，在山东半岛者名莱夷，此外小部落尚多，时常与汉族诸小国起冲突；[②] 经过春秋战国数百年，齐国势力包拓山东半岛，楚国势力亦扩张至淮南淮北，东夷始完全同化于汉族。但慓悍勇鸷之风气犹存，每至历代鼎革之时，此地人民必首先发难，与中央政府为难，后来秦末之刘邦、项羽，西汉末之赤眉，东汉末之曹操，唐末之黄巢、朱温，元末之刘福通、李二、张士诚、朱元璋，清末之捻匪，皆此地出身人物；民国第一任大总统袁世凯以及北洋系中诸军人，亦多系此地出身人物。

第二节　南方民族　蛮

第二一支在中国东南方，占领现在江苏、安徽南部之扬子江南岸与浙江北部钱塘江流域，史书上称之为吴越。[③] 此一支民族风气断发文身，与汉族之峨冠博带者成反比例，其语言亦与汉族系统全然不同，当然血缘较远。此一支开化之历史，据史书上所载之事迹观察，当有商末年，周古公亶父之长子泰伯及其弟仲雍，率领一部分汉族，由陕西东南下，经由湖北，迁到江苏，凭借现在江苏吴县为根据地，实行殖民，国号吴。同时另外有一部落，自称为夏后氏少康苗裔，凭借现在浙江绍兴县为根据地，逐渐向北发展势力，国号越。此二国在浙江一带，休养生息数百年，并吞江南各小部落，逐渐变成大国。至春秋末年，始交通上国（指黄河流域诸国），与晋、楚争霸于中原。后来吴灭于越，越又并于楚，楚又灭于秦，此一支民族分布地始完全同化于汉族。

---

① 看自著《中国史》第一编第238页对于胜国之政策。

② 看自著《东洋史》第一编第18页东方民族之叛服。

③ 看自著《东洋史》第一编第22页吴越族。

第三一支为荆舒，占领中国南方，荆人之分布地在湖北，舒人之分布地在安徽中部（淮南江北），其地为苗族旧领土，当然此一支与苗族有血缘上之关系。[①]荆人在商时已极猖獗，舒人在周初亦甚跋扈，春秋时代，荆人一支有一强国曰楚，凭借现在湖北秭归县为根据地，逐渐向东发展势力；占领湖北一大部分，并吞周初分封在汉水流域之汉族诸小国。复突过秦岭山脉北上，与齐、晋诸国争霸于中原。自称彼之先人鬻熊曾为周文王师，凡百举措，极力摹仿汉族，于是湖北民族始完全同化于汉族。后来楚国兼并舒人领土，于是安徽江北一带之民族，亦完全同化于汉族。

第四一支为群蛮，占领中国南方，现在湖南、广西、贵州、云南等省皆为其分布地。蛮字形从虫，可以推测其文化程度之低；其音为苗字之音转，当然系承袭苗族血统。[②]春秋时，羁縻于楚，然亦时常为楚患；战国时，楚、吴起南并蛮越，遂有洞庭、苍梧之地，于是汉族文化扩张到湖南东南部及广西北部。秦昭王将伐楚，先略取蛮夷，置黔中郡，于是湖南西部、贵州东北部入于中国。汉武帝时，通西南夷，置牂牁、益州二郡，于是贵州西部、云南东北部亦入于中国。东汉明帝时，哀牢夷来归，置永昌郡，于是云南西部亦入于中国。但此族始终不愿与汉族同化，土地虽为汉族所有，其民族多引入深山中，不与汉族往来，直至民国成立以后，制定宪法之时，议员诸公，遂将此族除外，称为五族共和矣。

第五一支为闽，其分布地为现在福建。其形从虫，可想见其文化程度之低；其声从门，为苗、蛮二字之音转，可以推定其与苗族血缘甚近；其语言系统，至今日犹与各省官话截然不同，当然与汉族血缘甚远。[③]此一支在春秋末年羁縻于越，战国时羁縻于楚，秦始皇统一中国后羁縻于秦，秦在此地置闽中郡。秦亡以后，此地旧酋长无诸，自称为战国时代越王勾践苗裔，复占据旧地，汉高帝因封之为闽越

① 看梁任公《饮冰室文集》第六十六册第 38、39 页荆吴组。一九二六年中华书局出版。

② 看自著《中国史》第二编第 45、46 页汉与西南夷之关系，自著《东洋史》第三编第 16 页南诏之文化。

③ 看自著《中国史》第二编第 42 页汉与闽越及东瓯之关系。

王。汉武帝灭闽越，徙其众于江淮间，于是闽族遂移居江北，与汉族杂居。南北朝时代，汉族南迁，在福建境内设立建安、晋安二郡，于是留居福建闽族之遗民，亦逐渐同化于汉族。

第六一支为瓯越，占领浙江南部之瓯江流域，其民族与越血统较近。[①] 其地旧属越，越亡后入于楚，楚亡后入于秦。秦亡，此地旧酋长摇占领旧地，自称为越王勾践之后，汉高帝因封之为东海王。武帝时，闽越击瓯越，瓯越请举国徙人内地，乃悉处其众于江淮之间。晋室南迁以后，逐渐在瓯越故地移殖汉族，于是瓯越民族亦同化于汉族。

第七一支为南越，占领现在广东、广西及法领越南北部等地，属于苗族血统。[②] 战国时羁縻于楚，楚亡后入于秦。秦始皇发兵开五岭，置南海（今广东）、桂林（今广西）、象郡（今法领越南北部）三郡，徙谪戍民五十万人以经营之，是为汉族之大规模的殖民事业。秦亡，此地入于当时龙川令（今龙川县）摄南海尉真定（今河北正定县）人赵佗，汉高帝因封之为南越王。武帝灭南越，在此地分设九郡，徙其一部分土人于江淮间，而逐渐移汉族杂居其地，于是南越亦同化于汉族。

第三节　西方民族　戎

第八一支为蜀，占领中国西南部，即现在四川西部。此族文化程度较高，与汉族血缘较近。[③] 当太古时代，汉族沿黄河上流移至甘肃之时，同时另外一支沿扬子江上流，移至四川西部。地当温带，雨量丰足，宜于农业；四围有山脉，中间有大平原，岷江、涪江、大渡河，流贯于其间，外族侵入不易，适宜于初民繁殖。此族在黄帝时，曾与汉族皇室通婚，后来汉族无复远略，遂与之隔绝不通。周灭商时，蜀人加入周侧。战国时代，秦惠王遣司马错将兵攻灭蜀，其地始合并于中国。后经两汉三国，遂完全同化于汉族。

---

① 看《中国史》第二编第 43 页汉与闽越及东瓯之关系。

② 看《中国史》第二编第 39 至 41 页汉与南越之关系。

③ 看《东洋史》第一编第 10 页。

第九一支为巴，其分布地在四川东部，巴江、嘉陵江沿岸，世与蜀为仇。战国时羁縻于楚，后灭于秦。汉初，尚有一大部分不与汉族同化，其著名者为廪君蛮。光武帝时，曾与汉族起冲突，光武帝遣刘尚击败之，徙其种人七千于江夏（今湖北武昌、汉阳一带），其后名为沔中蛮。和帝时，巫蛮复反，朝廷亦徙其人于江夏，从此以后，遂逐渐同化于汉族。①

第十一支为庸，其分布地在湖北西北部汉水流域，北以秦岭山脉与汉族分界，南以巴山山脉与巴人分界，其民族界乎巴与汉族之间。在有周初年，曾助周人灭商，为西方诸国首领。春秋时，与楚为敌国，后为楚人、秦人、巴人所分，其后遂同化于汉族。②

第十一一支为西戎，属西藏族，其根据地在现在青海、西藏，东至甘肃、川边及陕西、四川二省西境皆为其分布地。③夏、商时代，曾与中国交通。周灭商时，加入周师，与东夷立于正反对之地位。就侧面观察，知汉族第二支（商）血统，与东方民族接近，汉族第三支（周）血统，与西方民族接近也。④此族杂居陕甘，与周室根据地接近，西周中叶以后，常与汉族起冲突。周穆王、夷王两代，屡次发兵攻之，不克。至西周晚年，西戎中之大部落名犬戎者，遂攻破宗周，弑幽王，逼汉族共主之周平王东迁洛阳。幸而秦襄公、文公父子，以坚忍态度，率领西方汉族遗民，与之相持二十年，始将戎人击退。但从此以后，西戎中陆浑之戎，遂迁到洛阳城南，与汉族杂居。后来经过春秋战国数百年，秦室屡次用武力与之角逐，始将陕甘一带之戎，逐渐化为汉族。但西戎之根据地（青海、西藏）距中国太远，交通太不便，后来经过汉、唐、宋、明诸朝，中国历代政府，屡次欲与之接近，但始终不能使之完全同化。直至现在，名义上虽同汉族一家，号称五族共和，但语言、文字尚不能相通，岂非大笑话。无惑乎达赖喇嘛安心向外也。

---

① 看《饮冰室全集》第三十一册第 6 页巴氐族。一九一六年中华书局出版。

② 看《饮冰室文集》第六十六册第 42 页巴庸系。

③ 看《东洋史》第一编第 12 页西方民族之出现。

④ 看《东洋史》第一编第 13 页戎狄之猖獗。

第四节　北方民族　狄

第十二一支为北狄，此一支分两族，在满洲方面者为通古斯族，在蒙古方面者为蒙古族。[①] 此二族之根据地太偏北，气候寒冷，农产物缺乏，有史以前，为天然之现象所驱，常有南下之势。经过许多年代，移到现在万里长城北边，血统逐渐混合，变成一种新民族。代表此新民族之最大部落名獯鬻，自黄帝以后，屡与汉族起冲突。商之晚年，周室先君古公亶父，曾受其压迫。当时獯鬻势力范围很广大，现在河北、山西、陕西北境，皆有其踪迹。周室灭商，统一黄河流域，武王封弟召公奭于燕（今河北蓟县），成王封弟叔虞于晋（始封之国名唐，后改名晋，今山西翼城县），以经略北方。懿王、厉王、宣王时代，此族之大部落名觲狁（獯鬻之音转）者时常内犯。至幽王被犬戎所害，平王弃长安，迁洛阳，汉族中央政府自保不暇，于是与觲狁同族之狄人，遂乘机分股南下，在河北、山西方面活动。当时河北境内之燕、邢（今河北邢台县），山西境内之晋，山东境内之齐、鲁，河南境内之卫（今河南淇县）、温（今河南温县）、郑（今河南郑县）、宋（今河南商丘县）等汉族诸侯国，无一不受其侵略。甚至两次攻破洛阳，逐周襄王，几乎将汉族共主打倒。幸而当时汉族中有一大英雄，名管仲，相齐桓公，实行富国强兵策，用尊王攘夷名义，号召山东、淮北、河南、河北诸侯，组织攻守同盟以抗狄。当时狄人东北边部落名山戎者，正大举兵攻燕，齐桓公乃自将救燕，攻灭山戎，以其地与燕，于是燕之领土骤大，在河北境内独树一帜，与狄人对抗。山西方面之晋，从献公以后，经过文公、襄公、成公、景公、悼公，累代皆英主，屡次出兵蚕食狄人领土，将山西及河北西部之狄人部落，几乎全数吞并。至战国末年，万里长城以南之狄人全数同化于汉族。

以上所举十二支内，东夷一支与汉族血统接近，吴越、荆舒二支血统，界乎汉、苗二族之间，蜀族血统界乎汉、藏二族之间，庸族血统界乎汉、苗、藏三族之间，故同化较易。群蛮为苗族直系血统，闽

---

① 看《东洋史》第一编第11页北方民族之出现，第13页戎狄之猖獗，第15页霸者之尊攘政策。

与瓯越、南越三支为苗族旁系血统，巴族血统界乎苗、藏二族之间，西戎为藏族，北狄为满、蒙二族之混血族，故同化较难。又诸族起源地，除去北狄、西戎以外，皆在河流近旁。东夷在淮水流域，吴越在扬子江下流及钱塘江流域，荆舒在扬子江中流流域，群蛮在沅江、湘江、资江、黔江、鸦砻江、金沙江、澜沧江、潞江流域，闽在闽江流域，瓯在瓯江流域，南越在西江流域，蜀在泯江、涪江流域，庸在汉水中流流域，巴在巴江、嘉陵江流域，地势偏南，气候较为温暖，雨量较为丰盈，交通较为便利，故容易进化成为农业国。秦汉以后，此一方之人民，遂同汉族混合，不再分立矣。

根据以上血统混合交通频繁之结果，汉族遂产出五大国，兹试列表于下，以供参考：

春秋战国时代五大国表　附表一

国名	民族	根据地	势力范围地
齐	汉族与东夷混合	山东	淮北及河北东南部
楚	汉族与南蛮混合	湖北	湖南，江西，江苏，安徽，浙江全部；陕西，河南南部；四川东部，广西北部
秦	汉族与西戎混合	陕西	甘肃，四川
晋	汉族与北狄混合	山西	河北西部，河南，陕西北部；察哈尔绥远南部
燕	同上	河北北部	河北东部，辽宁西部，热河南部

至战国末年，秦室兼并列国，各族互相接触，大通婚姻，于是汉族血统发生极大变化，膂力骤强。

又根据以上血统混合交通频繁之结果，汉族各处文化亦同时发达，兹试列表于下，以供参考：

春秋战国时代学派及其流行区域表　附表二

区域	学派	代表者
邹鲁文化	儒学家	孔子，孟子
齐文化	法学家	管子

续表

区域	学派	代表者
秦晋文化	法学家 经济学家	申不害，商鞅，韩非子 李悝，商鞅
宋郑文化	墨学家 名学家	墨翟，宋研 邓析子，惠施
楚文化	道学家 社会学家 文学家	老子，庄子 许行 屈原，宋玉

至战国末年，汉族文化发达总算达于极点矣。

上古时代，汉族与四围民族接触频繁。但史书缺略，所载事迹或有首无尾，或有尾无首，或首尾俱备而阙中间，或有中间而无首尾，欲求一综合概念颇不容易。兹试将现存史料中仅少之事迹列表于下，以供参考：

上古时代汉族与四围民族接触表 附表三

族名	年代	事迹	根据何书
东夷	夏后相元年	征淮夷、畎夷	王国维《古本竹书纪年辑校》
	二年	征风夷及黄夷	同
	七年	于夷来宾	同
	少康即位	方夷来宾	同
	后芬三年	九夷来御（芬，抒之子，《史记》作槐）	同
	后泄二十一年	命畎夷、白夷、赤夷、玄夷、风夷、阳夷	同
	后发元年	诸夷宾于王门……诸夷人舞	同
	商仲丁	征于蓝夷	同
	河亶甲	征蓝夷	同
	周初	鲁侯伯禽征淮夷、徐戎	《尚书·周书·费誓》
	厉王	淮夷入冠，王命虢仲征之，不克	《古本竹书纪年辑校》
	宣王	命召虎征淮夷	《诗·大雅·荡之什·江汉篇》
	同	王自将征徐	同《常武篇》

续表

族名	年代	事迹	根据何书
西戎	夏桀	畎夷人居豳岐之间	《古本竹书纪年辑校》
	商武乙三十五年	周王季伐西落鬼戎，俘二十翟王	同
	大丁二年	周人伐燕京之戎，周师大败	同
	四年	周人伐余无之戎，克之	同
	七年	周人伐始呼之戎，克之	同
	十一年	周人伐翳徒之戎，捷其三大夫	同
西戎	周武王三十一年	王率西夷诸侯伐殷，败之于坶野	同
	穆王	王北征，行流沙千里，积羽千里	同
		西征犬戎，取其五王以东，遂迁戎于太原	同
	十三年	西征至于青鸟之所憩	同
	十七年	西征昆仑丘，见西王母	同
		西王母来见，宾于昭宫	同
	夷王二年	蜀人、吕人来献琼玉	同
	三年	命虢公率六师伐太原之戎，至于俞泉，获马千匹	同
	宣王四年	使秦仲伐西戎，为戎所杀	同
		王召秦仲子襄公，与兵七千人伐戎，破之（按《史记》作庄公）	同　附《诗·秦风·小戎篇》
	三十一年	王师伐太原之戎，不克	《古本竹书纪年辑校》
	三十六年	王伐条戎、奔戎，王师败绩	同
	三十八年	晋人败北戎于汾隰	同
		戎人灭姜侯之邑	同
	三十九年	王征申戎，破之	同
	晋文侯元年	周幽王命伯士帅师伐六济之戎，军败，伯士死焉	同

续表

族名	年代	事迹	根据何书
南蛮	周昭王十六年	伐楚荆，涉汉，遇大兕	同
	十九年	天大曀，雉兔皆震，丧六师于汉	同
	末年	王南巡不返	同
	穆王三十七年	伐越，大起九师，东至于九江，驾鼋鼍以为梁	同
	宣王	命方叔征蛮荆	《诗·小雅·彤弓之什·采芑篇》
北狄	周古公亶父	獯鬻侵邠，公去邠迁岐	《孟子·梁惠王下》
	未详	命南仲城朔方，拒獬狁	《诗·小雅·鹿鸣之什·出车篇》
	宣王	命尹吉甫伐獬狁，至太原而还	《诗·小雅·彤弓之什·六月篇》

春秋时代汉族与四围民族接触表 附表四，据顾栋高《春秋大事表》。

族名	国名或部落名	今地	年月	事迹	附注
东夷	淮夷	江苏淮安、涟水县	僖十三年	淮夷病杞	
			昭四年夏	楚子及诸侯淮夷会于申	楚灵王将利用淮夷以侵吴也
			秋七月	楚子以诸侯及淮夷伐吴	
			二十七年《传》	范献子曰，季氏甚得其民，淮夷与之	书以见淮夷足以为重轻于鲁国也
	介	山东胶县东南七十里	僖二十九年春	介葛卢来	将越鲁以侵萧，先来买鲁欢心也
			冬	介葛卢来	
			三十年秋	介入侵萧	
	莱	山东黄县	宣七年夏	齐侯伐莱	
			九年夏	齐侯伐莱	
			成十八年	王湫奔莱	国佐之党也，齐人杀佐，故湫奔莱
			襄二年春	齐侯伐莱	
			六年冬	齐侯灭莱	于是齐地东至海
	根牟	山东沂水县东南	宣九年	取根牟	
西戎	戎（即戎州已氏之戎）	山东曹县	隐二年春	公会戎于潜	

续表

族名	国名或部落名	今地	年月	事迹	附注
西戎	戎（即戎州已氏之戎）	山东曹县			唐在今山东鱼台县
			秋八月	公及戎盟于唐	东十二里，亦作棠，即公观鱼处
			七年	天王使凡伯来聘，戎伐凡伯于楚丘以归	楚丘在曹县东南四十里
			庄十八年	公追戎于济西	
			二十年冬	齐人伐戎	
			二十四年	戎侵曹，曹羁出奔陈，赤归于曹	羁，曹庄公世子。公薨，戎纳赤为君，是为僖公
			二十六年春	公伐戎	
			夏	公至自伐戎	
		甘肃敦煌县			即戎子驹支之祖
	允姓之戎、陆浑之戎，亦曰小戎，亦曰姜戎，亦曰阴戎，亦曰九州戎	河南嵩县	僖二十二年	秦、晋迁陆浑之戎于伊川	于是允姓之戎杂居河南
			二十八年	小戎子生夷吾	小戎，允姓之戎
			三十三年	晋人及姜戎败秦师于殽	四岳之后，别为允姓
			昭九年	晋梁丙、张趯率阴戎伐颍	以其处晋阴地，故名
			二十二年	晋籍谈、荀跞帅九州之戎以纳王于王城	九州戎即陆浑之戎，宣三年，楚庄伐之，陆浑贰于楚。昭十七年，晋荀吴灭之，余众属晋为九州戎

续表

族名	国名或部落名	今地	年月	事迹	附注
西戎	扬、拒、泉、皋、伊雒之戎	河南洛阳县西南	僖十一年	同 伐京师，秦、晋伐戎以救周	王子带召之也
			十二年	齐侯使管仲平戎于王	王子带奔齐
			十三年	为戎难故，诸侯戍周，齐仲孙湫致之	
			十六年	王以戎难告于齐，齐征诸侯而以戍周	
			文八年	公子遂从赵盾会伊雒之戎盟于暴	伊雒之戎将伐鲁，公子遂聘于晋，故与之盟以阻其谋
			成六年	晋伯宗、卫孙良夫、郑人、伊雒之戎、陆浑、蛮氏侵宋	是时伊雒之戎已服于晋，其后不知何时地人于王室
	蛮氏（一名茅戎，一名戎蛮子）	河南临汝县西南	文十七年	周甘歜败戎于邥（音审）垂	在今河南伊阳县
			成元年	王师败绩于茅戎	
			六年	伊雒之戎、陆浑、蛮氏从晋侵宋	
			襄五年	王使王叔陈生愬戎于晋	
			昭十六年	楚诱戎蛮子嘉，杀之	
			哀四年	晋人执戎蛮子赤归于楚	于是蛮氏故地入于楚
	骊戎	陕西临潼县	庄二十八年	晋伐骊戎，骊戎男女以骊姬	

续表

族名	国名或部落名	今地	年月	事迹	附注
南蛮	卢戎	湖北南漳县	桓十三年	楚屈瑕伐罗，罗与卢戎两军大败之	
	群蛮	湖南、贵州	文十六年	楚大饥，庸人帅群蛮以叛楚	
	百濮	云南、贵州	同	麇人率百濮聚于选，将伐楚	
			昭十九年	楚子为舟师以伐濮	
	巴	四川巴县	桓九年	楚及巴师围鄾	
			庄十八年	巴人叛楚而伐那处，取之，遂门于楚	
			文十六年	楚人、秦人、巴人灭庸	
北狄 赤狄	东山皋落氏 廧咎如潞氏 甲氏 留吁 铎辰	山西垣曲县 山西潞城县 河北鸡泽县 山西屯留县 山西故潞安府境	庄三十二年冬	狄伐邢	邢，今河北邢台县
			闵元年春	齐人救邢	
			二年冬十二月	狄入卫，杀卫懿公	卫，今河南淇县
			同	晋侯使太子申生伐东山皋落氏	垣曲距新绛近，故伐之
			僖元年	邢迁于夷仪，齐师、宋师、曹师城邢	避狄患也。夷仪在今山东聊城县西南十二里
			二年	诸侯城楚丘而封卫	
			七年	晋里克败狄于采桑	
			八年夏	狄伐晋	报采桑之役也

续表

族名		国名或部落名	今地	年月	事迹	附注
北狄	赤狄	东山皋落氏 廧咎如潞氏 甲氏 留氏 铎辰	山西垣曲县 山西潞城县 河北鸡泽县 山西屯留县 山西故潞安府境	十年春	狄灭温，温子奔卫	今河南温县
				十二年春	诸侯城卫楚丘之郛	惧狄难也
				十三年春	狄侵卫	以卫纳温子也
				十四年秋	狄侵郑	狄武力达河南矣
				十六年秋	狄侵晋	因晋有韩之败也
				十八年五月	狄救齐	宋襄公纳齐孝公，狄助无亏以抗宋也
				冬	邢人、狄人伐卫	
				二十年秋	齐人、狄人盟于邢	为邢谋卫难也
				二十一年春	狄侵卫	为邢故也
				二十四年夏	狄伐郑	为叔带谋弱王室也
				冬	天王出居于郑	襄王避弟叔带难也
				二十五年夏	晋侯纳王	文公诛叔带，奉王复位
				三十年夏	狄侵齐	闻晋有郑虞也
				三十一年冬	狄围卫，卫迁于帝丘	
				三十二年夏	卫人侵狄	乘狄有内乱也
				秋	卫人及狄盟	狄请平也
				三十三年夏	狄侵齐	乘晋文公丧也
				秋	狄伐晋，晋人败狄于箕	箕在山西太谷县东南三十五里
				文四年夏	狄侵齐	
				七年夏	狄侵鲁西鄙	乘晋襄公丧也

续表

族名		国名或部落名	今地	年月	事迹	附注
北狄	赤狄	东山皋落氏 廧咎如潞氏 甲氏 留氏 铎辰	山西垣曲县 山西潞城县 河北鸡泽县 山西屯留县 山西故潞安府境	九年夏	狄侵齐	乘晋灵公昏弱，故屡侵其与国
				十年冬	狄侵宋	
				十一年秋	狄侵齐	
				冬十月甲午	叔孙得臣败狄于咸	
				十三年冬	狄侵卫	赤狄穷兵黩武，故招亡国之祸
				宣三年秋	赤狄侵齐	
				四年夏	赤狄侵齐	
				六年秋	赤狄伐晋	
				七年秋	赤狄侵晋	
				十五年	晋荀林父灭赤狄潞氏，以潞子婴儿归	
				十六春	晋士会灭赤狄甲氏及留吁、铎辰	
				成三年	晋郤克、卫孙良夫伐廧咎如	于是河北、山西境内赤狄旧领土皆入于晋
	白狄	鲜虞 肥 鼓	河北新乐县 河北藁城县 河北晋县	僖三十三年秋	晋人败狄于箕，郤缺获白狄子	白狄子，赤狄之党羽也
				宣八年夏	晋师、白狄伐秦	白狄知赤狄将亡，故结好于晋
				十一年秋	晋侯会狄于攒函	于是白狄皆服于晋，赤狄遂亡
				成九年冬	秦人、白狄伐晋	白狄始叛晋也
				十二秋	晋人败狄于交刚	

续表

族名		国名或部落名	今地	年月	事迹	附注
北狄	白狄	鲜虞 肥 鼓	河北新乐县 河北藁城县 河北晋县	襄十八年春	由狄来	
				二十八年夏	白狄与诸侯朝于晋	
				昭元年	晋荀吴灭肥，以肥子绵皋归	
				十二年秋	晋荀吴败狄于大卤	
				冬	晋伐鲜虞	因肥之役也
				十三年秋	晋荀吴侵鲜虞	
				十五年秋	晋荀吴伐鲜虞，围鼓，以鼓子䳒鞮归	
				二十二年六月	晋荀吴再灭鼓	鼓子既复叛，故再灭之
				定三年秋	鲜虞人败晋师于平中	于是白狄只余鲜虞一强国
				四年	晋士鞅、卫孔圉，帅师伐鲜虞	
				五年	晋士鞅帅师围鲜虞	
				哀元年秋	师及齐师、卫孔圉、鲜虞人伐晋以救范氏	
				三年春	齐、卫围戚，求援于中山	中山即鲜虞
				四年冬	荀寅奔鲜虞	
				六年春	晋赵鞅帅师伐鲜虞	

续表

族名	国名或部落名	今地	年月	事迹	附注
长狄	鄋瞒		文十一年冬	叔孙得臣败狄于咸，获长狄侨如	侨如，赤狄之党羽也
			宣十五年	晋荀林父灭潞氏，获长狄焚如	焚如，潞氏之殉难者也
	北戎 山戎 无终	河北 玉田县	隐九年	北戎侵郑	一部落有三名
			桓六年	北戎伐齐	
			庄三十年	齐人伐山戎，以其病燕故也	
			三十一年六月	齐侯来献戎捷	
			僖十年	齐侯、许男伐北戎	
			襄四年	无终子嘉父因魏庄子纳虎豹之皮以请和诸戎	
			昭元年	晋荀吴败无终及群狄于太原	
	犬戎	陕西凤翔县附近一带	闵二年	虢公败犬戎于渭汭	渭汭，渭水入河处
			僖二年	虢公败戎于桑田	桑田在今河南阌乡县东三十五里

凡例

一、宣十一年以前，凡单以狄称者皆赤狄，以后皆白狄也。山戎系由辽西、热河侵人河北之部落，犬戎系由宁夏、绥远侵入陕西之部落，故列之于北狄内。

二、上古时代史料缺乏，汉族与四围民族接触之事多未能详。春秋时代，史料虽较多，然未详之事仍居多数。故只据事迹之见于经传者载之，其事迹未详者存疑，不敢加以臆断也。

战国时代汉族与四围民族接触表 附表五，据朱熹《资治通鉴纲目》。

族名	国名或部落名	今地	年代	事迹
西戎	蜀	四川西部	周安王十五年	秦伐蜀，取南郑
			慎靓王五年	秦伐蜀，取之
	义渠	甘肃东部	显王四十二年	秦县义渠
			赧王元年	秦侵义渠，得二十五城
			四十五年	秦灭义渠
南蛮	百越	江南浙东	秦王政二十五年	秦王剪定江南，降百越，置会稽郡
北狄	中山	河北中部	周赧王九年	赵武灵王略中山及胡地
			十年	赵伐中山，取数邑。中山复献四邑以和
			十四年	赵伐中山，中山君奔齐
			二十年	赵武灵王以燕、齐之师灭中山

汉族无种族界限，对于外民族之杂居内地者，向无歧视之见；故通婚之事自古有之。兹试列表于下，以供参考：

古代杂婚表 附表六

夫名	家世	族	妇名	家世	族	所生之子	根据何书
昌意	黄帝子	汉	未详	蜀山氏女	蜀	颛顼高阳氏	《史记·五帝本纪》
盘瓠		苗	未详	高辛氏女	汉	六男六女	《后汉书·南蛮传》
周襄王郑	惠王阆子	汉	隗后	翟女	蒙		《左传·僖二十四年》、《史记·周本纪》
晋献公诡诸	武公称子	同	大戎狐姬	狐突女	藏	文公重耳	《左传·庄二十八年》、《史记·晋世家》
同	同	同	小戎子	未详	同	惠公夷吾	同
同	同	同	骊姬	骊戎男女	同	奚齐	同
同	同	同	骊姬之娣	同	同	卓子	同

续表

夫名	家世	族	妇名	家世	族	所生之子	根据何书
晋文公重耳	献公诡诸子	同	季隗	廧咎如女	蒙	伯鯈叔刘	《左传·僖二十五年》、《史记·晋世家》
赵衰	公明子	同	叔隗	同	同	盾	《史记·赵世家》
义渠戎王		藏	宣太后	秦昭王母	汉	生二子，名未详	《史记·匈奴列传》
代王		蒙	赵襄子姊	赵简子女	同	未详	《史记·赵世家》

计男八人，女十一人。

汉族无种族界限，对于外民族之归化者，例与以平等待遇；故登庸外族人才之事自古有之，兹试列表于下，以供参考：

古代归化人表　附表七

姓名	家世	族	事何国何君任何官	根据何书
狐突	晋献公妾大戎狐姬之父、文公重耳之外祖	藏	事晋献公为大夫	《左传·闵二年》
狐毛	狐突子	同	事晋文公为上军将	同《僖二十七年》
狐偃	狐毛弟	同	事晋文公为上军佐	同
狐射姑	狐偃子	同	事晋襄公为中军将	同《文六年》
繇余	西戎人	同	事秦穆公为上卿	《史记·秦本纪》、《韩诗外传》卷九、《韩非子·十过篇》

计五人。

第三章

汉族休养时代　汉族与匈奴之接触　汉族与乌孙之联合　秦汉

从周平王东迁以后，至秦始皇统一以前（西历纪元前七七〇年至二二二年），凡五百四十八年间，假定名之曰春秋战国时代。此时代中，东夷、西戎、南蛮、北狄由四围侵入，汉民族竭全族优秀分子之聪明才力，以吸收之，融合之；其结果，则许多异民族骨血，变成汉民族分子，汉民族势力一膨胀，遂产出有秦大帝国。其创业英主秦始皇，始废封建，设郡县，实行中央集权制度，此国家进化上必经之阶级，欧洲各国在文艺复兴时代，日本在明治维新时代皆曾实行；我中国在二千几百年前已经实行，就历史上之政体言之，我辈亦差可以自豪矣。

秦始皇一方面整理内政，一方面用武力制服异族，当时秦室对外政策：对南方民族，大体系进取的；对北方民族，大体系保守的。秦灭楚以后，分兵定江南，降百越，置会稽郡，于是钱塘江、瓯江流域皆入于中国；废闽越王，置闽中郡，于是闽江流域入于中国；复略取南越地，置南海、桂林、象郡，于是西江流域入于中国；是为瓯越、闽越、南越民族与汉族混合之始。又以蒙恬为大将，将兵三十万人北伐，击退战国以来久为边患之匈奴，收现在绥远为中国有；筑长城，西起临洮（今甘肃岷县），东至辽东（今辽宁辽阳县），延袤万余里，号称万里长城。当时中国行征兵制度，万里长城即用民兵筑成。史书上言长城一役，暴师于外十余年，后人因此非难秦始皇者不少，言其劳民伤财。但从此以后，中国的北边始有保障；匈奴南侵之时始有障碍物矣。惜秦始皇对内对外政策，全用高压手段执行，引起人民恶感。始皇崩后，列国遗民群起而叛秦；当时楚国遗民中有二大英雄，其一姓刘，名邦，是现在江苏沛县人；其一姓项，名籍，是现在江苏宿迁县人；二人俱是淮水流域民族出身，率领楚国遗民，在三年之中，颠覆秦室。但大功告成以后，此二人即起冲突；从此以后，又血战了五年。刘邦起家平民，又年岁较长，性情阴险狡猾，谙练世故人情。项籍出身贵族，正当青年，性情粗暴率直，不明大势。战争结果，项籍失败。刘邦自立为皇帝，是为汉高帝。分封子弟为大国，以辅卫中央政府，镇压各处人民；又用残忍阴毒手段，杀害诸大将，中国境内虽一时小康，但匈奴趁机又来入寇。当时匈奴英主冒顿单于，原是弑君弑父之乱臣贼子出身，性情阴鸷狠辣，尤在汉高帝以上。即位以后，先东灭满洲、蒙古混血族之东胡，占领现在热河；西击走回族之大月氏、乌孙，占领现在甘肃西北部及宁夏；又乘中国内乱，南下占领黄河套；于是现在内外蒙古地方，遂产出一个一统之游牧大帝国。原来内外蒙古地方，气候寒冷，雨量缺乏，地势高燥，土脉硗瘠，河流太少，交通不便；匈奴人以肉为食，酪为浆，皮为衣，穹庐为室，毡帐为墙，牛、马、驴、骡、骆驼为交通机关，各种家畜为农产物品，所谓一方水土养一方人，却亦不甚感觉十分不方便；但是同南方汉族生活状态比较：食是精米白面，衣是绸缎麻布，住是高楼大厦，便觉珠玉在前，自惭形秽，欣慕艳羡不能自已，于是就时常想往中国来发财。汉族以农为业，春天开始种地，天越热越忙，到了冬天，粮食已收，地里场里俱无事，便收仓闭户歇冬。匈奴人冬天颇能耐冻，夏天却很怕热，彼等财产便是家畜，家畜每年春天交尾，交尾以后，便领着家畜，找水草丰富之地方去歇夏；到了秋天，马已肥，人已壮，家畜的生产之事已完，蒙古地方渐冷，中国境内亦渐凉，彼等便乘机会往南来侵略汉族；大约每年秋冬之际，是彼等进兵时期；春夏之际，是彼等退兵时期；所以天愈热，中国北方反比较着太平；天一冷，便觉着危险万分，仿佛似高明之家，鬼瞰其室矣。匈奴来的目的，意在抢东西，不在占土地。汉族辛苦一年，直到收仓闭户之后，匈奴人便尽情来一抢，将地里所收，场里所打，柜里所存，仓房里所有之物，全数搜括一空；甚且掳掠人口，使男子为奴，女子为妾。原来蒙古地方，是一个高原，滋生之人口，受天然限制，男多女少，在西汉初年，蒙古尚未有喇嘛教，未见得匈奴之壮丁乐意鳏居。然则掳掠汉族妇女，满足彼等结婚欲望一层，当然是彼等南寇之副目的。此种对于邻家明火、打劫、绑票、请财神之事，在秦朝全盛时代，本来不敢实行。但是秦亡汉兴之交，中国境内，前后战争八年，壮丁死者数百万，于是汉族战斗力骤减，匈奴便趁着机会来侵。汉高帝不知匈奴实力，自将来迎，在现在山西大同县城东，陷入匈奴伏中，被困在白登台上。当时匈奴有四十万马兵，汉兵只有三十二万，且多步兵，委众寡不敌。汉高帝不得已，用陈平秘计，遣间使暗中行重赂于阏氏（匈奴皇后称号），阏氏劝冒顿退兵，高帝仅而得免。复用刘敬策，以公主下嫁冒顿单于。从此以后，汉家历代君主，时常遣公主下嫁，名为和亲；每年遣使臣带着绸缎酒米及各种食物，往匈奴送礼，表面上装作看闺女，实际上则等于纳贡。匈奴单于一方面装女婿，受赠品，一方面派兵来抢掠，却是名利兼收；汉皇帝一方面装老丈人去撒冤，一方面又要受娇客的侮辱，可真算惭愧无地矣。幸而高帝之子文帝、孙景帝全是英雄，一方面敷衍匈奴，一方面休养生息，极力恢复汉族元气。至高帝之曾孙武帝，更是一个不世出之大英雄，用远交近攻策，联络匈奴之仇人大月氏、乌孙二国，商议夹攻匈奴。其时大月氏已经移到现在中央亚细亚之阿母河流域，距汉室领土太远，不乐意来帮忙。乌孙移到现在天山北路，距汉室与匈奴的领土皆近，时常受匈奴侮辱，自己一国抵抗不住，便与汉室联络。武帝遣公主下嫁乌孙王，是为汉回二族结婚之始；公主之中有名解忧者，是个女英雄，遵着乌孙风俗，带着牺牲性质，得了中国政府同意，前后下嫁乌孙三代君主，操纵政柄数十年；屡次趁着匈奴君主更迭之际，与汉室联络，东西出兵夹攻匈奴，匈奴很受许多打击。至宣帝时代，匈奴弟兄争国，内乱大起。有名呼韩邪者，称臣纳贡，求保护于汉。借汉家势力，击败其弟兄，统一匈奴内部，从此以后，匈奴便成为汉家之保护国矣。

西汉用结婚政策敷衍匈奴，联络乌孙，故公主下嫁者甚多。东汉时匈奴已衰，降汉为被保护国，故无此需要也。西汉为抵抗匈奴故，欢迎外国人归降，故归化人之仕至将相封侯者甚多。东汉时匈奴大部分降汉为臣子，不必特别重用归化人也。兹试将两汉结婚及归化史实列表于下，以供参考：

汉代中外杂婚表　附表八

夫名	家世	族	妇名	家世	族	所生子女	根据何书
冒顿单于	匈奴头曼单于子	蒙	未详	汉高帝家人子	汉		《史记·匈奴列传》、《纲目·汉高帝九年》
老上单于	冒顿子	同	同	汉文帝宗室女	同		《史记·匈奴列传》《纲目·汉文帝六年》
军臣单于	老上子	同	同	汉景帝翁主	同		《史记·匈奴列传》
李陵	前将军广孙	汉	同	匈奴且鞮单于女	蒙		同
李广利	贰师将军	同	同	同	同		同
苏武	典属国	同	同	胡妇	同	通国	《汉书·苏武传》
呼韩邪单于	匈奴虚闾权渠单于子	蒙	王嫱	元帝后宫良家子	汉	右日逐王伊屠智牙师	《汉书·匈奴列传》
复株絫若鞮单于	匈奴呼韩邪单于子	同	同	同	同	须卜居次云当于居次	同
后安公须卜奢	匈奴右骨都侯须卜当居次云子	同	陆逯任	王莽庶女	同		同
乌孙昆莫猎骄靡	乌孙王难兜靡子	突厥	细君	江都王建女	同		《汉书·张骞传》、《乌孙传》
乌孙岑陬军须靡	昆莫孙	同	同	同	同	少夫	《汉书·乌孙传》
同	同	同	解忧	楚王戊女孙	同		同

续表

夫名	家世	族	妇名	家世	族	所生子女	根据何书
肥王翁归靡	岑陬从弟	同	同	同	同	元贵靡、万年、大乐、弟史、素光	同
狂王泥靡	岑陬胡妇子	同	同	同	同	鸱靡	同
未详	乌孙右大将	同	冯嫽	解忧侍者	同		同
张骞	博望侯	汉	未详	胡妇	蒙		《汉书·张骞传》
金赏	车骑将军日蕃子	蒙	同	霍光女	汉		《汉书·金日蕃传》
尉屠耆	鄯善王	未详	未详	汉昭帝宫女	汉		《汉书·西域传》
马平	天水兰于尉	汉	同	羌女	藏	马腾	《后汉书·董卓传》、《三国志·马超传》
未详	南匈奴左贤王	蒙	蔡琰	蔡邕女	汉	生二子	《后汉书·列女传》

计男十九人，女十六人，汉族男子娶外族妇人者五人，汉族女子嫁外族丈夫者十一人。

说明 鄯善在天山南路东，为各民族杂居地，故尉屠耆之族未详。

前汉时代归化人表 附表九

姓名	旧有资格	族	中国官爵	根据何书
革朱	越连敖	越	从高帝击诸侯有功，封煮枣侯	《汉书·功臣表》
张买	其父越人为高帝骑将	同	事高帝，以中大夫封南宫侯	同
于军	匈奴王	蒙	景帝中三年来归，封安陵侯	《史记》十九《惠景间侯者年表》
赐	同	同	同上，封垣侯	同

续表

姓名	旧有资格	族	中国官爵	根据何书
陆强	同	同	同上，封遒侯（遒子修反涿郡之县）	同
徐卢	同	同	同上，封容成侯	同
仆黥（音怛）	同	同	同上，封易侯	同
范代	同	同	同上，封范阳侯	同
邯郸	同	同	同上，封翕侯	同
赵信	匈奴相国	同	武帝元光四年降，封翕侯	《汉书·功臣表》
乐	匈奴都尉	同	元朔元年降，封时辕侯	同
月氏	匈奴相	同	元朔二年降，封亲阳侯	同
猛	同	同	同上，封若阳侯	同
於单	匈奴军臣单于太子	同	元朔三年降，封涉安侯	《汉书·功臣表》、《匈奴传》
赵安稽	匈奴王	同	元朔四年降，封昌武侯	《汉书·功臣表》
桀龙	匈奴相国	同	同上，封襄城侯	同
公孙浑邪	其先胡种	同	事景帝为陇西太守，封平曲侯	《史记·卫将军骠骑将军列传》
公孙贺	浑邪子	同	事武帝为将军丞相，封葛绎侯	同
王援訾	匈奴赵王	同	元狩元年降，封潦悼侯	《汉书·功臣表》
高不识	匈奴人	同	以校尉从霍去病征匈奴有功，封宜冠侯	同
仆朋	同	同	同上，封辉渠侯	同
衘（同呼）毒尼	匈奴王	同	元狩二年，封下摩侯	同
昆邪	匈奴昆邪王	同	元狩三年降，封湿阴侯	同
应庀（疋履反）	匈奴王	同	同上，封辉渠侯	同

续表

姓名	旧有资格	族	中国官爵	根据何书
乌黎	匈奴右王	同	同上，封河綦侯	同
稠雕	匈奴大当户	同	同上，封常乐侯	同
复陆支	匈奴因孰王	同	从霍去病击匈奴，有功，封杜侯	同
伊即轩	匈奴楼萋王	同	同上，封众利侯	同
敞屠洛	匈奴符离王	同	元狩四年降，封湘成侯	同
董舍吾	匈奴都尉	同	元狩六年降，封散侯	同
雕延年	匈奴王	同	同上，封臧马侯	同
次公	匈奴王	同	元鼎四年降，封瞭侯	同
渠复絫（同累）	属国大首渠	同	击匈奴有功，封昆侯	同
驹几	属国骑	同	以捕单于兄功，封骐侯	同
毕取	南越将军	越	元鼎六年降，封瞭侯	同
揭阳定	南越揭阳令	同	同上，封安道侯	同
居翁	南越桂林监	同	同上，封湘成侯	同
吴阳	东越衍侯	同	元封元年降，封外石侯	同
黄同	瓯骆左将	同	以斩西于王功，封下鄜侯	同
建成	东越建成侯	同	以斩余善功，封开陵侯	同
居股	东越繇王	同	以斩余善功，封东城侯	同
多军	东越将军	同	元封元年降，封无锡侯	同
王嶡（音频）	朝鲜将	未详	元封三年降，封平州侯	同
韩陶	朝鲜相	同	同上，封荻苴侯	同
参	朝鲜尼谿相	同	以杀朝鲜王右渠功，封澅清侯	同
稽谷姑	小月氏右苴王	突厥	元封四年降，封蓦兹侯	同

续表

姓名	旧有资格	族	中国官爵	根据何书
杆者	小月氏王	同	同上，封瓡（同狐）蒍（之涉反）侯	同
最	朝鲜相路人子	未详	以父迎降功，封涅阳侯	同
成娩	匈奴介和王	蒙	以将兵击车师功，封开陵侯	同
金日磾	匈奴休屠王太子	同	武帝时，以捕反者莽何罗功，封秺侯。帝崩，以车骑将军受遗诏辅政，称贤相	《汉书·本传》
金安上	日磾从子	同	宣帝时为侍中。以讨霍氏功，封都成侯。官至建章卫尉	《汉书·金日磾传》
先贤掸	匈奴日逐王	同	宣帝神爵三年降，封归德侯	《汉书·功臣表》
王定	匈奴左大将	同	五凤二年降，封信成侯	同
厉温敦	匈奴衎连累单于	同	五凤三年降，封义阳侯	同
甘父	本胡人，为堂邑氏奴	同	从张骞使月氏，还拜奉使君	《汉书·张骞传》

凡例

凡归化人只记第一代，以下不记，承认其已为中国人也。惟第一代不显，历史上无名，而第二代以下始著声绩者；则记其第二代或第三代，如公孙浑邪、贺父子之类是也。

说明　朝鲜为韩、汉、满三族杂居地，故王荛等之族未详。

归化人皆有名英雄，归化部落则多无名群众，有名之英雄人数少，无名之群众人数多，兹试将秦汉时代之归化部落列表于下以供参考。

秦汉时代归化部落表　附表十

国名或地名	旧属何人/国	令地	何族	何时代征服/降附	善后处置	根据何书
南越		两广及越南北部	越	秦始皇帝三十三年略取	置南海、桂林、象郡，以谪徙民五十万戍之	《史记·秦始皇本纪》

续表

国名或地名	旧属何人/国	今地	何族	何时代征服/降附	善后处置	根据何书
河南	匈奴	绥远	蒙	同	分为四十四县。筑长城，起临洮，至辽东，延袤万余里以守之	同
东瓯	东海王摇后	浙东	越	汉武帝建元三年降附	徙其众于江淮间	《史记·东越传》
南越	赵建德	两广及越南北部	汉越混血	同　元鼎六年征服	分其地，置南海、苍梧、郁林、合浦、交趾、九真、日南、珠崖、儋耳郡	《史记·南越传》
闽越	余善	福建	越	同　元封元年征服	徙其民于江淮间，遂虚其地	《史记·东越传》
夜郎	多同	四川东南部、贵州西部	苗	同　元光五年降附	以其地为犍为郡	《史记·西南夷传》
且兰		贵州北部	苗	同　元鼎六年征服	以其地为牂牁郡	同
邛都		四川西南部	苗	同　同	以其地为越巂郡	同
筰都		四川西部	藏	同　同	以其地为沈黎郡	同
冉駹		四川西北部	藏	同　元鼎六年降附	以其地为汶山郡	同
白马		甘肃西南部	藏	同　同	以其地为武都郡	同
滇	庄蹻苗裔	云南东北部	汉苗混血	同　元封二年降附	以其地为益州郡	同
朝鲜	卫右渠	朝鲜北部、辽宁东北部	汉韩混血	同　元封三年征服	分其地，置乐浪、临屯、玄菟、真番郡	《史记·朝鲜传》
河南	匈奴	绥远	汉蒙混血	同　元朔二年略取	置朔方郡，募民徙者十万口	《史记·匈奴传》
浑邪、休屠王领土	同	宁夏及甘肃河西	蒙	同　元狩二年降附	分其地，置酒泉、武威、张掖、敦煌四郡。因其故俗为五属国，处降民四万余人于陇西、北地、上郡、朔方、云中五	《史记·匈奴传》、朱熹《资治通鉴纲目》卷四

续表

国名或地名	旧属何人/国	今地	何族	何时代征服/降附	善后处置	根据何书
					郡故塞外	
哀牢夷	柳貌	云南西部	苗	汉明帝永平十二年降附	分其地为哀牢、博南二县，统降户五万一千八百九十，口五十五万三千七百一十一，割益州西部都尉为永昌郡以统之	《后汉书·西南夷传》
南匈奴	匈奴呼韩邪单于比		蒙	汉光武帝建武二十四年降附	诏立南单于庭于五原，分处其降兵四五万人及眷属于北地、朔方、五原、云中、定襄、雁门、代郡边外	《后汉书·南匈奴传》
乌桓	东胡遗民，隶匈奴	热河中部	满蒙混血	汉武帝时	安置其众于上谷、渔阳、右北平、辽东、辽西五郡塞外	《后汉书·乌桓鲜卑传》

秦汉时代，对于归化部落之善后办法有三种：

一、分其地为郡县，徙内地汉族与之杂居。

二、徙其民于内地与汉族杂居，而虚其故地。

三、分其地为郡县，即以其地旧首领为长官以治其民。

以上三种方法，第一种最善，欧美各国之殖民地多用是法以治之也。第三种最不妥，中国史上所谓羁縻州郡是也。用第一方法之结果，可以化其地为内地；用第三方法之结果，可以使其地随时与中国分离。

东汉时代归化羌人部落表　附表十一，据《后汉书·西羌传》。

部落名	首领	户口数	何族	归化年代	善后处置	其部落旧游牧地
烧当羌	滇吾部下降人	七千口	藏	明帝永平元年	徙置之于三辅	青海东部
同	迷唐部下降人	六千余口	同	和帝永元十三年	分徙汉阳、安定、陇西	同
同	迷唐之子	户不满数千	藏	安帝永初中来降		同

续表

部落名	首领	户口数	何族	归化年代	善后处置	其部落旧游牧地
同	迷唐之子	户不满数千	藏	安帝永初中来降		同
未详	号多	七千余人	同	安帝元初二年，降于护羌校尉庞参	赐号多侯印绶	同
西河虔人种羌		万一千口	同	四年冬，降于度辽将军邓遵		同
诸种		数千人	同	建光元年，降于护羌校尉马贤		同
烧当羌	麻奴	三千余户	同	延光元年，降于汉阳太守耿种	假金印紫绶，赐金银彩缯各有差	同
钟羌等	且昌	十余万人	同	顺帝阳嘉四年，降于凉州刺史		同
巩唐羌		二千余人	同	永和六年，降于武威太守赵冲		同
罕种		邑落五千余户	同	汉安元年，降于护羌校尉赵冲		同
诸种		三万余户	同	三年，降于凉州刺史		同
离楠狐奴等		五万余户	同	冲帝永嘉元年，降于左冯翊梁并		同
白马羌	楼登	五千余户	同	光武帝建武十三年降	封楼登为归义君长	广汉塞外
大牂夷种羌	造头	五十余万口	同	和帝永元六年内属	拜造头为邑君长，赐印绶	蜀郡徼外
宪六种	龙桥	万七千二百八十口	同	安帝永初元年内属		同
羌八种	薄申	三万六千九百口	同	永初二年内属		同
参狼宪		二千四百口	同	永初二年冬内属		广汉塞外

秦汉时代初年为汉族与蛮、夷、戎、狄混合之时，末年为匈奴、乌桓、鲜卑、氐、羌杂居中国内地之日，上承战国之终，下开五胡十六国之始，故其时代移民关系于种族盛衰兴亡者甚多，兹试列表于下，以供参考：

秦汉时代移民表　附表十二

年代	所移之民	户口数	何族	移居何地	今为何地	其地旧民	何族	根据何书
秦始皇二十六年	天下豪杰	十二万户	汉族	咸阳	陕西咸阳县	秦人	汉族	《史记·秦始皇本纪》
同　三十五年	谪徙民	五十万人	同	南海、桂林、象郡	广东、广西、越南北部	越人	越族	同
汉高帝时	齐楚大姓	十余万人	同	关中	陕西中部	秦人	汉族	《汉书·刘敬传》
汉武帝建元三年	东瓯全国民众	未详	越族	江淮间	江苏、安徽中部	舒、淮夷、汉人杂居	混血	朱熹《资治通鉴纲目》卷四
同　元狩二年	匈奴浑邪、休屠王部落	四万人	蒙族	陇西、北地、上郡、朔方、云中、五郡边外	察、绥、宁夏	汉、蒙杂居	同	同
同　三年	山东贫民	七十余万口	汉族	关西、朔方、新秦中	绥远、宁夏	同	同	同
同　元封元年	闽越全国民众	未详	越族	江淮间	江苏、安徽中部	舒、淮夷、汉人杂居	混血	同　卷五
汉武帝时约在元狩四年霍去病破匈奴后	乌桓全部落民众	同	满蒙混血	上谷、渔阳、右北平、辽东、辽西五郡塞外	热河南部、辽宁北部	汉、满、蒙杂居	同	《后汉书·乌桓传》
光武帝建武二十三年	廪君蛮雷迁等降人	七千余口	巴族	江夏	湖北东部	荆、汉人杂居	同	《后汉书·南蛮传》

续表

年代	所移之民	户口数	何族	移居何地	今为何地	其地旧民	何族	根据何书
同　二十四年	南匈奴全国民众	兵士四五万人，老幼妇女数未详	蒙族	北地、朔方、五原、云中、定襄、代郡、雁门边外	察、绥、宁夏	汉蒙杂居	同	朱熹《资治通鉴纲目》卷五
章帝章和元年	屈兰、储卑、胡都须等五十八部	二十万口	越族	云中、五原、朔方、北地	察、绥及甘肃东部	汉蒙杂居	混血	《后汉书·南匈奴传》
和帝	廪君蛮许圣等降人	未详	巴族	江夏	湖北东部	荆汉杂居	混血	《后汉书·南蛮传》

凡例

一、汉族内地移民，与同化种族无关系者不书。

二、异民族归化，而不移出故地者不书。

三、异民族归化，不载户口数者不书。

备考

按《后汉书·南匈奴传》：和帝永元二年，窦宪大破北匈奴时，南匈奴党众最盛，领户三万四千，口二十三万七千三百，胜兵五万一百七十。永元二年为西历纪元九十年，至西晋惠帝永兴元年为西历纪元三百零四年，刘渊自称汉王，相距凡二百一十四年，南匈奴人口至少已逾数百万矣。

第四章

汉族第二次蜕化时代　三国两晋南北朝

汉族第二次蜕化，在三国两晋南北朝时代，其新加入之血统有六：曰匈奴，曰乌桓，曰鲜卑，曰氐，曰羌，曰巴氐。匈奴之大部落有四：曰新兴刘氏，为前赵之祖；曰武乡石氏，为后赵之祖；曰新兴赫连氏，为夏之祖；曰张掖沮渠氏，为北凉之祖；乌桓之大部落有四：曰上谷难楼，辽西丘力居，辽东苏仆延，右北平乌延；鲜卑之大部落有六：曰辽东慕容氏，为前燕、后燕、西燕、南燕及吐谷浑之祖；曰辽西段氏；曰辽西宇文氏，后为北周之祖；曰代郡拓跋氏，为后魏之祖；曰陇西乞伏氏，为西秦之祖；曰河西秃发氏，为南凉之祖；氐之大部落有三：曰略阳杨氏，为仇池之祖；曰略阳苻氏，为前秦之祖；曰略阳吕氏，为后凉之祖；羌之大部落曰南安姚氏，为后秦之祖；巴氐之大部落曰巴西宕渠李氏，为成之祖，是为五胡十六国及北朝之创始者。匈奴、乌桓、鲜卑之前身，为春秋时代之北狄，氐羌之前身，为春秋时代之西戎，北狄、西戎之杂居中国者，在战国末年，已完全同化于汉族，匈奴、乌桓、鲜卑系北狄同族子孙，氐、羌系西戎同族子孙，东汉时代，新从塞外移至中国者，非其直系苗裔；巴氐为春秋时代巴人之后，系苗藏混血族，始终杂居中国者，乃南蛮、西戎之直系苗裔也。兹述其事迹如下。

五胡十六国多非汉族，兹试将其民族、姓名、疆域、传世多寡、兴亡年代列表于下，以供参考：

五胡十六国兴亡一览表

附表十三，据《晋书·张轨传》，《李玄盛传》，前赵以下各国载记，《魏书·刘虎传》。

民族	今为何族	始祖	何种语姓名	国名	国都	盛时领土	兴亡年代	传世	年数	灭亡于何国何人
匈奴	蒙	刘渊	汉语姓名	汉（后改赵）	平阳，后迁长安	燕晋豫秦四省各一部	三〇四至三二九	和，聪，粲，曜，熙	二六	后赵
		沮渠蒙逊	匈奴语姓名	凉（史称北凉）	张掖	甘肃河西之一部	三九七至四三九	牧犍	四三	后魏
		刘虎	刘虎汉语，以下各代之名皆匈奴语	无	无	山西边外及绥远		务桓，阏头，悉勿祈，卫辰	八四	后魏
		赫连勃勃	赫连勃勃匈奴语，以下二代名汉语	夏	统万	陕西、绥远	四〇七至四三一	昌，定	二五	后魏及吐谷浑
羯		石勒	汉语姓名	赵（史称后赵）	邺	中国北部	三一九至三五一	弘，虎，世，遵，鉴，祗	三三	冉闵
鲜卑	满蒙混血	慕容廆	鲜卑姓汉名	燕（史称前燕）	蓟，后迁邺	燕齐晋豫四省及辽宁之一部	三二一至三七〇	皝，俊，暐	五〇	前秦
		慕容垂	同	燕（史称后燕）	中山	燕晋二省及豫齐辽宁之一部	三八三至四〇八	宝，盛，熙，云	二六	北燕
		慕容冲	同	燕（史称西燕）	长安，后迁长子	山陕二省之一部	三八五至三九四	觊，瑶，忠，永	一〇	后燕
		慕容德	同	燕（史称南燕）	广固	山东及河南之一部	三九八至四一〇	超	一三	晋
		乞伏国仁	鲜卑语姓名	秦（史称西秦）	苑川	甘肃西南部	三八五至四三一	乾归，炽磐，暮末	四七	夏
		秃发乌孤	同	凉（史称南凉）	西平	甘肃西部	三九七至四一四	利鹿孤，傉檀	一八	西秦
		段务勿尘	汉姓鲜卑名	辽西	令支	辽宁辽河西部至河北东北境		疾陆眷，涉复辰，末柸，牙，辽	二五	前燕、后赵

续表

民族	今为何族	始祖	何种语姓名	国名	国都	盛时领土	兴亡年代	传世	年数	灭亡于何国何人
鲜卑	满蒙混血	拓跋猗庐	鲜卑语姓名	代	盛乐，后迁平城	山西北部及察哈尔	三〇七至三七六	猗庐，郁律，贺傉，纥那，翳槐，什翼犍	七〇	前秦
		宇文普回	同	无		热河		莫那，侯豆归	不详	前燕
巴氐	苗	李特	汉语姓名	成（后改汉）	成都	四川省	三〇四至三四七	流，雄，班，期，寿，势	四四	晋
氐	藏	杨茂搜	同	仇池		甘肃东南部		八传为苻坚所灭，后复立，又十一传	七六	后魏
		苻洪	同	秦（史称前秦）	长安	中国北部及西南部	三五一至三九四	健，生，坚，丕，登，崇	四四	西秦
		吕光	同	凉（史称后凉）	姑臧	甘肃西北及新疆东部与宁夏	三八六至四〇三	绍，纂，隆	一八	后秦
羌		姚弋仲	同	秦（史称后秦）	长安	陕甘河南三省	三八四至四一七	襄，苌，兴，、泓	三四	晋
汉	汉	张轨		凉（史称前凉）	姑臧	甘肃西北部及新疆东部与宁夏	三〇一至三七六	寔，茂，骏，重华，耀灵，祚，玄靓，天锡	七六	前秦
		李暠		凉（史称西凉）	敦煌	甘肃西北部	四〇〇至四二〇	歆	二一	北凉
		冯跋		燕（史称北燕）	和龙	河北东北部、辽宁西南部、热河南部	四〇九至四三五	弘	二八	后魏

说明

一、匈奴刘卫辰即夏赫连勃勃之父，实为一系，十六国中有夏，无匈奴刘氏。兹为明了系统起见，特并录之。

二、辽西段氏为晋室忠臣，不在十六国之内。兹为明了当时局面起见，特并录之。

三、代拓跋氏为后魏先人，热河宇文氏为北周先人，不在十六国之内。兹为明了当时局面起见，特并录之。

四、仇池杨氏虽五胡之氐人出身，但不在十六国之内。兹为明了当时局面起见，特并录之。

五、张轨、李暠系汉族，在十六国之内而不列于五胡。冯跋系汉族，所承袭者为后燕领土，既非五胡，亦未另外算一国。兹为明了当时局面起见，特并录之。

第一节　匈奴血统之加入

一、前赵刘氏及后赵石氏　西汉末年，王莽篡位，匈奴乘中国内乱，侵略中国北边。光武帝中兴，匈奴又内乱，国分为二，一部分降汉，移居现在绥远五原县，史书上称之曰南匈奴。一部分留住漠北，与南匈奴互相攻击，史书上称之曰北匈奴。章帝章和元年（西历纪元八七年），鲜卑大破北匈奴兵，斩其优留单于，其部下屈兰等五十八部，口三十八万降汉。和帝永元初年，大将军窦宪伐北匈奴，大破其兵；北匈奴西走，辗转渡乌拉河，移入欧洲，侵略罗马帝国北境，据多瑙河下流流域，休养生息，是为后世匈牙利王国及当代匈牙利共和国之前身。南匈奴移至黄河套内，与汉族杂居，休养生聚百余年，户口逐渐繁衍；与编户大同，而不输贡赋，当时舆论恐其滋蔓难制，欲豫为之防。汉献帝建安二十一年（西历纪元二一六年），单于呼厨泉入朝于魏，魏王曹操以丞相资格当国，留之居邺（今河南安阳县），使右贤王去卑监其国，单于岁给绵绢钱谷，与列侯受同等待遇，子孙袭号。分其众为五部，各立其贵人为帅，选汉人为司马以监督之，居并州（今山西省及绥远）境内。南匈奴自谓其先本汉室之甥，因冒姓刘氏，是为西晋末年五胡乱华之祸首刘渊之祖。

东汉末年，中国大乱，群雄蜂起，割州据郡，互相残杀。经过三国至西晋，前后几及百年（汉灵帝中平元年，西历纪元一八四年，黄巾贼起。至晋武帝太康元年，西历纪元二八〇年，晋灭吴，天下一统。前后共九十七年），中国壮丁战死原野，老弱转乎沟壑，全国人口减去七分之六（东汉全盛时代，人口约五千三百万有奇，三国时代，仅七百万有奇）。晋室统一中国，一时中国内部，仍集权于中央；但裁撤军备过甚，平吴之年十一月，悉罢州郡兵，大郡置武吏百人，小郡五十人，于是对外之抵抗力，对内之弹压力骤弱。司马懿、师、昭、炎，祖孙父子，以曹魏世臣，欺人寡妇孤儿，狐媚以取天下，取之太易，故保持亦不肯尽力。司马炎平吴以后，选择吴宫妓妾五千人入宫，颇事游宴，怠于政事，荒于酒色，浸成痼疾。炎之嫡长子惠帝衷为人痴呆，尝在当时皇室离宫华林园中闻蛙鸣声，问左右曰："此鸣者为官乎？为私乎？”时天下荒馑，百姓多饿死。帝闻之曰：“何不食肉糜？”由是权在群下，政出多门，势力之家，更相荐托，有如互市。惠帝皇后贾南风，系贼臣贾充之女，荡妇贾午之姊，性妒忌多权诈，乘机盗弄国柄，骄恣专横，内行不修，弑太后杨氏，杀太子遹，翦除异己之大臣，激成八王之乱，宗室诸王互相攻击，互相残杀，中原鼎沸，全国瓦解。南匈奴酋长左贤王渊，系呼厨泉从孙，久居洛阳为质子，通经史，习骑射，乘西晋八王之乱，略取山西西部，自称汉帝，建都平阳。渊卒，子聪袭位，以从兄弟曜及生长现今山西武乡县匈奴别部之羯人石勒等为大将，先后攻陷洛阳、长安，弑晋怀、愍二帝，遂灭西晋。聪卒，子粲袭位，为部将靳准所弑。刘氏男女无少长皆见杀。当时刘曜为相国雍州牧，镇守长安，闻警，举兵讨内乱，因自立为帝，迁都长安，改国号赵，史称前赵。石勒为大将军、幽冀二州牧，镇守河北，闻警，引兵入山西赴难，讨准，斩之；旋与曜起冲突，自立为赵王，据有现在河北、山西等地，史称后赵。勒旋破曜，灭前赵，取河南西部、陕西中部及甘肃东部，复南侵东晋，取河南东部及淮北，于是黄河流域皆入于后赵。勒传六世，至从孙鉴，为部将冉闵所篡，尽灭石氏，残杀胡羯二十余万人，是为匈奴入中国后一大劫，鲜卑酋长慕容俊乘机由辽河流域西南下，入山海关，占领河北，南攻冉闵，大破其兵，杀闵，略取黄河下流流域，于是现在河北、山东、山西、河南境内，少数孑遗之匈奴人，皆在鲜卑势力范围之下，混合于汉族；而黄河上流绥远一带，犹为匈奴刘氏遗族所据。

二、夏赫连氏　赫连氏为匈奴右贤王去卑之后。先是东汉末年，魏王曹操当国，留南单于呼厨泉居邺，使右贤王去卑监其国。去卑卒，子猛袭爵，晋武帝泰始七年（西历纪元二七一年），叛走出塞，寇并州，为左部将所杀，从子虎代领其众，居新兴（今山西忻县）。刘渊叛晋，虎附于渊，渊以为楼烦公，屡与建都现在山西大同县，鲜卑酋长拓跋氏之代搆兵，皆为代所败。虎卒，子务桓立，求和于代，代王什翼犍以女妻之，自此以后，羁縻于代。传三世，至卫辰，称臣于建都现在陕西长安之氐族酋长前秦苻氏，请田于中国陕西边地，春来秋返，秦王坚许之。复求婚于代，什翼犍妻以公主。卫辰狡猾多变，介居秦、代之间，利用两大，使之互相牵掣。什翼犍屡自将击之，卫辰兵败，请降于秦。晋孝武帝太元七年（三八二年），引秦兵灭代。秦王坚分代为二部，以西部隶卫辰。卫辰屡与东部酋长、代王什翼犍故将刘库仁搆兵，为库仁所败。太元十一年（三八六年），什翼犍诸故将复奉什翼犍之孙珪为代王，取大同故地，与卫辰为敌。十六年（三九一年），卫辰遣子直力鞮以重兵攻珪，珪以轻兵击破之，乘胜追奔，自五原南济河，径人其国，卫辰部落骇散，卫辰出走，为其部下所杀。珪诛其宗党五千余人，卫辰少子勃勃亡奔长安，降于羌族建立之后秦。后秦王姚兴以勃勃为将军，配以杂虏（各族混合之称）二万余落，使镇朔方。勃勃旋叛后秦，自称大夏天王，筑都城于朔方黑水之南，名曰统万（故城在今陕西横山县）。自谓其祖从母姓刘，非礼，改姓赫连氏。晋安帝义熙十三年（西历纪元四一七年），宋武帝刘裕为晋大将，以晋兵灭后秦，留其十二岁之次子义真为安西将军，守长安，而使诸大将王修、王镇恶、沈田子等为幕僚以佐之。田子与镇恶争权，矫裕令杀镇恶；修讨田子，诛之；义真信谗，复杀修；关中大乱。勃勃乘机袭陷长安，败晋兵，逐义真，自称皇帝。宋文帝元嘉二年（西历纪元四二五年），勃勃殂，子昌立，魏太武帝焘乘机西侵，袭破统万，昌奔上邦（县名，故城在今甘肃天水县西南），为魏追兵所执。弟定自立为帝，西攻南安（郡名，故城在今甘肃陇西县渭水北），灭鲜卑酋长乞伏氏之西秦。旋自治城济河，欲击建都于现在甘肃张掖县之匈奴酋长北凉王沮渠蒙逊。鲜卑慕容氏之别部酋长吐谷浑王慕蒗方据有青海，遣兵乘其半济邀击之，大破其兵，执定，送于魏，夏亡。匈奴刘氏无复尺土，独其别部沮渠氏犹在。

三、北凉沮渠氏　北凉王沮渠蒙逊本匈奴酋长沮渠王后，世居张掖（县名，属今甘肃），事占领现在甘肃北部之氐族酋长后凉王吕光。晋安帝隆安元年（西历纪元三九七年），举兵叛后凉，推建康（郡名，故城在今甘肃高台县）太守段业为盟主，旋弑业，自称凉州牧、张掖公，史称北凉。乘后凉之衰，屡东向扩张领土。又灭西凉李氏，并吞酒泉以西。复破鲜卑酋长南凉秃发氏，徙据姑臧（今甘肃武威县）。夏亡后，东与后魏接境，称臣纳质人贡于魏，魏拜蒙逊都督凉州西域羌戎诸军事，凉州牧，封凉王。蒙逊殂，子牧犍立，后魏太武帝以妹武威公主妻之。旋与后魏构兵，宋文帝元嘉十六年（西历纪元四三九年），为魏所灭，黄河上流流域皆入于后魏，甘肃绥远境内匈奴遗族皆在鲜卑拓跋氏势力范围之下，被同化于汉族。

前赵先世世系表一

附表十四，据《汉书·匈奴传》、《后汉书·南匈奴传》。

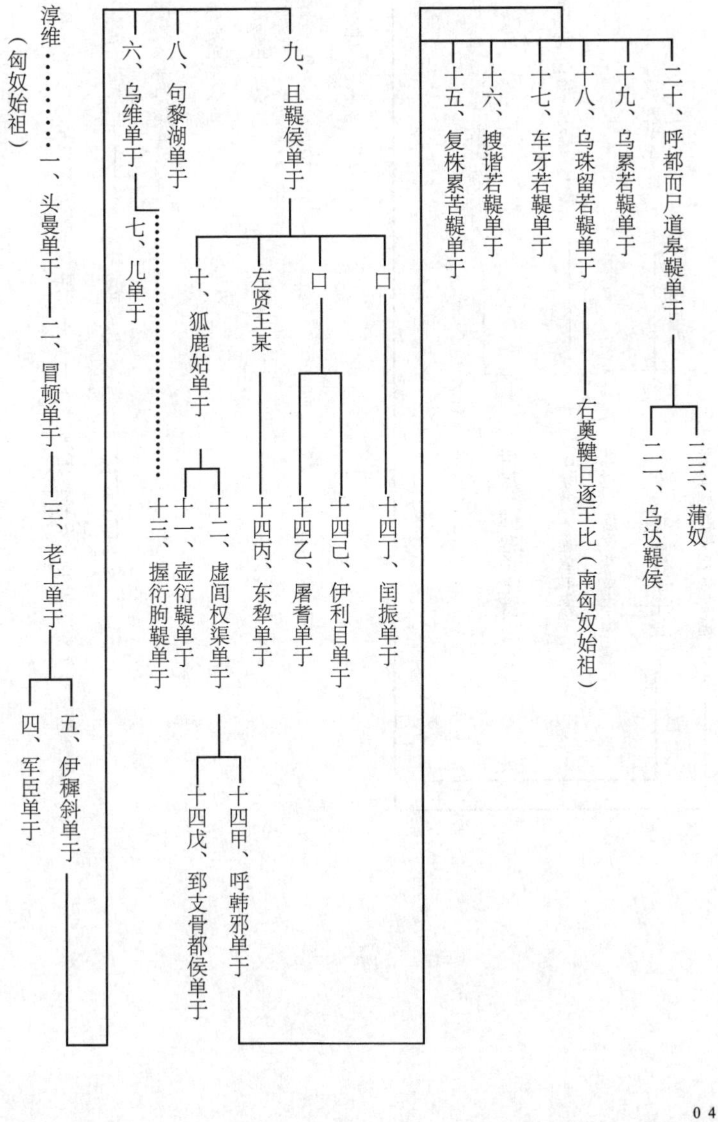

前赵先世世系表二

附表十五，据《后汉书·南匈奴传》、《晋书·刘元海载纪》。

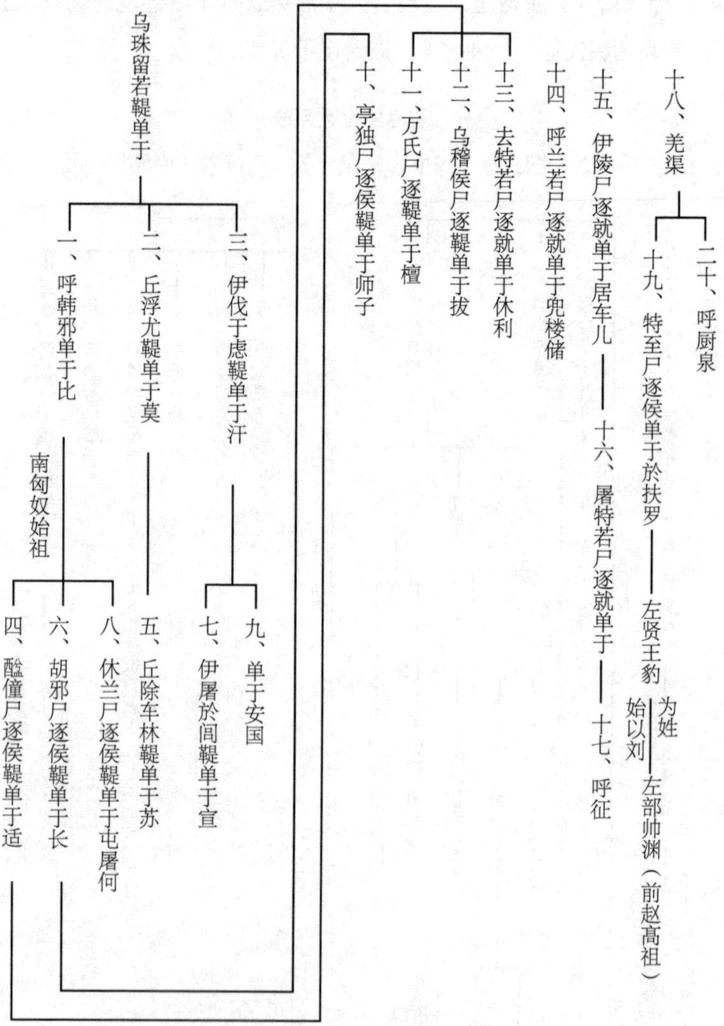

前赵世系表

附表十六。匈奴刘氏，初号汉，传五世二十六年，为后赵所灭。

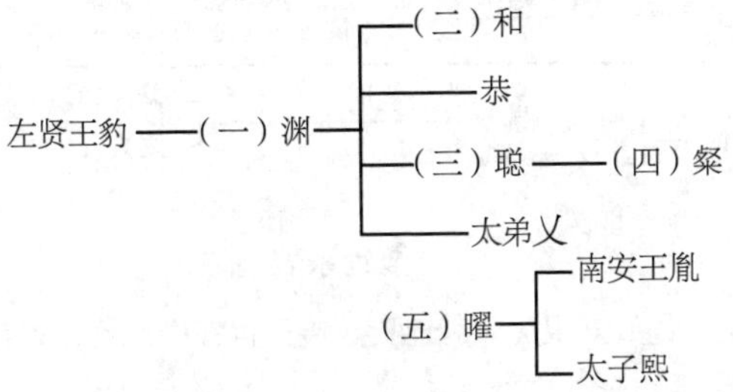

后赵先世世系表

附表十七，据《晋书·后赵载记》、《魏书·羯胡石勒传》。

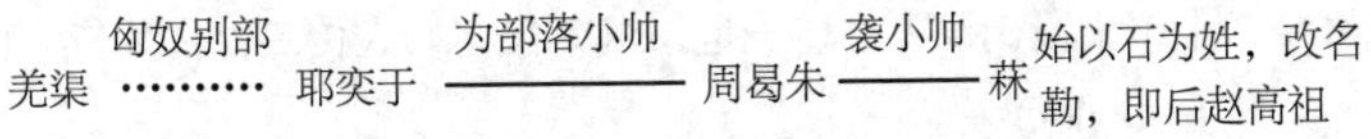

后赵世系表

附表十八。匈奴石氏，传七世三十二年，为冉闵所灭。

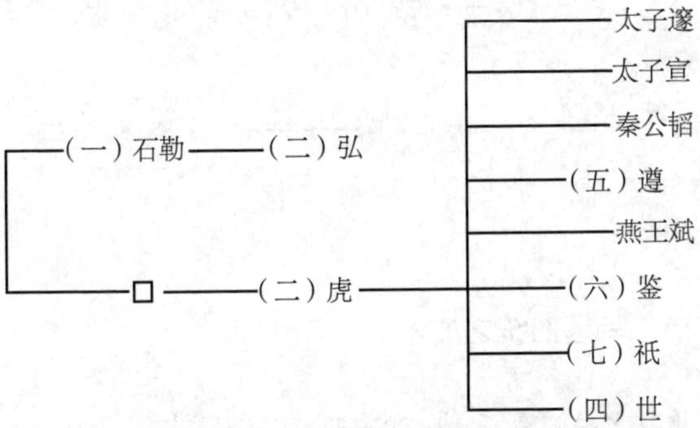

夏先世世系表

附表十九，据《魏书·铁弗刘虎传》。

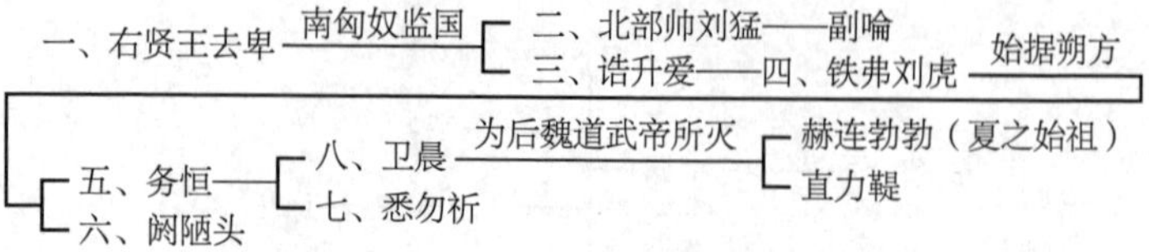

夏世系表

附表二十。匈奴刘卫辰，赫连氏。传三世二十五年，为吐谷浑所灭。

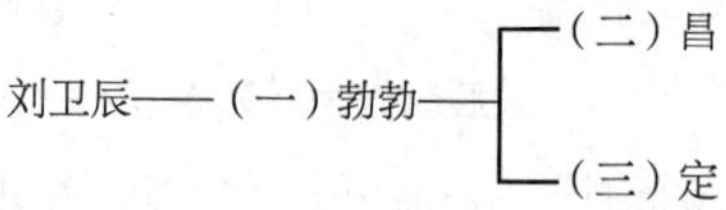

北凉世系表

附表二十一。段氏汉人，传一世，沮渠氏匈奴人传二世，共传三世三十九年，为后魏所灭。

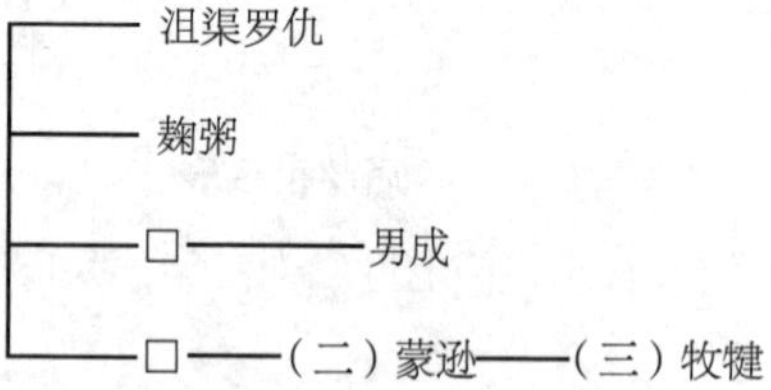

西凉世系表

附表二十二。据《晋书·凉武昭王传》，汉人，李氏。传二世二十二年，为北凉所灭。

第二节　乌桓血统之加入

中国北方之民族有三：曰通古斯族，曰蒙古族，曰突厥族。突厥族与汉族之接触，始于前汉初年之大月氏、乌孙。通古斯族、蒙古族与汉族之接触，则远在有史以前，时代无由推定。蒙古族之起源地，在现在外蒙古中部图拉河、鄂尔浑河、薛灵哥河流域，通古斯族之起源地，在现在长白山下乌苏里江、松花江流域。两地皆苦寒，农产物缺乏，两民族为天然现象所驱，常思逐渐南下，经过数千百年，遂移到现在万里长城近旁，血统逐渐混合，成为一种新民族。代表此新民族者，在战国末年，有二大部落。一部落在西方，据有现在绥远及阴山北一带，以蒙古族为主要血统，史书上称之曰匈奴。一部落在东方，据有现在热河及辽宁西北、黑龙江西南境，以通古斯族为主要血统，史书上称之曰东胡。此二部落在战国末年即时常起冲突，西汉初年，匈奴冒顿单于灭东胡，东胡遗族东走，一保乌桓山（在现在内蒙古阿鲁科尔沁西北一百四十里，俗名乌联山），一保鲜卑山（注见下节），因以地名为族号。乌桓领土在鲜卑南方，占领现在辽河上流西喇木伦、老哈木伦流域，旧常臣服匈奴。汉武帝时，骠骑将军霍去病攻匈奴东部，乌桓请降，朝廷徙其部落于上谷（今察哈尔口北十县）、渔阳（今河北北部）、右北平（今河北北部，热河东南部）、辽东（今辽宁东南部）、辽西（今辽宁西南部）五郡塞外，为汉侦察匈奴动静，置护乌桓校尉监领之，是为乌桓南迁之始。其后休养生息，部众渐强，昭帝元凤三年（西历纪元前七八年），举兵叛汉，汉遣将击破之。新莽及光武时，复屡次南侵，代郡（今山西代县）以东，尤被其害，其居止近塞。朝发穹庐，暮至城郭，五郡民庶，家受其辜，朝廷屡发兵击之，不克。

东汉初年，匈奴内乱，乌桓乘势击破之，匈奴走外蒙古，漠南空虚。光武帝以币帛赂乌桓，其大人等皆来降，诏封其渠帅为侯、王、君、长者八十一人，皆居塞内，布于缘边，为汉侦候，助击匈奴。复置护乌桓校尉于上谷宁城（今察哈尔万全县），以监领之，开府营田，岁时互市。历明帝、章帝、和帝三代，与中国相安无事。

安帝即位，乌桓复叛，与鲜卑及南匈奴连兵寇边，朝廷遣兵击破之。自此以后，时叛时服，东北骚然。灵帝初，乌桓大人上谷有难楼者，众九千余落，辽西有丘力居者，众五千余落，皆自称王。辽东苏仆延，众千余落，自称峭王。右北平乌延，众八百余落，自称汗鲁王。前中山太守张纯叛入丘力居众中，诸部奉之为帅，屡寇河北、山东诸郡，幽州牧刘虞遣客刺杀纯，其祸乃已。献帝初平中（西历纪元一九〇至一九三），丘力居死，子楼班年少，从子蹋顿有武略，代立。冀州牧袁绍与前将军公孙瓒争幽州，蹋顿发兵助绍击瓒，破之，绍矫制，赐蹋顿、难楼、苏仆延、乌延等以单于印绶。后楼班年长，难楼、苏仆延等，奉楼班为单于，以蹋顿为王，然蹋顿犹秉计策。袁绍卒后，曹操发兵争河北，绍子熙、尚兵败，奔蹋顿，欲凭借其势力恢复河北。建安十二年（西历纪元二〇七年），操自将征乌桓，大破蹋顿于柳城（今热河凌源县），斩之，首虏二十余万人，其余众万余落悉徙居中国。自此以后，乌桓势力不复振，其遗族大半同化于汉族。

第三节　鲜卑血统之加入

一、檀石槐　鲜卑亦东胡苗裔，东胡亡后，走保鲜卑山（在今内蒙古科尔沁右翼西三十里，土人呼为蒙格），附属于匈奴。其地远在热河北部，南与乌桓接境，故未尝通中国。光武帝时，匈奴强盛，屡率鲜卑寇抄北边，辽东太守祭肜大破之，穷追出塞，鲜卑震慑，其都护偏何率种人来降，屡为汉击北匈奴及乌桓，有功，朝廷厚遇之，鲜卑悦服，其大人皆来归附，并受赏赐，每年由青、徐二州给与钱二亿七千万，历明、章二帝，保塞无事。

和帝永元初年（西历纪元八九年），大将军窦宪击破北匈奴，北单于遁走阿尔泰山西，辗转西下，移入东欧。汉廷既不使南单于北归漠北之单于庭，复不派兵屯田漠北，经营其地使被汉化，外蒙古境内空虚，鲜卑乘势北下占领其地，匈奴余种留者尚有十余万落，皆降于鲜卑，鲜卑由此渐盛。屡寇东北诸郡，杀掠人畜无算。桓帝时代，其大人檀石槐在位，勇健有智略，诸部推为共主，立庭于弹汗山（在今察哈尔张北县附近）歠仇水上，去高柳（故城在今山西阳高县）北三百余里。南抄中国之缘边，北拒贝加尔湖近傍突厥民族之丁零，东却吉林西境之扶馀，西击天山北路之乌孙，尽据匈奴故地，鲜卑势骤张。自分其地为三部，各置大人领之。朝廷患其强，遣使持印绶，封为王，欲与和亲，檀石槐不肯受，屡寇河北、山西北部，沿边胥受其祸，朝廷发兵三路击之，皆败绩，失亡甚众。灵帝初年（西历纪元一六八年），檀石槐卒，子和连代立，出攻北地（今甘肃东部），中流矢卒。子骞曼幼，兄子魁头代立。后骞曼年长，与魁头争国，众遂离散，复分为若干部落。

二、燕慕容氏　三国时代，中国内部分裂，汉族互讧者六十余年，无暇注意外族，鲜卑各部落乘势暗长潜滋，养势力于塞外。晋室统一中国，一时中国境内，仍集权于中央，而对外之抵抗力骤弱；南匈奴遗族刘氏乘机叛乱，略取黄河中流流域，自称汉帝，灭西晋之帝室。于是鲜卑酋长慕容氏据辽东，段氏据辽西，宇文氏据热河，拓跋氏据察哈尔，与匈奴刘氏、石氏竞争黄河流域。慕容氏累代多英主，并吞段氏、宇文氏领土，建国号曰燕，称燕王。复灭后赵石氏，略取黄河中流、下流流域，称皇帝，是为前燕。其第一代君主廆之庶长兄吐谷浑分部西下，略取甘肃西南部洮水以西及青海东部，自立为河南王，是为吐谷浑王国。氐族之前秦苻氏勃兴，凭借陕西为根据地，略取黄河流域全土，灭前燕，徙慕容氏之族于长安。晋孝武帝太元八年（西历纪元三八三年），前秦王苻坚大举兵南侵晋，战于现在安徽寿县境内之淝水，为晋大将谢石、谢玄叔侄所败，各国遗民乘机蜂起叛秦，秦室瓦解。前燕第二代君主皝之子垂起兵据河北，奠都中山（今河北定县），自称皇帝，是为后燕。前燕第三代君主俊之子冲起兵略关中，破长安，称皇帝，是为西燕。冲为其下所弑，五传而至慕容永，移据长子（今山西长子县），将与后燕争河北。晋孝武帝太元十九年（西历纪元三九四年），后燕主垂灭西燕，杀永，于是现今山西中部、南部皆入于后燕。而拓跋氏之代王珪，已取现今察哈尔、绥远全部及山西北部，遂南下侵略后燕西境。

前燕先世世系表

附表二十三，据《晋书·前燕载记》、《魏书·吐谷浑传》。

率义王步摇（讹为慕容）莫护跋——左贤王木延——鲜卑单于涉归——
河南王吐谷浑（吐谷浑之祖）
辽东公廆——燕王皝——俊（前燕烈祖）

前燕世系表

附表二十四。鲜卑慕容氏，自廆称辽东公起，传四世五十年，为前秦所灭。

涉归—吐谷浑
涉归—（一）廆
（一）廆—翰
（一）廆—（二）皝
（一）廆—仁
（一）廆—昭
（二）皝—（三）俊
（二）皝—太原王恪
（二）皝—吴王垂（后为后燕）
（二）皝—范阳王德（后为南燕）
（二）皝—宜都王桓——凤
（三）俊—（四）暐
（三）俊—济北王泓
（三）俊—中山王冲（后为西燕）

后燕世系表

附表二十五。鲜卑慕容氏，传五世二十六年，为北燕所灭。

皝——（一）垂—（二）宝——（三）盛
（一）垂—赵王麟
（一）垂—（四）熙（五）高云（熙之养子）

西燕世系表　附表二十六

俊—济北王泓——（五）忠
俊—（一）冲——（四）瑶
（二）叚随
（三）宜都王子簟
（六）德

南燕世系表

附表二十七。鲜卑慕容氏，传二世十二年，为晋所灭。

皝—纳——（二）超
皝—（一）熙

段氏世系表　附表二十八

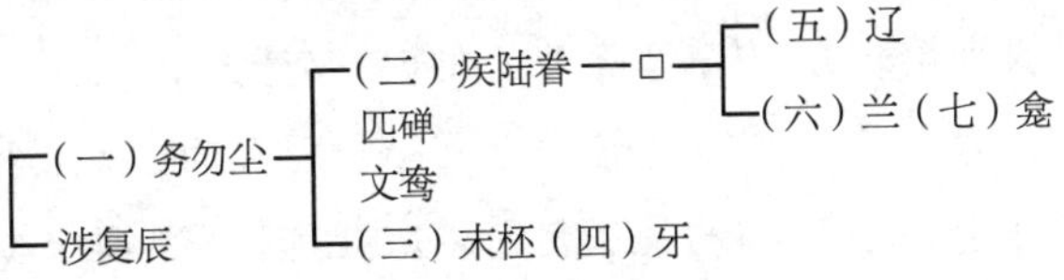

吐谷浑世系表　附表二十九

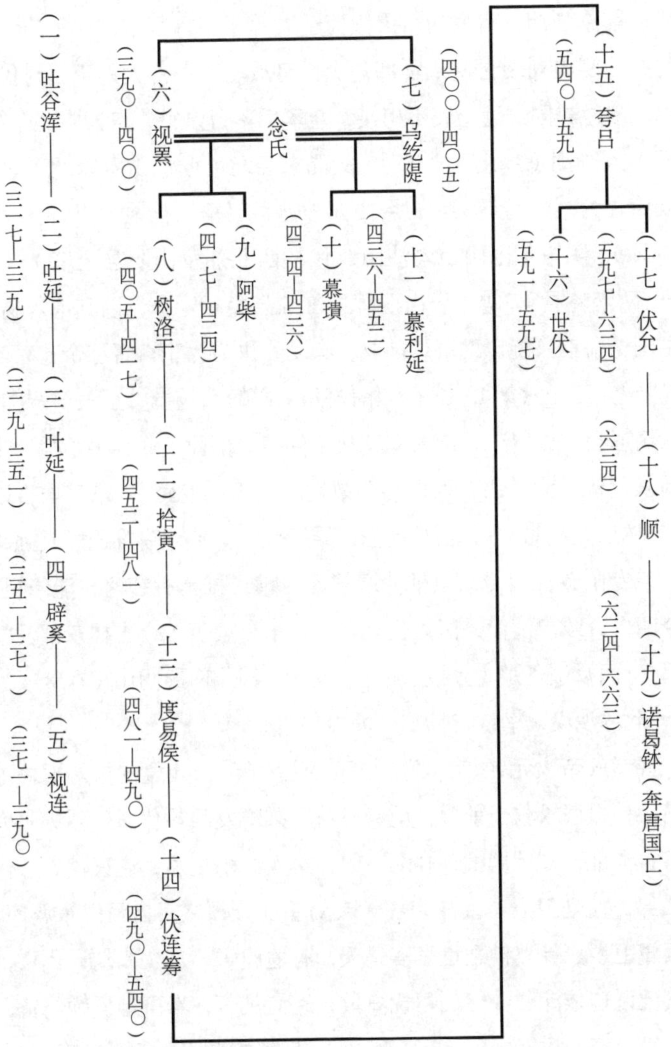

三、后魏拓跋氏　拓跋氏旧居外蒙古东部鄂嫩河、克鲁伦河流域，其俗辫发为饰，史书称其部落曰索头。至酋长毛，始强大，统国三十六，大姓九十九。传五世至酋长推寅，南迁大泽。又七世至酋长邻，分部众为十族。邻老，子诘汾立，南迁匈奴故地。诘汾卒，子力微立，移居定襄之盛乐（今绥远归绥县），始遣长子沙漠汗入贡于魏，因留为质子。力微卒，四传而至禄官，分其国为三部，登庸中国人才，汉族附者稍众。禄官从子猗㐌时为分国首领，助晋并州刺史东嬴公腾讨前赵刘渊，有战功，诏假猗㐌大单于。禄官卒，兄子猗卢立，助晋并州刺史刘琨讨匈奴别部刘虎，有战功，诏拜大单于，封代公。猗卢以封邑去国悬远，民不相接，乃率部落万余家，自云中（今绥远东部）入雁门（今山西北部），从琨求陉北（今恒山脉以北）之地。琨欲倚之为援，乃徙楼烦（今山西神池、五寨二县地）、马邑（今山西朔县）、阴馆（今山西勾注山北代县西北部及山阴县全境）、繁畤（今山西繁畤县）、崞（今山西崞县）五县民于陉南，以其地与猗卢，于是国势益盛。旋以助琨讨前赵，有功，进爵为王。晋愍帝建兴四年（西历纪元三一六年），长子六脩作乱，弑猗卢，猗㐌之子普根起兵讨杀六脩而自立，寻卒，国人立其从弟郁律。郁律英武，善用兵，击匈奴酋长刘虎，大破之，西取乌孙故地（今天山北路），东兼勿吉以西（今吉林黑龙江等地），士马精强，雄于北方。猗㐌妻惟氏嫉其强，弑之，自专国政。四传而至郁律之子什翼犍，雄勇有智略，能修祖业，号令明白，政事清简，国人安之。于是东自灭貊（今吉林东部及朝鲜北部），西及破落那（今俄领中亚费尔干省），南距阴山（在今绥远北境），北尽沙漠，率皆归服。

晋孝武帝太元元年（西历纪元三七六年），什翼犍与刘虎之孙卫辰搆兵，卫辰求救于前秦，前秦王苻坚乘衅发兵攻代。什翼犍之庶长子宴君作乱，弑什翼犍，并杀诸弟，秦人讨杀宴君，遂灭代。分代地为二部，使刘卫辰与代故南部大人刘库仁分领之，自河以东属库仁，以西属卫辰。什翼犍之世子宴早夭，有遗腹子曰珪，尚幼，代亡，珪母贺氏以珪依库仁。库仁招抚离散，恩信甚著，奉事珪恩勤周备，不以废兴易意。太元九年（三八四年），后燕主慕容垂起兵叛秦，攻邺，前秦守将请救于库仁。库仁击后燕兵，败之，将大发兵救邺，为后燕降人慕舆文所刺，弟头眷代领其众，子显复弑头眷而自立，谋害珪，珪奔贺兰部，依其舅贺讷。太元十一年（三八六年），讷与诸部大人复奉珪为代王，都盛乐，于是代绝十年而复续。旋改国号曰魏，史称后魏，是为中国北朝之始。刘显地广兵强，雄于北方，珪乘其兄弟乖争，击灭之。复西攻刘卫辰，卫辰败走，为其下所杀，珪遂灭其国，于是现今察绥二省及山西北部复入于魏。珪以后燕主垂衰老，太子宝暗弱，子弟用事，阴有图燕之志。太元二十年（三九五年），侵逼附塞诸部，燕遣太子宝将兵击之，战于参合陂（在今山西阳高县东北边墙外），燕兵大败，死者甚众。次年，垂自将击魏，破之，还至上谷（今察哈尔口北十县）而卒，宝即位。宝素庸愚，士民失望。魏王珪乘隙自将击燕，连破并州（今山西南部）、冀州（今河北西南部、河南北部）诸郡，遂围其都城中山。宝惧，率皇族近臣奔龙城（今热河朝阳县），于是现在河北、山西及河南北部皆入于魏。宝旋为其下所弑，传子盛，弟熙及熙养子高云，皆不得令终，将军冯跋遂自立，慕容氏之统中绝，皇室归于汉族。自此以后，史称北燕。跋传一世至弟弘，为魏所灭，于是现在辽宁辽河以西及热河南部皆入于魏。宝叔父德率燕遗民南渡河，侵略晋室领土，尽取现在山东全省，自称皇帝，史称南燕。德卒，传其兄子超，为晋大将刘裕所灭，慕容氏之系绝。独吐谷浑之子孙世据青海，与中国北朝相持，传十九世，三百四十七年，至唐高宗龙朔三年（西历纪元六六三年），始为西藏境内图伯特族之吐蕃所逼。其遗族奔唐，唐处之灵州（今宁夏），仍可汗故号，传四世，为吐蕃所逼，移居朔方河东（今绥远东部）。唐德宗贞元十四年，以慕容复袭位，复卒，停袭，慕容氏之封爵从此遂绝，其遗族皆同化于汉族。然犹保存其特别部落，至后五代时，犹有相当势力，梁晋虎争之际，往往利用其势力，使之牵掣敌国云。

后魏先世世系表

附表三十，据《魏书·序记》、《北史、魏本纪》。

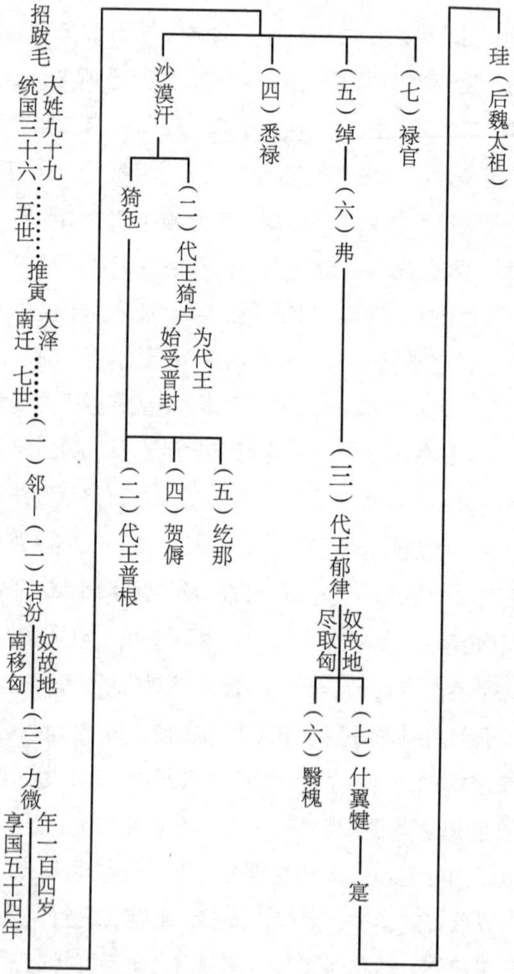

魏世系表

附表三十一。拓跋氏，后改姓元氏，自道武帝至孝庄帝，凡传九世一百四十五年，分为东西。东魏传一世十七年，为北齐所篡；西魏传四世二十五年，为北周所篡。

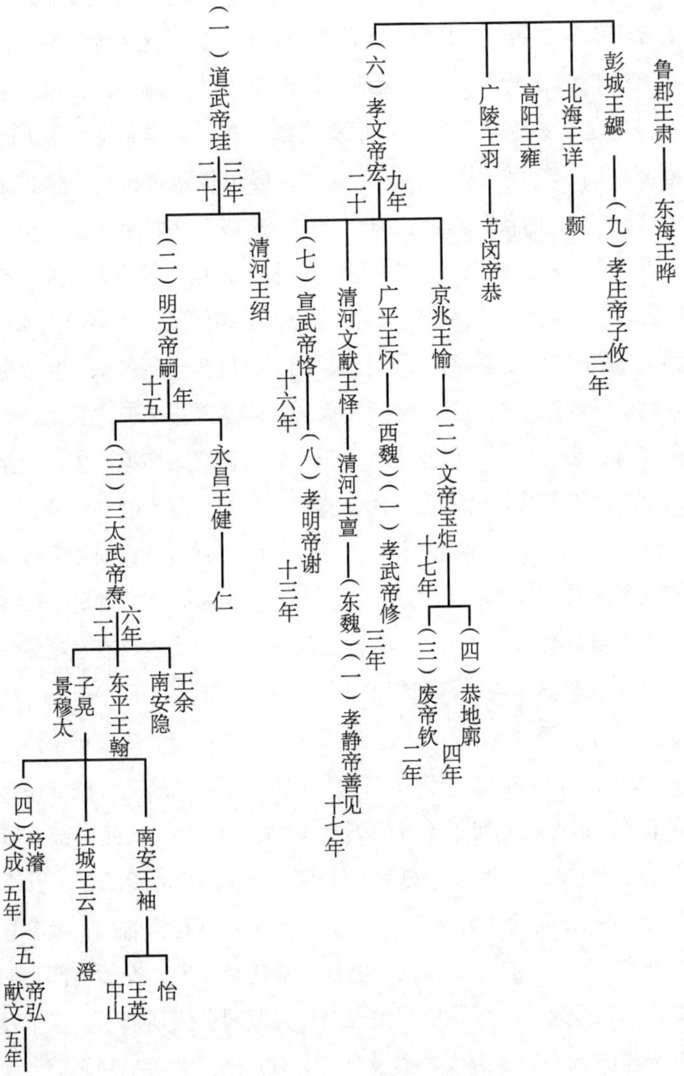

北燕世系表

附表三十二。汉人冯氏，传二世二十八年，为后魏所灭。

┌—（一）冯跋——翼
└—（二）冯弘——崇

四、西秦乞伏氏及南凉秃发氏　以上所举，为慕容氏及拓跋氏部落混合于汉族之始末。其年代大体在两晋时代，其区域大体在黄河中流、下流流域，至于黄河上流流域，则除去吐谷浑外，鲜卑之部落尚多。先是曹魏末年，安西将军邓艾镇陇右，纳鲜卑降人数万，置于雍凉之间，与民杂居。有乞伏氏者，居于陇西之苑川（今甘肃金县）。前秦衰亡时代，其酋长国仁，乘机略取现在甘肃中部，自立为苑川王，史书称之曰西秦。传四世至暮末，为夏主赫连定所灭。有秃发氏者，世居河西。晋武帝时，其酋长树机能作乱，攻秦州（今甘肃南部），杀刺史，复陷凉州（今甘肃北部），旋为晋所讨杀，从弟务丸代领其众。传三世至乌孤，雄勇有大志，遂乘前秦末年之骚乱，略取现在青海省会之西宁，自立为西平王，史书称之曰南凉。传二世至溽檀，为西秦王乞伏炽磐所灭，西秦旋灭于夏，夏复为吐谷浑所灭，其故地皆入于魏。于是现在河北、山西、陕西、甘肃、察哈尔、绥远与辽宁西部、热河南部，皆为拓跋氏所有，史称北朝。北朝历代多英主，进兵侵略淮水、汉水及扬子江上流流域，与代表汉族之南朝争霸于中原。南朝屡战屡败，宋营阳王初年（西历纪元四二三年），失河南；宋明帝初年（四六六年），失山东及淮北；齐明帝末年（四九八年），失沔北（今湖北北部）；东昏侯初年（五〇〇年），失淮南（今安徽北部）；梁武帝初年（五〇五年），失汉中（今陕西南部）晚年（五四九年），失江北（今安徽、江苏中部）；梁元帝二年（五五三年），失四川；三年（五五四年），失湖北；陈室建国时代，南朝只余现在湖南、江西、广东、广西、浙江、福建及江苏、安徽南部，约当中国本部三分之一。于是鲜卑民族之势力范围扩张到淮水、汉水及扬子江上流流域。后魏历代君主多崇拜中国文化，太武帝焘好道，孝文帝宏好儒，文成帝濬、献文帝弘、宣武帝恪、孝明帝诩与献文帝之太后冯氏、孝明帝之太后胡氏皆好佛；累朝提倡中国文化，不遗余力，自皇族贵族起，首先同化于汉族。于是鲜卑民族全体从风而靡，文化程度骤然发达，国民性逐渐消灭。

西秦先世世系表

附表三十三，据《晋书·乞伏国仁载记》。

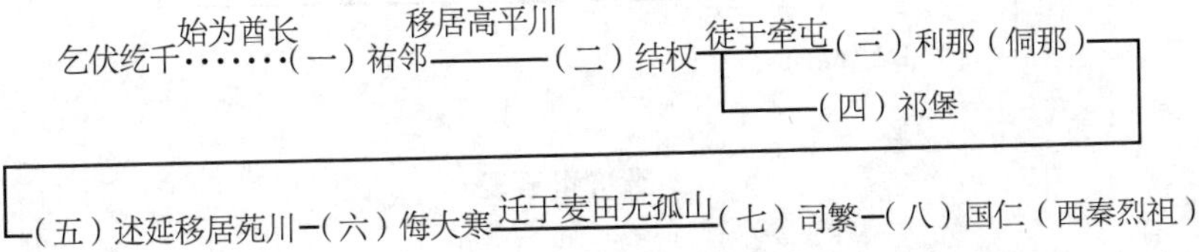

西秦世第表

附表三十四。鲜卑乞伏氏，传四世四十六年，为夏所灭。

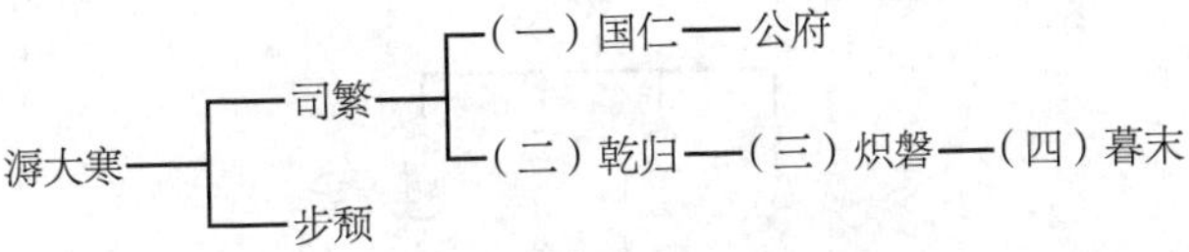

南凉先世世系表

附表三十五，据《晋书·南凉载记》、《魏书·秃发乌孤传》。

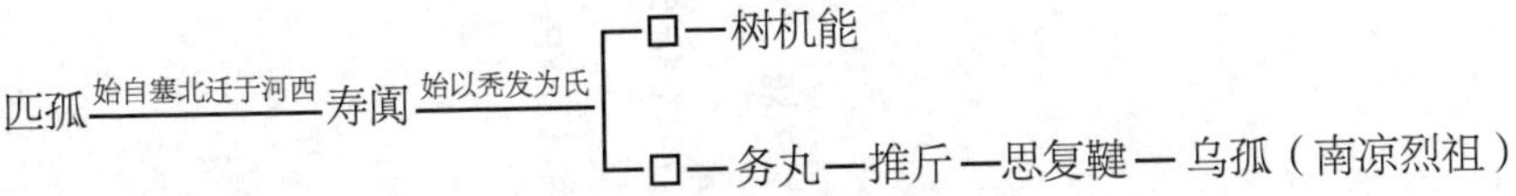

南凉世系表

附表三十六。鲜卑秃发氏，传三世十八年，为西秦所灭。

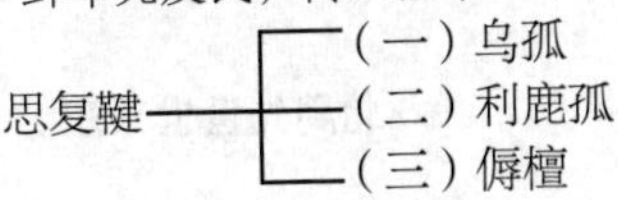

五、北齐高氏及北周宇文氏　后魏晚年，国分为二，东魏灭于北齐，西魏灭于北周。北齐皇室高氏，北周皇室宇文氏，血统虽俱为鲜卑民族，然文化仍承袭汉民族。其后北齐灭于周，周灭于隋，隋复灭于唐，名义上的血统虽仍为汉民族，然事实上隋唐皇室皆杂有鲜卑血统，非纯粹汉族。自此以后，在中国境内之鲜卑民族皆同化于汉族，惟移居西伯利亚之一部分为例外。

北齐先世世系表

附表三十七，据《北齐书·神武纪》、《北史·齐本纪上》。

晋玄菟太守高隐—庆—泰—魏右将军湖—魏侍御史谧—树—欢（北齐高祖）

北齐世系表

附表三十八。高氏自文宣帝至后主，凡传五世二十八年，为北周所灭。

神武帝欢
- 文襄帝澄
- （一）文宣帝洋（十年）—（二）废帝殷
- （三）孝昭帝演（一年）—乐陵王百年
- （四）武成帝湛（四年）—（五）后王纬（十三年）—幼主恒

北周先世世系表

附表三十九，据《周书文帝本纪》。

葛乌菟（始为鲜卑大人）……普回（始以宇文为国号，并以为氏）——莫那（自阴山徙居辽东）……（九世）侯豆归（为慕容皝所灭）

燕玄菟公陵——系——韬——肱——泰北周太祖

北周世系表

附表四十。宇文氏，自孝愍帝至静帝，凡传五世二十五年，为隋所篡。

- 邵惠公颢 —— 晋荡公护
- 文帝泰
  - （二）明帝毓 —四年— 毕刺王贤
  - （一）孝愍帝觉
  - （三）武帝邕 —十八年— （四）宣帝赟 —一年— 静帝阐 二年
  - 齐炀王宪
  - 卫剌王直
  - 赵僭王招
  - 陈惑王纯
  - 越野王盛
  - 代奰王达
  - 滕闻王逌

第四节　氐羌血统之加入

一、氐羌之起源　西藏民族原有戎、氐、羌等之区别，西周末年，戎人异常猖獗，侵入陕西渭水流域，灭汉族共主之西周，代表汉族之嬴秦，与之角逐于现今陕甘二省者数百年，始完全使戎人同化于汉族。氐羌二族僻居青海内地，距中国悬远，与秦室无直接接触。其后羌人沿黄河上流，氐人循秦岭山脉东下，蔓延于现在甘肃西境。汉武帝元鼎五年（西历纪元前一一二年），西羌反；次年，讨平之；是为羌人与汉族以武力接触之始。昭帝元凤元年（西历纪元前八〇年），武都（郡名，今甘肃武都、文、成、徽及陕西宁羌县等地）氐人反，遣兵击之，是为氐人与汉族以武力接触之始。武帝开河西四郡，隔绝羌与匈奴人往来之路，斥逐诸羌不使居湟中（湟，水名，今西宁河，湟中，即湟水流域，今西宁至青海一带），于是现在西宁边外入于汉。宣帝在位（西历纪元前六一年），先零羌反，诏遣后将军赵充国将兵击之，充国屯田湟中，坚壁清野以老其师，羌人大困，遂杀其渠以降，置金城（郡名，今甘肃西部）属国以处其众。

王莽专政，收西羌地，置西海郡，徙罪人实之，羌人怒莽夺其地，遂反，其后诸羌入居塞内，金城属县多为所有，隗嚣据陇西，利用羌人为援，镇抚西方。自是以后，经过东汉一代，几二百年，羌人时常乘机作乱。其中烧当、先零二族最强，其侵略范围，南至汉中，东至河东（今山西南部）、河内（今河南西北部），陕甘二省全境屡被兵燹，朝廷虽数发大兵征之，劳费经年，卒无胜算。

已而三国分裂，氐、羌二族住居地与魏、蜀二国接境，二国争欲引为援以抗敌人，时常发生国际关系。晋室统一中国，一时武力废弛，鲜卑、匈奴侵入中国东北方，占领黄河中流、下流流域；氐、羌二族亦乘机勃起于西方，侵略黄河上流流域。其中崭然露头角者，曰仇池杨氏、前秦苻氏、后秦姚氏、后凉吕氏。

二、仇池杨氏　仇池杨氏之祖腾，本略阳（郡名，今甘肃中央北部）清水（今甘肃清水县）氐人，始居仇池（山名，在今甘肃成县）。仇池方百顷，其旁平地二十余里，四面斗绝而高，羊肠蟠道三十六回而上。其孙千万称臣于曹魏，封为百顷王。千万孙飞龙浸强盛，徙据略阳（今陕西略阳县），晋惠帝元康六年（西历纪元二九六年），飞龙养子茂搜避秦雍氐羌齐万年之乱，还保仇池。元帝建武元年（西历纪元三一七年），茂搜卒，子难敌袭位，乘晋室之衰，尽取现今汉中北部、甘肃东南部，称臣于前赵。成帝咸和九年（三三四年），难敌卒，子毅立，族兄初弑之而自立，称臣于后赵。从此以后，国多内乱，势渐不振，又传五世至纂，遂为前秦王苻坚所灭。陇西皆入于前秦。

仇池杨氏世系表

附表四十一，据《魏书·氏传》、《北史·氏传》。

氏人杨氏养子本姓令狐氏，自茂搜始据仇池，凡传八世七十五年，为前秦所灭

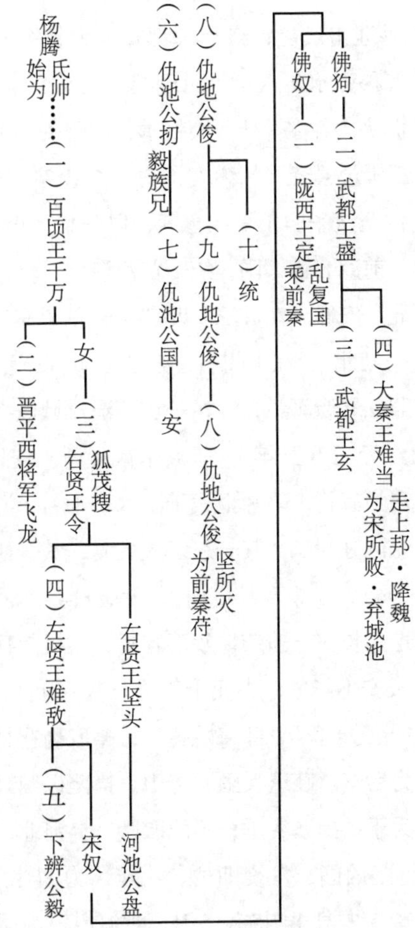

三、前秦苻氏　前秦始祖蒲洪，本略阳临渭（县名，略阳郡治，故城在今甘肃秦安县东北），氏酋，骁勇多权略，群氏畏服之。晋怀帝永嘉四年，自称护氏校尉、秦州刺史、略阳公。前赵主曜迁都长安，洪降于赵，封率义侯。前赵亡后，洪降于后赵，后赵主石虎徙秦（州名，今甘肃南部）、雍（州名，今陕西中部、北部）民及氏、羌数

十万户以实东方，拜洪流民都督，居枋头（今河南淇县）。虎疾笃，拜洪都督雍秦诸军事、雍州刺史，封略阳郡公。虎卒，子遵立，罢洪都督，洪怒，归枋头。秦雍流民相率西归，路由枋头，共推洪为主，众至十余万。是时后赵衰乱，洪阴有保据关右之志，后赵大将羌酋姚弋仲遣兵击洪，洪迎击破之，自称大都督、大将军、大单于、三秦王，改姓苻氏。晋穆旁永和六年（西历纪元三五〇年），故赵将麻秋鸩杀洪，洪子健斩秋，自称晋征西大将军，都督关中诸军事、雍州刺史，率师西上，三辅郡县皆降，遂入长安，称皇帝，国号秦。史书称之为前秦。传二世至从子坚，知人善任，以王猛为谋主，授以国政。尽灭前燕、仇池、前凉、代等国，统一黄河流域。复南侵晋，尽取现在四川全省及湖北、安徽、江苏三省北部。晋以谢安为宰相，以桓冲都督荆（州名，今湖北）、江（州名，今江西）等州军事，守扬子江中流，安兄子玄监江北诸军事，守扬子江下流流域以拒之。晋孝武帝太元八年（西历纪元三八三年），坚大举南侵晋。安以弟石为元帅，侄玄为前锋，子琰为偏将，率师拒战于淝水（水名，源出今安徽合肥县西北鸡鸣山，北流分为二，其一东南入巢湖，其一西北入淮水，此当指入淮水一支而言，在今寿县境内），大破秦兵，杀其大将皇弟阳平公融，坚弃军走还长安。前燕皇族慕容垂，乘机起兵据河北，慕容冲起兵略关中，长安不能守，太元十年（三八五年），坚出奔五将山（在今陕西岐山县北三十里），部将姚苌叛，略取现在甘肃东部，自称秦王，史书称之为后秦。苌遣兵围五将山，执坚以归，弑之。坚子丕时为冀州牧，屯兵于邺拒慕容垂，不能取胜，弃河北，退守晋阳（今山西太原县），得坚凶闻，发丧即位。次年，为西燕所逼，渡黄河，南走东垣（今河南新安县），将袭洛阳。时河南已为谢玄所恢复，玄部将冯该自陕邀击丕，杀之。丕族子登时为雍河二州牧，镇守南安（郡名，故城在今甘肃陇西县渭水北），与陇右蒙杰，共举义兵，讨姚苌。闻讐，发丧即位。鼓励部族，与后秦血战八年，卒为后秦所破，被杀。太子崇立，旋与西秦乞伏氏冲突，败死，前秦亡。氐人势力骤衰，惟后凉吕氏犹在。

前秦世系表

附表四十二，据《晋书·前秦载记》。

氏人符氏，传六主四十四年，为后秦所灭。

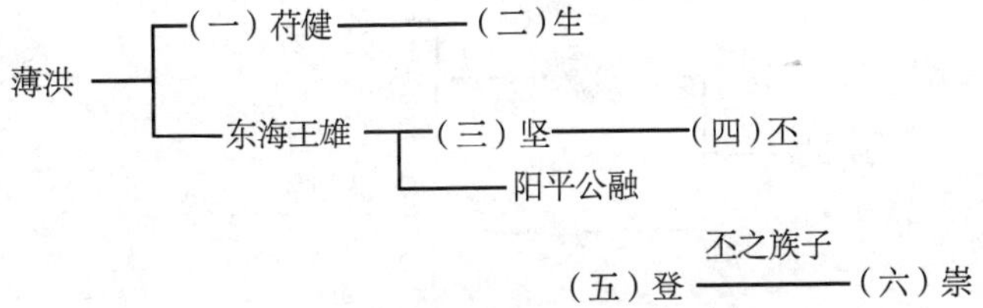

前凉世系表

附表四十三，据《晋书·张轨传》。

汉人张氏，自张轨为凉州刺史起，凡传九世七十六年，为前秦所灭。

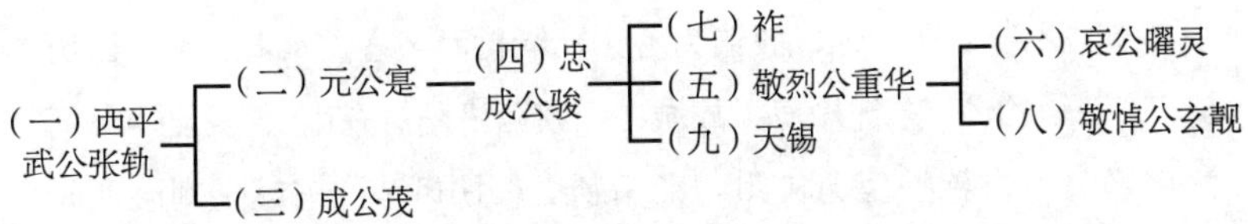

四、后凉吕氏　后凉王吕光亦略阳氐人，前秦太尉吕婆楼之子，事前秦王坚，为骁骑将军。晋孝武帝太元七年（西历纪元三八二年），奉坚命，伐西域，越流沙，焉耆（今新疆焉耆县）等国皆降，进破龟兹（今新疆库车县），欲留居之，从天竺沙门鸠摩罗什劝，乃还。十年，至凉州。会中原已乱，坚已死，凉州刺史梁熙谋闭境拒光。光击杀熙，入姑臧（今甘肃武威县），自领凉州刺史。旋自称大都督、大将军、凉州牧、酒泉公，寻自称三河王，复自称凉天王，史书称之曰后凉。光猜忌，多杀大臣，用法严而无恩，士民不附。鲜卑酋长秃发乌孤乘机略取其南部（今甘肃西部及西宁），是为南凉。匈奴遗族沮渠蒙逊乘机略取其西部（今甘肃张掖县以西），是为北凉。光年老，诸子争权，大臣外叛，国势寖衰。屡与南凉、北凉搆兵，后凉多败，西方诸郡皆为二国所取。隆安三年（西历纪元三九九年），光卒，太子绍立，庶兄纂弑而代之。五年（四〇一年），从弟超复弑纂而立其兄隆。隆多杀豪望，人不自保；后秦乘机来攻，隆兵败，请降于后秦，后凉亡。陕甘境内氐族皆夷为平民，惟羌人之后秦犹盛。

后凉吕氏世系表

附表四十四，据《晋书·后勤载记》。

氏人吕氏，传四世十七年，为后秦所灭。

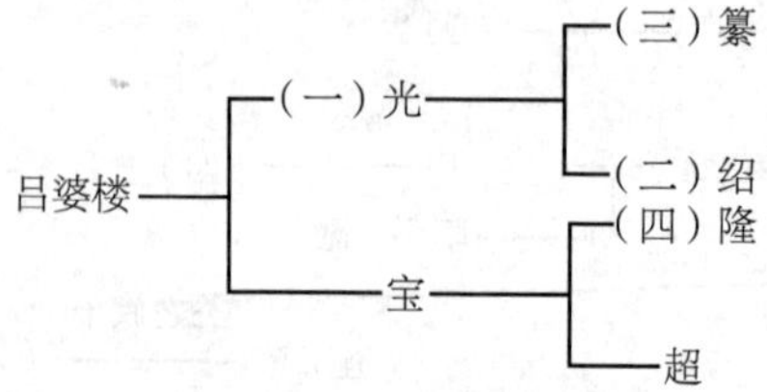

五、后秦姚氏　后秦始祖姚苌，本南安赤亭（今甘肃陇西县）羌人，羌酋烧当之后也。东汉初年，烧当七世孙填虞寇扰中国西方，将军马武击败之，填虞走出塞。东汉末年，填虞九世孙迁那率种人来降，汉廷嘉之，处之赤亭。迁那玄孙柯回生弋仲，始以姚为姓。弋仲少英毅，不营产业，惟以收恤为务，众皆畏而亲之。永嘉之乱（西历纪元三一二年），东徙榆眉（故城在今陕西汧阳县东南），戎夏襁负随之者数万，自称护西羌校尉、雍州刺史、扶风公。前赵主刘曜取秦州，弋仲送质子请降，曜拜弋仲平西将军，封平襄公，居之陇上。后赵灭前赵，徙氐羌十五万落于司（今河南）、冀州（今河北），以弋仲为六夷左都督。石勒卒后，石虎摄政，徙秦雍豪杰于关东，以弋仲为西羌大都督，封襄平县公，居清河（郡名，治所在今河北清河县）。冉闵之乱，弋仲起兵讨之，后赵主石祇拜弋仲右丞相，加殊礼。弋仲阴有保据关右之志，遣其子襄击蒲洪，为洪所败。会后赵主祇为部将刘显所弑，石氏尽灭，弋仲乃遣使请降于晋。朝廷拜弋仲车骑大将军、六夷大都督。穆帝永和八年（西历纪元三五二年）卒，子襄代领其众。

襄少有高名，雄武冠世，好学，善谈论，受父遗命，率众南归晋，诏处之谯城（今安徽亳县）。襄以前燕、前秦方强，北方无隙可乘，乃移屯历阳（郡名，治所在今安徽和县），夹淮广兴屯田，训励将士以为后图。是时朝廷以殷浩为中军将军、扬州刺史，当国；嫉襄之强，迁之蠡台（今河南商丘县）。次年，遣兵袭之。襄击败浩兵，复渡淮，屯盱眙（今安徽盱眙县）。招掠流民，众至七万，分置守宰，劝课农桑，所部多劝北归，乃移据许昌（今河南许昌县）。朝廷以桓温为大将，督诸军讨襄，破其兵于伊水（在今河南洛阳城西南）。襄北走，据襄陵（今山西襄陵县），寻移屯黄落（今陕西同官县之黄堡镇），将窥长安。前秦遣兵击斩襄，弟苌以众降前秦。

前秦王苻坚以苌为将军，屡立战功，淝水败后，前燕第三代君主俊之子泓起兵略关中，前秦王坚以皇子巨鹿公睿为大将，率师拒之，以苌为睿司马。睿粗猛轻敌，欲驰兵邀击泓，苌谏，不听，为泓所败，被杀。苌遣长史诣坚谢罪，坚怒，杀之。苌惧，奔渭北马牧（牧马之地），纠煽羌豪，徙屯北地（今甘肃东部），自立为秦王，史书称之为后秦。西燕主慕容冲攻长安，秦王坚出奔五将山，苌遣兵执坚以归，弑之。冲入长安，课农筑室，为久居计，鲜卑人思东归，乃弑冲，弃长安而东。苌乘虚入长安，称皇帝，于是现今陕西中部、北部皆入于后秦。前秦宗室苻登据陇西，称皇帝，与后秦血战八年，卒为后秦所败，被杀，于是现今甘肃东部、中部亦入于后秦。晋孝武帝太元十九年（西历纪元三九四年），苌卒，子兴立，乘东晋有内乱（王恭、殷仲堪、桓玄之乱），侵略河南诸郡，安帝隆安三年（三九九年），陷洛阳，于是现今河南西部亦入于后秦。四年（四〇〇年），破西秦兵，降其王乞伏乾归。五年（四〇一年），破后凉兵，降其王吕隆。甘肃西境之汉族首领西凉公李暠、鲜卑酋长南凉王秃发利鹿孤、匈奴酋长北凉王沮渠蒙逊，皆遣使入贡，于是后秦之势力范围，扩张至现在甘肃西部。

兴在位久，崇拜佛法，以龟兹高僧鸠摩罗什为国师，奉之如神。命鸠摩罗什翻译西域经论，大营塔寺，沙门坐禅者常以千数，由是州郡化之，事佛者十室而九，武力渐衰。晋安帝义熙三年（西历纪元四〇七年），其将赫连勃勃叛，略取现在陕西北部，自称大夏天王；五年（四〇九年），乞伏乾归叛，复据现在甘肃西部，仍称秦王；于是后秦疆宇日蹙。兴太子泓孝友宽和，喜文学，善谈咏，而懦弱多病。其弟弼有宠，兴以为尚书令，弼倾身结纳朝士，收采名势，以倾东宫，国人恶之。义熙十二年（四一六年）兴疾笃，弼与其党作乱，伏诛。兴卒，泓立，晋太尉刘裕乘机大举兵伐之，以王猛之孙镇恶为前锋，自淮淝（淮水及淝水），向许洛（许昌与洛阳），攻秦之正面，别将沈田子将偏师趋武关（在今陕西商县东），牵掣秦之侧面。镇恶连破秦兵，取洛阳、潼关，遂入长安，泓出降，后秦亡，于是陕西为晋所恢复。刘裕班师，留其十二岁之次子义真与诸将守关中，夏王勃勃乘虚袭陷长安，于是陕西入于夏。勃勃卒后，子昌即位，为后魏所攻，西奔上邽，于是陕西人于后魏。昌旋为魏所擒，弟定西走南安，旋为吐谷浑所灭，于是陕甘境内之氐羌民族皆在鲜卑民族势力范围之下，被同化于汉族。

后秦先世世系表

附表四十五，据《汉书·西羌传》、《晋书·姚弋仲载记》。

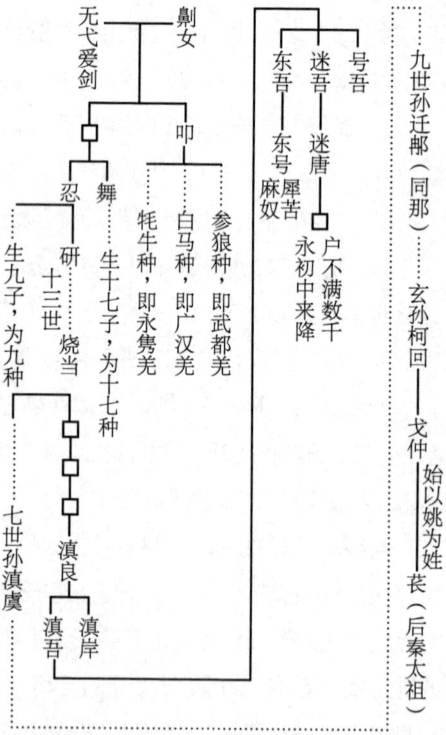

后凉吕氏世系表

附表四十六。羌人姚氏，传三世三十四年，为晋所灭。

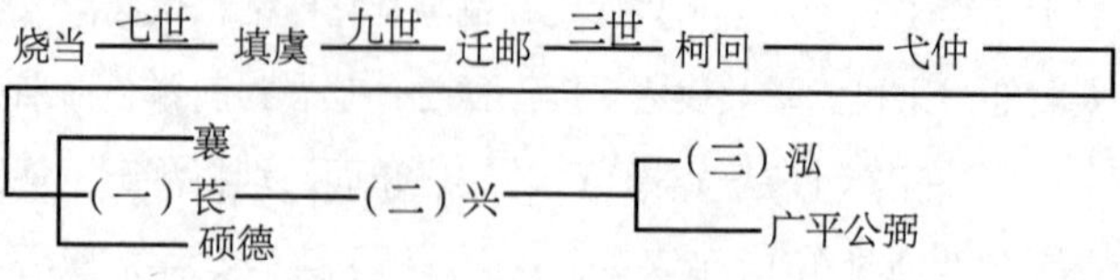

第五节 巴氐之复活及其同化

巴人自战国时羁縻于楚，后灭于秦，秦以其地为黔中郡，薄赋其民，口出钱四十，巴人谓赋为賨，因以名其民族。东汉末年，张鲁据汉中，賨人李氏自巴西宕渠（县名，故城在今四川渠县东北）往依之。李氏之先，廪君之苗裔也。曹操克汉中，李氏将五百余家归之，拜为将军，迁之略阳，号曰巴氐。其孙辅、特、庠、流、骧皆有材武，善骑射，性任侠，州党多附之。晋惠帝元康六年（西历纪元二九六年），秦雍氐羌齐万年等反，关中荐饥，略阳（今甘肃中部北）、天水（今甘肃中部）等六郡流民移入汉川者数万家，道路有疾病穷乏者，特兄弟赈救之，由是得众心。流民至汉中，上书求寄食巴蜀。朝议遣侍御史李宓持节慰劳，且监察之，不令人剑阁。宓受流民赂，表言"流民十万余口，非汉中一郡所能赈赡，蜀有仓储，宜令就食"，从之；由是散在梁益，不可禁止。

益州刺史赵廞见晋室衰乱，阴有据蜀之志，倾仓廪，赈流民，以收众心。以李特兄弟材武，其党类皆巴西人，与廞同郡，厚遇之，以为爪牙。永康元年（三〇〇年），据成都反，李庠以众四千人归之，庠骁勇得众心，嫉而杀之。次年，特袭杀，朝廷以罗尚为益州刺史，符下秦、雍二州，召还流民入蜀者，州郡逼遣，人人愁怨，相率归特。特遂据广汉（今四川广汉县）为根据地，进攻成都，屡破尚兵。与蜀民约法三章，蜀民大悦，遂取少城（成都旧有二城相连，东曰太城，西曰少城，太城西壁，即少城东垣。晋时，益州刺史治太城，成都太守治少城），与尚相持。蜀民相聚为坞者，皆送款于特，特分流民于诸坞就食，尚乘其势分，袭破其兵，斩特及辅，弟流代领其众，徙据郫城（今四川郫县）。流卒，特子雄代领其众，遂破成都，尽有益州之地。永兴元年（三〇四年），自称成都王，旋称帝，国号成。愍帝建兴元年（三一三年），仇池将杨难敌袭陷梁州（今陕西南部），州人张咸起兵逐难敌，以州降成，于是现在陕西南部及四川全省皆为成有。雄虚己好贤，随才授任，刑政宽简，狱无滞囚，轻徭薄赋，百姓称便。是时天下大乱，而蜀独无事，年谷屡熟，境内小康。

雄以兄荡之子班为太子，晋成帝咸和九年（三三四年），雄卒，班立，雄子越弑班，立弟期。期骄虐，多所诛杀，大臣多不自安。李骧之子汉王寿素贵重，有威名，尤为期所嫉。是时寿为梁州刺史，屯涪（今四川涪陵县），咸康四年（三三八年），举兵袭成都，弑期而自立，改国号汉。尽杀雄诸子，以刑杀御下，人有小过，辄杀之以立威。又大修宫室，民疲于役，思乱者众。晋康帝建元元年（三四三年），寿卒，子势立，骄淫不恤国政，信任左右，谗谄并进，刑罚苛滥，中外离心。晋穆帝永和二年（三四六年），荆州刺史桓温举兵伐之，破其兵于笮桥（在今成都县城西四里），势出降，成亡，巴氐遗民完全同化于汉族。

成先世世系表

附表四十七，据《晋书·后蜀载记》。

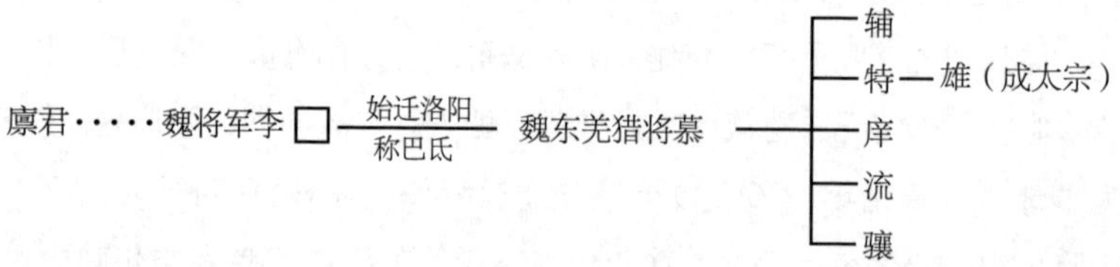

成世系表

附表四十八。巴氐李氏，后改号汉，传五世四十五年，为晋所灭。

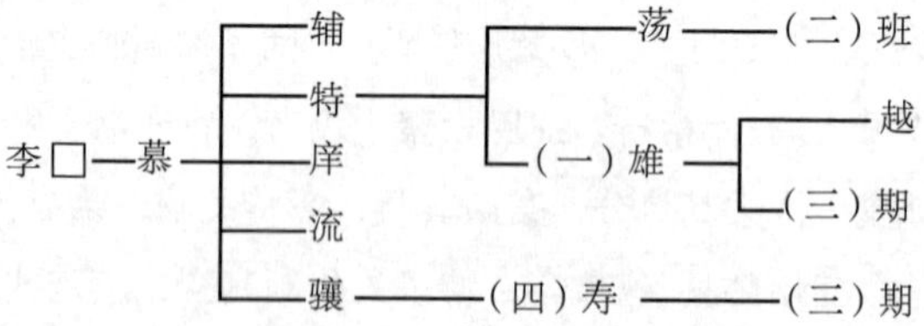

以上所举，匈奴杂居地，大体在现在绥远、山西、陕西及甘肃北部；乌桓杂居地，大体在现在热河、辽宁；鲜卑杂居地，初在今热河、察哈尔、辽宁、河北、山西、甘肃西部与青海，后则遍于黄河流域全境；氐、羌杂居地，大体在陕西、甘肃及四川；巴氐杂居地，在陕甘南部与四川中部、北部。代表汉族之南朝，奔避扬子江流

域，凭借现在江苏、安徽、浙江、江西、湖北、湖南等省为根据地，北抗五胡，南抚蛮獠。其结果则旧日苗人巢穴之扬子江中流、下流流域，化为汉族文化之中心点，其势力范围扩张至西江、闽江流域，现在广东、广西、福建等省内，汉族户口骤然增加，文化亦同时进步。及隋室勃兴，南北复归于一统，满蒙混血族之乌桓、鲜卑，蒙满混血族之匈奴，藏族之氐、羌，藏苗混血族之巴氐，皆统一于隋室势力范围之下，化为汉族新分子，于是自秦汉以来，安富尊荣四百余年，逐渐老大腐败之汉族，经过五胡十六国残杀屠掠之大劫，加入许多新分子而复活，隋唐时代之文治武功，乃蒸蒸日上，非复秦汉时代之旧观矣。

汉族无种族界限，对于外民族之杂居内地者，例与之通婚姻。在汉族全盛之时代之汉唐有然，在汉族战败时代之两晋南北朝亦莫不如此。兹试列五胡十六国及北朝与汉族通婚表于下，以供参考：

五胡十六国中汉族女子入宫表　附表四十九

姓氏及谥号	原籍及出身	宫中位置	所生子女	根据何书
刘左贵嫔	太保刘殷女，名英，字丽芳	前赵刘聪妾		《晋书·列女传》
刘右贵嫔	同　名娥，字丽华	同（后立为皇后）		同
刘贵人	殷女孙	同		同《刘聪载记》
同	同	同		同
同	同	同		同
同	同	同　（后赐晋怀帝，帝被害复入宫）		同
献文皇后羊氏	晋惠帝皇后	前赵刘曜后	太子熙、长乐王袭、太原王阐	《晋书·刘曜载记》
程氏	仆射遐姊妹	后赵石勒妾	太子弘	《晋书·石勒载记下》
郭氏	将军荣妹	后赵石虎妻		《晋书·石季龙载记上》
崔氏	清河人	石虎继室		同
贵嫔柳氏	尚书耆之女	石虎妾		《晋书·石季龙载记下》

续表

姓氏及谥号	原籍及出身	宫中位置	所生子女	根据何书
昭仪韩氏	司空张遇继母	前秦苻健妾		《晋书·苻健载记》
李氏	成李势后	李凤女		《晋书·李势载记》
杨氏	后凉吕纂后	弘农人，左仆射桓女		《晋书·列女传》、《晋书·吕纂载记》

计前赵后妃七人，后赵四人，前秦、成、后凉各一人，共十四人。其中后或元配、续配六人，妾八人。

汉族无种族界限，对于外民族之杂居内地者，照例与之合作。在汉族全盛时代之西汉有然，在汉族战败时代之两晋南北朝亦莫不如此。兹试列五胡十六国及北朝之汉族出身人物表于下，以供参考：

五胡十六国中汉族出身人物表 附表五十

姓名	字	籍贯	今地	家世	事何君主	官爵	根据何书
刘殷	长盛	新兴	山西忻县西北	高祖陵，汉光禄大夫	前赵刘聪	侍中、太保、录尚书事	《晋书·孝友传》
王延	延元	西河	山西汾阳县		同	金紫光禄大夫，靳准作乱，死节	同
王育	伯春	京兆	陕西中部		前赵刘渊、刘聪	太傅	《晋书·忠义传》
韦忠	子节	平阳	山西临汾县		前赵刘聪	镇西大将军、平羌校尉，讨叛羌，战死	同
范隆	玄嵩	雁门	山西代县		前赵刘渊、刘聪	大鸿胪、太尉	《晋书·刘聪载记》及《儒林传》中《范隆传》
朱纪		上党	山西长治县		同	太常、大司空	同 附《范隆传》
韦謏	宪道	京兆	陕西中部		后赵石勒	侍中、太子太傅、京兆公	同
王欢	君厚	乐陵	山东乐陵县		前燕慕容桔	国子祭酒	同
黄泓	始长	魏郡斥丘	河北成安县东南三十里		前燕四代	太史令、平舒县伯	《晋书·艺术传》

续表

姓名	字	籍贯	今地	家世	事何君主	官爵	根据何书
王嘉	子年	陇西安阳	甘肃秦安县东北		前秦苻坚	屡征不起，后为姚苌所杀	同
郭麐		西平	青海西宁县		后凉吕光	太常	同
台产	国俊	上洛	陕西商县	汉侍中崇之后	前赵刘曜	太子少师、关中侯	同
苏蕙	若兰	始平	陕西咸阳县西北十五里	苻坚秦州刺史窦滔妻	前秦		《晋书·列女传》
王弥		东莱	山东掖县		前赵刘渊、刘聪	大将军、齐公	《晋书·本传》
张䈙		广平	河北广平县		后赵石勒、石虎	镇卫大将军，虎死后为丞相	《晋书·石勒载记上》、《晋书·石季龙载记下》
游绝		同	同		后赵石勒	主簿	《晋书·石勒载记上》
张宾	孟孙	赵郡中丘	河北内丘县西十里	晋中山太守瑶子	同	右长史、大执法、濮阳侯	《晋书·石勒载记下》
李阳		武乡	山西武乡县	石勒邻人	同	参军都尉	同
刘隗	大连	彭城	江苏铜山县	晋青徐都督	后赵石勒	镇南将军，封列侯	同
郭敬		邬	山西介休县东北二十七里	石勒微时恩人	同	荆州监军	同
冉闵	永曾	魏郡内黄	河南内黄县	父瞻，石虎养子	后赵石虎、石鉴	大将军，弑鉴，自立为魏帝	《晋书·石季龙载记下》
裴嶷	文冀	河东闻喜	山西闻喜县	父昶，晋司隶校尉	前燕慕容廆	长史、辽东相、乐浪太守	《晋书·慕容廆载记》
高瞻	子前	渤海蓨	河北景县		同	廆署为将军，不起	同
阳裕	士伦	右北平无终	河北玉田县		前燕慕容皝	郎中令、左司马	《晋书·燕慕容皝载记》

续表

姓名	字	籍贯	今地	家世	事何君主	官爵	根据何书
韩恒	景山	灌津	河北武邑县东南	父默以学行显名	前燕慕容俊	咨议参军、中书令	《晋书·慕容俊载记》
李产	子乔	范阳	河北涿县		同	尚书、太子太保	同
李绩	伯阳	同	同	产子	同	太子中庶子	同
阳骛	士秋	右北平无终	河北玉田县	父耽，仕廆，官至东夷校尉	前燕慕容氏四代	太尉	《晋书·慕容結载记》
皇甫真	楚季	安定朝裙房祴	甘肃平凉县西北		同	太尉、侍中	同
王堕	安生	京兆霸城	陕西长安县东		前秦蒲洪、苻健、苻生	司空	《晋书·苻生载记》
王猛	景略	北海剧	山东寿光县东南三十里		前秦苻坚	丞相、中书监、尚书令、太子太傅、司隶校尉、清河侯	《晋书·苻坚载记下》
索泮	德邻	敦煌	甘肃敦煌县	世为冠族	同	武威太守，吕光陷凉州，死节	《晋书·苻登载记》
索菱		同	同	泮弟	同	典农都尉。与泮同死难	同
徐嵩	元高				前秦苻坚	中垒将军，死姚苌之乱	同
尹纬	景亮	天水	甘肃天水县		后秦姚苌、姚兴	尚书左仆射、清河侯	《晋书·姚兴载记下》
封孚	处道	渤海蓨	河北景县		南燕慕容德	太尉	《晋书·慕容钟传》
鲁昌		代郡	山西代县		前燕慕容廆	廆谋主	《晋书·慕容廆载记》
杨耽		北平	北平		同	同	同
逄羡		北海	山东潍县		同	廆股肱	同
游邃		广平	河北永年县		同	同	同
西方虔		北平	北平		同	同	同
封抽		渤海	河北南皮县		同	同 拜东夷校尉	同

续表

姓名	籍贯	今地	家世	事何君主	官爵	根据何书
宋奭	西河	山西汾阳县		同	同	同
裴开	河东	山西永济县		同	同　后为虢列卿	同
封奕	渤海	河北南皮县		同	以文章才俊仕居枢要，为司马，后为虢国相	同
宋该	平原	山东平原县		同	同　后为虢列卿、右长史	同
皇甫岌	安定	甘肃泾川县北五里		同	同	同
缪恺	兰陵	山东峄县东六十里		同	同	同
朱左车	会稽	浙江绍兴县		同	以旧德清重引为宾友	同
胡毋翼	太山	山东泰安县		同	同	同
孔纂	鲁国	山东曲阜县		同	同	同
刘赞	平原	山东平原县		同	东庠祭酒	同
巨武	梁山			前秦苻坚	将	同
王飞	新兴	山西忻县西北		前秦苻生	前将军	《晋书·苻生载记》
薛赞	太原	山西太原县		前秦苻坚	中书侍郎、左仆射、司隶校尉	《晋书·苻坚载记上》
权翼	略阳	陕西略阳县		同	黄门侍郎、光禄大夫	同
张蚝			并州牧平养子	同	虎贲中郎将，苻丕时为侍中、太尉	同
王劝	乐陵	山东乐陵县		同	国子祭酒	同
王施	河东	山西永济县		同	征南主簿	同
姜平子	天水	甘肃天水县		同	秦州别驾	《晋书·苻坚载记下》
王皮	北海剧	山东寿光县东南三十里	丞相猛子	同	散骑侍郎	同
王彫	新平	陕西邠县		同	太史令	同
赵盛之	金城	甘肃皋兰县西南		同	少年都统	同

续表

姓名	籍贯	今地	家世	事何君主	官爵	根据何书
赵敖	冯翊	陕西大荔县		同	平远将军	同
兰犊	蜀	四川		同	破虏将军	同
王永	北海剧	山东寿光县东南三十里	丞相猛子	前秦苻丕	幽州刺史、左丞相、都督中外诸军录尚书事	《晋书·苻丕载记》
张统	犍为	四川犍为县		凉州刺史梁熙	美水令	同
王亮	太原	山西太原县		后秦姚襄	长史	《晋书·姚襄载记》
尹赤	天水	甘肃天水县		同	司马	同
伏子成	略阳	陕西略阳县		同	左部帅	同
王黑秫	同	同		同	前部帅	同
尹详	天水	甘肃天水县		后秦姚苌	左长史	《晋书·姚苌载记》
庞演	南安	甘肃陇西县东北		同	右长史	同
姚晃	同	同		同	左司马、右仆射	同
狄伯支	天水	甘肃天水县		同	从事中郎、尚书	同
焦虔	同	同		同	同	同
梁希	同	同		同	同	同
庞魏	同	同		同	同	同
任谦	同	同		同	同	同
杜瑾	京兆	陕西中部		后秦姚兴	上陈时事，擢处美官	《晋书·姚兴载记上》
吉默	冯翊	陕西大荔县		同	同	同
周宝	始平			同	同	同
姜龛	天水	甘肃天水县		同	耆儒硕德，讲论道艺	同

续表

姓名	籍贯	今地	家世	事何君主	官爵	根据何书
淳于岐	东平	山东东平县		同	同	同
郭高	冯翊	陕西大荔县		同	同	同
韦华	京兆	陕西中部		同	中书令、右仆射	同
边熙	金城	甘肃皋兰县西南		同	兵部郎	同
司马国瑶	河内温	河南温县	晋河间王子	同	建义将军	同
司马叔道	同	同	晋章武王子	同	平南将军	同
司马休之	同	同	晋宗室	同	镇南将军	同
范长生	涪陵	四川涪陵县		成李雄	丞相	《晋书·李雄载记》
董融	陇西	甘肃陇西县		同	太子班宾友	《晋书·李班载记》
文夔	天水	甘肃天水县		同	同	同
罗桓	略阳	陕西略阳县		成李寿	长史	《晋书·李寿载记》
解思明	巴西	四川阆中县		同	同	同
杨桓	弘农	河南陕县	吕纂后父	后故吕纂	左仆射、凉都尹、金城侯	《晋书·吕纂载记》
阴训，郭倖			西州之德望	南凉秃发乌孤	内居显位，外宰郡县	《晋书·秃发乌孤载记》
杨统，杨桢，卫殷，麴承明，郭黄，郭奋，史暠，鹿嵩			文武之秀杰	同	同	同
梁昶，韩疋，张昶，郭韶			中州之才令	同	同	同

续表

姓名	籍贯	今地	家世	事何君主	官爵	根据何书
金树，苏翘，赵振，王忠，赵晁，苏霸			秦雍之世门	同	同	同
杜雄	平原	山东平原县	奉使长安杜弘之父	南燕慕容德	平原令	《晋书·慕容德载记》
张穆	敦煌	甘肃敦煌县		北凉沮渠蒙逊	中书侍郎	《晋书·沮渠蒙逊载记》

计前赵八人，后赵八人，前燕二十六人，前秦二十一人，后秦二十四人，南燕二人，成五人，后凉二人，南凉二十人，北凉一人，凉州刺史梁熙部下一人，共一百一十八人。其中有专传者十三人，附见于载记或他人传中者一百零五人。

五胡十六国皇室或王室中汉姓女子甚多，虽籍贯不明，未敢确定为汉族，然晋初外族冠汉姓之风未大流行（前赵冠汉姓始于刘渊之父豹，后赵冠汉姓始于石勒自身，后秦冠汉姓始于姚苌之父弋仲，燕、西秦、南凉、北凉诸国则始终未冠汉姓，惟前秦、后凉、仇池、成四国冠汉姓似乎较早），汉姓女子当然可假定为汉族。兹试列表于下，以供参考：

五胡十六国中汉姓女子入宫表 附表五十一

姓氏及谥号	出身	配何人	所生子女	根据何书
单氏		前赵刘渊继后	北海王乂	《晋书·刘元海载记》
张夫人		渊妾	烈宗聪	《晋书·刘聪载记》
上夫人王氏		刘聪妾		同
上皇后樊氏	张氏婢	同		同
左皇后王氏	中常侍王沈养女	同		同
中皇后宣氏	中常侍宣怀养女	同		同

续表

姓氏及谥号	出身	配何人	所生子女	根据何书
王氏		周曷朱	后赵高祖石勒	《晋书·石勒载记上》
郑氏		后赵石虎后	太子邃	《晋书·石季龙载记上》
张氏		后赵太子邃妃		同
杜昭仪		石虎继后	太子宣	同
郑氏		石虎妾	后赵主遵	《晋书·石季龙载记下》
张氏		遵后		同
梁氏		前秦苻生后		《晋书·苻生载记》
苟氏		苻雄妻	前秦王坚	《晋书·苻坚载记上》
苟氏		苻坚后		同
夫人张氏		苻坚妾	中山公诜	《晋书·苻坚载记下》
张氏		后秦姚兴后		《晋书·姚兴载记上》
齐氏		姚兴继后		《晋书·姚兴载记下》
罗氏		成李特妻	成主雄	《晋书·李雄载记》
任氏		成李雄后		同
阎氏		成李期后		《晋书·李期载记》
石氏		后故吕光后		《晋书·吕光载记》
梁氏		后凉巴西公吕他妻		《晋书·吕纂载记》
张氏		后凉吕绍后		《晋书·列女传》中《吕纂妻杨氏传》
卫氏		后奴吕光弟宝之妻	后凉主隆	《晋书·吕隆载记》
杨氏		后你吕隆后		同
丁氏		后燕慕容垂世子令妃		《晋书·慕容盛载记》
丁氏		后燕慕容宝妾	后燕主盛	《晋书·慕容熙载记》

续表

姓氏及谥号	出身	配何人	所生子女	根据何书
张氏		后燕高阳王隆妻		同
李氏		后燕局云后		《晋书·慕容云载记》
边氏		西秦乞伏乾归后		《晋书·乞伏乾归载记》
公孙氏		前燕慕容皝妾	北海王纳，南燕主德	《晋书·慕容超载记》
魏夫人		南燕慕容超妻		同
孟氏		北凉沮渠蒙逊妻		《晋书·沮渠蒙逊载记》
车氏			北凉王蒙逊	同
梁氏		夏赫连勃勃后		《晋书·赫连勃勃载记》

计前赵六人，后赵六人，前秦四人，后秦二人，成三人，后凉五人，后燕四人，西秦、前燕、南燕各一人，共三十三人。其中皇后、王后十五人，追尊为后者八人，后宫六人，太子妃一人，诸王、公妃二人，世子妃一人。

五胡十六国中汉姓名之大臣甚多，虽籍贯不明，未敢确定为汉族，然当时冠汉姓更汉名之风尚未流行（刘渊之祖於扶罗，石勒之父周曷朱，慕容廆之父涉归，姚苌之祖柯回，宇文泰之先君侯豆归皆外族名，代、西秦、南凉、北凉君主则一律不用汉名也），当然可假定为汉族。兹试列表于下，以供参考：

五胡十六国中汉姓名人物表 附表五十二

姓名	事何主	官爵	根据何书
赵染	前赵刘聪	平西将军	《晋书·刘聪载记》
王彰	同	中军大将军	同
邢延	同	征虏将军	同
乔智明	同	司隶校尉	同

续表

姓名	事何主	官爵	根据何书
李景年	同	虎牙将军	同
任紶	同	太保	同
马景	同	大司徒	同
卢志	同	太弟太师	同
崔玮	同	太弟太傅	同
许遐	同	太弟太保	同
荀裕	同	东宫舍人	同
王鉴	同	尚书令	同
王沈	同	中常侍	同
宣怀	同	同	同
俞容	同	同	同
郭猗	同	中宫仆射	同
王皮	同	大将军从事中郎	同
刘惇	同	卫军司马	同
綦毋达	同	特进	同
公师彧	同	太中大夫	同
王琰	同	尚书	同
田歆	同	同	同
陈休	同	少府	同
朱诞	同	大司农	同
乔诗	同	黄门侍郎	同
崔懿之	同	中书监	同
曹恂	同	中书令	同
北宫纯	前赵刘聪、刘粲	尚书	同
胡嵩	同	同	同

续表

姓名	事何主	官爵	根据何书
宋始	前赵刘曜	左中郎将	《晋书·刘曜载记》
宋恕	同	振威将军	同
尹安	同	将	同
赵慎	同	同	同
尹车	同	长水校尉	同
游子远	同	大司徒	同
董景道	同	崇文祭酒	同
乔豫	同	侍中、谏议大夫	同
和苞	同	同	同
梁胥	同	太常	同
田嵩	同	大鸿胪	同
韩广	同	太子太保	同
郝述	同	尚书	同
胡勋	同	同	同
蒋英	同	将军	同
辛述	同	同	同
张敬	后赵石勒	左长史	《晋书·石勒载记》
王脩	同	同	同
曹平乐	同	舍人	同
晁赞	同	参军	同
左伏肃	同	扬武将军	同
孔苌	同	将军	同
张屈六	同	左司马	同
程遐	同	右司马、右长史、右仆射	同
裴宪	同	从事中郎领经学祭酒、尚书	同

续表

姓名	事何主	官爵	根据何书
傅畅	同	参军领经学祭酒	同
杜嘏	同	同　石虎时光禄勋，太子少傅	同
续成	同	参军领律学祭酒、廷尉	同
庾景	同	同	同
任播	同	史学祭酒、侍中	同
崔濬	同	同	同
王阳	同	游击将军领门臣祭酒	同
张离	同	门生主书	同
张良	同	同　石虎时为右仆射	同
刘群	同	同　石鉴时为左仆射	同
刘谟	同	同	同
李寒	同	前将军	同
佐明楷	同	记室	同
程机	同	同	同
傅彪	同	中大夫	同
贾蒲	同	同	同
江轨	同	同	同
孔隆	同	参军	同
王步都	同	将	同
冯翥	同	宫门小执法	同
张班	同	左执法郎	同
孟卓	同	右执法郎	同
任汪	同	从事中郎、少府	同
董树	同	左常侍	同
王和	同	建德校尉	同

续表

姓名	事何主	官爵	根据何书
张披	同	别驾	同
刘徵	同	青州刺史	同
樊坦	同	章武内史	同
尹平	前赵刘曜	河南太守	同
霍皓	后赵石勒	劝课大夫	同
朱表	同	典农使者	同
陆光	同	典劝都尉	同
程琅	同	主簿、关内侯	同
王腾	同	西夷中郎将	同
王假	同	振忠都尉、关内侯	同
王波	后赵石勒、石虎	记室参军中书监	同
师欢	后赵石勒	茌平令	同
尹矩	同	荥阳太守	同
张进	同	野王太守	同
郭敖	同	左长史、尚书、左仆射	同
桃豹	同	豫州刺史	同
赵封	同	石虎主簿	同
夔安	同	尚书，石虎时为左仆射、太尉	同
郭殷	同	同　石虎时为右仆射、司空	同
李凤	同	同	同
徐光	同	中书令	同
董幼	同	南蛮校尉	同
张渐	同	都水使者	同
韩雄	同	将军	同

续表

姓名	事何主	官爵	根据何书
韦葭	同	黄门郎，石虎侍中，石鉴光禄 大夫	同
严震	同	中常侍	同
郭权	同	将军	同
韩晞	后赵石虎	左仆射	《晋书·石季龙载记上》
魏槩	同	尚书	同
冯莫	同	同	同
张崇	同	同	同
曹显	同	同	同
申钟	同	侍中、司徒	同
郎闿	同	光禄大夫，石鉴时为司空	同
解飞	同	尚方令、关内侯	同
张弥	同	牙门将	同
李颜	同	太子中庶子	同
李孟	同	幽州刺史	同
王华	同	渡辽将军	同
郭太	同	将军	同
麻秋	同	同	同
李穆	同	将	同
赵揽	同	太史令	同
曹伏	同	渡辽将军	同
王典	同	典农中郎将	同
魏蓟	同	郎中	同
朱保	同	将	同
张贺度	同	征北将军、卫将军	同

续表

姓名	事何主	官爵	根据何书
李巨	同	御史中丞	同
王擢	同	镇远将军	同
李农	同	营州牧司空，石鉴时为大司马	同
刘真	同	吏部尚书	同
张离	同	右仆射领五兵尚书	同
张举	同	征北将军、太尉	同
刘宁	同	宁远将军、安西将军	同
申扁	同	中谒者	同
郑系	同	侍中	同
王谦	同	同	同
卢谌	同	散骑常侍，石鉴时为中书监	同
崔约	同	同	同
张伏都	同	平西将军	同
聂熊	同	国子祭酒	同
王朗	同	领军车骑将军	同
尹农	同	平北将军	同
孙珍	同	太子詹事	同
逯明	同	金紫光禄大夫	同
朱轨	同	尚书	同
严生	同	中黄门	同
孙伏都	同	征西将军	同
张群	同	尚书	同
张曷柱	同	司虞	同
郑靖	同	大将军、记室参军	同
尹武	同	同	同
曹莫	同	大司农	同
张茂	同	雍州刺史	同

续表

姓名	事何主	官爵	根据何书
徐统	同	侍中	同
刘国	同	洛州刺史	同
沐坚	同	宁北将军	同
王浃	后赵石遵	扬州刺史	同
曹曜	同	石苞司马	同
刘秀离	同	京兆太守	同
袁景	同	南阳太守	同
孟准	同	中书令	同
王鸾	同	左卫将军	同
王基	同	右卫将军	同
苏亥	同	将军	同
周成	同	同	同
张斐	同	上光禄大夫	同
李松	后赵石鉴	中书令	同
张才	同	殿中将军	同
王简	同	尚书	同
王郁	同	少府	同
赵鹿	同	太宰	同
张春	同	中军将军	同
张季	同	武卫将军	同
龙腾	同	未详	同
张沈	同	抚军将军	同
杨群	同	宁南将军	同
王谟	同	尚书令	同　附《冉闵传》内
王衍	同	侍中	同
赵升	同	中常侍	同
桑坦	同	南蛮校尉	同

续表

姓名	事何主	官爵	根据何书
王济	前燕慕容皝	长史	《晋书·慕容廆载记》
韩矫	同	辽东相	同
佟焘	前燕慕容皝	司马	《晋书·慕容皝载记》
王冰	同	襄平令	同
孙机	同	将军	同
高诩	同	玄菟太守	同
刘佩	同	材官	同
张萌	同	都尉	同
石琮	同	都尉，后为列卿	同
刘斌	同	兼长史	同
阳景	同	郎中令	同
韩寿	同	司马	同
王寓	同	长史	同
李洪	同	列卿、将帅	同
杜群	同	同	同
刘瞻	同	同	同
阳协	同	同	同
宋晃	同	同	同
平熙	同	同　俊时为护军	同
张泓	同	同	同
宋回	同	将军	同
刘祥	同	长史	同
封裕	同	记室参军	同
王宪	同	参军	同
刘明	同	大夫	同
张希	前燕慕容俊	右仆射	《晋书·慕容俊载记》

续表

姓名	事何主	官爵	根据何书
宋活	同	中书监	同
申胤	同	给事黄门侍郎	同
常炜	同	廷尉监	同
卫颜	同	枣彊令	同
傅颜	同	长乐太守、护军将军	同
贾坚	同	太山太守	同
孙希	同	并州刺史	《晋书·慕容祐载记》
孙兴	同	豫州刺史	同
郭钦	同	钟律郎	同
赵盘	同	南中郎将	同
梁琛	同	黄门侍郎	同
杨璩	同	将军	同
温统	同	大鸿胪	同
申绍	同	尚书左丞	同
乐嵩	同	中书侍郎	同
兰伊	同	侍中	同
徐蔚	同	散骑侍郎	同
朱嶷	同	将军	同
胡文	前秦蒲洪	博士、中书监	《晋书·蒲洪载记》
贾玄硕	前秦苻健	军师将军	《晋书·苻健载记》
张遇	后赵石虎、前秦苻健	豫州刺史、司空	同
王鱼	前秦苻生	中书令	《晋书·苻生载记》
毛贵	同	太傅	同
梁楞	同	尚书令	同
梁安	同	左仆射	同
辛牢	同	尚书令	同
阎负	同	征东参军，苻坚尚书郎	同

续表

姓名	事何主	官爵	根据何书
梁殊	同	同	同
鱼遵	同	侍中、太师、录尚书事、广宁公	同
程肱	同	金紫光禄大夫	同
牛夷	同	同	同
李柔	同	黄门侍郎	同
李威	同	左卫将军，苻坚时为左仆射	同
梁平老	同	御史中丞，苻坚时为右仆射	同
董荣	同	右仆射	同
王飏	同	秘书监	同
梁谠	同	著作郎、幽州刺史	同
邓羌	同	建节将军	同
彭越	同	立忠将军，苻坚时为凉州刺史	同
范俱难	同	安远将军	同
徐盛	同	建武将军	同
张哲	同	幽州刺史	同
袁朗	同	青州刺史	同
张平	同	大将军	同
程延	同	太医令	同
仇腾	前秦苻坚	尚书	《晋书·苻坚载记上》
席宝	同	太子詹事	同
贾雍	同	云中护军	同
徐斌	同	云中护军司马	同
程宪	同	黄门侍郎	同
毛盛	同	镇军将军、左将军、兖州刺史	同
姜衡	同	陇西太守	同
邵羌	同	南安太守	同
王抚	同	建威将军	同

续表

姓名	事何主	官爵	根据何书
杨成世	同	后禁将军	同
毛嵩	同	左将军	同
王鉴	同	武卫将军	同
窦冲	同	左禁将军、左将军	同
苟池	同	秦州刺史、左将军	同
梁成	同	建威将军、荆州刺史	同
苟苌	同	屯骑校尉、武卫将军	同
毛当	同	前禁将军、梁州刺史	同
郭庆	同	游击将军、幽州刺史	同
徐成	同	鹰扬将军、右将军	同
王统	同	秦州刺史	同
王洛	同	伶人	同
朱肜	同	秘书监	同
梁熙	同	中书令、凉州刺史	同
李辩	同	河州刺史、前禁将军	同
石越	同	屯骑校尉、平州刺史、太子左卫率	同
王显	同	强弩将军、扬州刺史	同
彭超	同	兖州刺史	同
邵保	同	陵江将军	同
韦钟	同	梁州刺史	同
李柔	同	御史中丞	同
韦华	同	黄门郎	同
徐褒	同	徐州治中	同
姜宇	同	南巴校尉	同
张诏	同	宇部将	同
仇生	同	同	同
平颜	同	幽州治中	同

续表

姓名	事何主	官爵	根据何书
韩胤	同	大鸿胪	同
王腾	同	并州刺史	同
裴元略	同	谏议大夫	同
阎振	同	荆州司马	同
吴仲	同	荆州中兵参军	同
赵泉	同	著作郎	同
车敬	同	同	同
刘兰	同	散骑常侍	《晋书・苻坚载记下》
姜飞	同	陵江将军	同
彭晃	同	轻骑将军	同
原绍	同	尚书	同
张崇	同	扬武将军、兖州刺史	同
王咏	同	弋阳太守	同
齐午	同	前将军	同
王广	同	益州刺史	同
王蚝	同	将军	同
杨光	同	东平太守	同
邵兴	同	阳平太守	同
王兖	同	中山太守	同
封孚	同	冀州参军	同
杨膺	同	冀州司马	同
桑据	同	将军	同
焦逵	同	冀州参军	同
姜让	同	同	同
郝雅	同	鸿胪	同

续表

姓名	事何主	官爵	根据何书
邓迈	同	殿中上将军	同
邓绥	同	左中郎将	同
原绍	同	尚书	同
张崇	同	扬武将军、兖州刺史	同
王咏	同	弋阳太守	同
齐午	同	前将军	同
王广	同	益州刺史	同
王毦	同	将军	同
杨光	同	东平太守	同
邵兴	同	阳平太守	同
王兖	同	中山太守	同
封孚	同	冀州参军	同
杨膺	同	冀州司马	同
桑据	同	将军	同
焦逵	同	冀州参军	同
姜让	同	同	同
郝雅	同	鸿胪	同
邓迈	同	殿中上将军	同
邓绥	同	左中郎将	同
邓琼	同	尚书郎	同
徐义	同	征东参军，苻丕时为右丞相	同
荀辅	同	新平太守	同
冯杰	同	辽西太守	同
冯羽	同	莲勺令	同
仇腾	同	冯翊太守	同
宋敞	前秦苻丕	昌黎太守	《晋书·苻丕载记》
杨辅	同	右仆射	同

续表

姓名	事何主	官爵	根据何书
王亮	同	护军将军	同
梁畅	同	侍中	同
杨翰	凉州刺史梁熙	高昌太守	同
姚静	同	敦煌太守	同
李纯	同	晋昌太守	同
彭济	同	武威太守	同
宋皓	同	酒泉太守	同
毛兴	前秦苻坚、苻丕	河州刺史	同
杨璧	同	南秦州刺史	同
卫平	同	河州刺史	同
邓景	前秦苻丕	冠军将军	同
金熙	同	平凉太守	同
寇遗	同	尚书	《晋书・苻登载记》
徐嵩	前秦苻登	镇军将军	同
胡空	同	辅国将军	同
王旅	前秦鲁王纂	长史	同
窦洛	前秦苻登	将军	同
窦于	同	同	同
杨政	同	并州刺史	同
杨楷	同	冀州刺史	同
魏揭飞	同	将军	同
郭质	同	冯翊太守	同
吴忠	后秦姚苌	骁骑将军	《晋书・苻坚载记》
唐匡	同	将军	《晋书・苻登载记》
任瓮	同	同	同

续表

姓名	事何主	官爵	根据何书
宗度	同	同	同
张业生	同	同	同
齐益男	同	扶风太守	同
金温	同	将	同
王钦卢	后秦姚襄	将军	《晋书・姚襄载记》
姜训	同	掾属	同
阎遵	同	同	同
焦世	同	参军	同
蒋秀	同	同	同
尹延年	同	同	同
牛双	同	同	同
张乾	同	同	同
姚方成	同	帅	同
王破虏	同	同	同
杨难	同	同	同
尹嵩	同	同	同
裴骑	同	同	同
赵曜	同	同　姚兴时为镇远将军	同
狄广	同	同	同
党删	同	同	同
宋方	前秦苻坚	宁朔将军	同
田晃	同	宁朔司马	同
赵迁	同	尚书	同
皇甫覆	同	大鸿胪	同
段铿	同	扶风太守	同

续表

姓名	事何主	官爵	根据何书
高盖	西燕慕容冲	车骑大将军	同
古成诜	后秦姚苌	尚书郎、关内侯、黄门侍郎	同
王宣	西燕慕容永	征西将军	同
齐难	后秦姚苌	征虏将军、仆射	同
徐洛生	同	冠军将军	同
赵恶地	同	龙骧将军	同
辛暹	同	骑都尉	同
王超	同	镇远将军	同
谭亮	同	平远将军	同
苟曜	同	镇东将军	同
金槌	前秦苻登	将	同
杨佛嵩	后秦姚苌	镇东将军，兴时为尚书	同
梁喜	后秦姚兴	太子中舍人、右仆射	《晋书·姚兴载记上》
范勖	同	太子洗马	同
刘忌奴	同	咸阳太守	同
杨多	同	镇远将军	同
姜乳	同	尚书	同
薛彊	同	镇东将军	同
李嵩	同	尚书郎	同
杜成	同	建节将军	同
王尚	同	中书侍郎、凉州刺史	同
马岱	同	尚书郎	同
周班	同	始平太守	同
李畔	同	槐里令	同
郭抚	同	司隶校尉	同

续表

姓名	事何主	官爵	根据何书
鱼佩	同	长安令	同
彭明	同	槐里令	同
王年	同	仓部郎	同
皇甫序	鲜卑没奕干	长史	同
党娥	后秦姚兴	光远将军	同
雷星	同	立节将军	同
王多	同	建忠将军	同
唐方	同	越骑校尉	同
袁虔	同	宁南将军	同
梁斐	同	兼大鸿胪	同
王松忩	同	建节将军、天水太守	同
席确	同	兼散骑常侍	同
阎松	同	仓松太守	同
郭将	同	番禾太守	同
赵琨	同	建武将军	同
郭黁	同	太史令	同
胡威	同	凉州主簿	同
边宪	同	同	同
宗敞	同	凉州别驾	同
张穆	同	凉州治中	同
尹昭	同	吏部尚书、京兆尹、并州刺史	同
姜纪	同	中军姚弼部将、扬威将军	同
王敏	同	南梁州刺史、尚书	同
韦宗	同	尚书郎	同
姜楞	同	兰台侍御史	同

续表

姓名	事何主	官爵	根据何书
齐莫	同	中垒将军	同
苟林	同	前将军	同
王满聪	同	城门校尉	同
任兰	同	金城太守	同
曹炽	同	将	同
曹云	同	同	同
王肆佛	同	同	同
郭播	同	陇东太守、尚书、右丞	同
王元始	同	平陆子	同
王焕	同	建威将军、略阳太守	同
彭蚝	同	奋武将军	同
索棱	同	太尉	同
任猗	同	太史令	同
杨伯寿	同	立节将军	同
廉桃生	同	侍御史	同
尹冲	同	给事黄门侍郎	同
唐盛	同	治书侍御史	同
任谦	同	侍中	同
刘羌	同	征虏将军	同
严康	同	吏部郎	同
窦温	同	大司农	同
王弼	同	司徒左长史	同
姜虬	同	抚军东曹属	同
王周	同	太子詹事、中书监	同
权丕	同	姚宣司马	同

续表

姓名	事何主	官爵	根据何书
宋林	同	上洛太守	同
孙玄	同	殿中侍御史、尚书右丞	同
张泉	同	灵台令	同
胡翼度	同	右卫将军	同
段章	同	黄门郎	《晋书·姚泓载记》
富允文	同	尚书郎	同
胡义周	同	侍讲	同
夏侯稚	同	同	同
淳于岐	同	博士	同
尹元	后秦姚泓	大将军	同
毛雍	同	北地太守	同
韦宗	同	姚宣参军	同
王总	同	建节将军	同
王苟生	同	将	同
董遵固	同	新蔡太守	同
阎生	同	越骑校尉	同
赵玄	同	征南姚洸部将	同
阎恢	同	征南主簿	同
杨虔	同	同	同
石无讳	同	广将武军	同
骞鉴	同	赵玄司马	同
孙畅	同	姚懿司马	同
张敞	同	姚懿左常侍	同
左雅	同	姚懿侍郎	同
王国	同	骁骑将军	同

续表

姓名	事何主	官爵	根据何书
彭完都	同	建节将军	同
苟和	同	立节将军	同
尹雅	同	弘农太守	同
薛帛	同	建威将军	同
庞统	同	尚书	同
王帛	同	散骑常侍	同
李含	成李特	西夷校尉	《晋书·李特载记》
李国（含子）	同	将帅	同
李离（含子）	同	同	同
任回	同	同　李雄时为镇南将军	同
李恭	同	同	同
上官晶	同	同	同
李攀	同	同	同
费陀	同	同	同
任藏	同	德阳太守	同
上官惇	同	司马，李雄时为司空	同
杨褒	同	爪牙，李雄时为丞相	同
杨珪	同	同	同
王达	同	同　李雄时为司徒	同
麴歆	同	同	同
李远	同	僚属	同
李博	同	同	同
夕斌	同	同	同
严柽	同	同	同
上官琦	同	同	同

续表

姓名	事何主	官爵	根据何书
李涛	同	同	同
王怀（一作环）	同	同　班时为尚书令，期时为司徒	同
阎式	同	谋主，李雄时为尚书令	同
何巨	同	腹心	同
赵肃	同	同　李雄时为司空	同
王辛	特子荡	司马	同
骞硕	成李特	德阳太守	同
李瑾	同	蜀郡太守	同
张宝	成李雄	将	《晋书·李雄载记》
费黑	同	征南将军	同
任启	同	征东将军	同
何点	同	太子班师，班时为司徒	《晋书·李班载记》
李钊	同	同	同
王嘏	同	太子班宾友，寿时为右散骑常侍，势时为中书监	同
韩豹	同	太史令	同
尹奉	成李期	右丞相	《晋书·李期载记》
景骞	同	尚书令、河南公	同
姚华	同	尚书	同
田褒	同	同	同
李载	同	尚书仆射、武陵公	同
许涪	同	中常侍	同
董皎	成李寿	相国	《晋书·李寿载记》
马当	同	尚书令	同
任调	同	未详	同

续表

姓名	事何主	官爵	根据何书
蔡兴	同	司马、左仆射	同
王广	同	中常侍	同
韩皓	成李势	太史令	《晋书·李势载记》
常璩	同	右散骑常侍	同
冯孚	同	侍中	同
王幼	同	散骑常侍	同
杜进	后放吕光	武威太守、武始侯	《晋书·吕光载记》
尉祐	同	金城太守	同
姜飞	同	将军	同
彭晁	同	将，张掖太守	同
徐炅	同	同	同
杨颖	同	中书侍郎，吕纂时为中书令	同
傅曜	同	张掖督邮	同
尹兴	同	丘池令	同
孙峙	同	白土都尉	同
杨范	同	振威将军	同
窦尚	同	强弩将军	同
杨轨	同	扬武将军	同
梁恭	同	建武将军	同
王宝	同	将军	同
王详	同	左仆射	同
耿雅	同	吕延司马	同
姜显	同	将军	同
马邃	同	中田护军	同
赵策	同	宁戎护军	同

续表

姓名	事何主	官爵	根据何书
赵陵	同	将军	同
房晷	同	侍中	同
郭麐	同	太常	同
杨统	同	吕纂司马	同
石元良	同	西安太守	同
姜纪	后凉吕纂	尚书	《晋书·吕纂载记》
齐从	后凉吕绍	左卫将军	同
宗燮	同	列卿	同
焦辨	后凉吕纂	将	同
康龙	同	力士	同
王回	同	殿中侍御史	同
王儒	同	中书侍郎	同
杜尚	同	殿中监	同
窦川	同	亲将	同
骆腾	同	同	同
魏益多	后凉吕隆	将军	《晋书·吕隆载记》
姜让	前秦苻丕	侍郎	《晋书·慕容垂载记》
封衡	后燕慕容垂	安东将军	同
郝景	同	平北司马	同
徐岩	同	建节将军	同
平规	同	将	同
刘详	同	博士	同
董谧	同	同	同
贺耕	同	清河太守	同
娄会	同	尚书郎	同

续表

姓名	事何主	官爵	根据何书
张崇	同	龙骧将军	同
刁云	西燕慕容永	将	同
贾韬	同	同	同
封懿	后燕慕容宝	尚书	《晋书·慕容宝载记》
高云	同	侍御郎	同
李延	同	侍郎	同
苏超	同	左将军	同
张真	后燕慕容盛	将军	《晋书·慕容盛载记》
张通	同	左仆射	同
张顺	同	昌黎尹	同
常忠	同	中书令	同
阳璆	同	尚书	同
郎敷	同	秘书监	同
李朗	同	辽西太守	同
李旱	同	辅国将军	同
孟广平	同	广威将军	同
卫双	同	将	同
孙郭	同	侍中	同
卢溥	同	幽州刺史	同
丁信	同	七兵尚书	同
秦舆	同	殿中将军	同
高和	后燕慕容熙	石城令	《晋书·慕容熙载记》
张显	同	司隶校尉	同
刘木	同	镇南大将军	同
杜静	同	典军	同

续表

姓名	事何主	官爵	根据何书
韦谬	同	右仆射	同
张兴	同	左卫将军	同
赵洛生	同	中黄门	同
翟堨	西秦乞伏乾归	冠军将军、吏部尚书	《晋书·乞伏乾归载记》
边芮	同	左仆射	同
翟勍	同	主客尚书，炽磐时为相国	同
杜宣	同	兵部尚书	同
王松寿	同	民部尚书，炽磐时为平东将军	同
樊谦	同	三公尚书，炽磐时为司直	同
方弘	同	侍中	同
麹景	同	同　炽磐时为御史大夫	同
韦虔	同	平北将军	同
段晖	西秦乞伏炽磐	中尉	同
翟绍	同	冠军将军、左仆射	同
麹梁明	南凉秃发利鹿孤	记室监	《晋书·秃发利鹿孤载记》
孟祎	后凉吕隆	昌松太守	同
宗敞	南凉秃发傉檀	太府主簿、录记室事	《晋书·秃发傉檀载记》
张猛	同	殿中都尉	同
白路	同	殿中骑将	同
梁裦	同	军谘祭酒	同
边宪	同	辅国司马	同
宋益	同	材官将军	同
苏霸	同	昌松太守	同

续表

姓名	事何主	官爵	根据何书
赵晁	同	左仆射	同
郭倖	同	右仆射	同
胡康	同	驸马都尉	同
景保	同	太史令	同
成公绪	同	大司农	同
孟恺	同	邯川护军	同
屈右	同	将	同
尉肃	同	抚军从事中郎	同
段荷	同	镇军将军	同
尉贤政	同	将	同
韩跓	南燕慕容德	冀州别驾尚书，超时为仆射	《晋书·慕容德载记》
刘藻	同	冀州参军	同
高鲁	后秦姚兴	太史令	同
丁通	南燕慕容德	右仆射	同
赵思	后燕慕容宝	中黄门令	同
张华	南燕慕容德	黄门侍郎，超时为尚书仆射	同
李辩	同	鲁阳王和司马	同
韩范	同	中书侍郎，超时为尚书令	同
封逞	同	中书侍郎	同
潘聪	同	尚书，超时为左仆射	同
刘纲	同	射声校尉	同
封恺	同	度支尚书	同
麴仲	同	青州刺史，超时为司空	同
晏谟	同	青州秀才、尚书郎	同
赵融	同	故吏	同

续表

姓名	事何主	官爵	根据何书
黄璆	同	牙门将	同
孙进	同	中黄门	同
鲁邃	同	尚书	同
封嵩	南燕慕容超	右仆射	《晋书·慕容超载记》
公孙五楼	同	左卫将军、侍中、尚书	同
封融	同	西中郎将	同
成公绥	同	太史令	同
公孙归	同	冠军将军、常山公	同
王俨	同	尚书左丞	同
张纲	同	尚书郎	同
张俊	同	尚书	同
董锐	同	尚书令	同
田昂	北凉沮渠蒙逊	西郡太守	《晋书·沮渠蒙逊载记》
臧莫孙	同	辅国将军	同
房晷	同	左长史、尚书左丞	同
梁中庸	同	右长史、西郡太守	同
张骘	同	左司马	同
谢正礼	同	右司马	同
李典	同	从事中郎	同
张潜	同	牧府长史	同
刘梁	同	太史令	同
杨统	同	右长史	同
张披	同	永安令	同
王建	同	湟河太守	同

续表

姓名	事何主	官爵	根据何书
伏恩	同	冠军将军	同
王怀祖	同	阉人	同
黄迅	同	舍人	同
隗仁	同	湟河司马	同
焦昶	同	湟河长史	同
段景	同	将军	同
刘祥	同	门下校郎	同
张衍	同	太史令	同
宗舒	同	尚书郎	《魏书·沮渠蒙逊传》
高猛	同	左常侍	同
宋繇	北凉沮渠牧犍	相	同
姚定国	同	左丞	同
金纂	夏赫连勃勃	尚书	《晋书·赫连勃勃载记》
王买德	同	军师中郎将、都官尚书、河阳侯	同
胡俨	同	侍中	同
华韬	同	尚书	同
皇甫徽	同	中书侍郎	同
胡义周	同	秘书监	同

计前赵四十六人，后赵一百三十五人，前燕四十四人，前秦一百二十三人，凉州刺史梁熙部下五人。后秦一百二十七人，成四十九人，后凉三十六人，后燕三十五人，西燕二人，西秦十一人，南凉十八人，南燕二十五人，北凉二十四人，夏六人，鲜卑没奕干一人，共六百八十七人。

附注

前赵国姓为刘，后赵国姓为石，前秦国姓为苻，后秦国姓为姚，成国姓为李，后凉国姓为吕，仇池国姓为杨，此七国大臣或与此七国接近之其他各国大臣有姓此七姓者，除有确凿证据，证明其为汉人者外，皆假定为此七国宗室，本表一律不载。

屠各胡靳氏为匈奴贵族，段氏为鲜卑首领，翟氏为丁零首领，氐豪樊氏，羌酋雷氏皆非汉人，凡类此之姓多半避不载。

郭黁初仕吕光为太常，后仕姚兴为太史令，故前后两见。

后魏汉族女子入宫表一　附表五十三。家世可考者

谥号及姓氏	原籍及父兄	宫中原来位置	所生之子女	逝去或被废年	根据何书
平文皇后王氏	广宁人，王丰姊妹	代王郁律元妃	什翼犍	昭成帝什翼犍十八年卒	《魏书·王建传》
明元密皇后杜氏	魏郡邺人阳平王超之妹	明元帝嗣贵嫔	太武帝焘	晋恭帝元熙二年魏明元帝泰常五年薨	《魏书·皇后传》、《北史·后妃传上》
惠皇太后窦氏		太武帝焘保母		宋文帝元嘉十七年魏太武帝太平真君元年殂	同　附见《密皇后传》
昭皇太后常氏	辽西人	文成帝浚乳母		宋武帝大明四年魏文成帝和平元年殂	《魏书·皇后传》、《北史·后妃传上》
文成文明皇后冯氏	长乐信都人，北燕王冯弘女孙、西城郡公朗之女	文成帝浚皇后		齐武帝永明八年魏孝文帝太和十四年殂	同
文成元皇后李氏	梁国蒙县人	文成帝浚贵人	献文帝弘	宋武帝孝建三年魏文成帝太安二年赐死	同
献文思皇后李氏	中山安喜人，南郡王惠之女	献文帝弘夫人	孝文帝宏	宋明帝太始五年魏献文帝皇兴三年赐死	同
孝文贞皇后林氏	平原人，平凉太守胜之女	孝文帝宏宫人	废太子恂	齐武帝永明元年魏孝文帝太和七年赐死	同
孝文幽皇后冯氏	文明皇后兄太师熙之女	孝文帝宏皇后		齐明帝建武三年魏孝文帝太和二十年废	同
孝文幽皇后冯氏	太师熙女、废皇后之姊	孝文帝宏继后		齐宝卷永元元年魏孝文帝太和二十三年以罪诛	同

续表

谥号及姓氏	原籍及父兄	宫中原来位置	所生之子女	逝去或被废年	根据何书
孝文昭皇后高氏？	自云渤海蓨人，司徒肇之妹，五世祖顾避晋乱居高丽，父飏事孝文，为厉威将军	孝文帝宏官人	宣武帝恪、广平王怀	孝文帝迁洛后为幽后所害死	同
宣武皇后高氏？	孝文昭皇后兄优之女	宣武帝恪皇后	建德公主	梁武帝天监十七年魏宣武帝神龟元年为胡太后所弑	同
宣武灵皇后胡氏	安定临泾人，司徒国珍女	宣武帝恪充华嫔	孝明帝诩	梁武帝大通二年魏孝明帝孝昌四年为尔朱荣所弑	同
孝明皇后胡氏	灵皇后从兄冀州刺史盛女	孝明帝诩皇后		孝明帝殂后入道居瑶光寺	同
张嫔	殿中尚书白泽女	献文帝妾			《魏书·张衮传》
卢嫔	济州刺史度世孙、仪曹郎敏女	孝文帝妾			《北史·卢玄传》
李夫人	左仆射冲女	同			《魏书·李冲传》
刘左孺子	刘长文女	孝文帝废太子恂妾			《魏书·刘芳传》
郑右孺子	郑懿女	同			同
郑嫔	秘书监羲女	孝文帝妾			《魏书·郑羲传》
郑嫔	羲从女孙，鸿胪少卿胤伯女	同			同
广陵王妃郑氏	羲从女孙，东平原太守平城女	广陵王羽妃			同

续表

谥号及姓氏	原籍及父兄	宫中原来位置	所生之子女	逝去或被废年	根据何书
崔嫔	光州刺史挺女	孝文帝妾			《魏书·崔挺传》
崔嫔	尚书仆射凭女	宣武帝妾			《魏书·崔亮传》
崔嫔	殿中尚书休妹	孝文帝妾			《魏书·崔休传》
冯左昭仪	太师熙妹	太武帝妾			《魏书·冯熙传》
冯左昭仪	熙女	孝文帝妾			同
胡氏	司徒国珍女曾孙	清河王亶妃	孝静帝善见		《魏书·胡国珍传》
李氏	仆射冲女	彭城王勰妃	孝庄帝子攸		《魏书·李延寔传》
仇妃	仇广女孙	南安王桢妃	章武王彬		《魏书·阉官传》中《仇洛齐传》

计代王元妃一人，皇后五人，追尊为皇后者五人，尊为太后者一人，皇帝保母、乳母尊为太后者二人，妃嫔、夫人、昭仪等十人，太子后宫二人，王妃四人，共三十人。

后魏汉族女子入宫表二　附表五十四。家世未详者

姓氏及位号	配何人	所生子女	根据何书
大王夫人	道武帝珪妾	阳平王熙	《北史·道武七王传》
王夫人	同	河南王曜	同
段夫人？	同	广平王连	同
尹夫人	明元帝嗣妾	永昌庄王健	《北史·明元六王传》
越椒房？	太武帝焘妾	晋王伏罗	《北史·太武五王传》
舒椒房	同	东平王翰	同
伏椒房	同	广阳王建	同
石昭仪？	同	南安王余	同
袁椒房	景穆太子晃东宫宫人	阳平幽王新城	《北史·景穆十二王传》

续表

姓氏及位号	配何人	所生子女	根据何书
尉椒房?	同	京兆康王子推，济阴王小新城	同
阳椒房	同	汝阴灵王天赐	同
孟椒房	同	任城康王云	同
刘椒房	同	南安惠王桢，城阳康王长寿	同
尉椒房	同	乐陵康王胡儿	同
孟椒房	同	安定靖王休	同
李夫人	文成帝浚妾	安乐厉王长乐	《北史·文成五王传》
曹夫人	同	广川庄王略	同
封昭仪?	献文帝弘妾	咸阳王禧	《北史·献文六王传》
韩贵人	同	赵郡灵王干，高阳文穆王雍	同
孟椒房	同	广陵慧王羽	同
潘贵人	同	彭城武宣王勰	同
高椒房	同	北海王详	同
袁贵人	孝文帝宏妾	京兆王愉	《北史·孝文六王传》
罗美人	同	清河文献王怿，汝南王悦	同
郑充华	同	皇子恌	同
潘充华	孝明帝诩妾	皇女（孝明帝遇弑后胡后曾立为帝）	《北史·后妃传》附见《胡后传》
李氏	京兆王愉妾		《魏书·崔光传》
王氏	广陵王羽妾	节闵帝恭	《魏书·前废帝广陵王纪》
程氏	章武王融妾	后废帝朗	《魏书·后废帝安定王纪》
李氏	广平王怀妾	孝武帝脩	《魏书·出帝平阳王纪》

续表

姓氏及位号	配何人	所生子女	根据何书
胡妃	清河王亶妃	孝静帝善见	《魏书·孝静帝纪》
申屠氏	咸阳王禧妾	梁青冀刺史翼、梁直阁将军昌	《魏书·献文六王传》
李妃	禧妃	梁散骑常侍晔	同
李氏	京兆王愉妾	临洮王宝月	《魏书·孝文五王传》
杨氏	同	文帝宝炬、平原公主明月	《北史·孝武帝纪》、《文帝纪》
孟氏	任城王云妃	任城王澄	《魏书·列女传》

计皇帝后宫十九人，太子后宫七人，王妃三人，王后宫七人，共三十六人。

后魏公主及宗女下嫁汉族表　附表五十五

封号	父或兄弟	下嫁何人	家世	根据何书
无	昭成帝什翼犍女	王支	广宁人，昭成帝舅丰子	《魏书·王建传》
同	未详	王建	丰从孙，冀青二州刺史，真定公	同
河内公主	诸王女	司马楚之	晋宣帝弟太常馗八世孙，益州刺史荣期子。仕魏为镇西大将军，朔州刺史，封琅邪王	《北史·本传》
华阳公主	宣武帝恪妹	司马朏	楚之曾孙，朔州刺史、吏部尚书金龙孙，豫州刺史悦之子	《北史·司马楚之传》
襄城郡公主	宗室女	司马裔	朏弟，仕周为大将军，封琅邪公	同
赵郡公主	未详	司马跃	楚之子，金龙弟，仕魏为朔州刺史，大鸿胪卿，封河内公	同
武邑公主	同	刘昶	宋文帝子，封义阳王。仕魏为大将军，封齐郡公，宋王	《北史·本传》
建兴长公主	同	同	同	同
平阳长公主	同	同	同	同
彭城长公主	孝文帝宏妹	刘承绪	昶子，公主所生	《北史·刘昶传》

续表

封号	父或兄弟	下嫁何人	家世	根据何书
兰陵长公主	宣武帝第二姊	刘晖	承绪子	同
南阳长公主	未详	萧宝寅	齐明帝弟六子，废主宝卷母弟，封鄱阳王。仕魏为车骑大将军，徐州刺史，封梁郡公、齐王。后为西讨大都督，以反诛	《北史·本传》
建德公主	孝明帝诩妹	萧烈	宝寅子，南阳公主所生	
寿阳长公主	孝庄帝子攸姊	萧赞	东昏侯宝卷遗腹子，梁武帝以为己子。初名综，封豫章王。降魏为太尉，齐州刺史，封高平郡公，丹阳王	
博陵长公主	景穆太子晃女	冯熙	北燕王弘之孙，辽西公朗之子，文明太后之兄，废后、幽后之父	《北史·外戚传》
乐安长公主	孝文帝宏妹	冯诞	熙子	同
顺阳长公主	孝文帝宏女	冯穆	诞子	同
宗女	未详	朱脩之	宋滑台守将，被擒为云中镇将	《魏书·毛脩之传》
乐浪长公主	献文帝弘女	卢道裕	范阳人，济州刺史度世孙，秘书监伯源子，卒于泾州刺史	《北史·卢玄传》
济南长公主	孝文帝宏女	卢道虔	道裕弟	同
丰亭公主	庄帝姊	李彧	道虔外生，幽州刺史、临淄公	同
义阳长公主	孝文帝宏女	卢元聿	度世孙，伯源犹子，雍州刺史昶子。仕至光禄大夫	同
未详	临淮王雍女	卢柔	骠骑参军崇子，仕至中书监，封容城县子	《北史·卢柔传》
未详	高阳王雍女	郑幼儒	荥阳人，鸿胪少卿胤伯子，仕至司州别驾	《魏书·郑羲传》

续表

封号	父或兄弟	下嫁何人	家世	根据何书
未详	雍第二女	崔仲文	清河人，殿中尚书休子。仕至散骑常侍	《魏书·崔休传》
晋宁郡主	安乐王长乐女	崔夤	仲文弟，仕至太子舍人，早卒	同
未详	高阳王雍女	皇甫玚	安定人，岐州刺史椿龄子，仕至光禄大夫	《魏书·裴叔业传》
武威公主	沮渠牧犍女，魏室甥女	高潜	渤海蓨人，洛阳令崇之父。封开阳男	《魏书·高崇传》
南安长公主	未详	杜超	魏郡邺人，明元密皇后之兄。仕至太宰，封阳平王	《魏书·杜超传》
武威长公主	太武帝妹，故北凉王沮渠牧犍妃	李盖	中山人，献文思皇后之祖，青州刺史惠之父。仕至尚书左仆射	《魏书·李惠传》
高平公主	宣武帝姑	高肇	自云本渤海蓨人，仕至大将军、尚书令，封平原郡公	《魏书·高肇传》
长乐公主	宣武帝同母妹	高猛	肇兄子，仕至殿中尚书，袭渤海公	同
长安县公主	清河王怿女	胡祥	安定临泾人，司徒国珍子，仕至侍中、中书监，封东平公	《魏书·胡国珍传》
丰亭公主	孝庄，帝子攸姊	李彧	陇西人，仆射冲孙，司徒延寔子，仕至中书监，封东平公	《魏书·李延寔传》
未详	安丰王延明妹	未详	旧吴人，光禄少卿茹皓弟	《魏书·恩幸传》中《苑皓传》
同	武昌王鉴妹	同	司药丞常季贤兄，官朝请直寝	同
上庸公主	未详	陆子彰	北齐吏部郎中印父	《齐书·陆印传》
博陵长公主	魏孝静帝姑	司马庆云	并州参军元景献妻父	《齐书·祖珽传》
安乐公主	未详	王弼	其先乐浪人，家于武川。祖盟，太傅；父励，都督；官至大都督	《周书·王盟传》

续表

封号	父或兄弟	下嫁何人	家世	根据何书
未详	北海王颢妹	李神轨	中书舍人	《通鉴纲目》卷三十“梁武帝普通六年条”、《周书·杨宽传》
未详	广陵王欣姊妹	孟口	未详	《周书·柳庆传》
未详	西魏文帝女	韦世康	京兆杜陵人，上柱国、郧国公孝宽兄子	《周书·韦孝宽传》
西河公主	西魏文帝女	薛洪阼	河东汾阴人，涪陵公谨之子，河东太守洪隆之兄	《周书·薛端传》
襄城郡公主	未详	司马裔	河内温人，晋宣帝弟太常馗之后，朔州刺史楚之曾孙，官至大将军，封琅邪公	《周书·司马裔传》
新丰公主	魏孝武帝妹	杜瓒	京兆杜陵人，仕至度支尚书卫大将军西道行台	《周书·杜杲传》
未详	魏广阳王妹	徐之才	丹阳人，精于医，善戏谑。北齐末，为尚书令，封西阳郡王	《北齐书·徐之才传》

计皇女七人，皇姊妹十一人，皇姑二人，太子女一人，王女八人，王姊妹五人，宗室女一人，皇甥女一人，未详者十人，共四十六人。

北齐汉族女子入宫表一 附表五十六。家世可考者

谥号及姓名	原籍及父兄	宫中原来位置	所生子女	逝去或被废年	根据何书
韩氏	大司马轨妹	神武帝欢妾	上党王涣		《北齐书·韩轨传》
文宣皇后李祖娥	赵郡李希宗女	文宣帝洋皇后	废帝殷、太原王绍德	孝昭时为昭信皇后，武成时废为尼，齐亡入关，隋时还赵郡	《北史·后妃传下》
段昭仪	姑臧武威人，太宰、左丞相、平原王韶妹	文宣帝洋妾			同　附见《李后传》
王嫔	琅邪人	文宣帝洋妾			同

续表

谥号及姓名	原籍及父兄	宫中原来位置	所生子女	逝去或被废年	根据何书
薛嫔	倡家女	同			同
武成皇后胡氏	安定胡延之女	武成帝湛为长广王时妃	后主纬、琅邪王俨	后主时尊为太后，以行为不谨幽之北宫，开皇中卒	同
弘德夫人李氏	赵郡李叔让女	武成帝湛妾	南阳王绰		同
后主皇后胡氏	陇东王仁长女，武成皇后侄	后主讳后		陈宣帝太建四年齐后主武平五年废为尼	同
范阳王妃封氏	尚书左丞孝惔女，仆射隆之从孙女	范阳王绍义妃			《齐书·封隆之传》
博陵王妃崔氏	侍中涀妹	博陵王济妃			《齐书·崔涀传》
赵郡王妃郑氏	兖州刺史述祖女	赵郡睿妃			《齐书·郑述祖传》
同	郑道荫女	同			同
张氏	徐州刺史晏之女	高阳王堤妃			《齐书·高祖十一王传》
王氏	太子洗马洽之女	华山王凝妃			同
卢氏	卢正山女，武成胡后之内姊	河南王孝瑜妃			《齐书·文襄六王传》
李氏	李祖钦女	琅邪王俨妃			《齐书·武成十二王传》
李氏	赵郡李祖收女	安德王延宗妃			《齐书·魏收传》
冯氏	左仆射子琮女，北燕王跋后	齐安王廓妃			《齐书·冯子琮传》
卢氏	散骑常侍臣客姊，魏林虑守子规女	任城王谐妃		齐亡，湝殉国，周以卢氏赐斛斯徵。氏长斋不言笑，徵乃放之为尼	《齐书·高祖十一王传》、《卢叔武传》

续表

谥号及姓名	原籍及父兄	宫中原来位置	所生子女	逝去或被废年	根据何书
李氏	侍中祖升女	济南王殷妃			《齐书·外戚传》中《李祖升传》

计皇后二人，尊为太后者一人，后宫四人，王妃十二人，共十九人。

北齐汉族女子入宫表二 附表五十七。家世未详者

姓氏及位号	配何人	所生之子	根据何书
王氏	神武帝欢妾	永安王浚	《北齐书·高祖十一王传》
游氏	同	高阳王堤	同
郑氏	同	冯翊王润	同
马氏	同	汉阳王治	同
冯世妇	文宣帝洋妾	范阳王绍义	《北史·齐宗室诸王传下》
裴嫔	同	西河王绍仁	同
颜嫔	同	陇西王绍廉	同
桑氏	孝昭帝演妾	襄城王亮	同
陆氏	永安王浚妃，王被害，改配仪同刘郁捷		《北齐书·高祖十一王传》
李氏	上党王涣妃，王被害，改配冯文洛		同
郑氏	兰陵王长恭妃		《北齐书·文襄六王传》
郑氏	南阳王绰妃，齐亡，为周武帝所幸		《北齐书·武成十二王传》
郑良娣	太子殷妾		《北齐书·魏收传》

计后宫八人，太子后宫一人，王妃四人，共十三人。

北齐公主下嫁汉族表 附表五十八

封号	父或兄弟	下嫁何人	家世	根据何书
未详	未详	潘子晃	广宁石门人，司徒、河东王乐子，仕至幽州刺史。齐亡，降周，授上开府	《齐书·潘乐传》

续表

封号	父或兄弟	下嫁何人	家世	根据何书
颍川长公主	同	段懿	姑臧武威人，太宰左丞相平原王韶长子，仕至兖州刺史	《齐书·段荣传》
中山长公主	同	段宝鼎	懿子，隋大业末，卒于饶州刺史	同
东安公主	同	段深	韶第二子，迁侍中，封济北王。入周拜大将军郡公，坐事死	同
未详	高祖欢女	司马消难	河内温人，晋南阳王模九世孙，太尉阳平公子如子，为北豫州刺史，降北周	《齐书·司马子如传》
乐安公主	世宗澄女	崔达拏	博陵安平人，右仆射暹子，仕至司农卿	《齐书·崔暹传》
太原长公主	高祖欢女，魏孝静帝后	杨愔	弘农华阴人，魏司空侍中津子，仕至尚书令，封开封王	《齐书·杨愔传》
未详	未详	韩宗仁	昌黎人，领军长鸾子	《齐书·韩凤传》
未详	同	韩宗信	长鸾从子，万岁子	同
阳翟公主	同	燕子献	广汉下洛人，仕至侍中右仆射	《齐书·燕子献传》

计十人。

北周汉族女子入宫表一　附表五十九。家世可考者

谥号及姓名	原籍及父兄	宫中原来位置	所生之子女	逝去或被废年	根据何书
武皇后李娥姿	楚人，于谨平江陵，家被籍没	武帝邕官人	宣帝赟汉王赞	隋开皇元年三月为尼，八年卒	《北史·后妃传下》
宣皇后杨丽华	隋文帝坚长女	宣帝赟皇后		开皇初封乐平公主，大业五年卒	同
宣帝后朱满月	吴人，其家坐事没入宫	宣帝赟妾	静帝阐	开皇元年二月为尼，六年卒	同

续表

谥号及姓名	原籍及父兄	宫中原来位置	所生之子女	逝去或被废年	根据何书
天中大皇后陈月仪？	颍川人，大将军山提第八女	同		宣帝殂，出俗为尼，永徽初卒	同
静帝皇后司马令姬	柱国、荥阳公消难女	静帝后		大象二年废为庶人，贞观初犹存	同

计皇后二人，尊为太后者一人，后宫滥用后号者二人，共五人。

北周汉族女子入宫表二　附表六十。家世未详者

姓氏及位号	配何人	所生之子	根据何书
乐浪王氏	德帝肱	颢、连、洛生、泰	《周书·邵惠公颢传》
李氏	豳孝公道	广	同
阎姬	邵惠公颢		《周书·晋荡公护传》
姚夫人	文帝泰	明帝毓	《周书·文闵明武宣诸子传》
王姬	同	赵王招	同
陆夫人	孝闵帝觉妾	纪厉王康	《北史·周宗室诸王传》
徐妃	明帝毓妾	毕剌王贤	同
冯姬	武帝邕妾	道王充	同
薛世妇	同	蔡王兑	同
郑姬	同	荆王元	同
王姬	宣帝赟妾	莱王衍	同
皇甫姬	同	郢王术	同

计追尊为皇后一人，后宫九人，公妃二人，共十二人。

北周公主下嫁汉族表　附表六十一

封号	父或兄弟	下嫁何人	家世	根据何书
义安长公主	文帝泰女	李耀	辽东襄平人，太师赵国公弼次子，仕至梁州总管，袭魏国公	《周书·李弼传》
西河长公主	同	刘昶	中山人，东雍州刺史亮子，位至秦灵二州总管，封彭国公	《周书·刘亮传》
清都公主	武帝女	阎毗	河南河阴人，柱国、六安郡公庆第十二子	《周书·阎庆传》

续表

封号	父或兄弟	下嫁何人	家世	根据何书
新兴公主	晋公护女	苏威	武功人，行台尚书绰子，仕隋为仆射	《周书·苏绰传》
义归公主	文帝泰女	李基	其先陇西成纪人，家于高平，父远，柱国大将军阳平郡公。仕至淅州刺史	《周书·李贤传》
永富公主	同	史雄	建康袁氏人，家于抚宁，荆州刺史、安政郡公宁之子，仕至大驭中大夫	《周书·史宁传》
襄阳公主	文帝第五女	窦毅	扶风平陵人，太傅邓国公炽兄子，唐太穆皇后之父，隋定州总管、神武郡公	《周书·窦炽传》

计七人。

后魏汉族出身人物表　附表六十二

姓名	字	官爵	籍贯	今地	家世及出身	根据何书
卫操	德元	右将军、定襄侯	代	山西大同县东	晋征北将军卫瓘牙门将	《魏书·本传》
卫雄	世远	左将军、云中侯	同	同	操从子	《魏书·卫操传》
姬澹	世雅	信义将军、楼烦侯	同	同		同
莫含		左将军、关中侯	雁门繁畤	山西繁畤县	并州刺史刘琨从事	《魏书·本传》
燕凤	子章	行台尚书、平舒侯	代	山西大同县东		同
许谦	元逊	阳曲护军、平舒侯	同	同		同
张衮	洪龙	幽州刺史、临渭侯	上谷沮阳	察哈尔怀来县南		同
张度		中都大官、袭侯	同	同	衮次子	《魏书·张衮传》
张白泽	本字钟葵	殿中尚书	同	同	度曾孙	同
崔宏	玄伯	天部大人、白马公	清河东武城	山东武城县西十里	魏司空林六世孙，苻融冀州从事，丕征东功曹	《魏书·本传》

续表

姓名	字	官爵	籍贯	今地	家世及出身	根据何书
邓渊	彦海	尚书吏部郎、下博子，后赐死	安定	甘肃泾川县北五里	苻坚车骑将军羌孙	同
李栗		左将军，后被杀	雁门	山西代县		同
刘洁		尚书令、巨鹿公，后被诛	长乐信都	河北冀县		同
古弼		侍中、尚书令、建兴公，后被杀	代	山西大同县东		同
张黎		侍中、广平公，后被杀	雁门平原	山西崞县东南四十里		同
王建		冀青二州刺史、真定公	广宁	察哈尔涿鹿县西		同
崔逞	叔祖	尚书、御史中丞	清河东武城	山东武城县西十里	魏中尉琰六世孙，慕容結黄门侍郎，苻坚齐郡太守	同
封懿	处德	都坐大官、章安侯	渤海蓨	河北景县	晋东夷校尉释曾孙，仕慕容宝为中书令	同
宋隐	处默	行台右丞	西河介休	山西介休县东南十五里	晋昌黎太守奭曾孙	同
王宪	显则	并州刺史、北海公	北海剧	山东寿光县东南三十里	苻坚丞相猛孙	同
屈遵	子皮	中书令、下蔡子	昌黎徒河	辽宁锦县西北	慕容永尚书仆射，垂博陵令	同
张蒲	玄则	相州刺史、泰昌子	河内修武	河南修武县	汉太尉廷之后，慕容宝尚书左丞	同
谷辉	元冲	侍中、濮阳公	昌黎	热河朝阳县		同
公孙表	玄元	吴兵将军，后被杀	燕郡广阳	河北良乡县东北十里	慕容冲尚书郎	同
张济	士度	谒者仆射	西河	山西汾阳县		同
李先	容仁	内都大官、寿春侯	中山卢奴	河北定县	苻坚尚书郎，慕容永秘书监	同
贾彝	彦伦	尚书左丞	武威姑臧	甘肃武威县	魏幽州刺史敷六世孙，慕容珪骠骑长史	同

续表

姓名	字	官爵	籍贯	今地	家世及出身	根据何书
薛提		侍中、太原公，为宦官宗爱所害	太原	山西太原县		同
王洛儿		散骑常侍、新息公	京兆	陕西中部		同
卢鲁元		侍中、太保、录尚书事、襄城公	昌黎徒河	辽宁锦县西北		同
崔浩	伯渊	侍中、司徒、东郡公，后被族诛	清河	山东清平县南	白马公宏长子	同
李顺	德正	四部尚书、散骑常侍、高平公，后被杀	赵郡平棘	河北赵县南三里		同
李敷	景文	散骑常侍、南部尚书、中书监、高平公，后被杀	同	同	顺长子	《魏书·李顺传》
李奕	景世	宿卫监、都官尚书、安平侯，后被诛	同	同	敷弟	同
司马文思		廷尉卿、郁林公、征南大将军、谯王	河内温	河南温县西南三十里	晋宗室休之子，袭憔王	《魏书·司马休之传》
司马楚之		侍中、镇西大将军、云中、镇大将、朔州刺史、琅邪王	同	同	晋宣帝弟道八世孙	《魏书·本传》
司马景之	洪略	征南大将军、苍梧公	同	同	晋汝南王亮之后	同
司马叔瑶		安远将军、丹杨侯	同	同	晋安平献王孚之后	同
司马天助		侍中、青兖二州刺史、东海公	同	同	自云晋会稽世子元显之子	同
刁雍	淑和	征南将军、东安侯	渤海饶安	河北盐山县西南	晋尚书令协子	同
王慧龙		宁南将军、虎牢镇都副将	太原晋阳	山西太原县	晋尚书仆射愉孙	同
韩延之	显宗	虎牢镇将	南阳赭阳	河南叶县西南	魏司徒暨之后	同
袁式	季祖	阳夏子	陈郡阳夏	河南太康县	汉司徒滂之后，晋侍中渊子	同

续表

姓名	字	官爵	籍贯	今地	家世及出身	根据何书
李宝	怀素	镇北将军、怀荒镇将、敦煌公	陇西狄道	甘肃临洮县	凉武昭王暠之孙	同
薛辩	允白	平西将军、汾阴侯	河东汾阴	山西荥河县北	其先自蜀徙于河东，事姚兴为建威将军，降晋拜宁朔将军	同
寇赞	奉国	南雍州刺史、河南公	上谷	察哈尔南部		同
郦范	世则	青州刺史、范阳公	范阳涿鹿	察哈尔涿鹿县		同
韩秀	白虎	青州刺史、渔阳公	昌黎	热河朝阳县		同
尧暄	辟邪	大司农、平阳公	上党长子	山西长子县		同
严稜		中山太守、郃阳侯	冯翊临晋	陕西大荔县	宋广威将军，戍仓垣	同
毛脩之	敬文	外都大官、南郡公	荥阳阳武	河南阳武县东南二十八里	初仕晋为刘义真安西司马	同
朱脩之		云中镇将			初仕宋守滑台被执	《魏书·毛脩之传》
唐和	稚起	内都大官、酒泉公	晋昌宜安	甘肃安西县北	西凉宰相宋繇子	《魏书·本传》
刘休宾	处干	怀宁令	平原	山东聊城县	晋北海太守奉伯子，仕宋为兖州刺史	同
房法寿		平远将军、壮武侯			清河王绎幕人	同
孟威	能重	大鸿胪卿	河南洛阳	河南洛阳县		同
韦阆	友观	武都太守	京兆杜陵	陕西长安县东南	祖楷，晋长乐清河太守，父达慕容垂大长秋卿	同
苏湛	景俊	中书侍郎	武功	陕西武功县	魏侍中则之后	《魏书·韦阆传》

续表

姓名	字	官爵	籍贯	今地	家世及出身	根据何书
杜铨	士衡	中书侍郎、新丰侯	京兆	陕西中部	晋征南大将军预五世孙	《魏书·本传》
裴骏	神驹	中书侍郎	河东闻喜	山西闻喜县		同
辛绍先		下邳太守	陇西狄道	甘肃临洮县	晋幽州刺史怡五世孙，西凉将军渊子	同
柳崇	僧生	河北太守	河东解	山西解县	晋廷尉轨七世孙	同
窦瑾	道瑜	内都大官、毗陵公，后被杀	顿丘卫国	山东观城县西	自云汉司空融之后	同
许彦	道谟	相州刺史、武昌公	高阳新城	河北徐水县西南二十里		同
李祐	元盛	侍中、司空、徐州刺史、范阳公，后被害	范阳	河北涿县	祖绩，前燕尚书。父崇，北燕石城太守	同
卢玄	子真	散骑常侍、固安子	范阳涿	同	曾祖湛，晋司空从事中郎。祖偃，父邈，慕容氏太守	同
高允	伯恭	光禄大夫、咸阳公	渤海蓨	河北景县	汉太傅褒之后。曾祖庆慕容垂司空，祖泰吏部尚书	同
刘模		陈留太守	长乐信都	河北冀县		《魏书·高允传》
李灵	虎符	洛州刺史、高邑子	赵郡	河北赵县	高平公顺从父兄	《魏书·本传》
崔鉴	神具	东徐州刺史	博陵安平	河北安平县		同
韩茂	元兴	侍中、尚书令、安定公	安定武安	甘肃镇番县西南		同
皮豹子		内都大官、淮阳公	渔阳	河北蓟县		同
吕罗汉		内都大官、山阳公	幽州	河北北平市	本东平寿张人，祖显，慕容垂河间太守	同

续表

姓名	字	官爵	籍贯	今地	家世及出身	根据何书
孔昭		侍中、幽州刺史、鲁郡公	魏郡邺	河南安阳县		《魏书·孔伯恭传》
孔伯恭		彭城镇将、东海公	同	同	昭子	《魏书·本传》
赵逸	思群	赤城镇将	天水	甘肃天水县		同
胡方回		中书侍郎、临泾子	安定临泾	甘肃镇原县南五十里		同
胡叟	伦许	虎威将军、始复男	同	同		同
张湛	子然	宁远将军、南浦男	敦煌	甘肃敦煌县	魏执金吾恭九世孙	同
宗钦	景若	鹰扬将军、卧树男，后赐死	金城	甘肃皋兰县西南	仕沮渠蒙逊为世子洗马	同
段承根		著作郎	武威姑臧	甘肃武威县	自云汉太尉颎九世孙	同
阚骃	玄阴	乐平王丕从事中郎	敦煌	甘肃敦煌县	仕沮渠氏为尚书	同
刘昞	延明	同	同	同	事李暠为从事中郎，仕蒙逊为秘书郎	同
赵柔	元顺	河内太守	金城	甘肃皋兰县西南	仕沮渠氏为金部郎	同
索敞	巨镇	扶风太守	敦煌	甘肃敦煌县		同
阴仲达		秘书著作郎	武威姑臧	甘肃武威县		同
李孝伯		秦州刺史、宣成公	赵郡	河北赵县	高平公顺从父弟	同
李冲	思顺	侍中、尚书仆射、清渊侯	陇西	甘肃陇西县	敦煌公宝少子	同
游雅	伯度	秘书监、广平侯	广平任	河北任县		同
高闾	阎士	太常卿、安乐侯	渔阳雍奴	河北蓟县	晋上谷太守原五世孙	同

续表

姓名	字	官爵	籍贯	今地	家世及出身	根据何书
游明根	志远	大鸿胪卿、仪曹尚书、新泰伯	广平任	河北任县	祖袆，慕容熙乐浪太守	同
游肇	伯始	右仆射、新泰伯	同	同	明根子	同《游明根传》
刘芳	伯文	侍中、国子祭酒、中书令、太常卿	彭城	江苏铜山县	汉楚元王之后，晋司隶校尉讷六世孙	《魏书·本传》
郑演		彭城太守、洛阳侯	荥阳	河南荥阳县	初仕宋为琅邪太守，随薛安都降魏	《魏书·刘芳传》
郑羲	幼蔴	秘书监、阳武侯	荥阳开封	河南开封县	魏将作大匠浑八世孙	《魏书·本传》
崔辩	神通	武邑太守	博陵安平	河北安平县		同
崔模	叔轨	征东将军、行岐州事、槐里伯，讨万俟丑奴战没	同	同	辩子	《魏书·崔辩传》
崔楷		后将军、殷州刺史，拒葛荣殉难	同	同	模弟	同
高祐	子集	光禄大夫、东光侯	渤海蓨	河北景县	司空允从祖弟	《魏书·本传》
高乾	乾邕	侍中、司空、长乐郡公	同	同	祐从子	《北史·高允传》
高慎	仲密	西魏侍中、太尉	同	同	乾弟	同
崔挺	双根	光州刺史、泰昌子	博陵安平	河北安平县	六世祖赞魏尚书仆射，五世祖汉晋吏部尚书	《魏书·本传》
杨播	延庆	华州刺史、华阴伯	恒农华阴	陕西华阴县	高祖结，慕容氏中山相	同
杨侃	士业	侍中、卫将军、右光禄大夫、济北郡公，死尔朱氏之乱	同	同	播子	《魏书·杨播传》

续表

姓名	字	官爵	籍贯	今地	家世及出身	根据何书
杨椿	延寿	侍中、太保，死尔朱氏之乱	同	同	播弟	同
杨昱	元晷	东道行台，死尔朱氏之乱	同	同	椿子	同
杨津	延祚	侍中、司空，死尔朱氏之乱	同	同	椿弟	同
刘昶	休道	大将军、齐郡公、宋王			宋文帝第九子，封义阳王，镇徐州	《魏书》本传
萧宝寅	智亮	侍中、骠骑大将军、西讨大都督、平秦郡公、齐王			齐明帝第六子，封建安王，镇南徐州	同
萧赞	德文	太尉、高平郡公、丹阳王			梁武帝第二子，初名综，封豫章王，镇彭城	《魏书·萧宝寅传》
萧正表	公仪	侍中、车骑将军、兰陵郡公、吴郡王			梁武帝从子，镇钟离	《魏书·本传》
韩麒麟		齐州刺史、魏昌侯	昌黎棘城	辽宁义县	自云汉大司马增之后	同
韩显宗	茂亲	征虏将军	同	同	麒麟子	《魏书·韩麒麟传》
程骏	裀驹	秘书令、安丰男	广平曲安	河北曲周县东北四十里	六世祖良，晋都水使者	《魏书·本传》
薛安都	休达	徐州刺史、河东公	河东汾阴	山西荣河县北	宋徐州刺史	同
薛真度		扬州刺史、敷熙县公	同	同	安都从祖弟，宋徐州长史	《魏书·薛安都传》
毕众敬		兖州刺史、东平公	东平须昌	山东东平县西北五十里	宋兖州刺史	《魏书·本传》
沈文秀	仲远	怀州刺史、吴郡公	吴兴武康	浙江武康县	宋青州刺史	同

续表

姓名	字	官爵	籍贯	今地	家世及出身	根据何书
张谠	处言	东徐州刺史、平陆侯	清河东武城	山东武城县西十里	六世祖弘晋长秋卿，初仕宋为东徐州刺史	同
孟表	武达	齐州刺史、汶阳伯	济北蛇丘	山东肥城县南	齐马头太守	同
李彪	道固	御史中尉	顿丘卫国	山东观城县西		同
高道悦	文欣	太子中庶子	辽东新昌	河北卢龙县	曾祖策，冯跋散骑常侍	同
王肃	恭懿	扬州刺史、昌国侯	琅讶临沂	山东临沂县	晋丞相道之后	同
宋弁	义和	祠部尚书	广平列人	河北肥乡县东十五里		同
郭祚	季祐	左仆射	太原晋阳	山西太原县	魏车骑郭淮弟亮后	同
张彝	庆宾	侍中、尚书、秦州刺史、平陆侯	清河东武城	山东武城县西十里	曾祖幸，慕容超东牟太守	同
邢峦	洪宾	殿中尚书、平舒伯	河间鄚	河北任丘县	中书侍郎颖孙	同
李平	昙定	尚书右仆射、武邑郡公	顿丘	河北清丰县西南二十五里	彭城王嶷长子	同
李崇	继长	侍中、尚书令、陈留公	同	同	文成元皇后第二兄诞之子	同
李神轨		黄门侍郎、中书舍人、陈留侯	同	同	崇子	《魏书·李崇传》
崔亮	敬儒	尚书、仆射	清河东武城	山东武城县西十里	父元孙，宋尚书郎	《魏书·本传》
崔光	长仁	侍中、太保、平恩侯	东清河鄃	山东夏津县	祖旷宋乐陵太守，父灵延宋长广太守	同
崔鸿	彦鸾	散骑常侍，著《十六国春秋》百卷	同	同	光从子	《魏书·崔光传》

续表

姓名	字	官爵	籍贯	今地	家世及出身	根据何书
甄琛	思伯	侍中、御史中尉、河南尹、太常卿、吏部尚书	中山毋极	河北无极县	汉太保鄄邯后	《魏书·本传》
张纂	伯业	乐陵太守	中山	河北定县	凉州刺史珍子	《魏书·甄琢传》
高聪	僧智	散骑常侍、光禄大夫	渤海蓨	河北景县	曾祖轨徙居北海剧县，父法昂宋员外郎	《魏书·本传》
崔休	惠盛	殿中尚书	清河	山东清平县南	御史中丞逞玄孙	同
裴延俊	平子	散骑常侍、中书令、御史中尉、侍中、吏部尚书	河东闻喜	山西闻喜县	齐冀州刺史徽八世孙	同
裴良	元宾	汾州刺史、太府卿	同	同	延俊从弟	《魏书·裴延俊传》
袁翻	景翔	中书令、黄门侍郎、都官尚书	陈郡项	河南项县东北	父宣，宋青州主簿	《魏书·本传》
刘藻	彦先	秦州刺史、易阳子	广平易阳	河北永年县西十五里	父宗之，宋庐江太守	同
傅永	修期	南兖州刺史、清河男	清河	山东清平县南		同
傅竖眼		梁州刺史	同	同	六世祖遘，石虎太常	同
李神		侍中、殿中尚书、安康郡公	恒农	河南汲县		同
裴叔业		豫州刺史、兰陵郡公	河东闻喜	山西闻喜县	齐冀州刺史徽之后	同
裴植	文远	度支尚书、崇义县侯	同	同	叔业兄叔宝子	《魏书·裴叔业传》
裴粲	文亮	中书令、胶州刺史、舒县子	同	同	植弟	同
裴衍	文舒	相州刺史、北道大都督、临汝县公，讨葛荣战死	同	同	粲弟	同

续表

姓名	字	官爵	籍贯	今地	家世及出身	根据何书
夏侯道迁		瀛州刺史、濮阳县侯	谯国	安徽亳县		《魏书·本传》
李元护		齐州刺史、广饶县伯	辽东襄平	辽宁辽阳县	晋司徒胤八世孙	同
席法友		济州刺史、乘氏县伯	安定	甘肃泾川县北五里	初仕齐为安丰、新蔡二郡太守	同
王世弼		中山内史、慎县伯	京兆霸城	陕西长安县东		同
江文遥		安州刺史、安平子	济阳考城	山东曹县境	世祖统，晋散骑常侍	《魏书·江悦之传》
淳于诞	灵远	梁州刺史	太山博	山东泰安县东南	其先太山博人，后世家于蜀汉	《魏书·本传》
李苗	子宣	通直散骑常侍，拒尔朱世隆死难	梓潼涪	四川涪陵县	父膺，梁太仆卿	同
阳尼	景文	国子祭酒	北平无终	河北玉田县		同
阳固	敬安	前军将军	同	同	尼从孙	《魏书·阳尼传》
贾思伯	士休	都官尚书	齐郡益都	山东寿光县南		《魏书·本传》
李叔虎		行华州事	渤海蓨	河北景县	征南从事中郎金从孙	同
路恃庆	伯瑞	定州长史	阳平清渊	山东临清县西南四十里	阳平太守绰孙	同
路思令	季俊	冀州刺史	同	同	恃庆弟	《魏书·路恃庆传》
屈亮	景高	沧州刺史	清河	山东清平县南	樵郡太守法延子	《魏书·本传》
曹世表	景升	尚书、东道行台	东魏郡魏	河北大名县西南四十里	魏大司马休九世孙	同

续表

姓名	字	官爵	籍贯	今地	家世及出身	根据何书
潘永基	绍业	东徐州刺史	长乐广宗	河北威县东二十里	中书侍郎灵虬子	同
朱元旭	君昇	义州刺史	乐陵	山东乐陵县		同
崔延伯		右卫将军、西道都督、新丰子，讨万俟丑奴战死	博陵	河北安平县		同
卢同	叔伦	殿中尚书、侍中、章武县伯	范阳涿	河北涿县	散骑常侍玄族孙	同
张烈	徽仙	瀛州刺史、清国县子	清河东武城	山东武城县西十里	高祖悕，慕容俊尚书右仆射	同
宋翻	飞乌	河南尹	广平列人	河北肥乡县东十五里	吏部尚书弁族弟	同
辛雄	世宾	左仆射兼侍中，为高欢所害	陇西狄道	甘肃临洮县	父畅，乡郡太守	同
辛纂	伯将	西荆州刺史	同	同	雄从父兄	《魏书·辛雄传》
羊深	文渊	侍中、中书令、御史中尉，以兖州讨高欢战死	太山平阳	山东邹县	梁州刺史祉第二子	《魏·本传》
杨机	显略	度支尚书，为高欢所害	天水冀	甘肃伏羌县	祖伏恩，郡功曹，赫连勃勃时，将家奔洛阳，遂家焉	同
高崇	积善	洛阳令	渤海落	河北景县	四世祖抚，晋永嘉中，避难奔高丽。父潜归魏	同
高谦之	道让	河阴令、国子博士、铸钱都将长史	同	同	崇子	《魏书·高崇传》
高恭之	道穆	御史中尉，为尔朱兆所害	同	同	崇弟	同

续表

姓名	字	官爵	籍贯	今地	家世及出身	根据何书
孙绍	世庆	太府卿、新昌子	昌黎	热河朝阳县	世仕慕容氏。祖仕魏为济阳太守	《魏书·本传》
张普惠	洪赈	尚书右丞、东豫州刺史	常山九门	河北藁城县西北二十五里	父祐，齐州中水县令	同
成淹	季文	羽林监、主客令、知左右二都水事、平阳太守	上谷居庸	察哈尔延庆县	自言晋侍中粲六世孙	同
范绍	始孙	并州刺史、太府卿，死河阴之难	敦煌龙勒	甘肃敦煌县西南龙勒山麓		同
刘桃符		豫州刺史	中山卢奴	河北定县		同
刘道斌		岐州刺史	武邑灌津	河北武邑县东南	自云汉中山靖王胜之后	同
董绍	兴远	征西将军、新蔡县男	新蔡鲖阳	河南新蔡县东北七十里		同
冯元兴	子盛	安东将军领中书舍人	东魏郡肥乡	河北肥乡县西二十二里		同
曹道		中书舍人、东郡太守	谯郡	安徽亳县		《魏书·冯元兴传》
曹昇		黄门郎、散骑常侍、国子祭酒	北海	山东潍县		同
曹昂		太学博士兼尚书郎	齐郡	山东临淄县		同
鹿念	永吉	梁州刺史、定陶侯	济阴	山东曹县西北		《魏书·本传》
张熠	景世	东徐州刺史、长平县男	南阳西鄂	河南南召县南	自云汉侍中衡十世孙	同
朱瑞	元龙	侍中、左仆射、乐陵公，为尔朱世隆所害	代郡桑乾	察哈尔蔚县东北	太原太守惠之子	同
贾显度		雍州刺史、西道大行台、石艾县公	中山无极	河北无极县	父道监，沃野镇长史	《魏书·本传》

续表

姓名	字	官爵	籍贯	今地	家世及出身	根据何书
贾显智		济州刺史、义阳侯	同	同		《魏书·贾显度传》
侯渊		齐州刺史、渔阳公	神武尖山	绥远清水河县东北		《魏书·本传》
李琰之	景珍	侍中、车骑大将军、左光禄大夫	陇西狄道	甘肃临洮县	司空韶族弟，仆射冲从子	同
祖莹	元珍	车骑大将军、文安伯	范阳道	河北涞水县	曾祖敏，慕容垂平原太守	同
常景	永昌	车骑将军、右光禄大夫、秘书监	河内	河南沁阳县	父文通，天水太守	同
杜超	祖仁	太宰、阳平王	魏郡邺	河南安阳县	明元密皇后兄	《魏书·外戚传上》
杜元宝		司空、京兆王	同	同	超从子	同 附《杜超传》内
冯熙	晋昌	侍中、太师、中书监、京兆郡公	长乐信都	河北冀县	文成文明皇后兄	同
冯诞	思政	侍中、司徒、长乐郡公	同	同	熙子	同 附《冯熙传》内
冯脩	宝业	侍中、尚书、东平侯	同	同	诞弟	同 同
冯聿	宝兴	黄门郎、信都伯	同	同	脩弟	同 同
李峻	珍之	太宰、顿丘王	梁国蒙县	河南商丘县东北二十二里	文成元皇后兄	同
李惠		侍中、青州刺史、中山王	中山	河北定县	献文思皇后之父	同
高肇	首文	尚书令、司徒大将军、平原郡公	渤海蓨	河北景县	孝文昭皇后之兄	《魏书·外戚传下》
高猛	豹儿	中书令、雍州刺史、殿中尚书、渤海郡公	同	同	肇从子	同 附《高肇传》内

续表

姓名	字	官爵	籍贯	今地	家世及出身	根据何书
胡国珍	世玉	侍中、司徒、安定公	安定临泾	甘肃镇原县南五十里	宣武灵皇后之父	同
李延寔	禧	侍中、太傅、濮阳郡公	陇西	甘肃陇西县	仆射冲长子，孝庄帝之舅	同
梁越	玄览	光禄大夫、祝阿侯	新兴，即秀容	山西忻县西北		《魏书·儒林传》
卢丑		尚书、济阴公	昌黎徒河	辽宁锦县西北	襄城王鲁元之族	同
张伟	仲业	营州刺史、建安公	太原中都	山西平遥县西北十二里	高祖敏，晋秘书监	同
梁祚		秘书令	北地泥阳	陕西耀县东南十七里	父劭，济阳太守	同
平恒	继叔	秘书令	燕国蓟	河北大宛二县	祖视，父儒，并仕慕容为通宦	同
陈奇	修奇	经学家，被征入秘省，秘书监游雅恶之，被害	河北	山西芮县城东北一里	自云晋凉州刺史骧之八世孙	同
常爽	仕明	教育家，不仕，人称儒林先生	河内温	河南温县西南三十里	魏太常卿林六世孙	同
刘献之		经学家，屡征不至。著述甚富	博陵饶阳	河北饶阳县		同
张吾贵	吴子	太学博士	中山	河北定县		同
刘兰		国子助教	武邑	河北武邑县		同
孙惠蔚	叔炳	东宫侍读、黄门侍郎、秘书监、枣强县男	武邑武遂	河北武强县东北	自云六世祖道恭为晋长秋卿	同
徐遵明	子判	教育家，不仕	华阴	陕西大荔县		同
董徵	文发	教授诸王，仕至光禄大夫	顿丘卫国	山东观城县西	高平太守英孙	同
刁冲	文郎	袭东安侯	渤海饶安	河北盐山县西南	镇东将军雍之曾孙	同

续表

姓名	字	官爵	籍贯	今地	家世及出身	根据何书
卢景裕	仲孺	国子博士、中书郎	范阳琢	河北琢县	章武伯同之兄子	同
李同轨		国子博士、中书侍郎、通直散骑常侍	赵郡高邑	河北柏乡县北十二里	阳夏太守义深之弟	同
李业兴		散骑常侍、国子祭酒、屯留县子	上党长子	山西长子县	金乡令玄纪子	同
袁跃	景腾	尚书都兵郎中、清河王怿文学	陈郡	河南淮阳县	尚书翻弟	《魏书·文苑传》
裴敬宪	孝虞	太学博士	河东闻喜	山西闻喜县	益州刺史宣第二子	同
卢观	伯举	尚书、仪曹郎中	范阳琢	河北琢县		同
封肃	元邕	尚书、左中兵郎中	渤海	河北南皮县	尚书回兄子	同
邢臧	子良	濮阳太守	河间	河北河间县	光禄少卿虬长孙	同
裴伯茂		散骑常侍、中书侍郎、平阳伯	河东		司空中郎叔义第二子	
邢昕	子明	中书侍郎、通直常侍	河间	河北河间县	尚书峦弟伟之子	同
温子昇	鹏举	中书舍人、散骑常侍，为高澄所害			自云太原人，晋大将军峤之后，世居江左	同
赵琰	叔起	淮南王他府长史	天水	甘肃天水县	父温，杨难当司马	《魏书·孝感传》
孙益德		为母复仇，高祖义而赦之	乐安	山东博兴县北		同
杨引		以孝旌表	乡郡襄垣	山西襄垣县		同
阎元明		北随郡太守	河东安邑	山西安邑县		同
吴悉达		以孝友著	河东闻喜	山西闻喜县		同

续表

姓名	字	官爵	籍贯	今地	家世及出身	根据何书
崔承宗		以孝著	齐州	山东历城县		同　附《吴悉达传》内
王续生		以孝旌表	荥阳京县	河南荥阳县东南二十一里		同
李显达		同	颍川阳翟	河南禹县		同
张昇		同	荥阳	河南荥阳县		同
仓跋		同	荥阳京县	河南荥阳县东南二十一里		同
王崇	乾邕	同	阳夏雍丘	河南杞县		同
郭文恭		太平县令以孝旌表	太原平遥	山西平遥县		同
石文德		以行义旌表	河中蒲坂	山西永济县北三十里		《魏书·节义传》
汲固		兖州从事	东郎梁城	安徽阜阳县西百十里		同
王玄威			恒农北陕	河南陕县		同
刘过侯		为徐州后军，力战，殉国				同
马八龙		以行义旌表	武邑武强	河北武强县		同
门文爱		以孝闻	汲郡山阳	河南修武县西北三十五里		同
晁清		梁城戍将，为梁所擒，抗节死	辽东	辽宁辽阳县	济州刺史辉孙	同
刘信仁		以行义闻	豫州			同
石祖兴		以行义闻，后拜宁陵令	常山九门	河北藁城县西北二十五里		同
邵洪哲		以行义旌表	上谷沮阳	察哈尔怀来县南		同

续表

姓名	字	官爵	籍贯	今地	家世及出身	根据何书
王荣世		三城戍主、方城县子。城为梁所破，死节	阳平馆陶	山东馆陶县西南三十五里馆陶镇		同
胡小虎		晋寿统军。救小剑，为梁所擒，死节	河南河阴	河南孟津县东		同
孙道登		为梁所擒，死节	彭城吕县	江苏铜山县北五十里		同
李几		七世同居，被旌表	博陵安平	河北安平县		同
张安祖		袭山北侯。以行义旌表	河阳	河南孟县西三十五里		同
王闾		数世同居，被旌表	北海下密	山东昌邑县东		同
张恂	洪让	常山太守、平皋子	上谷沮阳	察哈尔怀来县南	幽州刺史衮弟	《魏书·良吏传》
鹿生		济南太守	济阴乘氏	山东巨野县西南	父寿兴，沮渠牧犍库部郎	同
张应		鲁郡太守				同
宋世景		荥阳太守	广平	河北广平县	河南尹翻第三弟	同
路邕		南青州刺史	阳平清渊	山东临清县西南四十里		同
阎庆胤		敷城太守				同
明亮	文德	汲郡太守	平原	山东聊城县		同
林纂	荣孙	平阳太守	常山九门	河北藁城县西北二十五里		同
裴佗	之化	东荆州刺史	河东闻喜	山西闻喜县	其先因晋乱，避地凉州。后还居解县	同
窦瑗	世珍	平州刺史、延尉卿、容城县伯	辽西辽阳		自言本扶风平陵人，汉大将军武后	同

续表

姓名	字	官爵	籍贯	今地	家世及出身	根据何书
羊敦	元礼	广平太守	太山巨平	山东泰安县西南	梁州刺史祉弟子	同
苏淑	仲和	中山太守	武邑	河北武邑县		同
李洪之	本名文通	秦益二州刺史	恒农	河南汲县		《魏书·酷吏传》
高遵	世礼	齐州刺史	渤海蓨	河北景县	父济，沧水太守	同
张赦提		幽州刺史	中山安喜	河北定县东三十里		同
羊祉	灵祐	秦梁二州刺史	太山巨平	山东泰安县西南	晋太仆卿诱六世孙	同
崔暹	文钦	瀛州刺史	清河东武城	山东武城县西十里	世家于荥阳、颍川之间	同
郦道元	善长	河南尹、御史中尉	范阳	河北琢县	青州刺史范之子	同
谷楷		奉车都尉	昌黎	热河朝阳县	濮阳公浑曾孙	同
眭夸		与崔浩为友，秦征为中郎，不就	赵郡高邑	河北栢乡县北十二里	祖迈，晋东海王越参军	《魏书·逸士传》
冯亮	灵通	隐嵩山，征为羽林监，领中书舍人，不拜	南阳	河南南阳县	梁平北将军蔡道恭甥	同
李谧	永和	征拜著作郎，不就	涿郡	河北涿县	相州刺史安世子	同
郑脩		隐于岐南几谷中，征辟皆不就	北海	山东潍县		同
晁崇	子业	太史令	辽东襄平	辽宁辽阳县	家世史官	《魏书·术艺传》
张渊		同			自云尝事苻坚、姚兴父子及赫连昌	同
徐路		容城令，善占候				《魏书·术艺传》中《张渊传》

续表

姓名	字	官爵	籍贯	今地	家世及出身	根据何书
高崇祖		善天文，授中散大夫	恒州	山西大同县		同
孙僧化		通直散骑常侍	东莞	山东沂水县		同
信都芳	王琳	中外府田曹参军	河间	河北河间县		同
殷绍		算学博士，给事东宫	长乐	河南安阳县东四十里		《魏书·术艺传》
王早		善风角	勃海南皮	河北南皮县		同
耿玄		善卜占	巨鹿宋子	河北赵县北二十五里		同
刘灵助		幽州刺史、燕郡公	燕郡	河北大宛县		同
江式	法安	符节令、符玺郎、著作佐郎、工篆书	陈留济阳	河南兰封县	六世祖琼，晋冯翊太守	同
周澹		善医药，为太医令，封成德侯	京兆鄠	陕西鄠县		同
李脩	思祖	善针灸医药，为太医令，封下蔡子	阳平馆陶	山东馆陶县		同
徐謇	成伯	善医药，为内侍长，历侍御师，鸿胪卿，封金乡伯	丹阳	河南项城县东北		同
王显	世荣	善医，为侍御师，历太府卿，御史中尉，封卫南伯	阳平乐平	山东堂邑县东南四十里	自言本东海郯人，王朗之后	同
崔彧	文若	善医，仕至冀州别驾	清河东武城	山东武城县西十里		同
蒋少游		性机巧，为都水使者，将作大匠	乐安博昌	山东博兴县南二十里		同
侯文和		性机巧，仕至济南太守				同 附《蒋少游传》中
范宁儿		善围碁				同 同
房爱亲妻崔氏		教子义方	清河	山东清平县南	同郡崔元孙之女	《魏书·列女传》

续表

姓名	字	官爵	籍贯	今地	家世及出身	根据何书
姚氏妇杨氏		以高尚有识闻			阉人苻承祖姨	同
渔阳太守阳尼妻高氏		有文才，侍后宫，高祖幽后丧启悉其辞	渤海	河北南皮县		同
任城国大妃孟氏		守扬州，有战功，赐碑旌表	巨鹿	河北平乡县	任城王澄之母	同
梓潼太守苟金龙妻刘氏		拒梁兵，有战功，封平昌县子，以授其子	平原	山东聊城县	廷尉少卿刘叔宗姊	同
王睿	洛诚	尚书令、中山王	自云太原晋阳	山西太原县	六世祖横，张轨参军，因居姑臧	《魏书·恩幸传》
王椿	元寿	瀛州刺史、真定县侯			睿子	同　附《王睿传》中
王仲兴		武卫将军、上党郡公	赵郡南栾	河北巨鹿县北	父天德，殿中尚书	同　同
寇猛		武卫将军	上谷	察哈尔南部		同
赵脩	景业	光禄卿	赵郡房子	河北商邑县西南		同
茹皓	禽奇	左中郎将领直阁	旧吴人	江苏		同
赵邕	令和	幽州刺史	自云南阳人	河南南阳县	司空李冲家僮	同
郑俨	季然	散骑常侍、中书令	荥阳	河南荥阳县		同
徐纥	武伯	中书舍人、黄门侍郎	乐安博昌	山东博兴县南二十里		同
宗爱		大司马、大将军、太师、冯翊王，以罪诛				《魏书·阉宦传》

续表

姓名	字	官爵	籍贯	今地	家世及出身	根据何书
仇洛齐		中书令、侍中、内都大官、零陵公	中山	河北定县	本姓侯，为舅仇嵩养子	同
段霸		殿中尚书、定州刺史、武陵公	雁门原平	山西崞县东南四十里	父乾，慕容垂广武令	同
王琚		侍中、冀州刺史、高平王	高平	甘肃固原县	自云本太原人，高祖始，晋豫州刺史	同
赵黑	文静	侍中、尚书左仆射、冀州刺史、河内王	凉州隶户	甘肃武威县	自云其先河内温人，五世祖术，晋西夷校尉	同
孙小	茂翘	冀州刺史、中都侯	咸阳石安	陕西泾阳县	父瓒，姚泓安定护军。拒赫连勃勃，死节	同
张宗之	益宗	内都大官、冀州刺史、彭城公	河南巩	河南巩县	父孟舒，晋末假洛阳令	同
剧鹏		给事中	高阳	河北高阳县		同
张祐	安福	侍中、尚书、左仆射、新平王	安定石塘	甘肃灵台县西三十里	父成，扶风太守	同
抱嶷	道德	侍中、祭酒、尚书、泾州刺史、安定公	同	同	自言其先姓把	同
王质	绍奴	瀛州刺史、大长秋卿、魏昌侯	高阳易	河北雄县		同
李坚	次寿	太仆卿、瀛州刺史、魏昌伯	同	同		同
秦松		长秋卿、并州刺史、高都子				同
白整		长秋卿、云阳男				同
刘腾	青龙	侍中、司空、长乐公	南兖州谯郡	安徽亳县	本平原城民	同
贾粲	季宣	光禄大夫、济州刺史	酒泉	甘肃酒泉县	自云本出武威，魏太尉诩之后	同

续表

姓名	字	官爵	籍贯	今地	家世及出身	根据何书
杨范	法僧	华州刺史、华阴子	长乐广宗	河北威县东二十里	宦官王琚养子	同
成轨	洪义	卫将军、始平县侯	上谷居庸	察哈尔延庆县		同
王温	桃汤	中侍中、光禄勋卿、武阳县侯	赵郡栾城	河北栾城县	父冀，高邑令	同
孟鸾	龙儿	左中郎将、中给事中				同
平季	稚穆	中侍中、文城县侯	燕国蓟	河北大宛县	祖济，武威太守	同
封津	丑汉	中侍中、大长秋卿、怀州刺史、东光县子	渤海蓨	河北景县	祖羽，薄骨律镇副将	同
刘思逸		大长秋卿、中侍中	平原	山东聊城县	父直，武邑太守	同
张景嵩		荥阳太守				同　附《刘思逸传》中
毛畅		顿丘太守				同　同

计名臣一百九十六人，外戚十二人，儒林十七人，文苑八人，孝感十二人，节义十六人，良吏十二人，酷吏七人，逸士四人，术艺十九人，列女五人，恩幸九人，阉宦二十五人，共三百四十二人。内中有本传者二百八十六人，附见于他人传者五十六人。其籍贯属于现在河北者一百零四人，河南者四十一人，山东者五十一人，山西者四十人，陕西者十五人，甘肃者三十二人，绥远者一人，察哈尔者十二人，热河者四人，辽宁者八人，江苏者四人，安徽者三人，浙江者一人，四川者一人，不载籍贯者二十五人。

《魏书·名臣传》二百二十二人，汉族出身者一百五十七人，约占百分之七十以上。《外戚传》十三人，汉族出身者七人，约占百分之五十以上。《儒林传》十七人，皆汉族出身，占百分之百。《文苑传》八人，皆汉族出身，占百分之百。《孝感传》十四人，汉族出身者十一人，约占百分之七十以上。《节义传》二十一人，汉族出身者十六人，约占百分之七十五以上。《良吏传》十二人，皆汉族出身，占百分之百。《酷吏传》九人，汉族出身者七人，占百分之八十以下。《逸士传》四人，皆汉族出身，占百分之百。《术艺传》十三人，皆汉族出身，占百分之百。《列女传》十七人，汉族出身者十六人，约占百分之九十五以上。《恩幸传》九人，汉族出身者八人，约占百分之九十以下。《阉宦传》二十五人，汉族出身者二十三人，占百分之九十以上。

凡例

一、拓跋氏自穆帝猗卢受晋为代王后，凡本部之鲜卑人皆谓之代人，实非汉族也。然《魏书》所载代人中有一部分为代郡人，实为汉族，读史者须分别观之。细玩传中记载自能明了。

二、《魏书》列传详于世系，每一传中附载其家族甚多。兹为节省篇幅起见，凡附传中无大关系之人一律不载。

三、官书其最贵者，爵书其最尊者，同等官爵屡次变动时，则书其最后者。以后凡人物表皆准此。

说明

一、《魏书·名臣传》中，汉人多，鲜卑人少。《儒林》、《文苑》、《良吏》、《逸士》、《术艺传》皆汉人，《孝感》、《节义》、《酷吏传》则颇有鲜卑人。盖北方民族，短于研究学术，而性情未尝不真挚。在善一面发挥，则为孝感，为节义；在恶一面发挥，亦可成为酷吏也。

二、魏之宦官不若汉唐明之跋扈恣横，然其待遇则与中国历代不同，盖无论内官外官文职武职，凡士大夫可以补授者，宦官皆可补授也。

提倡外族汉化之功，以后魏孝文帝为最。其生平设施，如正祀典，定婚制，考牧守，定律令，颁田制，改服制，定乐章，禁胡服、胡语，求遗书，法度量，兴学校等种种设施，无一不以完全汉化为目的，而以提倡汉族文化为手段；其尤为努力实行者，为迁都洛阳与定族姓二事。盖自皇族、贵族起，凡代来旧人，皆一律改从汉姓也。兹试列表于下，以供参考：

后魏孝文帝改从汉姓一览表

附表六十三。据罗鲲化《本国史表解》,《通志》卷三十《氏族略第六》、《变夷第五》,《魏书·官氏志》。

一、胡氏出于胡子，而纥骨氏亦改为胡氏。

二、周氏出于后稷，而贺鲁氏亦改为周氏。

三、奚氏出于奚仲，而达奚氏亦改为奚氏。

四、伊氏出于帝尧伊耆氏，而伊娄亦改为伊氏。

五、丘氏出于齐太公，而丘敦亦改为丘氏。

六、亥氏晋有隐者亥，而侯氏亦改为亥氏。

七、叔孙出于鲁叔牙，而乙旃亦改为叔孙氏。

八、车氏出于汉田千秋，而车焜亦改为车氏。

九、穆氏出于宋穆公，而邱穆陵亦改为穆氏。

十、陆氏出于田敬仲，而步六孤亦改为陆氏。
十一、贺氏为齐庆氏所改，而贺赖、贺兰并改为贺氏。
十二、刘氏出于晋士会，而独孤氏亦改为刘氏。
十三、楼氏出于杞东楼公，而贺楼亦改为楼氏。
十四、于氏出于武王子株叔，而勿忸于亦改为于氏。
十五、连氏出于齐连称，而是连亦改为连氏。
十六、仆氏为《周礼》仆人后，而仆兰亦改为仆氏。
十七、苟氏出于黄帝子苟实，而若干亦改为苟氏。
十八、梁氏出于秦仲，而拔列兰亦改为梁氏。
十九、略氏吴有略统，而拨略亦改为略氏。
二十、寇氏出于卫康叔，而苦口引亦改为寇氏。
二十一、罗氏出于祝融，而叱罗亦改为罗氏。
二十二、葛氏出于夏葛侯，而贺葛亦改为葛氏。
二十三、封氏出于黄帝后封钜，而是贲亦改为封氏。
二十四、阿氏出于商伊尹，而阿伏千亦改为阿氏。
二十五、延氏出于吴延陵季子，而可地延亦改为延氏。
二十六、鹿氏出于赵大夫，而阿鹿桓亦改为鹿氏。
二十七、骆氏出于齐公子骆，而他骆拓亦改为骆氏。
二十八、薄氏周有薄疑，而薄奚氏亦改为薄氏。
二十九、桓氏出于齐桓公，而乌丸亦改为桓氏。
三十、侯氏出于晋侯缓，而胡古可引亦改为侯氏。
三十一、浑氏出于郑浑罕，而吐谷浑亦改为浑氏。
三十二、娄氏出于陆终，而正娄亦改为娄氏。
三十三、鲍氏出于鲍叔牙，而俟力代亦改为鲍氏。
三十四、卢氏出于齐高傒，而吐伏卢亦改为卢氏。
三十五、云氏为郑国之后，而牒云亦改为云氏。
三十六、是氏出于齐大夫，而是云氏亦改为是氏。
三十七、利氏汉有利迁，而吐利氏亦改为利氏。
三十八、如氏汉有如子礼，而如罗亦改为如氏。
三十九、扶氏汉有扶嘉，而乞扶氏亦改为扶氏。
四十、单氏出于周成王少子臻，而阿单、渴单并改单氏。
四十一、几氏出于宋仲几，而俟几亦改为几氏。
四十二、儿氏周有儿良，而贺儿亦改为儿氏。
四十三、古氏出于古公亶父，而吐奚亦改为古氏。
四十四、毕氏出于毕公高，而出连亦改为毕氏。
四十五、何氏出于韩王安，而贺拔亦改为何氏。
四十六、吕氏出于禹裔大岳，而叱吕亦改为吕氏。

四十七、莫氏出于楚莫敖，而莫那娄亦改为莫氏。

四十八、路氏出于路子，而没路真亦改为路氏。

四十九、韩氏出于晋穆侯少子，而步大汗亦改为韩氏。

五十、扈氏出于夏诸侯，而扈地干亦改为扈氏。

五十一、舆氏出于周大夫伯舆，而慕舆亦改为舆氏。

五十二、干氏出于宋大夫干犨，而纥干亦改为干氏。

五十三、伏氏出于伏羲，而俟伏斤亦改为伏氏。

五十四、高氏出于齐公子高，而是娄亦改为高氏。

五十五、石氏出于卫石碏，而温石兰亦改为石氏。

五十六、屈氏出于楚屈瑕，而屈突亦改为屈氏。

五十七、解氏出于晋解狐，而解毗亦改为解氏。

五十八、奇氏出于鲁伯奇，而奇斤亦改为奇氏。

五十九、卜氏出于《周礼》卜人，而须卜亦改为卜氏。

六十、林氏出于平王庶子，而丘林亦改为林氏。

六十一、绵氏出于晋大夫，而尔绵氏亦改为绵氏。

六十二、盖氏出于汉盖公，而盖楼亦改为盖氏。

六十三、黎氏为九黎之后，而素黎亦改为黎氏。

六十四、明氏出于秦孟明，而壹斗眷亦改为明氏。

六十五、门氏出周之门子，而叱门亦改为门氏。

六十六、宿氏出于太皞，而宿六斤亦改为宿氏。

六十七、山氏为烈山之后，而吐难亦改为山氏。

六十八、房氏出于丹朱，而屋引亦改为房氏。

六十九、树氏望出河东，而树若干亦改为树氏。

七十、窦氏出于夏少康后，而纥豆陵亦改为窦氏。

七十一、陈氏出舜之后，而侯莫陈亦改为陈氏。

七十二、狄氏出周文王少子，而厍狄亦改为狄氏。

七十三、稽氏秦有稽黄，而太洛稽亦改为稽氏。

七十四、潘氏出楚潘崇，而破多罗亦改为潘氏。

七十五、薛氏出颛顼少子阳，而叱干亦改为薛氏。

七十六、展氏出鲁公子展，而辗迟亦改为展氏。

七十七、费氏出鲁季文子，而费连亦改为费氏。

七十八、艾氏出宋公族，而去斤亦改为艾氏。

七十九、祝氏秦有祝欢，而叱卢亦改为祝氏。

八十、温氏出晋郤至，而温盆亦改为温氏。

八十一、杜氏为刘累之后，而独孤浑亦改为杜氏。

八十二、元氏为卫大夫元晅之后（《通志》卷。二十七《氏族略》中以邑为氏类卫邑），而拓跋亦改姓元氏。

后魏大臣之中，汉人多，鲜卑人少。后魏鲜卑大臣之中，冠汉姓者多，不冠汉姓者少。后魏不冠汉姓之鲜卑大臣中，用汉名者多，不用汉名者少。辽室本族大臣皆冠契丹姓，金室本族大臣皆冠女真姓，元室、清室本族大臣一律不冠姓，故与汉族大臣辨别较易，后魏、北齐鲜卑大臣多数冠汉姓，西魏、北周汉族大臣又往往赐以鲜卑姓，故辨别甚难。后魏冠汉姓之鲜卑本族大臣，其原籍皆作代（穆帝猗卢受晋封之国名），故辨别犹易；北齐冠汉姓之鲜卑大臣。其原籍多写其在中国内地杂居之郡县，故辨别尤难也。兹试循序列表于下，以供参考：

后魏外族大臣冠汉姓者表 附表六十四

姓名	字	本姓	籍贯或部落	家世	官爵	何族	根据何书
刘库仁	没根		匈奴	刘虎之宗，母平文皇帝郁律女	南部大人	蒙	《魏书·本传》
尉古真			代（拓跋氏本部）		定州刺史、束州侯	满蒙混血	同
穆崇			同	其先世效节于神元（力微）、桓（猗㐌）、穆（猗卢）之时	侍中、太尉、宜都公	同	同
穆泰	石洛		同	崇曾孙	定州刺史、冯翊侯，尚章武长公主	同	同 附《穆崇传》
穆观	阏拔		同	崇子	太尉、右弼，追封宜都王，尚宜阳公主	同	同 同
穆寿			同	观子	侍中、中书监、宜都王，尚乐陵公主	同	同 同
穆罴			同	寿孙	侍中、中书监、魏郡公，尚新平长公主	同	同 同
穆亮	幼辅		同	罴弟	尚书令、司空、顿丘郡公，尚中山长公主	同	同 同

续表

姓名	字	本姓	籍贯或部落	家世	官爵	何族	根据何书
穆绍	永业		同	亮子	尚书令、司空、顿：丘郡公，尚琅邪长公主	同	同　同
奚牧			同		并州刺史、任城公	同	同
莫题			同		左将军、高邑公	同	同
庾业延			同	父兄世典畜牧	司空、西昌公	同	同
贺秋干			同		北部大人、襄武侯	同	同
奚斤			同	世典马牧	司空、弘农王	同	同
叔秋建			同	父骨为昭成母王太后养子	平原镇大将、丹阳王	同	同
安同			辽东	其先祖世高，汉时以安息侍子入洛。晋时避乱，家于辽东	征东大将军、高阳公	Dake	同
安原			同	同子	尚书左仆射、河间公	同	同　附《安同传》
安颉			同	原弟	冠军将军、西平公	同	同　同
楼伏连			代	世为酋帅	镇西大将军、广陵王	满蒙混血	同
丘堆			同		镇西将军、临淮公	同	同
刘尼		独孤氏	同	曾祖敦为太祖方面大人	侍中、司徒、东安王	同	同
奚眷			同		镇南将军、南阳公	同	同
车伊洛			焉耆胡	世为东境部落帅	上将军、前部王	未详	同
宿石			朔方	夏主勃勃弟文陈之曾孙	吏部尚书、太山公	蒙	同

续表

姓名	字	本姓	籍贯或部落	家世	官爵	何族	根据何书
来大千			代	父初真，后将军、武原侯	征北大将军、庐陵公	满蒙混血	同
周几			同	父千，顺阳侯	宋兵将军、交趾侯	同	同
豆代田			同		统万镇大将、长广公	同	同
周观			同		秦州刺史、金城公	同	同
闾大肥			柔然		内都大官、荥阳公，尚华阴公主	同	同
尉拔			代	父那，濮阳太守	北豫州刺史、安城侯	同	同
陆真			同	父洛侯，秦州刺史	长安镇将、河南公	同	同
吕洛拔			同	曾祖渴侯率众五千归国	平原镇都将、成武侯	同	同
于栗磾			同		外都大官、新安公	同	同
于洛拔			同	栗磾子	侍中、尚书令、袭新安公	同	同　附《于栗磾传》
于烈			同	洛拔子	领军将军、聊城侯	同	同　同
于忠		思贤	同	烈子	侍中、领军将军、尚书令、常山郡公	同	同　同
车路头			同		散骑常侍、宣城公	同	同
陈建			同	祖浑，右卫将军	司徒、征西大将军、魏郡王	同	同
万安国			同	祖真，世为酋帅	大司马、大将军、安城王，尚河南公主	同	同
陆俟			同	曾祖幹，祖引，世领部落。父突，太祖时，率部随征	征西大将军、东平王	同	同

续表

姓名	字	本姓	籍贯或部落	家世	官爵	何族	根据何书
陆馛			同	俟长子	太保、建安王	同	同　附《陆俟传》
陆丽			同	馛弟	侍中、司徒、平原王	同	同　同
陆睿		思弼	同	丽子	定州刺史、平原王	同	同　同
罗结			同	其先世领部落，为国附臣	侍中、外都大官、长信卿、屈虵侯	同	同
伊馛			同		侍中、司空、河南公	同	同
苟颓			同	曾祖乌提，吴宁子	侍中、司空、河东王	同	同
薛野湾			同	父达头率部落归国，封聊城侯	并州刺史、河东公	同	同
薛虎子			同	野湾子	徐州刺史、河东公	同	同　附《薛野涔传》
费于			同	祖峻仕夏，率众来降，封下邳公	怀州刺史、松阳男	同	同
费穆		朗典	同	于子	侍中、车骑将军、赵平郡公，河阴之难祸首	同	同　附《费于传》
尉元		苟仁	同	世为豪宗。父目斤，中山太守	侍中、尚书令、司徒、山阳郡公	同	同
封敕文			同	祖豆，冀青二州刺史	秦益二州刺史、天水公	同	同
田益宗			光城	世为四山蛮帅	东豫州刺史、曲阳县伯	苗	同
奚康生			河南洛阳，其先代人	世为部落大人。祖直，内外三都大官、长进侯	右卫将军、河南尹、安武县男	满蒙混血	同
杨大眼			武都	大秦王难当之孙	荆州刺史、安成县子	藏	同
樊子鹄			代郡平城	其先荆州蛮酋，被迁于代	兖州刺史	苗	同

续表

姓名	字	本姓	籍贯或部落	家世	官爵	何族	根据何书
綦俊		蓖显	同	祖辰，并州刺史	御史中尉、章武县伯	满蒙混血	同
山伟		仲才	同	祖强，内行长。父稚之，营陵令	侍中、中书令、东阿县伯	同	同
刘仁之		山静	同	刘库如弟眷五世孙	西兖州刺史	蒙	同

计鲜卑人四十九人，匈奴三人，蛮二人，氐一人，Dake人三人，未详者一人，共五十九人。内中有本传者四十三人，附见于他人传者十六人。

后魏外族大臣未冠汉姓者表　附表六十五

姓名	字	本姓	籍贯	今地	家世	官爵	何部落	今为何族	根据何书
长孙嵩		拓跋氏	代（拓跋氏本部）		父沙漠雄，昭成帝什翼犍之兄，为南部大人，改名仁	南部大人、侍中、太尉、北平王	鲜卑	满蒙混血	《通志》卷二十九《代北复姓》、《魏书·本传》
长孙道生		同	同		嵩从子	侍中、司空、上党王	同	同	同
长孙观		同	同		道生孙	征南大将军、上党王	同	同	同　附《长孙道生传》
长孙稚	承业	同	同		观子	太傅、录尚书事、冯翊郡公	同	同	同　同
长孙肥			同			兖州刺史、蓝田侯	同	同	同
长孙翰			同		肥子	司徒、平阳王	同	同	同　附《长孙肥传》
和跋			同		世领部落，为国附臣	行台尚书、定陵公	同	同	同
娥清			同			平东将军、东平公	同	同	同
源贺		秃发氏	西平乐都	甘肃碾伯县	南凉王傉檀之子，后魏圣武帝诘汾八世孙，太武帝赐姓源	太尉、晚西王	同	同	《通志》卷二十八《夷狄大姓》、《魏书·本传》

续表

姓名	字	本姓	籍贯	今地	家世	官爵	何部落	今为何族	根据何书
源怀		同	同		贺子	侍中、冯翊公	同	同	同 附《源贺传》
源子雍	灵和	同	同		怀子	夏州刺史、北讨都督、阳平县公	同	同	同 同
源子恭	灵顺	同	同		子雍弟	吏部尚书、中书监、临颍县侯	同	同	同 同
乙瓌			同		其先世统部落	定州刺史、西平公，尚太武帝女上谷公主	同	同	同
和其奴			同			侍中、司空、平昌公	同	同	同
宇文福			河南洛阳		其先南单于之远属，世为拥部大人	怀朔镇将、襄乐县男	匈奴	蒙	同
慕容白曜					慕容皝之玄孙	青州刺史、济南王	同	满蒙混血	同
尔朱荣	天宝		北秀容	山西忻县西北	其先居于尔朱川，因为氏焉。常领部落，世为酋师	太师、大丞相、天柱大将军、太原王	同	同	同
尔朱兆	万仁		同		荣从子	柱国大将军、并州刺史、颍川王	同	同	同
尔朱彦伯			同		荣从弟	司徒、侍中、博陵王	同	同	同
尔朱仲远			同		彦伯弟	大将军、徐州刺史、彭城王	同	同	同 附《彦伯传》
尔朱世隆	荣宗		同		仲远弟	太傅、司州牧、乐平王	同	同	同 同
尔朱度律			同		荣从父弟	大将军、尚书令、常山王	同	同	同

续表

姓名	字	本姓	籍贯	今地	家世	官爵	何部落	今为何族	根据何书
尔朱天光			同		荣从祖兄子	大司马、雍州刺史、广宗王	同	同	同
吐列延庆			代西部		世为酋帅	定州刺史、北海郡公	同	同	同
斛斯椿			广牧富昌	绥远河套内准噶尔旗东境	父敦，左牧令	太傅、录尚书事城阳公	同	同	同
贺拔胜	破胡		神武尖山	绥远清水河县东北	祖尔远，选充北防，家于武川。有战功，赐爵龙城男	太师、大都督、琅邪公	同	同	同
贺拔岳	阿斗泥		同		胜弟	大行台都督二十州军事、雍州刺史、清水郡公	同	同	同　附《贺拔胜传》
侯梦陈悦			代		父婆罗门为牛都尉，故悦长于河西	秦州刺史、白水公	同	同	同
宇文忠之			河南洛阳		其先南单于之远属，世据东部，后人居代都	尚书右丞，修国史	匈奴	蒙	同

计鲜卑二十七人，匈奴二人，共二十九人。内中有专传者二十人，附见于他人传九人。

说明　长孙与源虽系汉字文义，但非汉姓，故列入此表。

东魏北齐两朝汉族出身大臣表　附表六十六

姓名	字	籍贯	今地	家世	官爵	根据何书
窦泰	世宁	大安悍殊	在绥远五原县地	本出清河观津，曾祖罗，魏统万镇将，因居北边	侍中、京畿大都督、御史中尉	《北齐书·本传》
尉景	士真	善无	山西右玉县南	秦汉置尉候官，其先有居此职者，因以氏焉	大司马、长乐郡公	同
韩轨	百年	太安狄祐	绥远五原县东	妹为神武所纳，生上党王涣	大司马、安德郡王	同
潘乐	相贵	广宁石门	绥远萨拉齐县石门子村	本广宗大族，魏世分镇北边，因家焉	司徒、河东郡王	同
段荣	子茂	姑臧武威	甘肃武威县	祖信，仕沮渠氏。后入魏，以豪族徙北边，家于五原郡	山东大行台、姑臧县侯	同
段韶	孝先	同	同	荣子	太宰、左丞相、平原郡王	同 附《段荣传》
孙腾	龙雀	咸阳石安	陕西泾阳县	祖通仕沮渠氏，为中书舍人。后入魏，因居北边	太保、咸阳郡公	同
高隆之	延兴	高平金乡	山东金乡县	本姓徐氏，父幹为姑婿高氏所养，因从其姓	太保、录尚书事、平原郡公	同
司马子如	遵业	河内温	河南温县西南三十里	自云八世祖模，晋司空、南阳王。家于凉州，魏平姑臧，徙居云中	太尉、阳平郡公	同
蔡俊	景彦	广宁石门	绥远萨拉齐县石门子村	父晋，北方扰乱，奔走五原，守战有功，拜宁朔将军	大都督、扬州刺史、乌洛县男	同
韩贤	普贤	同	同		洛州刺史、汾阳县伯	同

续表

姓名	字	籍贯	今地	家世	官爵	根据何书
尉长命		太安狄硫	绥远五原县东	父显，魏代郡太守	幽州刺史	同
王怀	怀周				大都督、卢乡县侯	同
刘贵		秀容阳曲	山西定襄县		御史中尉、敷城县公	同
任延敬		广宁	绥远萨拉齐县	伯父桃，太和初，为云中军将，因家焉	侍中、徐州刺史、西河县公	同
高贵市		善无	山西右玉县南		晋州刺史、常山郡公	同
张保洛		代	山西大同县	自云本出南阳西鄂	沧州刺史、敷城郡王	同
尧雄	休武	上党长子	山西长子县	祖暄，魏司农卿	大都督行豫州事、平城县公	同
宋显	仲华	敦煌效谷	甘肃敦煌县南一百三十里党城		西兖州刺史	同
王则	元轨	自云太原	山西太原县	叔父则，魏广平王内史	徐州刺史、白水子	同
薛循义	公让	河东汾阴	山西荣河县北	曾祖绍，魏七兵尚书	晋州刺史、正平郡公	同
高昂	敖曹	渤海蓨	河北景县	魏司空乾之弟	侍中、司徒、京兆郡公	《北齐书·高乾传》
高季式	子通	同	同	昂弟	侍中、冀州都督、乘氏县子	同
封隆之	祖裔	勃海蓨	河北景县	父回，魏司空	侍中、右仆射、安德郡公	同
封子绘	仲藻	同	同	隆之第二子	祠部尚书	同
李元忠		赵郡柏人	河北尧山县	曾祖灵，魏定州刺史，巨鹿公	侍中、尉卿、晋阳县伯	同

续表

姓名	字	籍贯	今地	家世	官爵	根据何书
卢文伟	休族	范阳涿	河北涿县		散骑常侍、行青州事、大夏县男	同
李义深		赵郡局邑	河北柏乡县北十二里	祖真，魏中书侍郎	左光禄大夫行梁州事	同
魏兰根		巨鹿下曲阳	河北晋县西	父伯成，魏太山太守	尚书右仆射、永兴县侯	同
魏恺		同	同	兰根族弟	胶州刺史	同 附《魏兰根传》
魏澹		同	同	恺从子	著作郎，撰《后魏书》九十二卷	同 同
崔㥄	长孺	清河东武城	山东武城县西十里	父休，魏七兵尚书	侍中、东兖州刺史、武成县公	同
崔瞻	彦通	同	同	㥄子	中书侍郎、黄门侍郎	同 附《崔绛传》
崔仲文		同	同	㥄弟	散骑常侍、光禄大夫	同
孙搴	彦举	乐安	安徽霍山县		高欢相府主簿	同
陈元康	长猷	广宗	河北威县东二十里	父终德，魏济阴内史	高欢大行台、右丞昌国县公	同
杜弼	辅玄	中山曲阳	河北曲阳县	自云京兆杜陵人，九世祖骜，晋散骑常侍，因使没赵，遂家焉	高欢大行台郎中、定阳县侯、胶州刺史	同
张纂	徽纂	代郡平城	山西大同县	父烈，桑干太守	高欢大行台右丞、武安县伯	同
张亮	伯德	西河隰城	山西汾阳县		高欢大行台右丞、隰城县伯	同
张耀	灵光	上谷昌平	河北昌平县	父凤，晋州长史	秘书监	同
赵起	兴洛	广平	河北广平县	父达，幽州参军	沧州刺史	同

续表

姓名	字	籍贯	今地	家世	官爵	根据何书
徐远	彦遐	广宁石门	绥远萨拉齐县石门子村	其先出自广平，曾祖定为云中军将，因家于朔	东楚州刺史	同
王峻	峦嵩	灵丘	山西灵丘县		侍中、北平县男	同
王祄	师罗	太安狄硫	绥远五原县东	父基，北豫州刺史	侍中、义阳县子	同
敬显俊	孝英	平阳	山西临汾县		兖州刺史	同
平鉴	明达	燕郡蓟	河北大宛县	父胜，妥州刺史	齐州刺史	同
刘丰	丰生	普乐	未详		殷州刺史	同
金祚	神敬	安定	甘肃泾川县北五里		华州刺史	同
韦子粲	晖茂	京兆	陕西	曾祖阆，魏咸阳太守	豫州刺史	同
李浑	季初	赵郡柏人	河北尧山县	曾祖灵，魏巨鹿公	海州刺史、泾阳县男	同
李绘	敬文	同	同	浑弟	司徒、右长史	同 附《李浑传》
李屿	道璠	陇西成纪	甘肃秦安县北三十里	凉武昭王五世孙	东徐州刺史	同
郑述祖	恭文	荥阳开封	河南开封县	祖羲，魏中书令。父道昭，魏秘书监	兖州刺史	同
崔暹	季伦	博陵安平	河北安平县	汉尚书宴之后	御史中尉、度支尚书兼仆射	同
高德政	士贞	渤海蓨	河北景县	父显，魏沧州刺史	侍中、左仆射、蓝田公，为高洋所害	同
崔昂	怀远	博陵安平	博陵安平县	祖挺，魏幽州刺史	右仆射、华阳县男	同
王昕	元景	北海剧	山东寿光县东南三十一里	六世祖猛，苻坚丞相	秘书监，为高洋所害	同

续表

姓名	字	籍贯	今地	家世	官爵	根据何书
王晞	叔朗	同	同	昕弟	秘书监、大鸿胪	同 附《王昕传》
陆法和				梁司徒、郢州刺史、乘县公	太尉、荆州刺史、安乡郡公	同
王琳	子珩	会稽山阴	浙江绍兴县	梁丞相、大将军、都督中外诸军、录尚书事、中书监、安成郡公	扬州刺史、巴陵郡王，守寿阳殉难	同
萧祇	敬式	兰陵	山东峄县东六十里	梁武帝弟南平王伟之子	太子少傅、国子祭酒、清河郡公	同
萧退		同	同	梁武帝弟鄱阳王恢之子	金紫光禄大夫	同
萧放	希逸	同	同	祇子	散骑常侍	同
徐之才		丹阳	河南项城县东北	梁镇北主簿	尚书令、西阳郡王	同
杨愔	遵彦	弘农华阴	陕西华阴县	父津，魏司空	尚书令、开封王	同
燕子献	季则	广汉下洛	下洛县属广宁郡，今察哈尔涿鹿县西		右仆射、侍中	同 附《杨愔传》
宋钦道		广平	河北广平县	魏吏部尚书弁孙	秘书监	同 同
郑颐	子默	彭城	江苏铜山县	高祖据，魏彭城守，自荥阳徙焉	散骑常侍	同 同
裴让之	士礼				清河太守、宁都县男	同
皇甫和	长谐	安定朝䄅	甘肃平凉县西北	其先因官寓居汉中。祖澄，南齐梁秦二州刺史	济阴太守	同
李构	祖基	黎阳	河南浚县东北	祖平，魏尚书仆射	谯州刺史	同

续表

姓名	字	籍贯	今地	家世	官爵	根据何书
张宴之	熙德				北徐州刺史、武成子	同
陆印	云驹				吏部郎中、始平侯	同
王松年					侍中、御史中丞、高邑县侯	同
刘祎	彦英	彭城	江苏铜山县	父世明，魏兖州刺史	睢州刺史	同
邢邵	子才	河间鄚	河北任丘县	魏太常贞之后，将军峦族弟	太常卿、中书监、右仆射、摄国子祭酒	同
魏收	伯起	巨鹿下曲阳	河北晋县西		侍中、中书监、右仆射、富平县子	同
辛术	怀哲				淮南行台、吏部尚书、江夏县男	同
赵彦深		平原	山东聊城县	自云南阳宛人，汉太傅熹之后，高祖父难为清河太守，遂家焉	尚书令、司徒、宜阳王	同
崔季舒	叔正	博陵安平	河北安平县	父子瑜，魏鸿胪卿	侍中、左仆射、左光禄大夫	同
祖挺	孝徵	范阳遒	河北涞水县	父莹，魏护军将军	侍中、左仆射、燕郡公	同
尉瑾	安仁			父庆宾，魏肆州刺史	右仆射	同
冯子琮		信都	河北冀县	北燕王冯跋后	左仆射	同
唐邕	道和	太原晋阳	山西太原县	其先自晋昌徙焉	侍中、尚书令、晋昌王	同
白建	彦举	太原阳邑	山西太谷县东南十五里		侍中、中书令	同
暴显	思祖	魏郡斥丘	河北成安县东南三十里	祖喟，魏朔州刺史，因家边朔	朔州刺史、定阳王	同

续表

姓名	字	籍贯	今地	家世	官爵	根据何书
皮景和		琅邪下邳	江苏邳县	父庆宾，魏淮南王开府参军，因使怀朔，遂家于广宁石门	侍中、尚书令、开封郡公	同
鲜于世荣		渔阳	河北蓟县	父宝业，怀朔镇将	领军大将军、义阳王	同
独孤永业	世基	中山	河北定县	本姓刘，幼随母改适独孤氏，因从其姓	河阳道行台、洛州刺史、临川王	同
傅伏		太安	山西寿阳西五十里	父元兴，北蔚州刺史	东雍州刺史	同
阳裴	叔鸾	北平渔阳	河北蓟县	父藻，魏建德太守	殿中尚书、方城伯	同
卢潜		范阳涿	河北涿县	祖尚之，魏济州刺史	扬州刺史、五兵尚书	同
崔劼	彦玄	南平原贝丘	山东清平县西南	本清河人，曾祖旷南渡河，居青州之东。父光，魏太保	度支尚书、中书令	同
卢叔武		范阳涿	河北涿县	青州刺史文伟从子	都官尚书、太子詹事	同
阳休之	子烈	右北平无终	河北玉田县	父固，魏洛阳令	中书监、尚书右仆射、燕郡王	同
袁聿修	叔德	陈郡阳夏	河南太康县	魏中令翻之子	吏部尚书	同
李稚廉		赵郡高邑	河北柏乡县北十二里	齐州刺史义深之弟	并省都官尚书	同
封述	君义	渤海蓨	河北景县	父轨，廷尉卿	殿中尚书	同
许惇	季良	高阳新城	河北徐水县西南二十里	父护，魏章武太守	尚书右仆射、万年县子	同
羊烈	信卿	太山巨平	山东泰安县西南	魏梁州刺史祉之弟子	义州刺史	同

计共百人，内中有本传者九十一人，附见于他人传者九人。其籍贯属于现在河北者三十六人，河南者五人，山东者十二人，山西者十四人，陕西者三人，甘肃者六人，绥远者九人，察哈尔者一人，江苏者三人，安徽者一人，浙江者一人，未详者一人，不载籍贯者八人。

《北齐书·名臣传》一百二十人，汉族九十三人，约占百分之七十五以上。《儒林传》十五人,《文苑传》六人,《循吏传》八人,《酷吏传》四人,《方伎传》十三人，皆汉人，占百分之百，故不列表。《外戚传》七人，汉人四人，鲜卑人三人,《恩幸传》六人，汉人四人，西域人一人，不明者一人，亦不列表。

东魏北齐两朝汉族大臣改鲜卑姓者表　附表六十七

姓名	字	本姓	籍贯	今地	家世	官爵	根据何书
綦连猛	武儿	姬	代（拓跋氏本部）	山西大同县	其先姬姓，六国末，避乱出塞，保祁连山，因以山为姓，讹为綦连氏	并省尚书令、山阳王	《北齐书·本传》
独孤永业	世基	刘	中山	河北定县	母改适独孤氏，永业为所育养，从其姓	洛州刺史、临川王	同

共二人。

东魏北齐两朝鲜卑大臣冠汉姓者表　附表六十八

姓名	字	本姓	籍贯	今地	家世	官爵	根据何书
娄昭	菩萨	未详	代郡平城	山西大同县	祖父提，魏真定侯。姊，武明皇后	司徒、定州刺史、濮阳郡公	《北齐书·本传》
薛孤延		同	代（拓跋氏本部）			肆州刺史、平泰郡公	同
张琼	连德	同	同			汾州刺史、行唐县子	同
薛琡	昙珍	叱干氏	同		父豹子，魏徐州刺史	尚书仆射	同
高保宁		未详	同			营州刺史	同
元坦		拓跋氏			魏献文帝孙，咸阳王禧第七子	侍中、太师、录尚书事咸阳王	同
元斌		同			同　高阳王雍之子	侍中、左仆射、高阳王	同
元孝友		同			魏太武帝孙，临淮王谭之弟	沧州刺史、临淮王	同
元晖业	绍远	同			魏景穆帝玄孙	太尉、中书监、录尚书事	同

续表

姓名	字	本姓	籍贯	今地	家世	官爵	根据何书
元弼	辅宗	同			魏司空郁之子	侍中	同
元韶	世胄	同			魏孝庄帝之侄	太傅、侍中、录尚书事、彭城王	同
元文遥	德远	同	河南洛阳		魏昭成帝六世孙，五世祖遵，魏常山王	侍中、右仆射、宁都郡公，赐姓高	同
元景安		同			魏昭成帝五世孙，高祖虔，魏陈留王	徐州刺史、历阳王，赐姓高	同
刘世清		未详	代		祖拔，魏燕州刺史	侍中	《北齐书·斛律羌举传》

共十四人，内中有本传者十三人，附见于他人传者一人。

东魏北齐两朝外族大臣未冠汉姓者表 附表六十九

姓名	字	本姓	籍贯	今地	家世	官爵	何部落	今为何族	根据何书
库狄千			善无	山西右玉县南	曾祖越豆眷率部落北迁，因家于朔方	太宰、章武郡王，尚神武妹乐陵长公主	鲜卑	满蒙混血	《北齐书·本传》
斛律金	阿六敦		朔州	山西朔县	敕勒人，魏道武帝时内附，世为大臣	太师、左丞相、咸阳王	突厥	回	同
斛律光	明月		同	同	金子	太傅、左丞相、咸阳王	同	同	同 附《斛律金传》
贺拔允	可泥		神武尖山	绥远清水河县东北	魏太师胜，大行台岳之兄	侍中、太尉、尚书令、燕郡王，为神武所害	同	同	同
莫多娄贷文			太安狄那	绥远五原县东		大都督、石城县子	同	同	同

续表

姓名	字	本姓	籍贯	今地	家世	官爵	何部落	今为何族	根据何书
斛律光	明月		同	同	金子	太傅、左丞相、咸阳王	同	同	同　附《斛律金传》
贺拔允	可泥		神武尖山	绥远清水河县东北	魏太师胜，大行台岳之兄	侍中、太尉、尚书令、燕郡王，为神武所害	同	同	同
莫多娄贷文			太安狄那	绥远五原县东		大都督、石城县子	同	同	同
厍狄回洛			代			朔州刺史、顺阳郡王	同	同	同
厍狄盛			怀朔	绥远固阳县北		北朔州刺史、华阳县公	同	同	同
侯莫陈相			代		祖伏颓，魏第一领民酋长	太傅、汾州刺史、白水郡王	同	同	同
斛律羌举			太安	山西寿阳县西	世为部落酋长，父谨，魏武川镇将	东夏州刺史、密县侯	同	同	同　《通志》卷二十九《代北复姓》
斛律孝卿			同	同	羌举子	侍中、尚书令、义宁王	同	同	同　附《斛律羌举传》
慕容绍宗					燕太原王恪之后，曾祖腾归魏，居于代	南道行台、燕郡公	同	同	同
叱列平	杀鬼		代郡西部		世为酋帅	兖州刺史、临江侯	同	同	同
步大汗萨			太安狄祛	绥远五原县东	曾祖荣，魏化政郡守	晋州刺史、义阳郡公	同	同	同

续表

姓名	字	本姓	籍贯	今地	家世	官爵	何部落	今为何族	根据何书
慕容俨	恃德		清都成安	河北成安县	辽东公廆之后	光州刺史、义安王	同	同	同
库狄伏连			代			领军大将军、宜都郡王	同	同	同附《慕容俨传》
万俟普	普拔		太平	当在今绥远乌拉特旗境	其先匈奴之别种	太尉、朔州刺史、河西公	匈奴	蒙	同
万俟洛	受洛干		同		普子	领军将军、建昌郡公	同	同	同附《万俟普传》
可朱浑	通元		辽东		世为渠帅，魏时拥众内附，曾祖护野肱终于怀朔镇将，遂家焉	太师、扶风王	鲜卑	满蒙、混血	同
破六韩常	保年		附化	绥远五原县故九原城西	匈奴印单于之裔，右谷蠡王潘六奚没于魏，子县以潘六奚为氏。讹为破六韩。世领部落为酋长	太保、沧州刺史、平阳公	匈奴	蒙	同
赫连子悦	士欣				夏王勃勃之后	郑州刺史、太常卿	同	同	同
源彪	文宗	秃发氏	西平乐都	甘肃碾伯县	父子恭，魏中书监	秘书监、临颍县伯	鲜卑	满蒙混血	同

计鲜卑十五人，匈奴四人，突厥二人，共二十一人。内有本传者十七人，附见于他人传者四人。

鲜卑人冠汉姓之风，在魏孝文帝以后极端流行，至西魏末年宇文泰辅政之时而起一大反动。泰崇儒好古，凡所设施皆依仿三代为之，如建六官，颁田制，皆其例也。独对于姓氏一节，不但复古，且变本加厉。皇室复姓拓跋，代来旧人皆复故姓者无论矣；对于立功之汉大臣或拓跋氏本部以外之外族大臣，往往赐以国姓，宰相姓或其他鲜卑姓。兹试列表于下，以供参考：

西魏北周两朝汉大臣赐鲜卑姓者表　附表七十

姓名	字	赐何姓及时代	官爵	籍贯	今地	家世及出身	根据何书
寇和		周明帝毓二年赐姓若口引氏	开府仪同三司、松阳郡公	上谷昌平	河北昌平县	侍中、华州刺史、京兆郡公洛之子，祖延寿镇武川，因家焉	《周书·寇洛传》
李弼	景和	魏废帝廓元年赐姓徒何氏	太师、赵国公	辽东襄平	辽宁辽阳县	太中大夫永之子	《周书·本传》
赵贵	元贵	魏文帝晚年赐姓乙弗氏	太傅、大冢宰、楚国公	天水南安	甘肃陇西县东北	魏库部尚书辽曾县，祖仁镇武川，因家焉	同
刘亮		魏文帝时赐姓侯莫陈氏	东雍州刺史、长广郡公	中山	河北定县	镇远将军持真子	同
王德	天恩	魏孝武时赐姓乌丸氏	泾州刺史、河间郡公	代郡武川	绥远武川县		同
杨忠	小字奴奴	魏恭帝初赐姓普六茹氏	泾州总管、隋国公	弘农华阴	陕西华阴县	高祖元寿镇武川，因家焉	同
王雄	胡布头	魏恭帝元年赐姓可频氏	泾州总管、庸国公	太原	山西太原县		同
王谦	敕万		益州总管、庸国公	同	同	雄子	同
阎庆	仁庆	西魏时赐姓大野氏	侍中、上柱国、大安郡公	河南河阴	河南河阴县	曾祖善镇云州，因家于盛乐	《周书·本传》
苏椿	令钦	魏文帝大统初赐姓贺兰氏	大都督、美阳侯	武功	陕西武功县	行台尚书绰弟	《周书·苏绰传》
蔡祐	承先	大统中赐姓大利稽氏	大将军、少保、怀宁郡公	陈留圉	河南杞县西南五十里	曾祖绍为夏州镇将，徙居高平	《周书·本传》
辛威		大统十三年赐姓普屯氏	上柱国、少傅、宿国公	陇西	甘肃陇西县	祖大汗，渭州刺史。父生，河州大都督	同

续表

姓名	字	赐何姓及时代	官爵	籍贯	今地	家世及出身	根据何书
田弘	广略	大统中赐姓纥干氏	少保、襄州总管、雁门郡公	高平	甘肃固原县		同
梁台	洛都	大统中赐姓贺兰氏	大将军、中部县公	长池		父去斤，魏陇西郡守	同
王勇	胡仁	魏恭帝元年赐姓库汗氏	大将军、新阳郡公	代武川	绥远武川县		同
耿豪	本名令贵	大统十五年，赐姓和稽氏	北雍州刺史、平原县公	巨鹿	河北平乡县	祖超家于神武川	同
杨绍	子安	江陵平赐姓叱利氏	大将军、冠军县公	弘农华阴	陕西华阴县	祖兴，魏新平郡守	同
侯植	仁干	大统元年赐姓侯伏侯氏。后又赐姓贺屯氏	骠骑大将军、肥城郡公	上谷	察哈尔	高祖恕，魏北地郡守，因家于北地之三水	同
李穆	显庆	江陵平，赐姓绥拔氏	大左辅、太傅、并州总管、申国公	陇西成纪	甘肃秦安县北三十里	大将军贤之弟，祖斌镇高平，因家焉	《周书·李贤传》、《周书·于翼传》
陆通	仲明	邙山败后，赐姓步六孤氏	大司马、绥德郡公	吴郡	江苏吴县	祖载，中山郡守。父政，原州长史	《周书·本传》
陆逞	季明	同	太子太保	同	同	通弟	同附《见陆通传》
唐瑾	附璘	大统中，赐姓宇文氏。燕公于谨白文帝，欲与之结同宗，更赐姓万纽于氏	司空、中大夫、临淄县公				同
杨纂		大统中，赐姓莫胡卢氏	柱国大将军、陇东郡公	广宁	察哈尔宣化县西北	父安仁，魏朔州镇将	同
寇俊	祖俊	魏恭帝三年，赐姓若口引氏	秘书监、西安县子	上谷昌平	河北昌平县	祖赞，魏南雍州刺史	同
韩褒	弘业	魏孝武帝末，年赐姓侯吕陵氏	少保、三水县公	颍川颍阳	河南许昌县西南	徙居昌黎。祖瓌，魏平凉郡守	同

续表

姓名	字	赐何姓及时代	官爵	籍贯	今地	家世及出身	根据何书
赵肃	庆雍	大统十七年赐姓乙弗氏	廷尉卿、河清县子	河南洛阳	河南洛阳县	世居河西。曾祖武，魏金城侯	同
裴文举	道裕	魏恭帝二年赐姓贺兰氏	南青州刺史、澄城县公	河东闻喜	山西闻喜县	魏天水郡守秀业孙	同
高宾		周明帝时赐姓独孤氏	太府中大夫、武阳县伯	渤海蓨	河北景县	其先因官北边，没于辽左。祖暠自辽归魏，官安定郡守。子颖，隋文帝佐命	同
陈忻	永怡	魏恭帝二年赐姓尉迟氏	熊州刺史、许昌郡公	宜阳	河南宜阳县		同
李虎		西魏时赐姓大野氏	太尉、左仆射、柱国大将军、陇西郡公	陇西成纪	甘肃秦安县北三十里	唐高祖之祖	《唐书·祖本纪》

共三十人，内中有本传者二十五人，附见于他人传者五人。

附注

步六孤逞，纥千弘，尔绵永，普屯威，陆通之女憔国夫人步陆孤氏，窦炽之女赵国公夫人纥豆陵氏及晋司徒苞之耳女孙周冠军公夫人乌石兰氏之碑及墓志铭等，散见于《庾子山集》卷十三至十六中，可参看。

西魏北周两朝汉大臣先世改鲜卑姓者表　附表七十一

姓名	字	籍贯	今地	家世及改姓年代	官爵	根据何书
梁御	善通	安定	甘肃泾川县北五里	先世官北边，遂家于武川，改姓纥豆陵氏	侍中、东雍州刺史、广平郡公	《周书·本传》
窦炽	光成	扶风平陵	陕西咸阳县西北十五里	汉大鸿胪章十一世孙，子孙家于代，赐姓纥豆陵氏	太傅、上柱国、雍州牧、广武郡公	同
王轨		太原祁	山西祁县	汉司徒允之后，累叶仕魏，赐姓乌丸氏	柱国、徐州总管、郯国公	同

共三人。

西魏北周两朝汉大臣赐国姓者表　附表七十二

姓名	字	赐姓时代	何姓	官爵	籍贯	今地	家世及出身	根据何书
王盟	子仵	魏文帝时	拓跋氏	太傅、长乐郡公	乐浪	朝鲜平安道	明德皇后兄，宇文泰舅，父罴镇武川，因家焉	《周书·邵惠公颢传》，《王盟传》
柳庆	更兴	周孝闵帝践祚	宇文氏	左仆射、平齐县公	解	山西解县	世仕江表，父僧习，随裴叔业降魏	《周书·本传》
吴氏		魏晚年	同				大将军、河西郡公李贤之妻，宇文泰养侄女	《周书·李贤传》
王杰		魏大统中	同	上柱国、张掖郡公	金城直城	陕西汉阴县西	魏燕州刺史万国孙，榆中镇将巢子	《周书·本传》
李和	庆和	大统初	同	上柱国、德广郡公	陇西狄道	甘肃临洮县	徙居朔方，父僧养为夏州酋长	同
刘雄	猛雀	大统中	同	柱国、大将军、赵郡公	临洮子城	甘肃皋兰县		同
韦叔裕	孝宽	江陵平后	同	上柱国、相州总管、郧国公	京兆杜陵	陕西长安县东南	父旭，魏南幽州刺史	《周书·韦孝宽传》
申徽	世仪	废帝二年	同	少保、荆州刺史、博平县公	魏郡	河北大名县	六世祖钟为后赵司徒	《周书·本传》
柳敏	白泽	益州平后	同	上大将军、武德郡公	河东解县	山西解县	晋太常纯七世孙	同
唐瑾	附璘	大统中	同	司宗中大夫、兼内史、临淄县公				同
赵昶	长舒	周明帝时	同	武州刺史、长道郡公	天水南安	甘肃陇西县东北	曾祖襄，魏中山郡守，因家于代	同
王悦	众喜	周闵帝即位	同	司宪中大夫、河北县公	京兆蓝田	陕西蓝田县		同

续表

姓名	字	赐姓时代	何姓	官爵	籍贯	今地	家世及出身	根据何书
郑孝穆	道和	魏末	同	少司空、金乡县男	荥阳开封	河南开封县	魏将作大匠浑十一世孙	同
崔谦	士逊	大统末	同	荆州总管、武康郡公	博陵安平	河北安平县	父楷，魏殷州刺史	同
崔衮	士约	大统中	同	大将军、安平县公	同	同	谦弟	《周书·崔谦传》
崔猷	宣猷	大统十七年	同	大将军、汲郡公	同	同	汉尚书宴十二世孙	《周书·本传》
薛端	仁直	大统末	同	基州刺史、文城县公	河东汾阴	山西荣河县北	魏雍州刺史辨六世孙，家于冯翊之夏阳	同
薛善	仲良	大统中	同	少傅、博平县公	同	同	祖瑚，魏河东郡守。父和，南青州刺史	同
令狐整	延保	魏末	同	大将军、彭阳县公	敦煌	甘肃敦煌县	父虬，敦煌郡守	同
刘志	本名思汉	周明帝时	同	成州刺史、华阴县男	弘农华阴	陕西华阴县	汉太尉宽十一世孙，家于汝颍	《周书·裴果传》
张轨	元轨	魏废帝元年	同	度支尚书、寿张县子	济北临邑	山东临邑县	父崇，高平令	《周书·本传》
李彦	彦士	魏废帝初	同	兵部尚书、平阳县伯	梁郡下邑	河南夏邑县	祖先之，魏淮南郡守	同
寮允			同	工部尚书、临泾县公	安定	甘肃泾川县北五里	本姓牛氏，隋太常卿文安侯弘之父	《周书·裴文举传》
李昶		魏末	同	纳言、昌州刺史、临黄县公	顿丘临黄	山东观城县东南	御史中尉彪之孙	《周书·本传》
韦瑱	世珍	魏恭帝二年	同	侍中、瓜州刺史、平齐县伯	京兆杜陵	陕西长安县东南	曾祖惠度，魏中书侍郎	同
韩雍	木兰	周孝闵帝即位	同	侍中、中州刺史、新义郡公	河南东垣	河南汲县	祖景，魏赭阳郡守	同

共二十六人，内中有本传者二十一人，附见于他人传者五人。

西魏北周两朝汉大臣未赐姓者表 附表七十三

姓名	字	官爵	籍贯	今地	家世	根据何书
寇洛		侍中、东雍州刺史、京兆郡公	上谷昌平	河北昌平县	父延寿镇武川，因家焉。子和，松阳郡公	《周书·本传》
王罴	熊罴	华州刺史、扶风郡公	京兆霸城	陕西长安县东	汉河南尹王遵后	同
王思政	思政	荆州刺史、都督河南诸军事	太原祁	山西祁县		同
司马消难	道融	郧州总管、荥阳公	河内温	河南温县西南三十里	父子如，齐神武佐命	同
周惠达	怀文	中书令、右仆射、文安县伯	章武文安	河北文安县	父信，平成令	同
冯景	长明	行台尚书、高阳县伯			惠达故友	《周书·周惠达传》
杨宽	景仁	大将军、梁州总管、澄城县公	弘农华阴	陕西华阴县	祖恩，魏河间内史。父钧，怀朔镇将	《周书·本传》
苏绰	令绰	行台度支尚书、美阳县伯	武功	陕西武功县	魏侍中则九世孙，大都督椿之兄	同
卢辩	景宣	太子少师、右仆射、范阳公	范阳涿	河北涿县	父靖，太常丞	同
李贤	贤和	大将军、河西郡公	高平	甘肃固原县	汉都尉陵之后，随魏南迁复归汧陇。祖斌镇高平，因家焉	《周书·本传》，《隋书·李穆传》
李远	万岁	柱国大将军、阳平郡公	同	同	贤弟	《周书·李贤传》
李植		梁州刺史	同	同	远子	同
李基	仲和	淅州刺史、清河郡公	同	同	植弟	同
常善		大将军、永阳郡公	高阳	河北高阳县	父安成，伏波将军	《周书·本传》
史宁	永和	大将军、安政郡公	建康袁氏	甘肃高台县附近	祖灌，迁抚宁，因家焉	同

续表

姓名	字	官爵	籍贯	今地	家世	根据何书
权景宣	晖远	荆州总管、千金郡公	天水显亲	甘肃秦安县东北	父昙腾，魏陇西郡守	同
郭贤	道因	陕州刺史、乐昌县公	赵兴阳州	山东东平县东北阳州城	父云，凉州司马	同
王雅	度客	汾州刺史、居庸县伯	阐熙新固	绥远鄂托克旗附近		同
梁士彦	相如	晋州刺史、郕国公	安定乌氏	甘肃泾川县		同
卢柔	子刚	中书监、内史大夫				同
杨荐	承略	大司徒、南安郡公	秦郡宁夷	陕西醴泉县东北十里	父宝，昌平郡守	同
赵刚	僧庆	利州总管、浮阳郡公	河南洛阳	河南洛阳县	曾祖蔚，魏并州刺史	同
王庆	兴庆	柱国、延州总管、平昌郡公	太原祁	山西祁县	父因，魏灵州刺史	同
赵文表		吴州总管、伯阳县公	南郑	陕西南郑县	其先天水人。父江，东巴州刺史	同
赵善	僧庆	左仆射兼侍中、襄城县公	天水南安	甘肃陇西县东北	太傅、楚国公贵之从祖兄	同
杨㳬	显进	邵州刺史、华阳县侯	正平高凉	山西稷山县	祖贵，父猛，并为县令	同
韩盛	文炽	新平郡守、临湍县子	南阳赭阳	河南叶县西南	五世祖远徙居京兆之渭南	《周书·杨㳬传》
裴宽	长宽	汾州刺史、夏阳县子	河东闻喜	山西闻喜县	祖德欢，魏河内郡守	《周书·本传》
裴汉	仲贾	司车路下大夫	同	同	宽弟	《周书·裴宽传》
裴尼	景尼	御正下大夫	同	同	汉弟	同
裴鸿		郢州刺史、高邑县侯	同	同	尼族弟	同
杨敷	文衍	汾州刺史、临贞县公	弘农华阴	陕西华阴县	华山公宽兄子	《周书·本传》
裴侠	嵩和	工部中大夫、清河县公	河东解	山西解县	祖思齐，议郎	同
郑伟	子直	大将军、襄城郡公	荥阳开封	河南开封县	魏将作大匠浑十一世孙	同

续表

姓名	字	官爵	籍贯	今地	家世	根据何书
王士良	君明	上大将军、广昌郡公	太原晋阳	山西太原县	祖公礼镇平城，因家于代	同
崔彦穆	彦穆	上大将军、东郡公	清河东武城	山东武城县西十里	魏司空、安阳侯林九世孙	同
司马裔	遵胤	大将军、龙门县公	河内温	山东温县西南三十里	晋宣帝弟太常馗之后	同
裴里	戎昭	复州刺史、冠军县公	河东闻喜	山西闻喜县	祖思贤，魏青州刺史	同
郭彦		陇右总管府长史、怀德县公	太原阳曲	山西阳曲县	家于冯翊。父胤，灵武令	同
苏亮	景顺	侍中、临泾县子	武功	陕西武功县	祖权，魏玉门郡守	同
苏湛	景俊	中书侍郎	同	同	亮弟	《周书·苏亮传》
柳虯	仲蟠	秘书监	解	山西解县	司会庆之兄	《周书·本传》
吕思礼		都官尚书、汝阳县侯	东平寿张	山东寿张县		同
薛憕	景猷	中书侍郎、夏阳县伯	河东汾阴	山西荣河县北	曾祖敞避地襄阳	同
薛寘		淅州刺史、郃阳县侯	同	同	祖遵彦，魏河东郡守	同
梁昕	元明	工部中大夫、胡城县伯	安定乌氏	甘肃泾川县	其先因官徙居京兆之盩厔	同
皇甫璠	景瑜	随州刺史、长乐县子	安定三水	甘肃固原县北	徙居京兆，父和，本州治中	同
辛庆之	庆之	秘书监	陇西狄道	甘肃临洮县	父显崇，冯翊郡守	同
辛昂	进君	通州刺史、繁昌县公	同	同	庆之族子	《周书·辛庆之传》
王子直	孝正	黄门侍郎、山北县男	杜陵	陕西长安县东南	父琳，东雍州长史	《周书·本传》

续表

姓名	字	官爵	籍贯	今地	家世	根据何书
杜杲	子晖	西南道行台兵部尚书、义兴县公	京兆杜陵	同	祖建，魏辅国将军	同
颜之仪	子升	集州刺史、新野郡公	琅邪临沂	山东临沂县	晋侍中含九世孙，祖见远，齐御史治书，殉国难	同
乐运	承业	京兆郡丞	南阳淯阳	河南南阳南六十里	晋尚书令广之八世孙	《周书·颜之仪传》
王褒	子渊	小司空、石泉县子	琅邪临沂	山东临沂县	齐尚书令俭曾孙	《周书·本传》
庾信	子山	洛州刺史、义城县侯	南阳新野	河南新野县	父肩吾，梁中书令	同
萧泌	智遐	少傅、蔡阳郡公	兰陵	山东峄县东六十里	梁武帝弟安成王秀之子	同
萧世怡	本名泰	蔡州刺史、义兴郡公	同	同	梁武帝弟鄱阳王恢之子	同
萧圆肃	明恭	大将军、贝州刺史、棘城郡公	同	同	梁武帝之孙，武陵王纪之子	同
萧大圜	仁显	内史侍郎、西河郡守、始宁县公	同	同	梁简文帝之子	同
宗懔	元懔	车骑大将军	南阳涅阳	河南镇平县南	八世祖承，晋宜都郡守	同
刘璠	宝义	内史中大夫、平阳县子	沛国沛	江苏沛县	六世祖敏，徙居广陵	同
刘祥	休徵	长安令、汉安县子	同	同	瑶子	《周书·刘瑶传》
柳霞	子开	霍州刺史	河东解	山西解县	曾祖卓，晋汝南太守，徙居襄阳	《周书·本传》
柳靖	恩休	德广郡守	同	同	霞子	《周书·柳霞传》

续表

姓名	字	官爵	籍贯	今地	家世	根据何书
李长寿		颍川郡守、广州刺史、清河郡公，讨东魏没于王事	伊川	河南嵩县东北	祖伯扶，魏汝南郡守	《周书·李延孙传》
李延孙		京南行台、广州刺史、华山郡公，讨东魏没于王事	同	同	长寿子	同
韦祐	法保	大都督、河南尹、固安县公，讨东魏没于王事	京兆山北	陕西长安县东南五十里	长寿女婿。祖驷，魏中书博士	《周书·本传》
魏玄	僧智	和州刺史、伏流防主、广宗县公	任城	山东济宁县	六世祖休，晋鲁郡守	同
李迁哲	孝彦	大将军、安康郡公	安康	陕西汉阴县西二十里	世仕江左，迁哲初事梁为东梁州刺史	同
杨乾运	玄邈	梁州刺史、安康郡公	傥城兴势	陕西洋县	父天兴，齐安康郡守	同
阳雄	元略	大将军、江陵总管、鲁阳县公	上洛邑阳	陕西商县附近	祖斌，上庸太守	同
席固	子坚	昌州刺史、静安郡公	安定	甘肃泾川县北五里	初事梁为兴州刺史	同
任果	静鸾	始州刺史、安乐郡公	南安	甘肃陇西县东北	祖安东，梁新巴郡守	同

共七十三人，内中有本传者五十八人，附见于他人传者十五人。

以上四表，共计一百三十二人，内中有本传者一百零七人，附见于他人传者二十五人。其籍贯属于现在河北者十三人，河南者十八人，山东者十二人，山西者二十四人，陕西者二十三人，甘肃者二十五人，察哈尔者二人，绥远者三人，辽宁者一人，朝鲜者一人，江苏者四人，不载籍贯者五人，未详者一人。

《后周书·名臣传》一百四十七人，汉族一百零八人，约占百分之七十以上。《儒林传》六人，《孝义传》七人，《艺术传》七人，皆汉人，占百分之百，故不列表。

西魏北周两朝鲜卑大臣赐国姓者表　附表七十四

姓名	何时赐何姓	官爵	根据何书
叱罗协	魏恭帝三年，赐姓宇文氏	少傅、柱国、南阳郡公	《周书·晋荡公护传》，《通志》卷二十九

西魏北周两朝已冠汉姓之外族大臣赐鲜卑姓者表　附表七十五

姓名	字	旧属何部	今为何族	家世及赐姓时代	官爵	根据何书
高琳	季珉	高勾骊	满	五世祖宗率众归魏，赐姓羽真氏	柱国、梁州总管、犍为郡公	《周书·本传》
段永	永宾	辽西段氏	满蒙混血	晋幽州刺史匹蒱后，大统中，赐姓尔绵氏	大将军、广城郡公	同

西魏北周两朝外族大臣改姓者表　附表七十六

姓名	本姓	家世	官爵	根据何书
库狄峙	段	晋幽州刺史匹蒱后。祖凌，武威郡守。父贞，上洛郡守	大将军、少师、安丰郡公	《周书·本传》
豆卢宁	慕容	前燕支庶之后。高祖胜归魏，赐姓豆卢氏	大司寇、楚国公	同
怡峰	默台	辽西人，因避难改姓。高祖宽，燕辽西郡守。降魏，封长她公	大都督、乐陵郡公	同
杜朔周	赫连	本名达，夏主勃勃之后。曾祖库多汗因避难改姓	大将军、夏州总管、乐川郡公	《周书·赫连达传》

北朝君主种族观念极薄弱，对于汉族固极表欢迎，对于拓跋氏以外之鲜卑部落及汉族以外之不同族人民，亦绝不排斥；故北朝结婚范围与登庸人才范围普及于四围各部落与支配下各民族。兹试列北朝与外族通婚表及北朝外族出身人物表于下，以供参考：

后魏外族女子入宫表　附表七十七

谥号及姓氏	原籍及父兄	宫中原来位置	所生子女	逝去或被废年	何部族	今为何族	根据何书
魏昭成皇后慕容氏	前燕王廆女，皝妹	代王什翼犍元妃		建国四年殂	鲜卑	满蒙混血	《魏书·序纪第一》
昭成皇后慕容氏	前燕王皝女	什翼犍继妃	太子寔、秦明王翰	建国二十三年、东晋穆帝升平四年殂	同	同	《北史·后妃传上》
道武皇后慕容氏	后燕主宝季女	魏道武帝珪皇后			同	同	同
道武宣穆皇后刘氏	南部大人眷女	道武帝夫人	华阴公主、明元帝嗣	道武末年赐死	匈奴	蒙	同
明元昭哀皇后姚氏	后秦王兴女	明元帝嗣夫人		泰常五年、晋恭帝元熙二年殂	羌	藏	同
太武皇后赫连氏	夏主勃勃女	太武帝焘皇后		文成帝初年、宋文帝元嘉二十九殂	匈奴	蒙	同
太武左昭仪郁久闾氏	柔然敕连可汗吴提妹	太武帝焘妾			鲜卑	满蒙混血	《魏书·蠕蠕传》
太武右昭仪沮渠氏	北凉王蒙逊女、牧犍妹	同		太平真君八年、宋文帝元嘉二十四年赐死	匈奴	蒙	《魏书·沮渠蒙逊传》
景穆恭皇后郁久闾氏	柔然可汗大檀亲属河东王毗妹	景穆太子晃妃	文成帝浚		鲜卑	满蒙混血	《北史·后妃传上》
文帝悼皇后郁久闾氏	柔然可汗阿裖瓌长女	文帝宝炬皇后		大统六年、梁武帝大同六年殂	同	同	同

说明

按《北史·后妃传上·景穆恭皇后传》，只言“入东宫有宠，生文成帝而薨”，未言为妃。然《文成帝本纪》则言“帝少聪达，太武常置左右，号世嫡皇孙”。则其母当然为东宫元妃也。

计代王元妃二人，皇后三人，追尊为皇后者二人，追赠皇后者一人（明元帝姚夫人），昭仪二人，共十人。

后魏公主下嫁外族表 附表七十八

封号	父或兄弟	下嫁何人	家世	何族	今为何族	根据何书
无	平文帝郁律女	刘路孤	匈奴君主刘虎从弟	匈奴	蒙	《魏书·序纪第一》
同	昭成帝什翼犍女	刘务桓	虎子，嗣匈奴君主	同	同	同
同	烈帝翳槐女	前燕王慕容皝	廆子，嗣君主	鲜卑	满蒙混血	同
无	什翼犍女	刘卫辰	匈奴刘氏君主，务桓第三子，悉勿祈之弟	匈奴	蒙	《魏书·铁弗刘虎传》
阳翟公主	未详	姚黄眉	后秦王兴之子，魏明元昭哀皇后之弟也	西羌	藏	《北史·外戚传》
始平公主	魏太武帝焘妹	赫连昌	夏第二代君主，刘卫辰之孙，赫连勃勃之子	匈奴	蒙	《魏书铁弗刘虎传》，《资治通鉴纲目》卷二十五
武威公主	同	沮渠牧犍	北凉第二代君主，蒙逊第三子	同	同	《魏书·沮渠蒙逊传》
西海公主	未详	郁久闾吴提	柔然敕连可汗，牟汗纥升盖可汗大檀子	鲜卑	满蒙混血	《魏书·蠕蠕传》
上谷公主	同	宿石	夏王赫连勃勃弟文陈之曾孙	匈奴	蒙	《北史·本传》
化政公主元翌	孝武帝时舍人	郁久闾塔寒	柔然勅连头兵豆伐可汗阿褫瓌兄弟	鲜卑	满蒙混血	《北史·蠕蠕传》
乐安公主	常山王骘妹	郁久闾庵罗辰	阿褫瓌子	同	同	同
长乐公主	未详	阿史那土门	突厥伊利可汗	突厥	回	《北史·突厥传》

续表

封号	父或兄弟	下嫁何人	家世	何族	今为何族	根据何书
无	平文帝郁律女	刘库仁之父	虎宗人	匈奴	蒙	《魏书·刘库仁传》
同	宗女	刘库仁	同	同	同	同
华阴公主	未详	闾大肥	柔然人，仕至内都大官，封荥阳公	柔然	满蒙混血	《魏书·本传》
濩泽公主	同	同　继室	同	同	同	同
兰陵公主	同	未详	史载下嫁蠕蠕，未载人名	同	同	《齐书·祖挺传》

计代王女五人，帝妹二人，王妹一人，舍人一人，宗女一人，未详者七人，共十七人。

北齐外族女子入宫表　附表七十九

谥号及姓氏	原籍及父兄	宫中位置	所生子女	何族	今为何族	逝去或被废年	根据何书
斛律氏	左丞相光女	后主讳后	女一	敕勒	回	武平三年七月废，后为尼。齐灭，改嫁开府元仁	《北齐书·后主本纪》，《斛律后传》
同	同	孝昭帝演太子百年妃		同	同		《北齐书·斛律金传》

北齐公主下嫁外族表　附表八十

封号	父或兄弟	下嫁何人	何族	今为何族	家世	根据何书
义宁公主	未详	斛律武都	敕勒	回	左丞相咸阳王金孙，左丞相、咸阳王光长子，梁兖二州刺史	《齐书·斛律金传》

北周外族女子入宫表　附表八十一

谥号及姓氏	原籍及父兄	配何帝	所生子女	逝去年	何族	今为何族	根据何书
周武成皇后阿史祢氏	突厥木杆可汗俟斤女	武帝邕皇后		隋开皇二年卒一	突厥	回	《北史·后妃传下》
达步干氏	茹茹人	文帝泰妾	齐王宪		柔然	满蒙混血	《周书·弁炀王宪传》

北周公主下嫁外族表　附表八十二

封号	父或兄弟	下嫁何人	家世	何族	今为何族	根据何书
千金公主	周赵王招女	阿史䖦某	突厥他钵可汗，伊利可汗子也	突厥	回	《北史·突厥传》
同	同	阿史䖦摄图	突厥沙钵略可汗，伊利可汗之孙，他钵可汗犹子也	同	同	同
无	宣帝赟女，名娥英	李敏	高平人.自称汉都尉陵之后，幽州总管崇子，仕至将作监		汉蒙混血	《隋书·李穆传》

后魏外族（拓跋氏本部以外之外族）出身人物表　附表八十三

姓名	字	官爵	籍贯	今地	家世及出身	出于何族	今为何族	根据何书
安同		冀青二州刺史、高阳公	辽东	辽宁东部	其先祖曰世高，汉时以安息王侍子人洛，历魏至晋，避乱辽东，遂家焉	Dake	阿利安	《北史·本传》
安原		尚书左仆射、河间公			同子	同	同	《北史·安同传》
安颉		援军将军、西平王			原弟	同	同	同
车伊洛		平西将军、都官尚书、前部王	焉耆	新疆焉耆县	世为焉耆东境部落帅，入朝留不归	焉耆胡	未详	《北史·本传》
宿石		吏部尚书、太山公	朔方	绥远西部	夏主勃勃弟文陈之曾孙，祖若豆根，赐姓宿	匈奴	蒙	同
慕容白曜		征南大将军、青州刺史、济南王			前燕王䚭玄孙，尚书左丞、高都侯琚子	鲜卑	满蒙混血	同
宇文福		都督怀朔沃野武川三镇、襄乐县男			其先南单于之远属，世为拥部大人	匈奴	蒙	同

续表

姓名	字	官爵	籍贯	今地	家世及出身	出于何族	今为何族	根据何书
源贺		太尉、陇西王	西平乐都	甘肃碾伯县	南凉王秃发傉檀之子，本名破羌，太武帝赐姓名	鲜卑	满蒙混血	同
源怀		车骑大将军、陇西公			贺子	同	同	《北史·源贺传》
源子邕	灵和	夏州刺史、北讨都督、阳平县公			怀子	同	同	同
闾大肥		内都大官、荥阳公				柔然	同	《魏书·本传》
源子恭	灵顺	吏部尚书、中书监、临颍县侯			子邕弟	同	同	同
源彪	文本	北齐秘书监、隋莒州刺史			子恭子	同	同	同
源师	践言	北齐左外兵部郎中、隋刑部侍郎			贺玄孙	同	同	同
田益宗		东豫州刺史、征南将军、曲阳县伯	光城	河南光山县	光城蛮，世为四山蛮帅	同	同	《北史·本传》
杨大眼		荆州刺史、安城县子	武都	甘肃武都县	武都氐，仇池王难当之孙	氐	藏	同
樊子鹄		兖州刺史，高欢反殉国	平城	山西大同县	其先荆州蛮酋	蛮	同	《魏书·本传》
宇文忠之		中书侍郎、尚书右丞	洛阳		其先南单于之远属	匈奴	蒙	《北史·本传》
姚黄眉		太常卿、陇西公			后秦王兴之子，明元昭哀皇后之弟	西羌	藏	《北史·外戚传》

续表

姓名	字	官爵	籍贯	今地	家世及出身	出于何族	今为何族	根据何书
闾毗		征东将军、河东公			本姓郁久闾，柔然可汗大檀亲属，景穆恭皇后之兄，文成帝浚母舅	鲜卑	满蒙混血	同
乞伏保		南中郎将、宁国侯			高车部人，牧曹尚书宁国侯居之子，母宗氏，河南人	突厥	回	《北史·孝行传》
乙速孤佛保		直阁将军、蒲子县公，殉难汉中			秀容胡酋	胡	蒙	《北史·节义传》
王遇	庆时	吏部尚书、华州刺史、宕昌公	冯翊李润镇		世为渠长	羌	藏	《魏书·阉宦传》
苻承祖		悖义将军佞浊子	洛阳		洛阳氏人，因事为阉人，有宠于文明冯后	羌	藏	《北史·恩幸传》
破六韩拔陵		沃野镇民，孝明帝正光四年聚众反	沃野镇	鄂尔多斯右翼前旗	匈奴右谷蠡王潘六奚之后，以祖名为氏，讹为破六韩	匈奴	蒙	《通鉴纲目》卷三十、《北齐书·破六韩常传》
胡琛		高平敕勒，正光五年聚众反	高平镇	甘肃固原县		突厥	回	《通鉴纲目》卷三十
莫折大提		正光五年据秦州反，称秦王	秦州	甘肃天水县	本西羌，世居渭州襄武县	西羌	藏	《通鉴纲目》卷三十，《通志氏族略第五》
莫折念生		据高平称天子			大提子，大提死，代领其众	同	同	同

续表

姓名	字	官爵	籍贯	今地	家世及出身	出于何族	今为何族	根据何书
莫折天生		为念生将，攻陷岐州			念生弟	同	同	同
万俟丑奴		胡琛将，琛死，代领其众			其先匈奴之别	匈奴	蒙	《通鉴纲目》卷三十一，《北史·万俟普传》

计匈奴五人，胡一人，鲜卑五人，柔然一人，突厥二人，氐二人，羌五人，蛮五人，Dake 三人，焉耆一人，共三十人。

凡例

一、后魏旧受晋封为代王，凡拓跋氏旧臣民，史书皆曰代人，实即鲜卑索头部人，亦即后魏本族人也。本表所列外族，指鲜卑以外之民族及虽鲜卑而非拓跋氏旧部族而言。凡汉族及代人俱不在内。北齐、北周二外族出身人物表准此。

二、前燕、南凉、柔然虽同系鲜卑，而非拓跋氏一系，故列入此表。

三、焉耆为各民族杂居地，故车伊洛之族未详。

北齐外族（拓跋氏本部以外之外族）出身人物表 附表八十四

姓名	字	官爵	籍贯	今地	家世	出于何族	今为何族	根据何书
万俟普	普拔	太尉、河西郡公	太平	绥远乌拉特旗地	其先匈奴之别	匈奴	蒙	《北史·本传》
万俟洛	受洛干	领军将军、建昌郡公			普子	同	同	《北史·万俟普传》
破六韩常		沧州刺史、广川县公			匈奴右贤王去卑弟右谷蠡王潘六奚后，讹为破六韩。父孔雀，背其宗人拔陵，率部降尔朱荣，封永安县侯，加第一领人酋长	同	同	《北史·本传》
慕容绍宗	绍宗	南道行台，燕郡公	代	山西代县	前燕太原王恪后，岐州刺史郁之孙，恒州刺史远之子	鲜卑	满蒙混血	《北史·本传》

续表

姓名	字	官爵	籍贯	今地	家世	出于何族	今为何族	根据何书
慕容三藏		武卫大将军			绍宗子	同	同	《北史·慕容绍宗传》
慕容俨	恃德	光州刺史、义安王			前燕王廆之后	同	同	《北史·本传》
斛律金	阿六敦	太师、左丞相、咸阳王	朔州	山西朔县	敕勒人，高祖倍侯利道武时内附，封孟都公。祖幡地斤，殿中尚书。父䟽瓌，光禄大夫	突厥	回	《北史·本传》
斛律光	明月	太傅、左丞相、咸阳王			金子	同	同	《北史·斛律金传》
斛律羡	丰乐	幽州刺史、行台尚书令、荆山王			光弟	同	同	同
赫连子悦	士欣	郑州刺史、吏部尚书、太常卿			夏王勃勃之后	匈奴	蒙	同
和士开	彦通	尚书令、淮阳王	清都临漳	河南临漳县	其先西域商胡，本姓素和氏。父安仪州刺史	未详	未详	《北史·恩幸传》
田敬宣		中侍中，死国难				蛮	苗	《齐书·傅伏传》
源彪	文宗	秦州刺史	西平都乐	甘肃碾伯	父子恭，魏中书监	鲜卑	满蒙混血	《齐书·本传》

计匈奴四人，鲜卑四人，突厥三人，蛮一人，西域胡一人，共十三人。

说明

一、西域为黄白人种杂居地，故和士开之族未详。

二、慕容燕与高齐同系鲜卑，而非一部落，故列入此表。

北周外族（拓跋氏本部以外之外族）出身人物表　附表八十五

姓名	字	官爵	籍贯	今地	家世	出于何族	今为何族	根据何书
李贤	贤和	河州总管、西河郡公			汉骑都尉陵之后，居漠北，随魏南迁，复归汧陇	汉籍之匈奴人	满蒙混血	《北史·本传》
李询	孝询	大将军、高平郡公，仕隋为上柱国			贤子	同	同	《北史·李贤传》
李远	万岁	柱国大将军、阳平郡公			贤弟	同	同	同
李植		梁州刺史，谋诛宇文护不克而死			远子	同	同	同
李基		淅州刺史、敦煌郡公，坐植难死			植弟	同	同	同
赫连达	朔周	大将军、夏州总管、乐川郡公	盛乐	绥远归绥县	夏主勃勃之后，曾祖库多汗改姓杜氏	匈奴	蒙	《北史·本传》
豆卢宁	永安	大司寇、楚国公	昌黎徒河	辽宁锦县西北	本姓慕容氏，燕北地王精之后。高祖胜归魏，赐姓豆卢氏。豆卢者，北语归义之谓也	鲜卑	满蒙混血	《北史·本传》
豆卢赞		鄘州刺史、沃野县公			宁子	同	同	《北史·豆卢宁传》
高琳	季珉	柱国大将军、许昌郡公			其先高勾黐人，六世祖钦事慕容廆	高勾骊	满	《周书·本传》
段永	永宾	大将军、广城郡公	辽西石城	热河朝阳县境	晋幽州刺史匹䃅后	鲜卑	满蒙混血	同
泉企	思道	洛州都督、上洛郡公，没于王事	上洛丰阳	陕西山阳县	祖景，父安志，世袭本县令	巴夷	同	

续表

姓名	字	官爵	籍贯	今地	家世	出于何族	今为何族	根据何书
泉元礼		洛州刺史、临洮县伯，没于王事	同	同	企子	同		《周书·泉企传》
泉仲遵		金州都督、上洛郡公	同	同	元礼弟	同	同	
扶猛	宗略	绥州刺史、临江县公	上甲黄土	陕西洵阳县东一百二十里	世为白兽蛮渠帅	蛮		《周书·本传》
厍狄峙		大将军、少师、安丰郡公			晋幽州刺史匹蓪后	鲜卑	满蒙混血	同
怡峰		大都督、乐陵郡公	辽西		本姓默台，因避难改姓	未详	同	

计匈奴一人，生长匈奴之汉族五人，鲜卑四人，高丽一人，巴蛮四人，未详者一人，共十六人。

三国两晋南北朝时代，除去五胡十六国及后魏、北齐、北周皇室以外，归化之部落尚多。兹试列表于下，以供参考：

三国时代归化部落表　附表八十六

国名或地名	旧属何人	今地	何时代征服降附	户口数及善后处置	何族	根据何书
乌丸即乌桓	蹋顿，楼班及乌延	热河中部	汉献帝建安十一年，曹操大破其兵于柳城，斩蹋顿。楼班、乌延走辽东	余众皆降，及幽州、并州护乌桓校尉所统万余落，悉徙居中国辽东、辽西、右北平三郡	满蒙混血	《三国志·乌丸传》
鲜卑	泄归泥	热河北部	魏明帝青龙元年，率所部来降	拜归义王，居之并州	同	《三国志·鲜卑传》
夷洲		澎湖	吴大帝权黄龙二年，遣将军卫温、诸葛直浮海，求夷洲	虏其人数千人而还	马来?	《三国志·吴王权传》

晋初匈奴归化部落杂居中国内地表 附表八十七。据《晋书·匈奴传》

年代	部落名	户口	杂居地	今为何地
魏末	左部都尉	万余落	太原故兹氏县	山西汾阳县
	右部都尉	六千余落	祁县	山西祁县
	南部都尉	三千余落	蒲子县	山西隰县东北八十里有蒲子村
	北部都尉	四千余落	新兴县	山西忻县
	中部都尉	六千余落	大陵县	山西文水县东北二十五里
晋武帝初年	大水塞泥黑难等	二万余落	河西故宜阳城下	
太康五年	胡太阿厚	二万九千三百人		
七年	胡都大博萎莎胡	十万余口	雍州部内	陕西中、北部
八年	大豆得一育鞠等	万一千五百口		

南北朝时代归化部落表 附表八十八

部落名	首领	今地	何族	何时代征服降附	户口数	善后处置	根据何书
契丹		热河北部、黑龙江西南部	满蒙混血	齐文宣帝洋天保四年大破其兵	虏十余万口	分置于诸州	《北史·契丹传》
流求	劝斯渴剌兜	台湾	马来	隋炀帝大业二年遣虎贲郎将陈棱击流求	虏其男女数千人而还		《北史·流求传》
大阳蛮	桓诞	河南泌阳县	苗	后魏孝文帝延兴中内附	八万余落	置东荆州以处其众	《北史·蛮獠传》，《大清一统志》
蛮	田益宗	河南息县	同	同　太和十九年内属	四千余户	置东豫州以处之	同
同	雷婆思等十一人		同	同时内徙	千余户	诏给廪食，后开南阳，令有沔北之地	同

续表

部落名	首领	今地	何族	何时代征服降附	户口数	善后处置	根据何书
大阳蛮	田育丘	湖北襄阳	同	后魏宣武帝景明初年内附	二万八千户	诏置西郡十八县以处之	同
鲁阳蛮	鲁北燕	河南鲁山县	同	景明三年叛，将军李崇讨平之	徙万余家	于河北诸州	同
蛮	梁沔东太守田清善		同	正始二年内附	户万九千		同
同	梁永宁太守文云生	河南确山县	同	四年内附	六部		同
大阳蛮		河南确山县	同	永宁初东荆州部内太守桓叔兴招降	一万七百户	诏置南荆州以处之	同
同	成龙强	同	同	后魏孝明帝正光中内附	户数千	时叔兴降南，以龙强为南荆州刺史	同
蛮	田牛生		同	同时内徙扬州	户二千	以牛生为郡守	同
同	梁义州刺史文僧明	河南商城县	同	同时内属	户万余	拜僧明西豫州刺史	同
高车		外蒙西北部	回	后魏太武帝神𢘾二年降附	数十万		《北史·蠕蠕传》
柔然	牟汗纥升盖可汗大檀	外蒙	满蒙混血	同	三十余万		同
同	吐贺真可汗别部帅绵尔拔	外蒙东部	同	同　太平真君十年降附	千余家		同

续表

部落名	首领	今地	何族	何时代征服降附	户口数	善后处置	根据何书
同	柔然莫弗乌朱驾颓	外蒙	同	同　太安四年降附	数千落		同
同		同	同	后魏献文帝皇兴四年降	万余人		同

两晋南北朝时代，外族移入内地者固多，汉族移入边地者亦不少，兹试举一例，以资参考：

前燕境内汉族侨民郡县表　附表八十九

郡县名	原籍何处人	何代设置	根据何书
冀阳郡	冀州人	慕容廆	《晋书·慕容廆载记》
成周郡	豫州人	同	同
营丘郡	青州人	同	同
唐国郡	并州人	同	同
兴集县	渤海人	前燕慕容皝	同
宁集县	河间人	同	同
兴平县	广平魏郡人	同	同
育黎县	东莱北海人	同	同
吴县	吴人	同	同

永嘉之乱，晋室瓦解，中原鼎沸，黄河流域六省化为异族屠掠之场，流血之惨为古来历史上所仅见，文化亦停滞不进；而扬子江流域受汉族南迁之影响，文化乃突然进步。扬子江流域八省本巴蜀蛮越老巢穴，三国时代文化始萌芽，东晋时代文化始发达，至南北朝末年遂凌驾黄河流域以上。蜀汉、东晋、刘宋、萧齐、萧梁、陈陈之皇室皆北方人，孙吴之皇室虽非北方人，其大臣亦多系北方民族出身，《蜀志》、《吴志》、《晋书》、《宋书》、《南齐书》、《梁书》、《陈书》列传中所载之人物，北方籍贯者约占十之六七，南方籍贯者约占十之二三，以故当时国运之盛衰，治化之隆替，武备之张弛，北方侨民应负完全责任，而南方土著之人无与也。东晋、陈陈皇室皆河南人，刘宋皇室

为淮北人，萧齐、萧梁皇室皆山东人，世臣之中，鲁国孔氏，琅邪王氏、颜氏、诸葛氏济阴冤句卞氏，高平金乡郗氏、檀氏，东莞莒刘氏、臧氏，东海郯徐氏，清河东武城崔氏，太山羊氏，平原刘氏，皆山东人；鄢陵、新野二庾氏，陈国阳夏谢氏、袁氏，荥阳阳武毛氏，陈郡长平殷氏，汝南周氏，南阳顺阳范氏，河南阳翟褚氏，济阳考城江氏、蔡氏，荥阳开封郑氏，陈留尉氏阮氏，南阳涅阳宗氏，颍川荀氏，皆河南人；谯国铚桓氏，彭城武原到氏，彭城吕刘氏，皆淮北人，以故南朝之国家实山东、河南、淮北人之合组体，而河北、山西、陕西、甘肃人仅居补助之地位者也。兹试假定以秦岭及淮水为南北界限，将三国两晋南北朝时代岭北及淮北出身之人物列表于下，以供参考：

蜀汉北方出身人物表　附表九十

姓名	字	籍贯	今地	家世	官爵	何种人物	根据何书
蜀汉皇室		涿郡涿县	河北涿县	汉景帝子中山靖王胜之后			《三国志·蜀书·先主本传》
诸葛亮	孔明	琅邪阳都	山东沂水县南	司隶校尉诸葛丰后	丞相武乡侯、领益州牧、录尚书事	高士忠臣、名将贤相、学者	《三国志》本传
诸葛瞻	思远	同	同	亮子	卫将军、平尚书事，拒邓艾死节	忠臣孝子	同　附《亮传》
诸葛尚		同	同	瞻子	与瞻同死节	同	同　同
樊建	长元	义阳	河南信阳县南		尚书令	贤臣	同　同
董厥	龚袭	同	同	丞相亮令史	辅国大将军、南乡侯、平尚书事	同	同　同
关羽	云长	河东解	山西解县		前将军、汉寿亭侯，孙权陷荆州，死事	名将忠臣	同
关平		同	同	羽子	与羽同死事	忠臣孝子	同　附《羽传》
关兴	安国	同	同	平弟	侍中、中监军	肖子	同　同

续表

姓名	字	籍贯	今地	家世	官爵	何种人物	根据何书
张飞	益德	涿郡	河北涿县		车骑将军、西乡侯	名将	同
张遵		同	同	飞孙	尚书，与诸葛瞻同死节	忠臣	同　附《飞传》
马超	孟起	右扶风茂陵	陕西兴平县东北	卫尉腾子	骠骑将军、斄乡侯	名将	同
马岱		同	同	超从弟	平北将军、陈仓侯	贤将	同　附《超传》
黄忠	汉升	南阳	河南南阳县		后将军、关内侯	名将	同
赵云	子龙	常山真定	河北正定县		镇军将军、永昌亭侯	同	同
赵广		同	同	云次子	牙门将，随姜维战沓中死节	忠臣	同　附《云传》
法正	孝直	右扶风郿	陕西郿县	祖父真有清节高名	尚书令、护军将军、关内侯	策士	同
许靖	文休	汝南平舆	河南汝南县东南六十里	从弟劭有人伦臧否之称	司徒	名士	同
糜竺	子仲	东海朐	山东临朐县	祖世货殖，赀产巨亿	安汉将军	昭烈帝幕宾	同
孙乾	公祐	北海	山东寿光县东南三十里		秉忠将军	同	同
简雍	宪和	涿郡	河北涿县		昭德将军	同	同
伊籍	机伯	山阳	河南修武县西北三十五里		昭文将军	同	同
陈震	孝起	南阳	河南南阳县		卫尉、城阳亭侯	贤臣	同
吕乂	季阳	同	同		尚书令	同	同
李严	正方	同	同		骠骑将军、中都护、都乡侯	能臣	同
刘琰	威硕	鲁国	山东曲阜县		车骑将军、中军师、都乡侯		同
魏延	文长	义阳	河南信阳县南		前军师、征西大将军、南郑侯	猛将	同

续表

姓名	字	籍贯	今地	家世	官爵	何种人物	根据何书
王连	文仪	南阳	河南南阳县		丞相长史、平阳亭侯	能臣	同
许慈	仁笃	同	同		博士	学者	同
孟光	孝裕	河南洛阳	河南洛阳县	太尉孟郁之孙	大司农	直臣	同
来敏	敬达	义阳新野	河南新野县	来歙之后	光禄大夫	学者	同
郤正	令先	河南偃师	河南偃师县	益州刺史俭之孙	秘书郎	儒学家	同
姜维	伯约	天水冀	甘肃伏羌县		大将军、平襄侯	大将	同
宗预	德艳	南阳安众	河南镇平县东南		镇军大将军、关内侯	能臣	同
邓芝	伯苗	义阳新野	河南新野县	汉太傅禹之后	车骑将军、阳武亭侯、督江州	大将	同

计名臣三十四人，内中有本传者二十五人（《蜀书·名臣传》共五十六人，约占百分之四十五），附见于他人传者九人。其籍贯属于现在河北者五人，河南者十六人，山东者六人，山西者三人，陕西者三人，甘肃者一人。

孙吴北方出身人物表　附表九十一

姓名	字	籍贯	今地	家世	官爵	何种人物	根据何书
刘基	敬舆	东莱牟平	山东牟平县	汉扬州牧繇子	光禄勋，分平尚书事	孙权贤臣	《三国志·吴书·刘繇传》
太史慈	子义	东莱黄	山东黄县		建昌都尉	孙策将	《三国志·吴书·本传》
张昭	子布	彭城	江苏铜山县		辅吴将军娄侯	孙权谋臣	同
诸葛瑾	子瑜	琅邪阳都	山东沂水县南	汉丞相亮之兄	大将军、宛陵侯、督公安	同	同
步骘	子山	临淮淮阴	江苏淮阴县		丞相、临湘侯、都督西陵	孙权大将	同
严畯	曼才	彭城	江苏铜山县		尚书令	经学家	同
程秉	德枢	汝南南顿	河南项城县北五十里		太子太傅	同	同

续表

姓名	字	籍贯	今地	家世	官爵	何种人物	根据何书
薛综	敬文	沛郡竹邑	安徽宿县北二十里		太子少傅、选曹尚书	文学家	同
吕蒙	子明	汝南富陂	安徽阜阳县南		南郡太守、孱陵侯	孙权将	同
程普	德谋	右北平土垠	河北丰润县东十里		荡寇将军、江夏太守	同	同
韩当	义公	辽西令支	河北迁安县西		昭武将军、石城侯	同	同
周泰	幼平	九江下蔡	安徽凤台县		奋威将军、陵阳侯	同	同
徐盛	文向	琅邪莒县	山东莒县		安东将军、芜湖侯	同	同
潘璋	文珪	东郡发干	山东堂邑县西南二十三里		右将军、溧阳侯	同	同
丁奉	承渊	卢江安丰	河南固始县东		右大司马、安丰侯	同	同
吕范	子衡	汝南细阳	安徽太和县东		大司马、南昌侯	孙权大将	同
吕据	世议	同	同	范次子	骠骑将军	孙休将	同 附《范传》
是仪	子羽	北海营陵	山东昌乐县南五十里		侍中、尚书仆射、都亭侯	贤臣	同
胡综	伟则	汝南固始	河南固始县		侍中、右领军、左执法、乡侯	同	同
刘惇	子仁	平原	山东平原县			占验家	同
赵达		河南	河南洛阳县			同	同
诸葛恪	元逊	琅邪阳都	山东沂水县南	大将军瑾长子	大将军、太傅	孙权顾命大臣	同
滕胤	承嗣	北海剧	山东寿光县东南三十里		大司马	同	同

续表

姓名	字	籍贯	今地	家世	官爵	何种人物	根据何书
濮阳兴	子元	陈留	河南陈留县		丞相	孙休顾命大臣	同
楼玄	承先	沛郡蕲	安徽宿县南		大司农	直臣	同

计二十五人。内中有本传者二十三人（《吴志·名臣传》除去宗室外共六十四人，约占百分之三十八），附见于他人传者二人。其籍贯属于现在河北者二人，河南者五人，山东者九人，安徽者六人，江苏者三人。

东晋北方出身人物表　附表九十二

姓名	字	籍贯	今地	家世	官爵	何种人物	根据何书
东晋皇室		河内温	河南温县				《晋宣帝本纪》，《晋文帝本纪》
祖逖	士雅	范阳遒	河北涞水县	世吏二千石，为北州旧姓	豫州刺史	志士忠臣、名将循吏	《晋书·本传》
祖纳	士言	同	同	逖兄	光禄大夫、晋昌公	孝子廉士、直臣	同　附《逖传》
王导	茂弘	琅邪临沂	山东临沂县	太保祥从孙	侍中、丞相、中书监、扬州刺史、录尚书、都督中外诸军事、始兴公	政治家，东晋佐命	同
王珣	元琳	同	同	导孙	侍中、尚书令	孝武帝宰相	同　附《导传》
王珉	季琰	同	同	珣弟	侍中、中书令	同	同　同
王谧	稚远	同	同	导孙	侍中、中书监、扬州刺史、录尚书事	桓玄佐命晋安帝宰相	同　同
王劭	敬伦	同	同	导第五子，谧父	尚书仆射		同　同

续表

姓名	字	籍贯	今地	家世	官爵	何种人物	根据何书
温峤	太真	太原祁	山西祁县	司徒羡从子	江州都督、始安公	政治家、军事家	同
郗鉴	道徽	高平金乡	山东金乡县	汉御史大夫虑玄孙	徐兖都督、南昌公	志士忠臣	同
郗愔	方回	同	同	鉴长子	徐兖都督	廉士忠臣	同 附《鉴传》
郗超	景兴	同	同	愔长子	大司马、参军	桓温谋主	同 同
郗恢	道胤	同	同	鉴之孙，愔从子	雍州刺史，镇襄阳	晋末劳臣	同 同
刘隗	大连	彭城	江苏铜山县	楚元王交之后	青徐都督，镇泗口	元帝劳臣	同
刁协	玄亮	渤海饶安	河北沧县东南一百三十里		尚书令	同	同
周觊	伯仁	汝南安城	河南汝南县东南七十里		尚书左仆射	忠臣	《晋南齐书·周蛣顒传》
应詹	思远	汝南南顿	河南项城县北五十里		江州都督、观阳县侯	孝子、文学家、廉士	同
卞壸	望之	济阴冤句	山东菏泽县西南	成阳公粹子	尚书令，苏峻之乱殉国	忠臣	同
刘超	世瑜	琅邪临沂	山东临沂县		右卫将军，苏峻之乱殉国	同	同
钟雅	彦胄	颍川长社	河南长葛县西		侍中，苏峻之乱掏国	同	同
陈頵	延思	陈国苦县	河南鹿邑县东十里		天门太守、梁州刺史	循吏	同
郭璞	景纯	河东闻喜	山西闻喜县		大将军、记室参军，谏王敦反，被杀	忠臣、文学家、数术家	同

续表

姓名	字	籍贯	今地	家世	官爵	何种人物	根据何书
庾亮	元规	颍川鄢陵	河南鄢陵县	明穆皇后之兄	江荆都督、永昌公	劳臣	同
庾冰	季坚	同	同	亮弟	江荆都督	贤相劳臣	同　附《亮传》
庾翼	稚恭	同	同	冰弟	江荆都督	志士劳臣	同　同
桓彝	茂伦	谯国龙亢	安徽怀远县西北七十里龙亢集	汉五更荣之九世孙	宣城内史、万宁县男，死事	忠臣循吏	同
桓豁	朗子	同	同	彝第三子	荆州都督	劳臣	同　附《彝传》
桓石虔	小字镇恶	同	同	豁子	豫州刺史、作塘侯	名将	同　同
桓石民		同	同	石虔弟	荆州刺史	同	同　同
桓祕	穆子	同	同	彝第四子	中领军	廉士	同　同
桓冲	幼子	同	同	彝第五子	荆江都督、丰城公	史臣循吏	同　同
王述	怀祖	太原晋阳	山西太原县	司徒浑从孙	扬州刺史、尚书令、蓝田侯	贤相	《晋书·王湛传》
王坦之	文度	同	同	述子	侍中、中书令、徐兖都督、蓝田侯	忠臣贤相	同
荀崧	景猷	颍川临颍	河南临颍县	魏太尉彧玄孙	右光禄大夫、录尚书事、曲陵公	史臣	《晋书·本传》
荀羡	令则	同	同	嵩子	徐兖刺史	劳臣	同　同
范汪	玄平	南阳顺阳	河南淅川县	雍川刺史晷之孙	徐兖都督、武兴县侯	贤臣	同
范宁	武子	同	同	汪子	豫章太守、阳遂乡侯	同	同　附《汪传》

续表

姓名	字	籍贯	今地	家世	官爵	何种人物	根据何书
刘惔	真长	沛国相	安徽宿县西北		丹阳尹	哲士，有知人之明	同
韩伯	康伯	颍川长社	河南长葛县西		侍中、丹阳尹、吏部尚书、领军将军		同
王舒	处明	琅邪临沂	山东临沂县	丞相导从弟	会稽内史、彭泽县侯	同	同
王允之	深猷	同	同	舒子	江州刺史、番禺县侯	同	同附《舒传》
王彬	世儒	同	同	丞相导从弟	尚书右仆射、关内侯	同	《晋书·王廙传》
王彪之	叔武	同	同	彬子	尚书令	贤相	同
褚裒	谋远	河南阳翟	河南禹县	太傅裒从父兄	尚书左仆射	贤臣	《晋书·本传》
蔡谟	道明	陈留考城	河南考城县	世为著姓	司徒、扬州刺史、录尚书事	同	同
诸葛恢	道明	琅邪阳都	山东沂水县南	魏司空诞之孙	侍中、尚书令、建安伯	同	同
殷浩	深源	陈郡长平	河南西华县东北十八里	光禄勋羡子	扬州刺史	名士	同
谢尚	仁祖	陈国阳夏	河南太康县	豫章太守鲲子	司豫都督，镇历阳	循吏	同
谢安	安石	同	同	尚从弟	侍中、太保、中书监、扬州刺史、录尚书、都督十五州军事、建昌公	贤相	同

续表

姓名	字	籍贯	今地	家世	官爵	何种人物	根据何书
谢琰	瑗度	同	同	安子	侍中、尚书右仆射、望蔡公，死事	名将	同　附《安传》
谢混	叔源	同	同	琰子	尚书左仆射，为刘裕所害	名士	同　同
谢玄	幼度	同	同	安从子，豫州刺史奕子	徐兖都督、康乐公	名将	同　同
谢石	石奴	同	同	安弟	尚书令、南康公		同　同
王羲之	逸少	琅邪临沂	山东临沂县	司徒导从子	会稽内史	文学家、书家	同
王凝之		同	同	羲之子	同	书家	同　附《羲之传》
王献之	子敬	同	同	同	中书令	书家、画家	同　同
蔡豹	士宣	陈留圉城	河南	汉左中郎将邕从孙	徐州刺史		同
羊鉴	景期	太山	山东泰安县		光禄勋、丰城县侯		同
刘胤	承胤	东莱掖	山东掖县	汉齐悼惠王肥后	江州都督		同
桓宣		谯国铚	安徽宿县西南六十里		梁州刺史，领襄阳	循吏劳臣	同
桓伊	叔夏	同	同	宣族子	江州都督、永修县侯	名将贤臣、能吏	同　附《宣传》
毛宝	硕真	荥阳阳武	河南阳武县		梁州刺史、州陵县侯，死事	名将忠臣	同
毛穆之（以小字行）	宪祖（小字虎生）	同	同	宝子	益州刺史、州陵县侯	劳臣	同　附《宝传》

续表

姓名	字	籍贯	今地	家世	官爵	何种人物	根据何书
毛璩	叔琏	同	同	穆之子	益州刺史、归乡公，死事	忠臣	同　同
毛修之	敬文	同	同	璩从子，梁秦刺史瑾之子	安西司马，没于夏。后人魏为太官令	劳臣	《宋书·本传》
刘遐	正长	广平义阳		冀州刺史、邵续女婿	徐州刺史、泉陵公	名将	《晋书·本传》
邵氏				续女，遐夫人		贤母、壮士	同　附《刘遐传》
邓遐	应远	陈郡	河南淮阳县	广州刺史岳子	桓温参军	壮士、名将	《晋书·邓岳传》
朱序	次伦	义阳	河南信阳县南	世为名将	司雍都督	名将	《晋书·本传》
王隐	处叔	陈郡陈	河南淮阳县		著作郎，平陵乡侯。著《晋史》	学者	同
孙盛	安国	太原中都	山西平遥县西北二十里		秘书监，吴昌县侯。著《魏氏春秋》，《晋阳秋》	同	同
于宝	令升	新蔡	河南新蔡县		散骑常侍、关内侯，著《晋纪》，《搜神记》	同	同
徐广	野民	东莞姑幕	山东诸城县西北五十里	侍中邈之弟	秘书监、领著作，撰国史	同	同
袁瓌	山甫	陈郡阳夏	河南太康县		国子祭酒、长合乡侯	儒学家	同
袁乔	彦叔	同	同	瓌子	江夏将、湘西伯	名将	同　附《瓌传》

续表

姓名	字	籍贯	今地	家世	官爵	何种人物	根据何书
江逌	道载	陈留圉	河南杞县南五十里		太常	儒学家	同
江绩	仲元	同	同	逌从子	御史中丞	直臣	同　附《逌传》
殷觊	伯通	陈郡	河南淮阳县	荆州刺史仲堪从兄	南蛮校尉	忠臣	同
王雅	茂达	东海郯	山东郯城县	魏卫将军肃曾孙	左仆射	贤臣	同
王恭	孝伯	太原晋阳	山西太原县	孝武定皇后之兄	青兖都督，镇京口，以跋扈诛	名士、野心家	同
刘牢之	道坚	彭城	江苏铜山县		青兖都督	猛将	同
刘敬宣		同	同	牢之长子	冀州刺史		同　附《牢之传》
殷仲堪		陈郡	河南淮阳县		荆州刺史	清谈派、野心家	同
杨佺期		弘农华阴	陕西华阴县	汉太尉震之后	雍州刺史	军人、野心家	同
刘毅	希乐	彭城沛	江苏沛县		荆州都督、南平郡公	军人、革命家	同
诸葛长民		琅邪阳都	山东沂水县南		豫州都督、新淦县公	同	同
何无忌		东海郯	山东郯城县	刘牢之之甥	江州都督、安城郡公。拒卢循，战死	忠臣、军人、革命家	同
檀凭之	庆子	高平	甘肃固原县		建武将军，讨桓玄，战死	同	同
魏咏之	长道	任城	山东济宁县		荆州都督江陵县公	军人革命家	同

续表

姓名	字	籍贯	今地	家世	官爵	何种人物	根据何书
颜含	弘都	琅邪莘	山东莘县		侍中、右光禄大夫、西平县侯	道德家	《晋书·孝友传》
吉挹	祖冲	冯翊莲芍	陕西渭南县东北七十里	祖郎，愍帝御史中丞，长安陷，死节	魏兴太守，死事	忠臣	《晋书·忠义传》
丁穆	彦远	谯国	安徽亳县		顺阳太守、真定侯，死事	同	同
辛恭靖		陇西狄道	甘肃临洮县		河南太守	同	同
邓攸	伯道	平阳襄陵	山西襄陵县		侍中、尚书右仆射	道德家	《晋书·良吏传》
吴隐之	处默	濮阳鄄城	山东濮县东二十里	魏侍中质六世孙	光禄大夫	同	同
孔衍	舒元	鲁国	山东曲阜县	孔子二十二世孙	太子中庶子	儒学家	《晋书·儒林传》
范宣	宣子	陈留	河南陈留县		征为太学博士、散骑郎，不就	同	同
范弘之	长文	南阳顺阳	河南淅川县	安北将军汪之孙	太学博士、余杭令	同	同
庾阐	仲初	颍川鄢陵	河南鄢陵县		给事中、领大著作	文学家	《晋书·文苑传》
袁宏	彦伯	陈郡阳夏	河南太康县	侍中猷之孙	东阳太守	同	同
伏滔	玄度	平昌安丘	山东安丘县		著作郎、掌国史	同	同
郭澄之	仲静	太原阳曲	山西阳曲县		刘裕相国从事中郎、南丰侯	同	同
戴逵	安道	谯国	安徽亳县		征为国子祭酒，不拜	高士	《晋书·隐逸传》

续表

姓名	字	籍贯	今地	家世	官爵	何种人物	根据何书
荀灌		颍川临颍	河南临颍县	崧小女		忠臣、孝女、壮士	《晋书·列女传》
周𫖮母李氏	络秀	汝南	河南汝南县东南六十里	安东将军浚妾		才女	同
王凝之妻谢氏	道韫	陈国阳夏	河南太康县	安西将军奕女，太保安从女		才女、烈妇	同
何无忌母刘氏		彭城	江苏铜山县	征虏将军建之女，青兖都督牢之之姊		贤母	同
王敦	处仲	琅邪临沂	山东临沂县	丞相导从兄	大将军、丞相、扬州牧、武昌郡公	军人逆臣	《晋书·本传》
桓温	元子	谯国龙亢	安徽怀远县龙亢集	宣城内史彝子	大司马、都督中外诸军、录尚书事、扬州牧、南郡公	军事家、逆臣	同
祖约	士少	范阳遒	河北涞水县	豫州刺史逖弟	豫州刺史	逆臣	同
苏峻	子高	长广掖	山东掖县		历阳内史、邵陵公	军人、逆臣	同
刘穆之	道和	东莞莒	山东莒县	汉齐悼惠王肥后	尚书左仆射、中军太尉司马、将军司马	策士、能吏	《宋书·本传》
王镇恶		北海剧	山东寿光县东南三十里	前秦丞相猛孙	安西司马、征虏将军	名将	《宋书·本传》
朱龄石	伯儿	沛郡沛	江苏沛县	家世将帅	雍州刺史、督关中诸军事、丰城县侯	同	同
朱超石		同	同	龄石弟	宁朔将军、兴平县侯	同	同　附《龄石传》

续表

姓名	字	籍贯	今地	家世	官爵	何种人物	根据何书
傅弘之	仲度	北地泥阳	甘肃宁县东南十五里	司徒祗玄孙	雍州治中从事	名将忠臣	同
王脩	叔治	京兆霸城	陕西长安县东		安西长史	劳臣	《宋书·庐陵王义真传》
庾悦	仲豫	颍川鄢陵	河南鄢陵县	太尉亮曾孙	江州刺史	同	《宋书·本传》
谢景仁	名裕以字行	陈郡阳夏	河南太康县	太保安第二弟据孙	左仆射	策士	同
袁湛	士深	同	同	太保谢安从外孙	右仆射、晋宁县男	循吏	同
臧熹	义和	东莞莒	山东莒县	刘裕妻弟	宁朔将军	军人	《宋书·臧质传》

计名臣九十八人（载在《晋书》者八十七人，除去祖逖一名照例归入西晋《名臣传》外，自王导至魏咏之共八十六人。内中《晋书》有专传者五十一人，附载于他人传者三十五人，《宋书》有专传者八人，附见于他人传者三人——《晋书》东晋部分《名臣传》共八十九人，约占百分之五十以上），《孝友》一人，《忠义》三人，《良吏》二人，《儒林》三人，《文苑》五人，《列女》四人，《逆臣》四人（其《孝友》、《忠义》、《儒林》、《文苑》、《隐逸》、《艺术》、《列女》传中人物，往往年代不清楚，不能断定其必为东晋人物；且有一部分五胡十六国臣子杂入其中，故只得此数），共一百二十人。其籍贯属于现在河北者四人，河南者四十六人，山东者三十五人，山西者八人，陕西者三人，甘肃者三人，江苏者七人，安徽者十二人，未详者二人。

刘宋北方出身人物表 附表九十三

姓名	字	籍贯	今地	家世	官爵	何种人物	根据何书
刘宋皇室		彭城绥里	江苏铜山县	汉楚元王交之后			《宋武帝本纪》
王弘	休元	琅邪临沂	山东临沂县	晋丞相导曾孙，尚书令珣子	侍中、太保、中书监、扬州刺史、录尚书事、华容县公	贤相	《宋书·本传》
徐羡之	宗文	东海郯	山东郯城县		司徒、扬州刺史、录尚书事、南平郡公	策士、逆臣	同

续表

姓名	字	籍贯	今地	家世	官爵	何种人物	根据何书
傅亮	季友	北地灵州	宁夏灵武县	晋司隶校尉咸孙	中书监、尚书令、始兴郡公	同	同
檀道济		高平金乡	山东金乡县	左将军韶少弟	江州都督、永修县公	名将	同
谢晦	宣明	陈郡阳夏	河南太康县		荆州都督、武昌县公	策士、逆臣	同
檀韶	令孙	高平金乡	山东金乡县	世居京口	江州都督、宜阳县侯	军人	同
向靖（小字弥）	奉仁	河内山阳	河南修武县西北三十五里	世居京口	太子左卫率、曲江县侯	同	同
刘怀慎		彭城	江苏铜山县	左将军怀肃弟	护军将军、南城县侯	同	同
刘粹	道冲	沛郡萧	江苏萧县	家于京口	雍州刺史、建安县侯	同	同
刘道济		同	同	粹弟	益州刺史		同　附《粹传》
赵伦之	幼成	下邳僮	安徽泗县东北	武穆皇后之弟	领军将军、霄城县侯		同
到彦之		彭城武原	江苏邳县西北八十里		骠骑将军、建昌公	军人	《南齐书·到傲传》
王懿（以字行）	仲德	太原祁	山西祁县	汉司徒允弟幽州刺史懋七世孙	徐州刺史、新淦县侯	名将	《宋书·本传》
刘怀肃		彭城	江苏铜山县	高祖从母兄	辅国将军、东兴县侯	同	同
裴方明		河东	山西永济县		龙骧将军	同	《宋书·刘道济传》，《宋书·怀肃传》
孟怀玉		平昌安丘	山东安丘县	世居京口	江州刺史、鄱阳县侯	同	《宋书·本传》
檀祗	恭叔	高平金乡	山东金乡县	左将军韶第二弟	领军将军、西昌县侯	同	同
毛德祖		荥阳阳武	河南阳武县	晋益州刺史虎生族人	司州刺史，戍虎牢。没于魏	同	《晋书·毛宝传》
蒯恩	道思	兰陵承	山东峄县西北一里		辅国将军、新宁县男，没于夏	同	《宋书·本传》
刘钟	世之	彭城	江苏铜山县		右卫将军、永新县男	同	同

续表

姓名	字	籍贯	今地	家世	官爵	何种人物	根据何书
虞丘进	豫之	东海郯	山东郯城县		太子右卫率、望蔡县子	同	同
刘康祖		彭城吕	江苏铜山县北五十里	世居京口，江夏相虔之子	左军将军、康县男，伐魏，战死	名将、忠臣	同
王诞	茂世	琅邪临沂	山东临沂县	太保弘从兄	辅国将军	策士	同
谢述	景先	陈郡阳夏	河南太康县	卫将军晦从叔父	吴兴太守	道德家、循吏	《宋书·谢景仁传》
褚叔度	名裕以字行	河南阳翟	河南禹县	晋太傅裒玄孙，会稽太守淡之子	雍州刺史、番禺县男		《宋书·本传》
庾登之	元龙	颍川鄢陵	河南鄢陵县	晋司空冰曾孙	江州刺史		同
庾炳之	仲文	同	同	登之弟	侍中、吏部尚书	策士、能臣	同　附《登之传》
谢方明		陈郡阳夏	河南太康县	晋尚书仆射景仁从祖弟，家于会稽	侍中、丹阳尹、会稽太守	循吏	同
谢惠连		同	同	方明子	司徒、法曹参军	文学家	同　附《方明传》
江夷	茂远	济阳考城	河南考城县		丹阳尹、右仆射	循吏	同
羊玄保		太山南城	山东费县西南九十里		光禄大夫	廉吏	同
臧焘	德仁	东莞莒	山东莒县	武敬皇后兄	同	儒学家	同
傅隆	伯祚	北地灵州	宁夏灵武县	晋司隶咸玄孙	同	同	同
谢瞻	宣远	陈郡阳夏	河南太康县	卫将军晦第三兄	豫章太守	贤臣、文学家	同
蔡廓	子度	济阳考城	河南考城县	晋司徒谟曾孙	吏部尚书	贤臣	同
蔡兴宗		同	同	廓少子	中书监、乐安县伯	同	同　附《廓传》
王惠	令明	琅邪临沂	山东临沂县	太保弘从祖弟	吏部尚书	恬淡之士	同

续表

姓名	字	籍贯	今地	家世	官爵	何种人物	根据何书
谢弘微		陈郡阳夏	河南太康县	从叔峻，司空琰第二子，以弘微为嗣	侍中、右卫将军、建昌县侯	孝子悌弟、廉士贤臣	同
王球	倩玉	琅邪临沂	山东临沂县	太常惠从父弟，父谧，晋司徒	尚书仆射	贤臣	同
殷淳	粹远	陈郡长平	河南西华县东北十八里	曾祖融，祖允，并晋太常，父穆，特进	中书、黄门侍郎	恬淡之士	同
江智渊		济阳考城	河南考城县	湘州刺史夷弟僧安之子	吏部郎	端人	同
范泰	伯伦	顺阳山阴	河南淅川县	晋徐兖刺史汪之孙，豫章太守宁之子	侍中、左光禄大夫、国子祭酒	乡愿	同
王淮之	元曾	琅邪临沂	山东临沂县	晋尚书令彪之曾孙	侍中、吏部尚书、丹阳尹	能臣	同
王韶之	休泰	同	同	曾祖廙，晋骠骑将军	吴兴太守	逆臣、能吏	同
荀伯子		颍川颍阴	河南许昌县	祖羡，晋骠骑将军	东阳太守		同
羊欣	敬元	泰山南城	山东费县西南九十里		新安太守	高士	同
王微	景玄	琅邪临沂	山东临沂县	太保弘弟子	中书侍郎	同	同
王华	子陵	同	同	太保弘从祖弟	侍中、中护军、新建县侯	贤臣	同
王昙首		同	同	太保弘少弟	侍中、太子詹事、豫宁县侯	同	同
殷景仁		陈郡长平	河南西华县东北十八里	曾祖融，晋太常。祖茂，散骑常侍	侍中、尚书仆射、中书令、中护军、扬州刺史	同	同

续表

姓名	字	籍贯	今地	家世	官爵	何种人物	根据何书
郑鲜之	道子	荥阳开封	河南开封县		右仆射	同	同
裴松之	世期	河东闻喜	并西闻喜县		太中大夫、国子博士	学者、循吏	同
何承天		东海郯	山东郯城县	晋秘书监徐广之甥	太子率更令、领著作郎、国子博士迁御史中丞	学者	同
吉翰	休文	冯翊池阳	陕西泾阳县西北二里		徐州刺史		同
刘道产		彭城吕	江苏铜山县北五十里		雍州刺史	循吏	同
杜骥	度世	京兆杜阳	陕西长安县东南	晋征南大将军预玄孙	青冀二州刺史	同	同
申恬	公休	魏郡魏	河北大名县	曾祖钟，石虎司徒	豫州刺史	同	同
王敬弘	名裕以字行	琅邪临沂	山东临沂县	曾祖廙，晋骠骑将军	侍中、左光禄大夫	高士	同
谢灵运		陈郡阳夏	河南太康县	祖玄，晋车骑将军	侍中、秘书监	才人、狂士	同
刘湛	弘仁	南阳涅阳	河南镇平县南		侍中、领军将军、丹阳尹	策士、逆臣	同
范晔	尉宗	顺阳	河南淅川县	车骑将军泰少子	左卫将军、太子詹事，著《后汉书》	史学家	同
袁淑	阳源	陈郡阳夏	河南太康县	丹阳尹豹少子	太子左卫率	忠臣	同
徐湛之	孝源	东海郯	山东郯城县	司徒羡之兄孙，母会稽公主，文帝姊	侍中、丹阳尹、中书令、尚书仆射	反复之臣	同

续表

姓名	字	籍贯	今地	家世	官爵	何种人物	根据何书
江湛	徽渊	济阳考城	河南考城县	湘州刺史夷之子	侍中、吏部尚书	廉吏	同
王僧绰		琅邪临沂	山东临沂县	左光禄大夫昙首子	侍中	贤臣	同
颜延之	延年	同	同	晋右光禄大夫含曾孙	秘书监、光禄勋	文学家	同
臧质	含文	东莞莒	山东莒县	父熹，武敬皇后弟	江州都督、始兴郡公	名将、逆臣	同
鲁爽		扶风郿	陕西郿县	祖宗之，晋雍州刺史；父轨，魏荆州刺史	司州刺史	同	同
王僧达		琅邪临沂	山东临沂县	太保弘少子	右仆射、中书令	才人、狂士	同
颜竣	士逊	琅邪沂临	山东临沂县	光禄大夫延之之子	侍中、吏部尚书、丹阳尹、中书令、建城县侯	谋臣	同
朱脩之	恭祖	义阳平氏	河南唐河县东南九十里	晋司豫都督序之孙	雍州刺史、南昌县侯	名将	同
宗悫	元干	南阳	河南南阳县	叔父炳，高士	雍州刺史、洮阳侯	同	同
王玄谟	彦德	太原祁	山西祁县	六世祖宏，汉司徒允从子	南豫州刺史、曲江县侯	正臣	同
柳元景	孝仁	河东解	山西解县		侍中、尚书令、丹阳尹、巴东郡公	名将	同
颜师伯	长渊	琅邪临沂	山东临沂县	竣族兄	侍中、左仆射、丹阳尹、平都县子		同

续表

姓名	字	籍贯	今地	家世	官爵	何种人物	根据何书
萧思话		兰陵	山东峄县东六十里	宋武帝继母孝懿皇后弟子	郢州刺史、封阳县侯	劳臣	同
刘延孙		彭城吕	江苏铜山县北五十里	雍州刺史道产子	侍中、左仆射、东昌县侯	贤臣	同
刘秀之	道宝	东莞莒	山东莒县	司徒穆之从兄子，世居京口	右仆射、康乐县侯	廉吏	同
周朗	义利	汝南安成	河南汝南县东南七十里		庐陵内史	直臣	同
宗越		南阳叶	河南叶县		司州刺史	军人	同
袁觊	景章	陈郡阳夏	河南太康县	太尉淑兄子	雍州刺史	野心家	同
谢庄	希逸	同	同	太常弘微子	吏部尚书、中书令	文学家	同
王景文		琅邪临沂	山东临沂县		尚书仆射、扬州刺史、中书监、江安侯	贤臣	同
殷孝祖		陈郡长平	河南西华县东北十八里		兖州刺史	军人	同
刘勔	伯猷	彭城	江苏铜山县		右仆射、中领军、鄱阳县侯	名将、忠臣	同
萧惠开		兰陵	山东峄县东六十里	征西将军思话子	益州刺史、封阳县侯	狂士	同
殷琰		陈郡长平	河南西华县东北十八里		豫州刺史		同
薛安都		河东汾阴	山西荣河县北		徐州刺史	猛将、叛臣	同
崔道固		清河	河北清河县		冀州刺史	军人	同
袁粲	景倩	陈郡阳夏	河南太康县	太尉淑兄子	侍中、司徒、中书监、兴平县侯，讨萧道成殉国	忠臣	同

续表

姓名	字	籍贯	今地	家世	官爵	何种人物	根据何书
孙棘		彭城	江苏铜山县		以孝友著	道德家	《宋书·孝义传》
王镇之	伯重	琅邪临沂	山东临沂县	曾祖廙，晋骠骑将军	广州刺史	廉吏	《宋书·良吏传》
杜慧度		交趾朱覠	安南东京东南	本属京兆，曾祖元官交趾，留不归	交州刺史	循吏	同
徐豁	万同	东莞姑幕	山东诸城县西北五十里	晋秘书监广兄子	始兴太守	同	同
阮长之	茂景	陈留尉氏	河南尉氏县		临海太守	廉吏	同
江秉之	玄叔	济阳考城	河南考城县	祖逌，晋太常	同	循吏	同
戴顒	仲若	谯郡铚	安徽宿县西南四十六里	父逵、兄勃并隐遁有高名。居剡县	屡征不起	高士	《宋书·隐逸传》
宗炳	少文	南阳涅阳	河南镇平县南		同	同	同
周续之	道祖	雁门广武	山西代县	渡江后居豫章建昌县	同	同	同
王弘之	方平	琅邪临沂	山东临沂县	广州刺史镇之弟	同	同	同
阮万龄		陈留尉氏	河南尉氏县		金紫光禄大夫	同	同
孔淳之	彦深	鲁郡鲁	山东曲阜县		屡征不起	同	同
宗彧之	叔粲	南阳涅阳	河南镇平县南	炳从父弟	同	同	同
王素	修业	琅邪临沂	山东临沂县	居东阳	同	同	同
关康之	伯愉	河东杨	山西洪洞县东南十五里	世居京口	同	同	同

计《名臣》九十人（内中有专传者八十二人，附见于他人传者六人，见于《晋书》者一人,《南齐书》者一人),《孝义》一人,《良吏》五人,《隐逸》九人，共一百零五人。其籍贯属于现在河北者二人，河南者四十人，山东者三十七人，山西者八人，陕西者四人，宁夏者二人，江苏者十一人，安徽者二人。

《宋书·名臣传》一百一十七人，其中北方出身人物，应归入晋代者八人，归入宋代者九十人，共九十八人，约占百分之八十五。《孝义传》十八人，北方籍贯者一人，约占百分之五以上。《良吏传》七人，北方籍贯者五人，约占百分之七十以上。《隐逸传》十七人，北方籍贯者九人，约占百分之五十以上。《恩幸传》十人，北方籍贯者无，等于百分之零。

萧齐北方出身人物表　附表九十四

姓名	字	籍贯	今地	家世	官爵	何种人物	根据何书
萧齐皇室		东海兰陵	山东峄县东六十里	汉相国何之后，侨居晋陵武进县			《南齐书·高帝本纪》
褚渊	彦回	河南阳翟	河南禹县	父湛之，尚宋武帝女始安哀公主	侍中、司徒、中书监、南康郡公	篡贼佐命	《南齐书·本传》
王俭	仲宝	琅邪临沂	山东临沂县	父僧绰，尚宋文帝女东阳献公主	侍中、中书监、南昌县公	投机之士	同
柳世隆	彦绪	河东解	山西解县	宋尚书令元景从子	侍中、尚书令、贞阳县公	军人	同
垣崇祖	敬远	下邳	江苏邳县	宋豫州刺史护之从子	豫州都督、望蔡县侯	名将	同
张敬儿		南阳冠军	河南邓县西北六十里		车骑将军、襄阳县公	军人	同
陈显远		南彭城	江苏铜山县侨居江南者		江州都督、鄱阳郡公	同	同
刘怀珍	道玉	平原	山东平原县	汉胶东康王后	左卫将军、霄城侯	同	同
李安民		兰陵承	山东峄县西北一里		侍中、左仆射、康乐侯	同	同
王玄载	彦休	下邳	江苏邳县		兖州刺史、鄂县子	循吏	同

续表

姓名	字	籍贯	今地	家世	官爵	何种人物	根据何书
崔祖思	敬元	清河东武城	山东武城县西十里	崔琰七世孙	军主屯淮上		同
刘善明		平原	山东平原县	怀珍族弟	淮南宣城太守、新淦伯	廉吏	同
苏侃	休烈	武邑	河北武邑县		射声校尉、新建侯	循吏	同
垣荣祖	华先	下邳	江苏邳县	崇祖从父兄	兖州刺史		同
周盘龙		兰陵	山东峄县东六十里		兖州刺史、晋安县侯	名将	同
王广之	林之	沛郡相	安徽宿县西北		江州都督、应城县公	军人	同
薛渊		河东汾阴	山西荣河县北	宋徐州刺史安都从子	司州都督、竟陵侯	同	同
桓康		北兰陵承	山东峄县西北一里		青冀二州刺史、吴平县伯	猛将	同
曹虎	士威	下邳	江苏邳县		右卫将军、监利县侯	同	同
江谧	令和	济阳考城	河南考城县		吏部尚书、永新县伯	能吏	同
王琨		琅邪临沂	山东临沂县	晋丞相导曾孙，侍中华从弟	侍中、右光禄大夫	廉吏	同
褚炫	彦绪	河南阳翟	河南禹县	司徒渊从弟	侍中、吏部尚书	廉士	同
褚炤	彦宣	同	同	炫之兄	除国子博士，不拜	高士	同 附《炫传》
王延之	希季	琅邪临沂	山东临沂县		侍中、中书令、左仆射、右光禄大夫	廉士	同
阮韬	长明	陈留	河南陈留县		金紫光禄大夫	端人	同
王僧虔		琅邪临沂	山东临沂县	宋侍中昙首子，侍中僧绰弟	侍中、中书令、尚书令、左光禄大夫	书家、廉士、乡愿	同

续表

姓名	字	籍贯	今地	家世	官爵	何种人物	根据何书
刘休	弘明	沛郡相	安徽宿县西北		豫章内史	书家、艺士	同
庾杲之	景行	新野	河南新野县		侍中、太子右卫率	文学家、廉士	同
王谌	仲和	东海郯	山东郯城县		南兖州行事	端人	同
谢超宗		陈郡阳夏	河南太康县	宋临川内史灵运孙	征北参军	才人、狂士	同
刘祥	显征	东莞莒	山东莒县		骠骑从事中郎	同	同
到溉	茂谦	彭城武原	江苏邳县西北八十里	祖彦之，宋骠骑将军	五兵尚书、建昌公	纨袴	同
刘悛	士操	彭城安上里	江苏铜山县	汉楚元王交后，父勔，宋司空	五兵尚书		同
萧颖胄	云长	兰陵	山东峄县东六十里	太祖族子，侨居武进	侍中、尚书令、荆州刺史、巴东郡公	政治家	同
刘苭	子珪	沛国相	安徽宿县西北	晋丹阳尹谈六世孙	屡征不起	学者、高士	同
周颙	彦伦	汝南安成	河南汝南县东南七十里	晋左光禄大夫觊七世孙	给事中	文学家、佛学家、书家	同
王晏	士彦	琅邪临沂	山东临沂县	祖弘之，通直常侍	侍中、尚书令、曲江县公		同
萧谌	彦孚	兰陵	山东峄县东六十里	太祖绝服族子，侨居武进	领军将军、衡阳郡公		同
萧坦之		同	同	宗室	右仆射、丹阳尹、临汝县公		同
江祏	弘业	济阳考城	河南考城县	祏姑为高宗景皇后	右仆射、中书令、安陆县侯		同
江祀	景昌	同	同	祏弟	侍中		同　附《祏传》

续表

姓名	字	籍贯	今地	家世	官爵	何种人物	根据何书
刘暄	士穆	彭城	江苏铜山县	高宗敬皇后弟	领军将军、平都县侯		《南齐书·明敬刘皇后传》，《江柘传》
江斅	叔文	济阳考城	河南考城县	宋吏部尚书湛孙	侍中、吏部尚书		《南齐书·本传》
谢瀹	义洁	陈郡阳夏	河南太康县	宋侍中弘微孙，吏部尚书庄子	吏部尚书、侍中		同
王思远		琅邪临沂	山东临沂县	尚书令晏从弟	侍中	贤士	同
徐孝嗣	始昌	东海郯	山东郯城县	宋司空湛之孙	侍中、司空、尚书令、枝江县公	投机之士	同
王秀之	伯奋	琅邪临沂	山东临沂县	祖裕，宋左光禄大夫	吴兴太守	恬淡之士	同
王慈	伯宝	同	同	司空僧虔子	东海太守、行徐州事	同	同
蔡约	景泼	济阳考城	河南考城县	宋中书监兴宗子	太子詹事	同	同
萧惠基		兰陵	山东峄县东六十里	宋征西将军思话子，益州刺史惠开弟	太常	同	同
王融	元长	琅邪临沂	山东临沂县	宋中书令僧达孙	中书郎	才人、躁进之士	同
谢朓	玄晖	陈郡阳夏	河南太康县	祖述，吴兴太守	尚书吏部郎	才人、诗人	同
袁彖	伟才	同	同	祖洵，宋吴郡太守。伯父觊，雍州刺史	侍中	文学家	同
刘绘	士章	彭城	江苏铜山县	太常悛弟，父勔，宋司空	大司马从事中郎	同	同
王奂	彦孙	琅邪临沂	山东临沂县	祖僧朗，宋左光禄大夫	左仆射、雍州刺史	能吏	同

续表

姓名	字	籍贯	今地	家世	官爵	何种人物	根据何书
裴叔业		河东闻喜	山西闻喜县	晋冀州刺史徽后	豫州刺史、武昌县伯	名将	同
崔慧景	君山	清河东武城	山东武城县西十里		侍中护军将军	劳臣	同
檀超	悦祖	高平金乡	山东金乡县	祖姑为长沙王道怜妃	史官	文学家	《南齐书·文学传》
卞彬	士蔚	济阴冤句	山东菏泽县西南	祖嗣之，中领军	平越长史绥建太守	同	同
丘巨源		兰陵	山东峄县东六十里	侨居武进	余杭令	同	同
王智深	云才	琅邪临沂	山东临沂县		竟陵王子良司徒参军	同	同
崔慰祖	悦宗	清河东武城	山东武城县西十里	慧景从弟	始安王遥光抚军参军	学者、廉士	同
王逡之	宣约	琅邪临沂	山东临沂县		侍中、光禄大夫	掌故学者	同
祖冲之	文远	范阳蓟	河北蓟县		长水校尉	历学者、机器学者	同
贾渊	希镜	平阳襄陵	山西襄陵县		同	谱牒学者	同
傅琰	季珪	北地灵州	宁夏灵武县		荆州行事	循吏	《南齐书·良政传》
刘怀慰	彦泰	平原	山东平原县		齐郡太守	同	同
裴昭明		河东闻喜	山西闻喜县	宋太中大夫松之孙	广陵太守	廉吏	同
明僧绍	承烈	平原鬲	山东德县北		屡征不起，隐郁洲之弇榆山	高士	《南齐书·高逸传》
臧荣绪		东莞莒	山东莒县		屡辟不就	同	同
刘虬	灵预	南阳涅阳	河南镇平县南		屡征不起	同	同
庾易	幼简	新野	河南新野县	徙居江陵	同	同	同

续表

姓名	字	籍贯	今地	家世	官爵	何种人物	根据何书
宗测	敬微	南阳	河南南阳县	宋征士炳孙，世居江陵	同	同	同
吴苞	天盖	濮阳鄄城	山东濮县东二十里		征为太学博士，不就	儒学者、高士	同
崔怀慎		清河东武城	山东武城县西十里			孝子	《南齐·书孝义传》
孙淡		太原	山西太原县		豫章王骠骑行参军	同	同
封延伯	仲琏	渤海	山东高苑县西二里		豫州长史	悌弟	同
萧睿明		兰陵	山东峄县东六十里	领军将军湛从祖兄弟，侨居武进	安西中兵参军	孝子	同
乐颐	文德	南阳涅阳	河南镇平县南	世居南郡	郢州治中	同	同
乐预		同	同	颐弟	永世令	孝子、循吏	同　附《颐传》
江泌	士清	济阳考城	河南考城县		南康王子琳侍读	孝子、义士	同
颜见远		琅邪临沂	山东临沂县	晋侍中含六世孙，梁文学家协父	御史中丞	忠臣	《梁书·文学传下·颜协传》

计《名臣》五十七人（内中有专传者五十三人，附见于他人传者三人，见于《梁书》者一人），《文学》八人，《良政》三人，《高逸》六人，《孝义》七人，共八十一人。其籍贯属于现在河北者二人，河南者二十二人，山东者三十八人，山西者六人，宁夏者一人，江苏者九人，安徽者三人。

《南齐书·名臣传》其七十五人，北方籍贯者五十三人，约占百分之七十以上。《文学传》十人，北方籍贯者八人，约占百分之八十。《良政传》八人，北方籍贯者三人，约占百分之四十不足。《高逸传》十二人，北方出身者六人，约占百分之五十。《孝义传》十六人，北方出身者七人，约占百分之四十五不足。《幸臣传》五人，北方籍贯者无，约占百分之零。

附注

凡侨居南方之北方人，多用其本籍郡县名而上加以南字，如兰陵人称南兰陵，彭城人称南彭城者是也。今悉用其原籍郡县名，去南字。而于家世栏中注明其侨居之地，以别于真正来自北方之人。

萧梁北方出身人物表 附表九十五

姓名	字	籍贯	今地	家世	官爵	何种人物	根据何书
萧梁皇室		兰陵	山东峄县东六十里	侨居晋陵武进县，萧齐宗室			《梁书·武帝本纪》
王茂	休远	太原祁	山西祁县		江州都督、望蔡县公	军人	《梁书·本传》
曹景宗	子震	新野	河南新野县		侍中、领军将军、竟陵县公	名将	同
柳庆远	文和	河东解	山西解县	宋尚书令元景从子	雍州刺史、云林县侯	名将、循吏	同
萧颖达		兰陵	山东峄县东六十里	齐尚书令颖胄弟	右卫将军、作唐县侯		同
夏侯详	叔业	谯郡	安徽亳县		湘州刺史、丰城县公	循吏	同
蔡道恭	怀俭	南阳冠军	河南邓县西北六十里		司州刺史、汉寿县伯	名将	同
杨公则	君翼	天水西县	甘肃天水县西南一百二十里	侨居湖北宜城县	卫尉卿、宁都县侯	名将、循吏	同
张弘策	真简	范阳方城	河北固安县南十五里方城村	武帝母文献皇后之从父弟	卫尉卿、洮阳县侯	谋臣	同
庾域	司大	新野	河南新野县		巴西梓憧二郡太守、广牧县伯	同	同
郑绍叔	仲明	荥阳开封	河南开封县	世居寿阳	司州刺史、营道县侯	同	同
吕僧珍	元瑜	东平范	山东范县	世居广陵	领军将军、平固县侯	同	同
柳惔	文通	河东解	山西解县	齐司空世隆子	湘州刺史、曲江县侯	智士	同
柳忱	文若	同	同	惔第五弟	湘州刺史、州陵伯	谋臣	同 附《惔传》

续表

姓名	字	籍贯	今地	家世	官爵	何种人物	根据何书
席阐文		安定临泾	甘肃镇原县南五十里		东阳太守、湘西伯	谋臣循吏	同
韦睿	怀文	京兆杜陵	陕西长安县东南	汉丞相贤后	车骑将军、永昌侯	名将	同
韦爱	孝友	同	同	睿族弟	宁蜀太守	贤臣	同
范云	彦龙	南乡舞阴	河南泌阳县西北	晋平北将军汪六世孙	右仆射、霄城县侯	贤相	同
江淹	文通	济阳考城	河南考城县		左卫将军、醴陵侯	文学家	同
任昉	彦开	乐安博昌	山东博兴县南二十里	汉御史大夫敖之后	新安太守	文学家、循吏	同
谢朏	敬冲	陈郡阳夏	河南太康县	宋侍中弘微孙	侍中、司徒、尚书令	乡愿	同
谢览	景涤	同	同	朏弟烓之子	吴兴太守	循吏	同
王亮	奉叔	琅邪临沂	山东临沂县	晋丞相导六世孙	侍中、尚书令、豫宁县公	乡愿	同
王莹	奉光	同	同	亮从兄	侍中、尚书令、建城县公	同	同
王珍国	德重	沛国相	安徽宿县西北		护军将军、宜阳县侯	军人	同
马仙琕	灵馥	扶风郿	陕西郿县		太子左卫率、浛洭县侯	名将、忠臣	同
张齐	子响	冯翊	陕西大荔县	世居横桑	巴西太守、安昌县侯	能吏、名将	同
张惠绍	德继	义阳	河南信阳县南		左卫将军、石城县侯	名将	同
宗夬	明扬	南阳涅阳	河南镇平县南	世居江陵	五兵尚书	谋臣	同

续表

姓名	字	籍贯	今地	家世	官爵	何种人物	根据何书
刘坦	德度	南阳安众	河南镇平县东南	晋镇东将军乔七世孙	西中郎将	能臣、循吏	同
乐蔼	蔚远	南阳清阳	河南南阳县南六十里	晋尚书令广六世孙，世居江陵	广州刺史	同	同
刘季连	惠续	彭城	江苏铜山县	宋武帝族子	益州刺史	酷吏、反复之人	同
陈伯之		济阴睢陵	江苏睢宁县	侨置安徽盱眙县西五十里	江州刺史、丰城县公	反复之人	同
王瞻	思范	琅邪临沂	山东临沂县	宋太保弘从孙	侍中、吏部尚书、东亭侯	廉吏	同
王志	次道	同	同	宋侍中昙首孙，齐尚书令僧虔子	侍中、吏部尚书、中书令、丹阳尹	循吏、书家	同
王峻	茂远	同	同	宋尚书令敬弘曾孙	吏部尚书	循吏	同
王暕	思晦	同	同	齐中书监俭子	侍中、左仆射	贤臣	同
王泰	仲通	同	同	志长兄慈之子	吏部尚书	能臣、循吏	同
王份	季文	同	同	齐仆射奂弟	左仆射、侍中、丹阳尹	贤臣	同
王锡	公嘏	同	同	份孙	黄门侍郎	学者	同　附《份传》
王佥	公会	同	同	锡第五弟	太子中庶子	贤臣	同　同
柳恽	文畅	河东解	山西解县		吴兴太守	文学家、循吏	同
蔡撙	景节	济阳考城	河南考城县	宋中书监兴宗子	吏部尚书、侍中、秘书监、中书令	能臣	同

续表

姓名	字	籍贯	今地	家世	官爵	何种人物	根据何书
江茜	彦标	同	同	宋吏部尚书湛曾孙，齐尚书教孙	光禄大夫	贤臣	同
周舍	升逸	汝南安成	河南汝南县东南七十里	晋左光禄大夫觊八世孙	侍中太子詹事	贤相	同
徐勉	脩仁	东海郯	山东郯城县		侍中、尚书仆射、中书令	同	同
范岫	懋宾	济阳考城	河南考城县	晋征士宣玄孙	祠部尚书	学者、廉吏	同
傅昭	茂远	北地灵州	宁夏灵武县	晋司隶校尉咸七世孙	金紫光禄大夫	同	同
傅映	徽远	同	同	昭弟	光禄卿	同	同
萧琛	彦瑜	兰陵	山东峄县东六十里	宋益州刺史惠开从子	侍中、金紫光禄大夫	同	同
到洽	茂觚	彭城武原	江苏邳县西北八十里	宋骠骑将军彦之曾孙	寻阳太守	学者、直臣	同
明山宾	孝若	平原鬲	山东德县北		北兖州刺史	学者、廉吏	同
殷钧	季和	陈郡长平	河南西华县东北十八里	晋太常融八世孙	临川内史、国子祭酒	学者、循吏	同
裴邃	渊明	河东闻喜	山西闻喜县	魏襄州刺史绰之后，侨居寿阳	豫州刺史、夷陵县侯	名将	同
裴之高	如山	同	同	邃兄子	侍中、护军将军、都城县男	军人	同　附《邃传》
裴之横	如岳	同	同	之高第十三弟	镇北将军、豫宁侯	猛将、忠臣	同　同
夏侯亶	世龙	谯郡	安徽亳县	车骑将军详长子	豫州刺史、丰城县公	名将、循吏	同

续表

姓名	字	籍贯	今地	家世	官爵	何种人物	根据何书
夏侯夔	季龙	同	同	亶弟	豫州刺史、保城县侯	同	同
韦放	元直	京兆杜陵	陕西长安县东南	车骑将军睿之子	北徐州刺史、永昌县侯	同	同
裴子野	几原	河东闻喜	山西闻喜县	宋太中大夫松之曾孙	鸿胪卿、知著作郎兼中书通事舍人，著《宋略》	文学家、史学家	同
徐摛	士秀	东海郯	山东郯城县		太子左卫率	文学家、循吏、忠臣	同
鲍泉	润岳	东海	江苏东海县		郢州长史，行府州事	文学家	同
袁昂	千里	陈郡阳夏	河南太康县	宋雍州刺史顗子，司徒粲从孙	侍中、司空、尚书令	直臣忠臣、贤相	同
兰钦	休明	中昌魏	河北大名县		广州刺史、曲江县公	名将	同
王僧孺	僧孺	东海郯	山东郯城县	魏卫将军肃八代孙，晋左光禄大夫雅曾孙	南海太守、御史中丞、尚书吏部郎	文学家、廉吏、藏书家	同
刘孝绰	孝绰	彭城	江苏铜山县	祖勔，宋司空	秘书监	文学家、狂士	同
王筠	元礼	琅邪临沂	山东临沂县	祖僧虔，齐司空	太子詹事	同	同
张缅	元长	范阳方城	河北固安县南十五里	车骑将军弘策子	御史中丞、侍中	文学家、孝子、廉士循吏	同
张缵	伯绪	同	同	缅第三弟	尚书仆射、湘州刺史	文学家、循吏	同 附《缅传》
张绾	孝卿	同	同	缅第四弟	右仆射、侍中	儒学家、直臣、能臣	同 同

续表

姓名	字	籍贯	今地	家世	官爵	何种人物	根据何书
萧子恪	景冲	兰陵	山东峄县东六十里	南齐豫章王嶷第二子	太子詹事、吴郡太守、南康县子	文学家	同
萧子范	景则	同	同	子恪第六弟	秘书监、祁阳县子，著《千字文》	同	同　附《子恪传》
萧子显	景阳	同	同	子恪第八弟	吏部尚书、侍中、宁都县子，著《南齐书》	文学家、史学家、狂士	同　同
萧子云	景乔	同	同	子恪第九弟	侍中、国子祭酒、新浦县子，著《晋书》	文学家、史学家	同　同
萧子晖	景光	同	同	子云弟	武陵王长史	文学家	同　同
江革	休映	济阳考城	河南考城县		光禄大夫	学者循吏、直臣、廉士	同
谢举	言扬	陈郡阳夏	河南太康县	中书令览之弟	侍中、中书监、尚书令	佛学家、循吏	同
王神念		太原祁	山西祁县		右卫将军、南城县侯	循吏、名将	同
羊侃	祖忻	泰山梁甫	山东泰安县南六十里	汉南阳太守续之后，父祉，魏侍中	侍中、军师将军、高昌县侯	名将	同
羊鹍	子鹏	同	同	侃第三子	东晋州刺史、昌国县公	猛将	同　附《侃传》
羊鸦仁	孝穆	太山巨平	山东泰安县西南		司豫二州刺史、广晋县侯	军人	同
司马褧	元素	河内温	河南温县	晋高密王纯之曾孙	御史中丞	儒学家	同

续表

姓名	字	籍贯	今地	家世	官爵	何种人物	根据何书
到溉	茂灌	彭城武原	江苏邳县西北八十里	宋骠骑将军彦之曾孙	侍中、国子祭酒	同	同
刘显	嗣芳	沛国相	安徽宿县西北		尚书左丞、国子博士	经学家	同
刘之遴	思贞	南阳涅阳	河南镇平县南		太常卿	文学家、考古学家	同
刘之亨	嘉会	同	同	之遴弟	南郡太守	循吏	同　附《之遴传》
许懋	昭哲	高阳新城	河北新城县	魏镇北将军允九世孙	太子中庶子	经学家	同
王规	威明	琅邪临沂	山东临沂县	齐太尉俭孙仆射暕从子	侍中、五兵尚书、南昌县侯	文学家、循史	同
王褒	子汉	同	同	规子	侍中、左仆射、南昌县侯、江陵陷没于周	文学家	同　附《规传》
王承	安期	同	同	仆射暕子	侍中、国子祭酒、东阳太守	经学家、循吏	同
褚翔	世举	河南阳翟	河南禹县	曾祖渊，齐太宰	侍中、吏部尚书	文学家、循吏	同
萧介	茂镜	兰陵	山东峄县东六十里	宋征西将军思话孙	侍中、光禄大夫	文学家、循吏、廉士	同
萧洽	宏称	同	同	介从父兄	司徒左长史	同	同　附《介传》
褚球	仲宝	河南阳翟	河南禹县		光禄大夫、给事中	文学家、直臣、廉士	同
刘孺	孝稚	彭城安上里	江苏铜山县	祖勔，宋司空；父悛，齐太常	侍中、吏部尚书	文学家、循吏	同
刘览	孝智	同	同	孺弟	尚书左丞、御史中丞	文学家、直臣、循吏	同　附《孺传》

续表

姓名	字	籍贯	今地	家世	官爵	何种人物	根据何书
刘遵	孝陵	同	同	同	太子中庶子	文学家	同
刘潜	孝仪	彭城	同	秘书监孝绰弟，遵从兄	豫章内史	文学家、直臣、循吏、悌弟	同
殷芳	灌蔬	陈郡长平	河南西华县东北十八里		司徒左长史	儒臣	同
萧几	德玄	兰陵	山东峄县东六十里		新安太守	友兄、文学家	同
臧盾	宣卿	东莞莒	山东莒县	高祖焘，宋左光禄大夫	领军将军	能臣	同
臧厥	献卿	同	同	盾弟	司农卿	同	同 附《盾传》
傅岐	景平	北地灵州	宁县	祖琰，齐益州刺史	中领军、南丰县侯	循吏、贤臣	同
韦粲	长茜	京兆杜陵	陕西长安县东南	车骑将军睿之孙，北徐州刺史放之子	散骑常侍、永昌县侯	忠臣	同
江子一	元贞	济阳考城	河南考城县	晋散骑常侍统七世孙	南津校尉	同	同
柳敬礼		河东解	山西解县	雍州刺史庆远孙，太子詹事津子	扶风太守	同	同
王僧辩	君才	太原祁	山西祁县	右卫将军神念子	侍中、大司马、中书监、扬州牧、都督中外诸军、录尚书事、永宁郡公	大将	同
胡僧祐	愿果	南阳冠军	河南邓县西北六十里	自魏来归	车骑将军、新市县侯	名将、忠臣	同

续表

姓名	字	籍贯	今地	家世	官爵	何种人物	根据何书
徐文盛	道茂	彭城	江苏铜山县	天监中，父庆之自魏来归	宁州刺史	名将	同
杜荃		京兆杜陵	陕西长安县东南	世居襄阳	江州刺史、枝江县公	同	同
杜幼安		同	同	荃弟	西荆州刺史、华容县侯	猛将	同　附《荃传》
杜龛		同	同	荃第二兄岑之子	吴兴太守、溧阳县侯	同	同
阴子春	幼文	武威姑臧	甘肃武威县	侨居南平（晋改南郡置）	侍中、左卫将军	同	同
荀匠	文师	颍阴	河南许昌县	晋太保勗九世孙	豫章王国左常侍	孝子、悌弟	《梁书·孝行传》
庾黔娄	子贞	新野	河南新野县	父易，征士	散骑侍郎	孝子、循吏、廉士	同
吉翂	彦霄	冯翊莲勺	陕西渭南县东北七十里	世居襄阳	监万年县	孝子、循吏	同
甄恬	彦约	中山无极	河北无极县	世居江陵	安南行参军	孝子	同
韩怀明		上党	山西长治县	客居荆州	累辟不就	同	同
刘昙净	元光	彭城吕	江苏铜山县北五十里		安西行参军	同	同
庾沙弥		颍阴	河南许昌县	晋司空冰六世孙	长沙令	同	同
江紑	含洁	济阳考城	河南考城县		南康王主簿	同	同
刘霁	士恒	平原	山东平原县		海盐令	孝子、循吏	同

续表

姓名	字	籍贯	今地	家世	官爵	何种人物	根据何书
谢蔺	希如	陈郡阳夏	河南太康县	晋太傅安八世孙	散骑侍郎	孝子、文学家	同
伏曼容	公仪	平昌安丘	山东安丘县	晋著作郎滔曾孙	临海太守	经学家，善老易	《梁书·儒林传》
范缜	子真	南乡舞阴	河南沁阳县西北六十里	晋安北将军汪六世孙	尚书左丞、国子博士	廉吏、经学家，精三《礼》	同
司马筠	贞素	河内温	河南温县	晋谯王承七世孙	尚书左丞、始兴内史	循吏、经学家，精三《礼》	同
卞华	昭丘	齐阴冤句	山东菏泽县西南	晋尚书令壸六世孙	尚书仪曹郎、吴令	经学家	同
崔灵恩		清河武城	山东武城县	初仕魏为太常博士	国子博士、桂州刺史	经学家，精三《礼》、三《传》	同
到沆	茂瀣	彭城武原	江苏邳县西北八十里	曾祖彦之，宋骠骑将军	北中郎谘议参军	文学家、书家	《梁书·文学传上》
刘苞	孝尝	彭城	江苏铜山县	祖勔，宋司空	太子洗马	文学家、贤士	同
袁峻	孝高	陈郡阳夏	河南太康县	魏郎中令涣八世孙	员外散骑侍郎	学者	同
庾于陵	子介	新野	酿新野县	散骑侍郎黔娄弟	鸿胪卿	学者、义士、循吏	同
庾肩吾	子慎	同	同	于陵弟	度支尚书	文学家	同　附《于陵传》
刘昭	宣卿	平原高唐	山东高唐县	晋太尉寔九世孙	郯令，作《〈后汉书〉集注》	同	同
何逊	仲言	东海郯	山东郯城县	曾祖承天，宋御史中丞	庐陵王江州记室	诗人	同

续表

姓名	字	籍贯	今地	家世	官爵	何种人物	根据何书
钟嵘	仲伟	颍川长社	河南长葛县西	晋侍中雅七世孙	衡阳王元简宁朔记室，作《诗评》	文学家，明《周易》	同
周兴嗣	思纂	陈郡项	河南项城县	汉太子少傅堪后，世居姑熟	给事中	文学家	同
刘峻	孝标	平原	山东平原县		安成王秀荆州户曹参军，著《类苑》	勤学家	《梁书·文学传下》
刘沼	明信	中山魏昌	河北无极县东北	晋骠骑将军舆六代孙	秣陵令	文学家	同
谢几卿		陈郡阳夏	河南太康县	宋临川内史灵运曾孙，齐黄门郎超宗子	西昌侯渊藻军师长史	同	同
刘勰	彦和	东莞莒	山东莒县	宋司空秀从孙	步兵校尉，兼东宫通事舍人，著《文心雕龙》	佛学家、循吏	同
王籍	文海	琅邪临沂	山东临沂县		湘东王安西谘议参军	文学家、狂士	同
何思澄	元静	东海郯	山东郯城县		宣惠武陵王中录事参军	诗人	同
刘杳	士深	平原	山东平原县		尚书左丞	学者、廉士、佛教信徒	同
谢徵	玄度	陈郡阳夏	河南太康县	齐吏部郎眺族孙	南兰陵太守	文学家	同
臧严	彦威	东莞莒	山东莒县		湘东王镇南谘议参军	勤学家、循吏	同
伏挺	士标	平昌安丘	山东安丘县	豫章内史暅子	南台治书侍御史	文学家	同

续表

姓名	字	籍贯	今地	家世	官爵	何种人物	根据何书
庾仲容	仲容	颍川鄢陵	河南鄢陵县	晋司空冰六代孙	尚书左丞	勤学家	同
任孝恭	孝恭	临淮	安徽盱眙县		中书通事舍人	勤学家、佛教信徒	同
颜协	子和	琅邪临沂	山东临沂县	七代祖含，晋侍中国子祭酒	湘东王荆州记室	学者	同
阮孝绪	士宗	陈留尉氏	河南尉氏县	出后从伯胤之，胤之姊，王晏之母也	征，不起	廉士、高士	《梁书·处士传》
诸葛璩	幼玫	琅邪阳都	山东沂水县南	世居京口	同	学者、教育家	同
刘惠斐	文宣	彭城	江苏铜山县	居匡山东林寺离垢园	安成王法曹行参军	佛学家	同
刘吁	彦度	平原	山东平原县	居钟山宋熙寺东涧，不娶不仕	州辟不就	孝子、佛学家	同
刘歊	士光	同	同	吁族兄，世为二千石，有清名	不娶不仕，与吁同隐	佛学家、高士	同
庾诜	彦宝	新野	河南新野县		征为中书侍郎，不起	同	同
庾承天	子通	颍川鄢陵	河南鄢陵县		征为黄门侍郎，不起	黄老学家、高士	同
萧眎素		兰陵	山东峄县东六十里	宋征西将军思话孙	南徐州治中，隐居摄山	廉士、高士	《梁书·止足传》
庾荜	休野	新野	河南新野县		会稽行事	廉吏、循吏	《梁书·良吏传》
孙谦	长逊	东莞莒	山东莒县		光禄大夫	同	同

续表

姓名	字	籍贯	今地	家世	官爵	何种人物	根据何书
伏晅	玄曜	平昌安丘	山东安丘县	临海太守曼容子，南台治书挺父	豫章内史	同	同
何远	义方	东海郯	山东郯城县		东阳太守	廉吏、能吏	同
侯景	万景	怀朔镇	绥远固阳县北	东魏河南都督	弑简文帝，废豫章王，自称汉帝	乱贼、枭雄	《梁书》、《南史·本传》
刘仲威		南阳涅阳	河南镇平县南	太常卿之遴子	御史中丞	忠臣	《陈书·本传》
马枢	要理	扶风郿	陕西郿县		邵陵王学士	学者、高士	同

计《名臣》一百一十四人（内中有专传者九十二人，附见于他人传者二十人，见于《陈书》本传者二人），《孝行》十人，《儒林》五人，《文学》二十二人（内中有专传者二十一人，附载于他人传者一人），《处士》七人，《止足》一人，《良吏》四人，《叛逆》一人，共一百六十四人。其籍贯属于现在河北者八人，河南者四十九人，山东者五十五人，山西者十三人，陕西者十一人，甘肃者三人，宁夏者三人，绥远者一人，江苏者十五人，安徽者六人。

《梁书·名臣传》一百一十一人，北方籍贯者九十二人，约占百分之八十二以上。《孝行传》十四人，北方籍贯者十人，约占百分之七十以上。《儒林传》十三人，北方籍贯者五人，约占百分之四十以下。《文学传》二十四人，北方籍贯者二十一人，约占百分之九十以下。《处士传》十二人，北方籍贯者七人，约占百分之六十以下。《止足传》三人，北方籍贯者一人，约占百分之三十三以上。《良吏传》七人，北方籍贯者四人，约占百分之五十五以上。《叛逆传》五人，北方籍贯者一人，约占百分之二十。

陈陈北方出身人物表　附表九十六

姓名	字	籍贯	今地	家世	官爵	何种人物	根据何书
陈陈皇室		颍川	河南许昌县	汉太丘长寔之后，侨居吴兴长城下若里			
周铁虎				不知何许人，梁世南渡，语音伧重	太子左卫率、沌阳县侯	骁将	《陈书·本传》

续表

姓名	字	籍贯	今地	家世	官爵	何种人物	根据何书
淳于量	思明	济北	山东长清县西三十里	世居京师	南兖州刺史、始安郡公	军人	同
鲁悉达	志通	扶风郿县	陕西郿县		吴州刺史、彭泽县侯	同	同
荀朗	深明	颍川颍阴	河南许昌县		合州刺史、兴宁县侯	同	同
周炅	文昭	汝南安成	河南汝南县东南七十里		定州刺史、武昌郡公	名将	同
赵知礼	齐旦	天水陇西	甘肃陇西县		右卫将军、始平县伯	谋臣	同
蔡景历	茂世	济阳考城	河南考城县		度支尚书、新丰县侯	同	同
刘师知		沛国相	安徽宿县西北	家世素族	中书舍人	同	同
王冲	长深	琅邪临沂	山东临沂县	母梁武帝妹新安穆公主	侍中、左仆射、丹阳尹、安东亭侯	贤臣	同
王通	公达	同	同	母梁武帝妹义兴长公主	侍中、左仆射、武阳亭侯		同
王劢	公济	同	同	通弟	侍中、中书监、右仆射	循吏、廉吏	同
袁敬	子恭	陈郡阳夏	河南太康县	宋雍州刺史觊孙，梁司空昂子	太常卿	贤臣	同
袁枢	践言	同	同	梁吴郡太守君正子，敬从子	吏部尚书、丹阳尹、左仆射	同	同　附《敬传》
袁泌	文洋	同	同	敬弟	御史中丞	同	同

续表

姓名	字	籍贯	今地	家世	官爵	何种人物	根据何书
刘广德		南阳涅阳	河南镇平县南	梁太常卿之遴从子，南郡太守之亨子	河东太守	同	同 附《刘仲威传》
王质	子贞	琅邪临沂	山东临沂县	通弟	都官尚书	同	同
韦载	德基	京兆杜陵	陕西长安县东南	梁车骑将军睿孙	太子右卫率	同	同
韦翙	子羽	同	同	载族弟	宣城太守、清源县侯	同	同 附《载传》
到仲举	德言	彭城武原	江苏邳县西北八十里	父洽，梁侍中	侍中、仆射、丹阳尹、建昌县侯		同
谢哲	颖豫	陈郡阳夏	河南太康县	祖朏，梁司徒	侍中、中书令	儒臣	同
谢嘏	含茂	同	同	祖煃，齐金紫光禄大夫	同	同	同
萧乾	思惕	兰陵	山东峄县东六十里	齐豫章王嶷子，梁秘书监子范子	五兵尚书	同	同
王固	子坚	琅邪临沂	山东临沂县	通弟	中书令、侍中	佛学家	同
萧允	叔佐	兰陵	山东峄县东六十里	梁侍中介子	光禄大夫	儒臣	同
萧引	叔休	同	同	允弟	吏部侍郎、中庶子	贤臣	同
王场	子玙	琅邪临沂	山东临沂县	冲第十二子	侍中、中书令、左仆射	同	同
周弘正	思行	汝南安城	河南汝南县东南七十里	晋仆射𫖮九世孙，齐中书侍郎顒孙，梁侍中护军舍从子	侍中、右仆射	老学家	同

续表

姓名	字	籍贯	今地	家世	官爵	何种人物	根据何书
周弘直	思方	同	同	弘正弟	太常卿、光禄大夫	廉士	同　附《弘正传》
周确	士潜	同	同	弘直子	都官尚书	循吏	同　同
袁宪	德章	陈郡阳夏	河南太康县	枢弟	侍中、尚书仆射、建安县伯	才人、直臣、贤臣	同
裴忌	无畏	河东闻喜	山西闻喜县		都官尚书、乐安县侯	贤将	同
徐陵	孝穆	东海郯	山东郯城县	梁太子左卫率摛子	左仆射、侍中、领军将军、丹阳尹、中书监、建昌侯	文学家、直臣、贤相	同
徐俭		同	同	陵子	御史中丞、建昌侯	文学家、直臣、循吏	同　附《陵传》
徐份		同	同	俭弟	太子洗马、海监令	文学家、孝子、循吏	同　同
徐孝克		同	同	陵第三弟	国子祭酒、都官尚书	佛学家、孝子、廉吏	同　同
江总	总持	济阳考城	河南考城县	宋尚书湛五世孙	尚书令	文学家、佞臣	同
司马申	季和	河内温	河南温县		右卫将军、文始县伯	国手、谋臣、循吏	同
毛喜	伯武	荥阳阳武	河南阳武县		吏部尚书、侍中、东昌县侯	谋臣、循吏	同

续表

姓名	字	籍贯	今地	家世	官爵	何种人物	根据何书
蔡征	希祥	济阳考城	河南考城县	景历子	中书令、中领军、新丰县侯	孝子、能臣	同
萧济	孝康	东海兰陵	山东峄县东六十里		祠部尚书、松阳县侯	能臣、循吏	同
傅	宜事	北地灵州	宁夏灵武县		秘书监、右卫将军	佛学家、文学家	同
萧摩诃	元胤	东海兰县	山东峄县东六十里		骠骑大将军、绥远郡公	骁将	同
任忠	奉诚	汝阴	安徽阜阳县		侍中、领军将军、信都郡公	同	同
樊毅	智烈	南阳湖阳	河南唐河县南八十里湖阳镇	累叶将门，天门太守文皎从子	侍中、护军将军、逍遥郡公	同	同
樊猛	智武	同	同	毅弟	南豫州刺史、富川县侯	同	同　附《毅传》
鲁广达	遍览	扶风郿县	陕西郿县	悉达弟	侍中、中领军、绥越郡公	名将、循吏、忠臣	同
殷不害	长卿	陈郡长平	河南西华县东北十八里		司农卿、光禄大夫	孝子、循吏	《陈书·孝行传》
殷不佞	季卿	同	同	不害弟	尚书右丞	孝子、悌弟、循吏、忠臣	同　附《不害传》
谢贞	元正	陈郡阳夏	河南太康县	晋太保安九世孙	南平王友	孝子、文学家、书家	同
司马皓	文升	河内温	河南温县		长秋卿	孝子、忠臣	同

续表

姓名	字	籍贯	今地	家世	官爵	何种人物	根据何书
张讥	直言	清河东武城	山东武城县西十里		东宫学士、国子博士	老庄学家	《陈书·儒林传》
王元规	正范	太原晋阳	山西太原县		国子祭酒、散骑侍郎	经学家	同
颜晃	元明	琅邪临沂	山东临沂县		中书舍人	文学家	《陈书·文学传》
江德藻	德藻	济阳考城	河南考城县	梁度支尚书革子	秘书监、尚书左丞、中书舍人	文学家、孝子、循吏	同
庾持	允德	颍川鄢陵	河南鄢陵县	梁长城令沙弥子	秘书监、知国史事	文学家	同
许亨	亨道	高阳新城	河北新城县	晋征士询六世孙	卫尉卿	文学家、义士	同
褚玠	温理	河南阳翟	河南禹县		御史中丞	文学家、直臣、循吏	同
岑之敬	思礼	南阳棘阳	河南新野县东北		东宫学士、侍御史	经学家、文学家	同
徐伯阳	隐忍	东海	江苏东海县		东宫学士	文学家、循吏	同
张正见	见赜	清河东武城	山东武城县西十里		通直散骑侍郎	文学家、诗人	同
蔡凝	子居	济阳考城	河南考城县	祖撙，梁吏部尚书	黄门侍郎	文学家	同
阮卓		陈留尉氏	河南尉氏县		德教殿学士	文学家、诗人、廉士	同

计《名臣》四十六人（内中有专传者三十七人，附载于他人传者九人），《孝行》四人（内中有专传者三人，附载于他人传者一人），《儒林》二人，《文学》十人，共六十二人。其籍贯属于现在河北者一人，河南者三十人，山东者十九人，山西者二人，陕西者四人，甘肃者一人，宁夏者一人，江苏者二人，安徽者二人。

《陈书·名臣传》七十一人，北方籍贯者三十七人，约占百分之五十五以下。《儒林传》九人，北方籍贯者二人，约占百分之二十以上。《文学传》十三人，北方籍贯者十人，约占百分之七十五以上。《叛逆传》六人，北方者无，等于百分之零。

附注

列传中籍贯当兼载郡县名，然古史中常有略去县名只载郡名者，于是祖孙父子叔侄遂因本传中所载郡县名之详略而籍贯有出入。《晋书·隐逸传》曰："戴逵，字安道，憔国人。"《宋书·隐逸传》曰："载颙，字仲若，谯郡姪人也。父逵，兄勃并隐遁有高名。"憔国为现在安徽亳县，谯郡绖为现在安徽宿县西南，是父子异籍矣。《宋书》为梁宰相沈约著，脱稿在先，《晋书》为唐宰相魏徵监修，成书在后，《宋书》详载郡县名，《晋书》略去县名，似可据《宋书》以订正《晋书》。然父子不同籍，非绝对必无之事，不便一律据前书以驳后书也。又《宋书·宗悫传》曰："悫，字元幹，南阳人也。叔父炳高尚不仕。"《隐逸传》曰："宗炳，字少文，南阳涅阳人也。"南阳为现在河南南阳县，南阳涅阳为现在河南镇平县南，《悫传》载郡名，《炳传》兼载县名，似当据《炳传》以补《悫传》，然叔侄异籍，亦非绝对必无之事，不便冒然据此处补彼处也。《晋书》："檀凭之，高平人。"高平为今甘肃固原县；《宋书》："檀道济，高平金乡人。"金乡为今山东金乡县；一有县名，一无县名，东西遂相隔数千里；实则未必非一家也。诸如此例甚多，举一反三，是所望于读者。

南朝史书中北方出身人物百分比例表 附表九十七

书名	名臣	北人	百分比	孝友义行	北人	百分比	良吏政	北人	百分比	儒林	北人	百分比	文苑文学	北人	百分比	隐逸高逸处士止足	北人	百分比	逆臣叛臣	北人	百分比	恩幸幸臣	北人	百分比
蜀书	五六	二五	四五																					
吴书	六四	二三	三八																					
晋书（东晋部分）	八九	五一	六〇		一八			二			三			五			一			四				
宋书	二七	五八	八五		一六	五强	七	五	七〇强							一七	九	五〇强				一〇	〇	〇
南齐书	二一	九二	七〇强	六	一四	四〇强	八	三	四〇弱				一〇	八	八〇	一二	六	五〇				五	〇	〇
梁书	二一	九二	八二强	一四	一〇	七十强	七	四	五五强	一三	五	四〇弱	二四	二一	九〇弱	一二三	七一	六〇弱三三强	五	一	二〇			

续表

书名	名臣	北人	百分比	孝友义行	北人	百分比	良吏政	北人	百分比	儒林	北人	百分比	文苑文学	北人	百分比	隐逸高逸处士止足	北人	百分比	逆臣叛臣	北人	百分比	恩幸幸臣	北人	百分比
陈书	七一	三七	五五弱							九	二	二〇强	一三	一〇	七五强				六	〇	〇			

五胡十六国及北朝君主与汉族合作，故官中府中汉人极多，东晋南朝不与胡人合作，故官中府中外人极少；宫中几乎绝无，政界军界尚有少数，兹将两晋及南朝人物中少数之外民族出身者列表于下，以供参考：

两晋及南朝外族出身人物表　附表九十八

姓名	字	籍贯	今为何族	家世	时代	官爵	何种人物	根据何书
乔智明	元达	鲜卑前部	满蒙混血		西晋	折冲将军、参丞相前锋军事	循吏	《晋书·良吏传》
綦毋俔邪		匈奴	蒙		晋武帝	赤沙都尉	将	《晋书·匈奴传》
张昌		义阳蛮	苗		西晋末	平氏县吏	荆州大盗	《晋书·本传》
苻宏		氐	藏	前秦王坚太子	东晋末	辅国将军	逆臣	《晋书·苻坚载记下》
苻朗	元达	同	同	坚从兄子	同	员外散骑侍郎	老学家、狂士	同
于天宝		其先胡人	蒙		宋明帝	山阳太守、鄂县子	贼臣	《宋书·恩幸传》
焦度	文续	南安氐人	藏	祖文珪，避难至襄阳	宋孝武帝	后军将军、东昌县子	猛将	《南齐书·本传》

续表

姓名	字	籍贯	今为何族	家世	时代	官爵	何种人物	根据何书
康绚		康居	回	其先汉时为质子，居河西，晋时移华山蓝田	梁武帝时	北兖州刺史、南安县男	军人	《梁书·本传》
元法僧		鲜卑	满蒙混血	魏江阳王钟葵子	同	侍中、太尉、始安郡公	投机之士	同
元景仲		同	同	法僧子	梁末	广州刺史、枝江县公	同	同 附《法僧传》
元树		同	同	魏咸阳王禧子	梁武帝时	镇北将军、郢王		同
元愿达		同	同	魏明元帝孙，乐平王子	同	侍中、乐平公		同
杨华		氐	藏	世居武都仇池，父大眼为魏名将	同	太子左卫率、益阳县侯	军人	《梁书·羊侃传》

北狄遗族之匈奴、乌桓、鲜卑，西戎遗族之氐、羌，南蛮遗族之巴、氐，皆与汉族混合，只有东夷一族，自春秋以后，久已不见经传，而其旧分布地特别惯出伟人，若春秋时代之管子为颍上（今安徽颍上县）人，孔子为鲁人，孟子为邹（今山东邹县）人，老子为楚之苦县（今河南鹿邑县）人，庄子为蒙（今河南商丘县）人，墨子为鲁人或宋人，皆第一流学者；汉高帝与其佐命萧何、曹参皆沛丰（今江苏丰县、沛县）人，魏武帝曹操为沛国憔（今安徽亳县）人，蜀汉丞相诸葛亮为琅邪阳都（今山东沂水县南部）人，东晋佐命王导为琅邪（今山东临沂县）人，东晋宰相谢安为陈国阳夏（今河南太康县）人，前秦宰相王猛为北海剧（今山东寿光县东南三十里）人，宋武帝刘裕为彭城县绥里（今江苏铜山县）人，皆第一流政治家；西楚霸王项籍为下相（今江苏宿迁县）人，汉高帝大将韩信为淮阴（今江苏淮阴县）人，彭越为昌邑（今山东金乡县）人，英布为六（今安徽六安县）人，东晋大将桓温为谯国龙亢（县名，故城在今安徽怀远县西七十里）人，谢玄为陈国阳夏人，皆第一流军人；其降生地皆在今淮

水流域与山东半岛，不谓其受东夷混合之影响不可得也。兹试列表于下，以供参考：

故东夷区域内人物表　附表九十九

姓名	字	时代	籍贯	今地	略历	何种人物	根据何书
孔丘	仲尼	春秋	鲁昌平乡邹邑	山东曲阜县	儒教教祖	道德家	《史记·孔子世家》
颜回	子渊	同	同	同	孔门高足	同	《史记·仲尼弟子列传》
闵损	子骞	同	鲁	山东西南部	同	同	同
冉耕	伯牛	同	同	同	同	同	同
冉雍	仲弓	同	同	同	同	同	同
冉求	子有	同	同	同	同	政治家	同
仲由	子路	同	鲁卞邑	山东泗水县东五十里	同	军人	同
宰予	子我	同	鲁	山东西南部	同	雄辩家	同
颛孙师	子张	同	陈	河南东南部	同	名士而官僚	同
曾参	子舆	同	南武城	山东武城县西十里	同	继承道统者	同
澹台灭明	子羽	同	武城	同	同	道德家	同
不齐	子贱	同	鲁	山东西南部	同	同	同
原宪	子思	同	鲁	同	同	廉士	同
公冶长	子长	同	齐	山东半岛	同	道德家	同
南宫括	子容	同	鲁	山东西南部	同	同	同
曾点	子晳	同	南武城	山东武城县	同　曾参父	狂者	同
颜无繇	路	同	鲁邹邑	山东曲阜县	同　颜回父		同
商瞿	子木	同	鲁	山东西南部	同	学者	同

续表

姓名	字	时代	籍贯	今地	略历	何种人物	根据何书
漆雕开	子开	同	同	同	同		同
司马耕	子牛	同	宋	河南东北部	同		同
樊须	子迟	同	齐	山东半岛	同		同
有若	子有	同	鲁	山东西南部	同	教育家	同
公西赤	子华	同	同	同	同	交际家	同
巫马施	子旗	同	同	同	同		同
孔鲤	伯鱼	同	鲁陬邑	见上	孔子子	道德家	《史记·孔子世家》
孔伋	子思	同	同	同	孔子孙	继承道统者	同
孟轲	子舆	战国	邹	山东邹县	大儒	同	《史记·孟子荀卿列传》
李耳	聃	春秋	楚苦县厉乡曲仁里	河南鹿邑县东十里	道教教祖	道德家	《史记·老子韩非列传》
庄周		同	蒙	河南商丘县东北二十二里	道教大师	同	同
墨翟		同	鲁或宋		墨教教祖	同	《史记·孟子荀卿列传》
管夷吾	仲	同	颍上	安徽颍上县	法家之祖	政治家	《史记·管晏列传》
晏婴	仲	同	莱之夷维	山东高密县	相齐景公	同	同
田穰苴		同	齐		齐景公大将	军事家	《史记·司马穰苴列传》
孙武		同	同		吴王阖闾大将	同	《史记·孙子吴起列传》
孙膑		战国	孙武之后		齐威王军师	同	同
驺衍		同	齐		事齐宣王	思想家	《史记·孟子荀卿列传》

续表

姓名	字	时代	籍贯	今地	略历	何种人物	根据何书
淳于髡		同	同		同	滑稽之士、智士	《史记·滑稽列传》
田单		战国	齐宗室		齐襄王大将	同	《史记·田单列传》
鲁仲连		同	齐			豪侠、高士	《史记·鲁仲连邹阳列传》
吴广	叔	秦末	阳夏	河南太康县		革命家、野心家	《史记·陈涉世家》
项籍	羽	同	下相	江苏宿迁县	西楚霸王	军人	《史记·项羽本纪》
刘邦	季	同	沛丰	江苏丰县	汉高帝	政治家	《史记·高祖本纪》
萧何		汉初	同	同	相汉高帝	同	《史记·萧相国世家》
曹参		同	沛	江苏沛县	相汉惠帝	军人、政治家	《史记·曹相国世家》
周勃		同	同	同	相汉文帝	军人	《史记·绛侯周勃世家》
周亚夫		同	勃子	同	相汉景帝	军事家	同
韩信		同	淮阴	江苏淮阴县	汉高帝大将	同	《史记·淮阴侯列传》
彭越	仲常	同	昌邑	山东城武县	同	同	《史记·魏豹彭越列传》
英布		同	六	安徽六安县	同	同	《史记·黥布列传》
樊哙		同	沛	江苏沛县	同	军人	《史记·樊郦滕灌列传》
灌婴		同	睢阳	河南商丘县	同	同	同
刘敬		同	齐		汉高帝郎中	智士	《史记·刘敬叔孙通列传》
叔孙通		同	薛	山东滕县西南	汉高帝太常	儒者	同
淳于缇萦		同	临淄	山东益都县	太仓令淳于意女	孝女	《史记·扁鹊仓公列传》

续表

姓名	字	时代	籍贯	今地	略历	何种人物	根据何书
朱家		同	鲁			大侠	《汉书·游侠传》
陈汤	子公	西汉	山阳瑕丘	山东滋阳县西二十五里	西域副校尉	军人、冒险家	《汉书·陈汤传》
疏广	仲翁	同	东海兰陵	山东峄县东	元帝太子太傅	教育家、高士、廉士	《汉书·疏广传》
疏受	公子	同	广兄子		元帝太子少傅	同	同
于定国	曼倩	同	东海郯	山东郯城县	相汉宣帝	法学家、循吏	《汉书·于定国传》
魏相	弱翁	同	济阴定陶	山东定陶县	同	政治家	《汉书·本传》
丙吉	少卿	同	鲁国	山东曲阜县	同	同	同
萧望之	长倩	同	东海兰陵	山东峄县东	相汉元帝	名儒	同
田何		同	杜陵	陕西长安县东南	齐宗室，传《易经》	经学家	《汉书·儒林传》
施雠	长卿	同	沛	江苏沛县	同	同	同
孟喜	长卿	同	东海兰陵	山东峄县东	同	同	同
梁丘贺	长翁	西汉	琅邪诸	山东诸城县西南三十里	同	同	同
费直	长翁	同	东莱	山东掖县	同	同	同
高相		同	沛	江苏沛县	同	同	同
伏胜		汉初	济南	山东历城县	传《今文尚书》	同	同
欧阳生	和伯	西汉	千乘	山东高苑县北	同	同	同
夏侯胜	长公	同	东平	山东东平县东二十里	同	同	《汉书·夏侯始昌传》
夏侯建	长卿	同	胜兄子		同	同	同

续表

姓名	字	时代	籍贯	今地	略历	何种人物	根据何书
孔安国		同	鲁		传《古文尚书》	同	《史记·孔子世家》，《汉书·孔光传》，《儒林传》
申公		同	同		传《鲁诗》	同	《汉书·儒林传》
辕固		同	齐		传《齐诗》	同	同
后仓		同	东海	江苏东海县	传《礼》	同	同
庆普		同	沛		同	同	同
胡毋生	子都	同	齐		传《公羊春秋》	同	同
严彭祖	公子	同	东海下邳	江苏邳县	同	同	同
颜安乐	公孙	同	鲁国薛	山东滕县西南	同	同	同
江公		同	瑕丘	山东滋阳县西二十五里	传《谷梁春秋》	同	同
黄霸	次公	同	淮阳阳夏	河南太康县	相汉宣帝	循吏	《汉书·循吏传》
龚遂	少卿	同	山阳南平阳	山东邹县	渤海太守	同	同
田延年	子宾	同	齐宗室		大司农	酷吏	《汉书·酷吏传》
严延年	次卿	同	东海下邳	江苏郑县	河南太守	同	同
石显	君房	同	济南	山东历城县	元帝宦官	奸佞	《汉书·佞幸传》
伏湛	惠公	东汉初	伏胜九世孙		相光武帝	循吏	《后汉书·本传》
牟融	子优	同	北海安丘	山东安丘县西南二十里	相汉章帝	同	同

续表

姓名	字	时代	籍贯	今地	略历	何种人物	根据何书
郑玄	康成	东汉	北海高密	山东高密县		经学家	同
姜肱	伯淮	同	彭城广戚	江苏沛县东		孝友、高士	同
虞诩	升卿	同	陈国武平	河南鹿邑县	事汉顺帝	循吏、名将、直臣	同
孔融	文举	同	鲁孔子二十七世孙		事汉献帝	孝子、悌弟、直臣	同
刘矩	叔方	同	沛国萧	江苏萧县	相汉桓帝	循吏	同
刘宠	荣祖	同	东莱牟平	山东牟平县	同	同	同
何休	邵公	同	任城樊	山东滋阳县西南	事汉灵帝	经学家	《后汉书·儒林传》
华佗	元化	东汉末	沛国谯	安徽亳县		名医	《后汉书·方技传》
曹操	孟德	同	同	同	相汉献帝	政治家、军事家	《三国志·魏书·武帝纪》
曹植	子建	同	同	同	操子，建安七子之一	文学家	同　附《陈思王传》
管宁	幼安	同	北海朱虚	山东临朐县东六十里		高士	同　附《本传》
邴原	根矩	同	同	同		同	同　同
王烈	彦方	同	平原	山东平原县		同	同　同　附《管宁传》
王粲	仲宣	同	山阳高平	山东邹县西南	建安七子之一	文学家	同　同　附《本传》
诸葛诞	公休	曹魏	琅邪阳都	山东沂水县南	扬州都督，亮族弟	忠臣	同　同　同
诸葛亮	孔明	蜀汉	同	同	相昭烈帝及后主	政治家、军事家	同　附《蜀书》，同
诸葛瑾	子瑜	吴	同	同	吴大帝谋臣，亮兄		同　附《吴书》，同
周瑜	公瑾	同	庐江舒	安徽庐江县西百二十里	吴大帝大将	政治家、军事家	同　同　同

续表

姓名	字	时代	籍贯	今地	略历	何种人物	根据何书
鲁肃	子敬	同	临淮东城	安徽定远县	吴大帝大将	政治家、军事家	同　同　同
王祥	休征	晋	琅邪临沂	山东临沂县	魏宰相晋佐命	孝子、贰臣、乡愿	《晋书·本传》
羊祜	叔子	同	泰山南城	山东费县西南九十里	晋武帝大将	政治家、军事家	同
王戎	浚冲	同	琅邪临沂	山东临沂县	晋惠帝宰相祥族子	清谈派	同
王衍	夷甫	同	同	戎族弟	同	同	同　附《王戎传》
刘毅	仲雄	同	东莱掖	山东掖县	事晋武帝	直臣	《晋书·本传》
嵇康	叔夜	魏	谯国铚	安徽宿县西南四十六里		清谈派、狂士	同
刘伶	伯伦	晋	沛国	江苏沛县		同　同	同
谢鲲	幼舆	同	陈国阳夏	河南太康县		同　同	同
胡毋辅之	彦国	同	泰山奉高	山东泰安县东北十七里		同　同	同
王导	茂弘	东晋	琅邪临沂	山东临沂县	东晋佐命，祥从孙	政治家	同
桓温	元子	同	谯国龙亢	安徽怀远县西北龙亢集	晋大将	军事家	同
谢安	安石	同	陈国阳夏	河南太康县	相孝武帝，鲲从子	政治家	同
谢石	石奴	同	同	同	同安弟		《晋书·谢安传》
谢玄	幼度	同	同	同	孝武帝大将	军事家	同
王羲之	逸少	同	琅邪临沂	山东临沂县	导从子	书家	《晋书·本传》
刘牢之	道坚	同	彭城	江苏铜山县	谢玄部将	军人	同
刘毅	希乐	同	彭城沛	江苏沛县	安帝大将	军人、冒险家	同

续表

姓名	字	时代	籍贯	今地	略历	何种人物	根据何书
何忌		同	东海郯	山东郯城县	同	同 同	同
王裒	伟元	同	城阳营陵	山东昌乐县南五十里		孝子	同
嵇绍	延祖	同	谯国铚	安徽宿县西南四十六里	惠帝侍中康子	忠臣	同
左思	太冲	同	齐国临淄	山东益都县	作《三都赋》者	文学家	同
谢道韫		同	陈国阳夏	河南太康县	王凝之妻，安从女	才女、烈妇	同
王猛	景略	前秦	北海剧	山东寿光县东南三十一里	相前秦王坚	政治家、军事家	《晋书·苻坚载记》
刘裕	德兴	东晋	彭城县绥里		晋安帝大将	同 同	《宋书·武帝本纪》
刘穆之	道和	同	东莞莒	山东莒县	晋安帝宰相，宋武帝佐命	同	《宋书·本传》
王镇恶		同	北海剧	山东寿光县东南三十里	刘裕部将	军人、冒险家	同
朱龄石		同	沛郡沛	江苏沛县	同	同 同	同
王弘	休元	宋	琅邪临沂	山东临沂县	宋武帝佐命，导曾孙	政治家	同
徐羡之	宗文	同	东海郯	山东郯城县	同	同	同
刘康祖		同	彭城吕	江苏铜山县北五十里	宋文帝将	忠臣、烈士	同
王华	子陵	同	琅邪临沂	山东临沂县	宋文帝宰相，弘从祖弟	政治家	同
王昙首		同	同	同	同弘弟	同	同
谢灵运		同	陈国阳夏	河南太康县	玄孙	文学家	同

计一百四十人。

说明

一、上表载至南北朝初年为止，此后则东夷故地经过五胡十六国之乱，加入许多新民族血统，非复春秋以来东夷与汉族之混血族矣。然唐以后历代乱离时，其革命家多出于此地，犹能代表尚武精神也。

二、东晋及南朝多黄河流域侨民，史书上不载其生地，故只能写其籍贯。

汉魏六朝时代，西方高僧东来者日多，影响于汉族血统者至微，影响于中国思想者颇大。春秋战国时代之思想为入世的，积极的，干涉的，无论为儒家，为墨家，为法家，为纵横家，一以安天下救生民为宗旨，而以统一中国全国为最后之目的。其结果则汉族勃兴，吸收蛮夷戎狄血统，造成秦汉大帝国。三国两晋时代之思想为出世的，消极的，放任的，无论为避世派之高士（管宁、王烈等），为乡愿派之大贤（王祥、司马孚等），为玩世派之名流（竹林七贤等），为乐天派之王侯将相（王戎、王衍、乐广等），一以独善其身，独乐其乐为宗旨，而不问国计民生为何事。其结果则汉族衰微，黄河流域及扬子江上流流域陆续陷入五胡十六国，终为代表北朝之隋所统一，而造成鲜卑与汉族混合之隋唐大帝国。汉族思想变迁之原因虽甚复杂，而印度佛教思想之输入，实为其主要原因。佛教思想之所以输入，由于西来高僧代为媒介。其说法、译经、注经及表示神异等事，俱为其媒介方法之一端。其籍贯则印度人占大部分（天竺罽宾等），西域各国人占小部分（安息、月氏、康居、于阗等）。兹试列表于下，以供参考：

汉魏六朝时代西来高僧表　　附表一百

姓名	汉名	原籍及家世	时代	住居何地	今地	事业	根据何书
摄摩腾		中天竺人	汉永平中	洛阳白马寺	洛阳城东三十里	译经	《高僧传初集·本传》
竺法兰		同	同	同	同	同	同
	安清（字世高）	安息国太子	汉桓帝初	洛阳	河南洛阳县	同	同

续表

姓名	汉名	原籍及家世	时代	住居何地	今地	事业	根据何书
支娄迦谶（一作支谶）		月支人	汉灵帝时	同	同	同	同
竺佛朔		天竺	同	同	同	同	同　附《支娄迦谶传》内
	安玄	安息国人	同	同	同	同	同　同
	支曜	月支人?	汉灵献时	同	同	同	同　同
	康巨	康居人?	同	同	同	同	同　同
	康孟详	同	同	同	同	同	同　同
昙柯迦罗	法时	中天竺人	魏嘉平中	同	同	同	同
	康僧铠	康居人?	同	同	同	同	同　附《昙柯迦罗传》内
昙帝		安息人	魏正元中	同	同	同	同　同
	康僧会	其先康居人，世居天竺，其父因商贾移于交趾	吴赤乌十年	建业建初寺	南京	同	同
	支谦（字恭明）	月支人	吴黄武元年	建业	同	同	同　附《康僧会传》内
	支亮（字纪明）	月支人？学于支谶，传之支谦	汉献帝时	同	同	同	同　同
维祇难		天竺人	吴黄武三年	吴武昌	湖北	同	同
竺律炎		同?	同	同	同	同	同　附《维祇难传》内

续表

姓名	汉名	原籍及家世	时代	住居何地	今地	事业	根据何书
竺昙摩罗刹	法护	其先月支人，本姓支氏，世居敦煌郡	晋武帝时	长安	陕西长安县	同	同
	竺高座	未详，竺昙摩罗刹之师	未详	未详		同	同 附《竺昙摩罗刹传》内
	竺法首	同 法护同志	晋	长安		同	同 同
帛尸梨蜜多罗	吉友	西域人，国王之子，以国让弟	晋永嘉中	建康建初寺	南京	同	同
僧迦跋澄	众现	罽宾人	苻坚建元十七年	长安		同	同
佛图罗刹		未详，众现同志	同?	同		同	同 附《僧迦跋澄传》内
昙摩难提	法喜	兜佉勒人	苻氏建元中	同		同	同
僧迦提婆	众天（一云提和）	本姓瞿昙氏，罽宾人	同	同		同	同
昙摩耶舍	法明	罽宾人	晋隆安中	江陵辛寺	湖北江陵县	同	同
昙摩掘多		天竺人，法明同志	晋义熙中	长安		同	同 附《昙摩耶舍传》内
	法度	竺婆勒子，勒久停广州，往来求利，中途于南康生男，仍名南康，长名金迦，入道名法度。法明弟子		江陵?		同	同 同

续表

姓名	汉名	原籍及家世	时代	住居何地	今地	事业	根据何书
鸠摩罗什	童寿	天竺人，家世国相。父鸠摩炎出家，至龟兹，娶龟兹王妹，生什	姚兴弘始三年	长安		同	同
弗若多罗	功德华	罽宾人，罗什同志	弘始中	同		同	同
昙摩流支	法乐	西域人，多罗同志	弘治七年秋	同		同	同
卑摩罗义	无垢眼	罽宾人，罗什之师	弘始八年	同 后游寿春住石涧寺		同	同
佛陀耶舍	觉名	同 婆罗门种。鸠摩罗什师事之	弘始中	同 阿含寺		同	同
佛烒跋陀罗	觉贤	本姓释氏，迦维罗卫人，甘露饭王之裔。祖父达摩提婆，尝商旅于北天竺，因而居焉	同	同 后止于江陵		同	同
昙无忏（或云昙摩谶，或云昙无谶）		本中天竺人，《魏书·沮渠蒙逊传》谓为罽宾人	东晋末	河西	甘肃西北部	同	同
佛烒什	觉寿	罽宾人	宋景平元年十一月	建康龙光寺	南京	同	同
	智胜	于阗人	未详	同	同	同	同 附《佛烒什传》内
浮陀跋摩	觉铠	西域人	宋元嘉中	河西	甘肃西北部	同	同

续表

姓名	汉名	原籍及家世	时代	住居何地	今地	事业	根据何书
求㮈跋摩	功德铠	刹利种，累世为王，治在罽宾国	元嘉八年	建业祇洹寺	南京	同	同
僧迦跋摩	众铠	天竺人	元嘉十年	京师奉诚寺	同	同	同
昙摩蜜多	法秀	罽宾人	元嘉初	钟山上定林寺	同	同	同
畺良耶舍		西域人	同	京师道林寺	同	同	同
僧伽达多		天竺人	同	建业	同	同	同
僧伽罗多哆	众济	同	宋景平末	同	同	同	同
求㮈跋陀罗	功德贤	中天竺人，本婆罗门种	元嘉十二年	京师中兴寺	同	同	同
阿㮈摩低	宝意	本姓康，康居人，世居天竺	宋孝武建中	京师瓦官禅房	同	同	同
求㮈毗地	安进	中天竺人	齐建元初	建康正观寺	同	同	同
僧伽婆罗		外国学僧	梁初	同	同	同	同
	竺叔兰	居士，本天竺人，父世避难居河南，朱士行同志	东晋末	河南		义解	同 附《朱士行传》内
无罗义		西域人	同	同		同	同 同
	康僧渊	本西域人，生于长安	东晋初	豫章山	江西	同	同
	释昙谛	姓康，其先康居人，汉灵帝时移居中国，献帝末移止吴兴。父彤，冀州别驾	宋初	吴虎丘寺	江苏吴县	同	同

续表

姓名	汉名	原籍及家世	时代	住居何地	今地	事业	根据何书
竺佛图澄		西域人，本姓帛氏。永嘉四年至洛阳，后至邺	晋	邺中	河南安阳县	神异	同
竺佛调		或云天竺人，事佛图澄为师	同	常山寺	河北正定县	同	同
耆域		天竺人	同	洛阳		同	同
犍陀勒		西域人	同	洛阳磐艎山		同	同
	涉公	西域人	苻坚建元十一年	长安		同	同
	释洪绪	尚昌人，姓混		蜀石室山	四川	习禅	同
	释慧明	姓康，康居人。先世避地东吴	齐建元中	始丰赤城山	浙江天台县	同	同
	支昙籥	月支人，寓居建业	晋孝武初	京师建初寺	南京	经师	同
	释法平	姓康，康居人，寓居建业。师事昙钥	晋末	京师祈洹寺	同	同	同
	释昙迁	姓支，月支人，寓居建康	齐	乌衣寺	同	同	同
僧迦婆罗	僧（养铠）	扶南人，求那跋陀弟子	梁		同	译经	《高僧传二集·本传》
曼陀罗	宏弱	扶南人，僧伽婆罗同志	同		同	同	同 附《僧伽婆罗传》内
菩提流支	道希	北天竺人	元魏永平初	洛下永宁寺	洛阳	同	同
拘那罗陀（一名波罗末陀）	亲依（一名真谛）	西天竺优禅尼国人	梁太清二年	京师（后卒于南海）	南京	同	同
佛陀	觉者	天竺人	魏孝文帝时	嵩岳少林寺		习禅	同

续表

姓名	汉名	原籍及家世	时代	住居何地	今地	事业	根据何书
菩提达摩		南天竺婆罗门种	魏末至北齐	邺下	河南安阳县	同	同
支昙猛		月氏人?	后燕慕容垂末年			军事顾问	《晋书·慕容垂载记》

计天竺二十人，罽宾九人，迦维罗卫一人，兜佉勒一人，安息三人，月支八人，康居八人，于阗一人，高昌一人，西域九人，扶南二人，未详者三人，竺婆勒子一人，外国学僧一人，共六十七人。

第五章

汉族第二次休养时代　隋唐

汉族第一次蜕化，在春秋战国时代，东夷、西戎、南蛮、北狄从四面侵入，竟以武力凌虐汉族；前后扰攘四百余年，卒被汉族文化所征服；大多数之蛮夷戎狄，皆弃其固有之国民性，相率同化于汉族。于是自西周末年以来，逐渐老大腐化之单纯汉族，至是因异族结婚之结果，新产出一种少年混血汉族，造成秦汉两朝之汉族大帝国，与欧洲之罗马帝国东西对峙，为世界中古史初期无上光荣之大国。汉族文化之盛，武力之雄，至西汉中叶达于极点。自此以后，经过二百余年，逐渐老大腐化。黄巾之乱、董卓之乱、凉州诸将之乱相继而起，州牧郡守各据地自王。天下分崩离析者百余年，一变而为三国，再变而为西晋；西晋号称一统，然宗室诸王兵权太重，地方政府对于中央政府，离心力之强远在向心力以上。贾后之乱、八王之乱相继而起，宗室互相残杀，五胡乘势侵人中国，黄河流域化为异族屠掠之场，流血之惨，为古来历史上所仅见。自此以后，又经过二百余年，汉族遗民经过许多忍辱负重，努力奋斗之结果，与匈奴、鲜卑、氐、羌各族遗民，血统逐渐混合，酿成一种新民族。汉族固有之文化与异族固有之武力结合为一，以汉族为父系，鲜卑人为母系，造成隋唐两朝之汉族大帝国。汉族文化之盛，武力之雄，至唐时发达达于极点，西与印度交通频繁，产生出一种儒佛混合之新文化，东与高丽、百济，北与突厥、铁勒、回纥、奚、契丹，西与沙陀、党项、吐蕃交通频繁，加入许多民族新分子，产生出无量数之新汉族，于是汉族之势骤张，三国两晋南北朝时代第二次蜕化之成绩，至是始告圆满无缺矣。兹述其事迹如下。

第一节　隋唐之先世系统

隋唐血统非纯粹汉人，兹特别列举其疑点如下：

一、隋唐先世家于武川，其地为匈奴、鲜卑人杂居地也。《周书》卷十九《杨忠传》,《隋书》卷一《高祖本纪》皆言隋室之先家于武川；《旧唐书》卷一《高祖本纪》,《新唐书》卷一《高祖本纪》亦言唐室之先家于武川。武川为后魏北边六镇之一，在今绥远东部。秦汉以先属匈奴，蒙恬、卫青两次收复之，始隶中国。东汉为南匈奴杂居地，三国、两晋以来，为匈奴遗民与鲜卑杂居地，后魏始建代国，盛乐（即今绥远省城归绥县之归化城）为其发祥地。武川为畿内重镇，其地人民多拓跋氏旧部，由漠北从龙南下者。西魏佐命宇文泰、贺拔胜、独孤信、侯莫陈崇、若干惠、贺兰祥、宇文虬等皆此地英雄，与杨忠、李虎为同僚（看《周书·文帝本纪》及贺拔胜等各人本传）。忠、虎先世皆家于武川，或者即拓跋氏丰沛子弟之后？未可知也。

二、隋室自谓系出弘农，唐室自谓系出陇西，其证据不充分也。

《周书·杨忠传》曰：“杨忠，弘农华阴人也。……高祖元寿，魏初为武川镇司马，因家……焉。”

《隋书·高祖本纪》曰：“高祖文皇帝……弘农郡华阴人也。汉太尉震八代孙铉仕燕为北平太守，铉生元寿，后魏代为武川镇司马，子孙因家焉。”

《旧唐书·高祖本纪》曰：“高祖神尧……皇帝……其先陇西狄

道人，凉武昭王皓七代孙也。皓生歆，歆生重耳，仕魏为弘农太守。重耳生熙，为金门镇将，领豪杰镇武川，因家焉。”

《新唐书·高祖本纪》亦曰：“高祖神尧……皇帝……陇西成纪人也。其七世祖皓，当晋末，据秦凉以自王；是为凉武昭王。皓生歆，……歆生重耳，魏弘农太守。重耳生熙，金门镇将；戍于武川，因留家焉。”

玩其文义，似乎隋之先世本弘农人，因官于武川，故留居武川；唐之先世本陇西人，因戍于武川，故留居武川耳。实则随宇文泰起兵之豪杰，其原籍武川者，其先世皆系拓跋氏本部之鲜卑人；即宇文泰本身为武川人，其先世亦鲜卑人也。

《周书》卷一《文帝本纪》曰：“太祖文皇帝姓宇文氏，讳泰，……代武川人也。其先……遁居朔野，有葛乌菟者，雄武多算略，鲜卑慕之，奉以为主，世为大人。其后曰普回，因狩，得玉玺三纽，……因号宇文国，并以为氏焉。普回子莫郁自阴山南徙，始居辽西。九世至侯豆归。为慕容晃所灭。其子陵仕燕，……魏道武将攻中山，陵从慕容宝御之；宝败，陵……归魏，拜都牧主，赐爵安定侯。天兴初，徙豪杰于代都，陵随例迁武川焉。”

《周书》卷十四《贺拔胜传》曰：“贺拔胜字破胡，其先与魏氏同出阴山。有如回者，魏初为大莫弗。祖尔头骁勇绝伦，以良家子镇武川，因家焉。”

卷十六《独孤信传》曰：“独孤信，云中人也，本名如愿。魏氏之初有三十六部，其先伏留屯者，为部落大人，与魏俱起。祖俟尼，和平中，以良家子自云中镇武川，因家焉。”

同卷《侯莫陈崇传》曰：“侯莫陈崇字尚乐，代郡武川人。其先魏之别部，居库斛真水。五世祖曰太骨都侯。其后世为渠帅。祖允以良家子镇武川，因家焉。”

卷十七《若干惠传》曰：“若干惠字惠保，代郡武川人也。其先与魏氏俱起，以国为姓。”

卷二十《贺兰祥传》曰：“贺兰祥字盛乐，其先与魏俱起，有纥伏者，为贺兰莫何弗，因以为氏。其后有以良家子镇武川者，因家焉。”

凡此诸人，其先皆鲜卑各部酋长，随拓跋氏南迁而家于武川者。其与隋唐家世稍异者，不过隋唐君主皆自己承认其先世为中国人，彼等则自己承认其先世为鲜卑人耳。然一考隋唐本姓，知隋唐先世亦未必即中国人也。

三、隋室之先赐姓普六茹，唐室之先赐姓大野，杨、李二字或者非本姓也。

《周书·杨忠传》言："魏恭帝初，忠以功赐姓普六如氏。"《隋书·高祖本纪》亦言："皇考从周太祖起义关西，赐姓普六茹氏。"

新、旧《唐书·高祖本纪》皆言："皇祖虎，西魏时以功参佐命，赐姓大野氏。"

玩其文义，似乎忠本汉族，姓杨，普六茹乃赐姓；虎本汉族，姓李，大野氏乃赐姓。实则魏自孝文帝太和二十年正月，下诏皇室改姓元氏，诸功臣旧族自代来者，姓或重复，皆改之；于是拓跋氏旧臣民皆改为汉姓（看《资治通鉴纲目》卷二十八《魏孝文帝改从汉姓一览表》）。西魏文帝大统十五年五月，诏代人复其旧姓。恭帝廓元年，恭帝复姓拓跋氏（看《纲目》卷三十三）。是时宇文泰当国，李虎、杨忠皆西魏功臣，虎为八柱国之一，忠为十二大将军之一（看同书卷八《侯莫陈崇传》）。然则所谓赐姓普六茹氏，赐姓大野氏者，律以代人复旧姓之例，似即复姓，非赐姓。

《隋·高祖本纪》曰："武帝聘高祖长女为皇太子妃，益加礼重。齐王宪言于帝曰：'普六茹坚相貌非常，臣每见之不觉自失。恐非人下，请早除之。……内史王轨骤言于帝曰：'皇太子非社稷主，普六茹坚貌有反相。"

《旧唐书·高祖本纪》曰："皇祖讳虎……周受禅，追封唐国公。……至隋文帝作相，还复本姓。"

《新唐书·高祖本纪》亦曰："隋文帝相周，复高祖姓李氏。"

据此推测，知周室末年，隋文帝尚姓普六茹，至将篡时始改姓杨；唐高祖之父李昞仍姓大野，亦至隋文帝将篡时始改姓李氏耳。顾史书不称为改姓而称为复姓者，意者隋室既自认为汉太尉震之后，唐室既自认为汉前将军广之后，史臣有所避忌，不敢明言；故为此倘恍迷离之说，以存其真相，未可知也。

四、隋室与汉太尉震之血统关系，唐室与凉武昭王及汉前将军广之血统关系，中间尚欠明了也。

> 《隋书·高祖本纪》曰："高祖文皇帝姓杨氏，讳坚，…… 汉太尉震八代孙铉仕燕为北平太守，铉生元寿，……元寿生太原太守惠嘏，嘏生平原太守烈，烈生宁远将军祯，祯生忠，忠即皇考也。"

据以上所载观察：知由铉至文帝，中间系统明了：由铉上溯震，只言八代，既无名字，更无事迹；则铉是否为震苗裔，殊有研究余地也。

新，旧《唐书·高祖本纪》皆言唐为凉武昭王皓之后，皓生歆，歆生重耳，重耳生熙，熙生天赐，仕魏为幢主。天赐生虎，后魏左仆射，封陇西郡公。与宇文泰、李弼等同为西魏佐命，称为八柱国。虎生昞，周安州总管，柱国大将军，袭封唐国公。昞生渊，是为高祖。似乎武昭王与高祖之血统关系极为明了确凿。然据《魏书》研究，知西凉亡后，皓之孙宝入魏，封敦煌公，仕至镇北将军、怀荒镇大将。子孙世其业，为魏世臣，阀阅之盛在北朝当首屈一指。《魏书》卷三十九《李宝传》中具载李氏名臣，备极褒崇，而独不及李虎；似乎未尝承认李虎为武昭王裔孙。然犹可曰北齐与北周世仇，北齐人魏收所撰之书，不载西魏佐命大臣，未尝不近情理。然《李宝传》中有名昞者，为宝之曾孙，龙骧将军、荥阳太守、姑臧侯承之孙，骠骑大将军、开府仪同三司、高平男虔之子，为高阳王雍太尉录事参军，死河阴之难，与《唐书·高祖本纪》所载皇考隋安州总管、柱国大将军唐仁公同名。仁公为皓六代孙，参军为皓五代孙，族子与族父同名，绳以南北朝时避家讳之惯例，似乎无此情理。李虎、李昞在《魏书》、

《周书》、《隋书》、《北史》皆无传，仅附见于《唐书·高祖本纪》及同时其他各名人传中，是否为武昭王子孙，似乎尚有研究余地。至于武昭王家世，据《魏书》卷九十九《李皓传》，谓皓为汉前将军广之后；《晋书》卷八十七《凉武昭王传》，谓皓为广十六世孙。《魏书》为北齐魏收所撰，脱稿在先，只知皓为广后，而未详其世次。《晋书》为唐太宗御撰，脱稿在后，知广与皓中间之世次，而未载其人名与事迹。窃意《魏书》所载当系根据当时传闻，《晋书》所载多少加以人工点缀，然则武昭王与李将军广之血统关系，亦似乎尚有研究余地也。

五、隋、唐皇室女系血统确为鲜卑人也。

《周书》卷十六《独孤信传》曰："信第四女，元贞皇后；第七女，隋文献后。"

《隋书》卷三十六《文献独孤皇后传》曰："文献独孤皇后，……周大司马河内公信之女也。"

卷四十五《文四子传》曰："高祖五男，皆文献皇后之所生也。长曰房陵王勇。次炀帝，次秦孝王俊，次庶人秀，次庶人谅。"

《旧唐书·高祖本纪》曰："高祖以周天和元年生于长安。七岁，袭唐国公，……文帝独孤皇后，即高祖从母也；由是特见亲爱。"

《新唐书·高祖本纪》曰："仁公生高祖于长安，……袭封唐公。隋文帝独孤皇后，高祖之从母也；以故文帝与高祖相亲爱。"

据以上各条观察：知独孤信第四女适唐仁公李晒，生高祖渊，后追尊为元贞皇后；第七女适隋文帝坚，生太子勇、炀帝广、秦王俊、蜀王秀、汉王谅，谥曰文献皇后。独孤信先世为魏初三十六部大人之一，系拓跋氏嫡系鲜卑人；然则隋炀帝、唐高祖皆鲜卑妇人所生，实混血儿也。

《周书》卷三十《窦炽传》曰："炽兄子毅……尚太祖第五女襄阳公主。毅第二女即唐太穆皇后。"

《旧唐书》卷五十一《后妃传上》曰："高祖太穆皇后窦氏……隋定州总管神武公毅之女也。后母，周武帝姊襄阳长公主。"

《新唐书》卷七十六《后妃传上》曰："高祖太穆皇后窦氏，父毅在周为上柱国，尚武帝姊襄阳长公主。入隋为定州总管、神武公。"

同卷七十六《高祖诸子列传》曰："高祖二十二子：窦皇后生建成、太宗皇帝、玄霸、元吉。"

《旧唐书》卷六十四《高祖二十二子传》曰："高祖二十二男；太穆皇后生隐太子建成及太宗、卫王玄霸、巢王元吉。"

据以上各条观察：知高祖窦皇后为周文帝宇文泰女外孙，亦鲜卑妇人所生。窦后生太子建成、太宗世民、齐王元吉。太宗父母皆鲜卑妇人所生，则太宗亦混血儿也。

《旧唐书·后妃传上》曰："太宗文德顺圣皇后长孙氏，……隋右骁卫将军晟之女也。晟妻，隋扬州刺史高敬德女；生后。"

《新唐书·后妃传上》曰："太宗文德顺圣皇后长孙氏，……其先魏拓跋氏，后为宗室长，因号长孙。"

《隋书》卷五十五《高劢传》曰："高劢字敬德，渤海蓚人也。齐太尉清河王岳之子。"

《北齐书》卷十三《清河王岳传》曰："清河王岳……高祖从父弟也。"

《旧唐书》卷七十六《太宗诸子传》曰："太宗十四子：文德皇后生高宗大帝、恒山王承乾、濮王泰。"

《新唐书》卷八十《太宗诸子传》曰："太宗十四子：文德皇后生承乾，又生第四子泰、高宗皇帝。"

据以上各条观察：知太宗长孙皇后为后魏宗室长孙晟女，其母高氏为北齐清河王岳女孙，袭清河王劢女，父系母系皆鲜卑人。长孙皇后生太子承乾、魏王泰、高宗治。高宗之父太宗为混血儿，母长孙皇后为鲜卑妇人，则高宗本身承袭鲜卑血统者约四分之三，承袭汉族血统者仅四分之一也（看隋唐皇室血统表）。

六、隋室、唐室之家族关系，常与儒教道德伦理抵触，而与塞外民族风俗习惯暗合也。

《史记·匈奴传》曰："父死，妻其后母；兄弟死，皆取其妻妻之。"（《汉书·匈奴传》同）

《汉书》卷九十六《西域传》曰："乌孙国……与匈奴同俗。武帝即位，乌孙使使献马，愿得尚汉公主为昆弟。……元封中，遣江都王建女细君为公主以妻焉，……昆莫以为右夫人。……昆莫年老，语言不通，……欲使其孙岑陬尚公主，公主不听，上书言状。天子报曰：'从其国俗。'……岑陬遂妻公主。"

《后汉书》卷九十《乌桓鲜卑传》曰："乌桓者本东胡也。其性悍塞，怒则杀父兄。……其俗妻后母，报寡嫂。"

又曰："鲜卑者亦东胡之支也。……其言语习俗与乌桓同。"

同卷八十七《西羌传》曰："其俗……父没则妻后母，兄亡则纳厘嫂，故国无鳏寡。"

《三国志·魏志》卷三十《东夷传》曰："夫馀在长城之北，去玄菟千里。……兄死妻嫂，与匈奴同俗。"

《晋书》卷九十七《西戎传》曰："吐谷浑，……父卒妻其群母，兄亡妻其诸嫂。"

《周书》卷五十《突厥传》曰："父、伯、叔死，子、弟及侄等妻其后母，世叔母及嫂；唯尊者不得下淫。"

《隋书》卷八十四《突厥传》曰："父兄死，子弟妻其群母及嫂。"

据以上各条观察：知父死妻母，兄死妻嫂，为塞北民族之公共习惯；蒙族之匈奴，满族之扶馀，满蒙混血族之乌桓、鲜卑，回族之乌孙、突厥，藏族之西羌无不皆然。号称为例外者，独有奉行儒教之东亚各国而已。中国为儒教发祥地，家族道德伦理之观念最重。乱伦之事，虽残忍暴虐如桀、纣、幽、厉，骄奢淫逸如齐东昏侯、陈后主，亦有所避忌而不敢为。其敢公然犯天下之大不韪者，只有鲜卑民族出身之北齐文宣帝高洋、武成帝高湛等数人而已。汉族出身之皇帝，惟隋炀帝、唐太宗、高宗为例外：

史称隋文帝晚年不克令终，系炀帝使私人张衡行大逆。文帝崩后，炀帝烝于文帝后宫宣华夫人陈氏、容华夫人蔡氏，宫庭之间有惭德焉（看《隋书》卷三十六《后妃传》）。

唐太宗杀其弟齐王元吉，而纳其妃杨氏，有宠，生曹王明。长孙皇后崩，帝欲立杨氏为后，纳魏徵谏，乃止。后以明继元吉后（看《唐书》卷八十《太宗诸子传》）。

庐江王瑗者，魏陇西襄公虎之曾孙，周朔州总管蔚之孙，隋柱国哲之子，高祖之族子，太宗之族兄弟也。太子建成死后，瑗以平素党于建成，惧罪，谋反，伏诛；有宠姬没入宫，侍帝。帝以示王珪，纳珪谏，乃出之（看《新唐书》卷七十八《宗室列传》，《资治通鉴纲目》卷三十九贞观二年十一月“以王珪为侍中”条）。

太宗崩，高宗即位，以太宗才人武氏为昭仪。旋纳武氏谗，废皇后王氏、淑妃萧氏为庶人而杀之，立武氏为皇后。宰相长孙无忌、褚遂良等皆以反对废立被害（看《新唐书》卷七十六《后妃传》上）。

隋炀帝骄暴之主，无论矣！唐太宗，英主；高宗，仁君；何为出此？意者隋、唐皇室或系北方民族出身，其先天上之遗传与后天上之习惯皆不以乱伦为非，故有此种矛盾举动也。

七、隋、唐皇室好与外族通婚姻也。汉族富于自尊心，不好与外族通婚。除去西汉高帝对于匈奴冒顿单于，武帝对于乌孙昆莫，曾因不得已之原因，与之和亲外，历代汉族出身之皇室皆无此例也！独隋、唐两朝为例外。隋室宫中：若文献皇后独孤氏，太子勇妃元氏，蜀王秀妃长孙氏，汉王谅妃豆卢氏（看《隋室外族女子入宫表》）；唐室宫中，若文德皇后长孙氏，贞懿皇后独孤氏，高祖昭仪宇文氏，皆鲜卑人；敦煌王承菜妃毗伽公主，则回纥人也（看《唐室外族女子入宫表》）。隋室公主下嫁外族者：有皇妹，皇女，宗室女；其所嫁之驸马：有鲜卑人，有突厥人，有前代归化人，有外国君主（看《隋室公主下嫁外族表》）。唐室公主下嫁外族者：有皇女，皇妹，亲王女，宗室女，皇室甥女，宗室甥女；其所嫁之驸马：有鲜卑人，有突厥人，有奚人，有契丹人，有吐蕃人，有南诏人；有前代归化人，有本身归化人，有外国君主，有外国亲王，有外国大臣（看《唐室公主下嫁外族表》,《唐室宗女下嫁外族表》,《唐室甥女下嫁外族表》)。其所以不以“非我族类”为嫌者，由侧面观察，知隋、唐皇室或者亦系北方民族之一，故绝无种族见解存于胸中也。

八、唐室好以国姓赐与外族也。历代国姓最重，绝不轻易授人；汉初娄敬赐姓刘，隋初尉迟义臣赐姓杨，宋初李继迁赐姓名赵保吉，北宋末李良嗣赐姓赵，明末郑成功赐姓朱，盖历史上仅见而已。独唐代国姓随意授人，绝无种族界限。其赐国姓者：有靺鞨人，有契丹人，有奚人，有铁勒人，有回纥人，有突厥人，有沙陀人，有党项人，有安息人；有本身归化人，有前代归化人；有唐室大臣，有外国君主，有外国亲王，有外国酋长；极千差万别之致。唐室所以随意以国姓授与外族者，由侧面观察，知唐室国姓亦得自倘来，故用推己及人方法，而公诸同类也（看《唐代外族赐姓表》)。

九、唐太宗、高宗二帝皆排斥跪西李氏也。

《新唐书·高俭传》曰：初，太宗尝以山东士人尚阀阅，后虽衰，子孙犹负世望，嫁娶必多取赀，故人谓之卖昏。由是诏士廉（俭字俭以字行）与韦挺、岑文本、令孤德棻责天下谱牒，参考史传，检正真伪，进忠贤，退悖恶，先宗室，后外戚，退新门，进旧望，右膏粱，左寒畯，合二百九十三姓，千六百五十家，为九等，号曰《氏族志》；而崔干仍居第一。帝曰：“我于崔、卢、李、郑无嫌，顾其世衰，不复冠冕，犹恃旧地以取赀。不肖子偃然自高，贩鬻松槚，不解人间何为贵之？齐据河北，梁、陈在江南，虽有人物，偏方下国，无可贵者，故以崔、卢、王、谢为重。今谋士劳臣以忠孝学艺从我定天下者，何容纳货旧门，向声背实，买昏为荣耶？太上有立德，其次有立功，其次有立言，其次有爵，为公卿大夫世世不绝，此谓之门户。今皆反是，岂不惑耶？朕以今日冠冕为等级高下。”遂以崔干为第三姓。班其书天下。高宗时……又诏后魏陇西李宝，太原王琼，荥阳郑温，范阳卢子迁、卢泽、卢辅，清河崔宗伯、崔元孙，前燕博陵崔懿，晋赵郡李楷，凡七姓十家不得自为昏。

陇西李氏为南北朝时阀阅之一，其先祖李宝为凉武昭王孙，据

《魏书·李宝传》、《唐书·高祖本纪》所载，实为唐高祖渊五世叔祖；而太宗、高宗二代排斥其族，不遗余力如此，由侧面观察，知唐与武昭王显然无血统关系，唐室亦决非陇西李氏可知矣（看《唐室与陇西李氏关系表》）。

吾友李贻燕，福建闽侯人也。少年在家乡时，曾见南宋宰相李忠定公时代所修之李氏家谱。自西汉前将军广至南宋忠定公纲，历代李氏名人皆载其内，唐代之文士李太白、李阳冰等亦俱列入，独阙有唐皇室及皇族。李忠定公卒于宋高宗绍兴十年（西历纪元一一四〇年），上距李将军广没世之岁（汉武帝元狩四年，西历纪元前一一九年）已一千二百五十九年，距唐亡之岁（昭宣帝天祐四年，西历纪元九〇七年）仅二百三十三年耳。此表系忠定公在世时所修，至晚当在西历一千一百四十年以前脱稿。忠定公非排唐者，所载当有根据，最切近之根据当为忠定公先人所保存之李氏家谱。既有此赫赫光荣之三百年一统天子本家，岂有不列入之理，然则唐室与李将军广不发生血统关系，在李忠定公时固早已确定矣。李忠定公为有宋一代名臣，道德、学问、功业、文章俱足千古，非肯消极说假话者。公修家谱时既不敢高攀唐室作本家，我辈二十世纪之后生小子，自不便专信官书一面之辞，而代李将军广妄认子孙，并代李忠定公妄认联宗也。（二十年三月十七日脱稿）

隋唐皇室血统表

附表一百零一，据《北史·独孤信传》、《北周书·杨忠传》、《独孤信传》、《隋书·文帝本纪》、《文献独孤皇后传》、《长孙览传》、《旧唐书·高祖本纪》、《太穆皇后窦氏传》、《文德皇后长孙氏传》、《高士廉传》、《长孙无忌传》、《高祖二十二子传》、《太宗诸子传》。

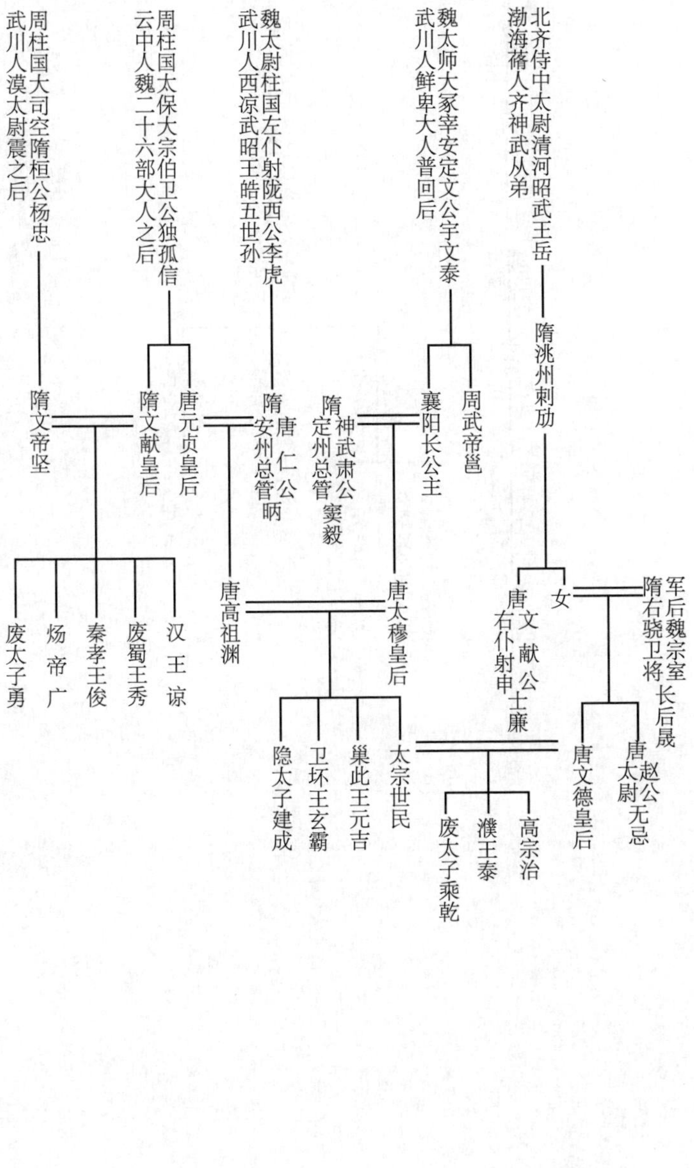

唐室与陇西李氏关系表

附表一百零二，据《魏书·李宝传》、《唐书·高祖本纪》假定。

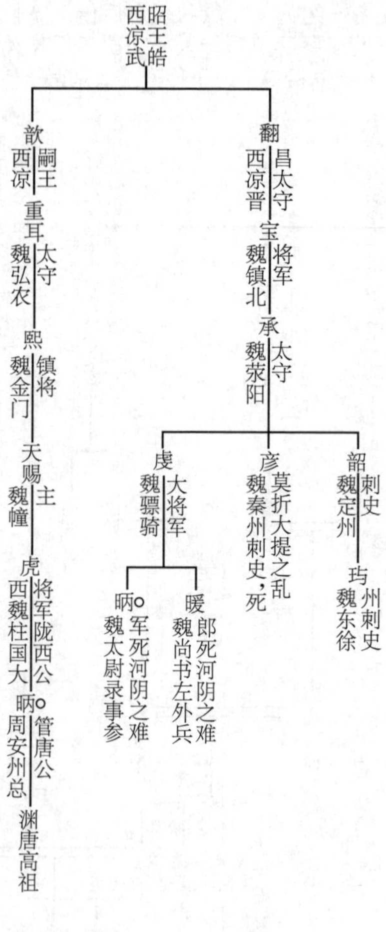

第二节　高丽百济血统之加入

通古斯民族之发祥地，在今乌苏里江、松花江流域，最古之部落称为肃慎氏，秦汉时代，分股南下，散布于现在辽宁北部、吉林西部，建国号曰扶馀。包有辽宁境内故洮昌道、吉林境内故吉长道一带，为农业之国。境内多平原，土宜五谷，文化相当发达。西汉末年，其王子邹牟得罪于本国，南奔卒本（今佟家江流域），略取现在辽宁东北部，建国号曰高丽（本名高句骊，略称之曰高丽）。[①]汉成帝鸿嘉元年（西历纪元前二〇年），邹牟殂，子类利立，是为琉璃明王。异母弟沸流、温诈与之不协，南奔负儿岳（今名三角山，在朝鲜京城之北），沸流择居于弥邹忽（今朝鲜京畿道仁川），温诈择居于慰礼城（当在今京畿道汉江北岸），相度地势，招集户口，开辟草莱；朝鲜半岛西南部箕氏之马韩王，割东北境百里之地以封之。已而慰礼城附近地利日辟，人口日繁，弥邹忽卑湿，不宜于居住，沸流郁郁忧愤而卒，其臣民皆归慰礼城，温祚之势日盛，乃建国号曰百济。[②]

自此以后，高丽在朝鲜半岛北部，百济在半岛西南部，逐渐发展势力，高丽乘西晋末年中国内部有五胡十六国之乱，尽取辽河以东地，与前燕、后燕、北燕等国构兵，互有胜负。百济亦灭马韩之箕氏，东与朝鲜半岛东南部韩民族所创立之新罗，北与高丽竞争，三国各用合纵连横手段，互相倾轧，对内取抑强扶弱策，合两弱国以抗一强国，强弱之形势有时变更，分合之情形亦随之而变；对外取远交近攻策，百济通好于中国南朝以威吓高丽，高丽亦通好于中国北朝以抵制百济，新罗联络高丽以压迫百济，百济亦联络日本以抵抗新罗，双方彼此互相利用，互相牵掣，极纵横捭阖之能事。[③]及其晚年，高丽与隋冲突，隋文帝开皇十八年（西历纪元五九八年）、炀帝大业七年（六一一年）、九年（六一三年）曾三次大举兵伐高丽，皆无功而还，

① 看《东洋史》第二编 107 至 109 页高句骊之勃兴。

② 看《东洋史》第二编 109 至 110 页百济之勃兴。

③ 《东洋史》第二编 111 至 115 页高丽百济之竞争三国内部之和战。

于是高丽日益跛扈。[1]

已而隋亡唐兴，中华大帝国复成立，三国皆惧，先后遣使入朝，受封册。是时高丽东部大人泉盖苏文作乱，弑其王建武，而立王弟之子藏，是为宝藏王。自为莫离支（总文武二柄，犹中国之吏兵二部尚书）专国政。与百济联合，南北夹攻新罗。新罗孤立无助，遣使请救于唐。太宗遣使喻高丽罢兵，盖苏文不奉诏。贞观十八年（六四四年）太宗自将伐高丽，无功而还，新罗出兵攻高丽南境以应中国，百济亦出兵攻新罗西境以救高丽，二国狼狈相倚，跛扈滋甚。高宗永徽六年（六五五年）高丽、百济连兵侵新罗北境，破三十五城，新罗请救于唐，显庆五年（六六〇年）朝廷以苏定方为大将，率师十万，自现在山东成山角渡海，攻百济西部，新罗亦出兵攻百济东方，百济力竭请降，诏分其地为五都督府，擢其酋长为都督、刺史；迁其王族于长安，徙其豪杰于徐（今江赛北部）、兖（今山东西部）、营（今热河东南部）等州，仪凤元年（六七六年）复徙置于辽东境内之建安故城（在今辽宁盖平县西南六十里）。于是百济遗民遂杂居中国，与汉族同化。

百济既亡，朝廷遂乘势经略高丽，龙朔元年（六六一年）以任雅相等为大将，率三十五军，水陆分道伐高丽。连破其兵，遂围平壤（高丽都城，在今朝鲜黄海道），会雅相卒于军，平壤久不下，诸军乃引还。

已而泉盖苏文卒，其长子男生专国政，与其弟男建、男产争权，走降中国。乾封元年（六六六年）朝廷以李蜥为大将，使男生领向导，统诸军伐高丽；大破其兵，遂围平壤，高丽王藏降，诏分其地为九都督府、四十二州、百县，置安东都护府于平壤以统之，擢其酋帅有功者为都督、刺史、县令；迁其王族于长安，[2] 徙其遗民三万八千三百户于江淮之南及山南（今湖北北部、陕西南部）、京西（今陕西长安以西）诸州空旷之地，留其贫乏者使守安东。[3] 仪凤二年（六七七年）立高藏为朝鲜王，遣归辽东，安辑高丽余众，高丽人先在诸州者，皆

---

① 看《东洋史》第二编 162 至 166 页高丽与隋之冲突。

② 看《东洋史》168 页高丽之衰亡。

③ 看《通鉴纪事本末》卷一七四唐平辽东内“总章二年”条。

遣与俱归；[1] 藏至辽东谋叛，召还，徙邛州（今四川邛崃县）而死；分徙其遗民于河南、陇右诸州。于是多数高丽遗民杂居中国内地，仕于朝廷多显官，若中宗时代之黑齿常之系百济西部人，玄宗时代之高仙芝、王思礼，系高丽人，皆为有唐初年名将；淄青藩镇李正己、纳、师古、师道祖孙父子，亦高丽人，为有唐中叶以后世臣。

高丽世系表　附表一百零三，据林泰辅《朝鲜通史》。

扶馀王子，姓高氏。传二十八世，七百零五年（西历纪元前三七年至纪元六六八年），为唐所灭。

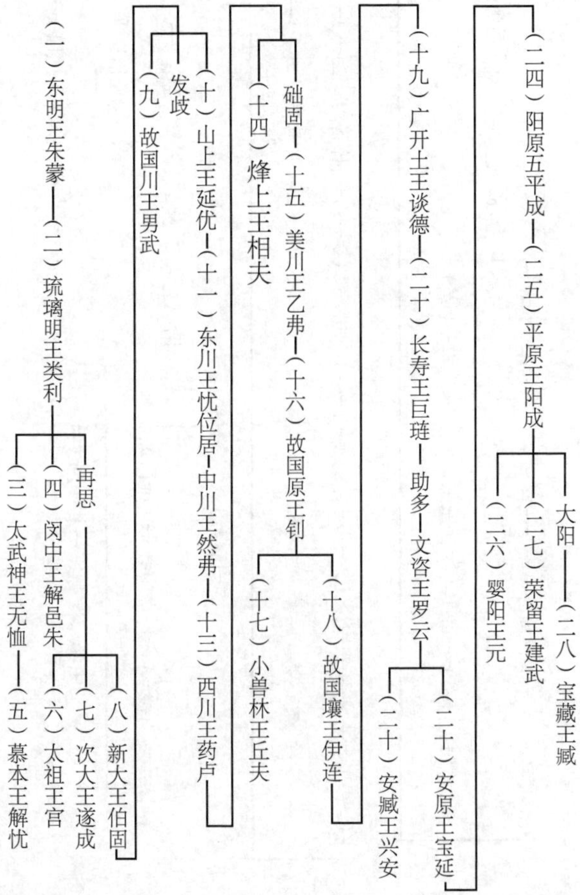

[1] 看《通鉴纪事本末》卷一七四唐平辽东内“仪凤元年”条。

百济世系表 附表一百零四，据林秦辅《朝鲜通史》。

高丽王子，姓扶馀氏。传三十世，六百七十八年（西历纪元前一八年至纪元六六一年），为唐所灭。

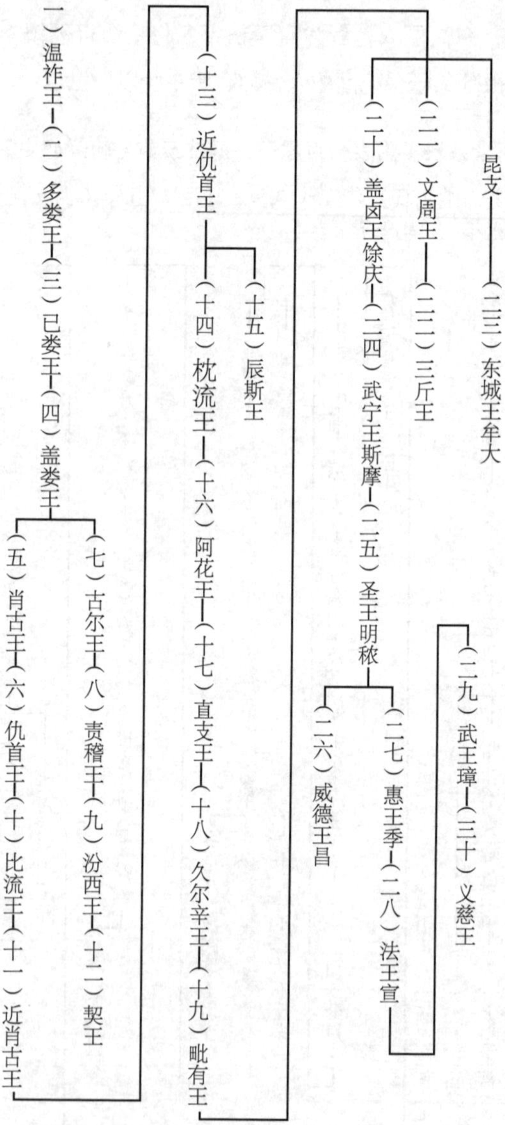

第三节　突厥血统之加入

突厥民族之发祥地，在阿尔泰山麓，地处亚洲北部中央，为现在中俄分界地。地势高寒，不适于农耕，土人以游牧为业，为天然现象所驱，常欲逐渐东下；缘阿尔泰山东麓，移至现在外蒙古西部，为匈奴势力所阻，不能自由向东方发展；乃分为二股，一股东南下，移至现在甘肃河西，占领现在甘肃西北部及宁夏，分为二大部落，一曰大月氏，一曰乌孙。一股东北下，移至现在俄领西伯利亚中部，散住于伊尔库次克省、后贝加尔省等地，称为丁零。匈奴全盛时代，用武力向四围发展，丁零受其压迫，为所羁縻。大月氏、乌孙，相继战败，大月氏移至现在阿母河流域，征服希腊人建立之大夏与印度西北部，建立极大王国。输入希腊、印度文化，开辟自己草昧，一时文化程度甚高，武力甚强，在亚洲史上所占之位置，亚于波斯、印度。乌孙移至现在伊犁河流域，占领天山北路及俄领七河省，与西汉联合，东西出兵夹攻匈奴。前后相持数十年，卒击败匈奴，使之称臣纳贡，入朝于汉。东晋中叶以后，大月氏衰微，其同族之嚈哒，复崛起于天山之东，南向占领阿母河流域，西压波斯，东略印度，其武力之强，与大月氏相伯仲。南北朝末年，嚈哒衰微，其同族突厥，复勃兴于阿尔泰山之南，东灭鲜卑人所建立之柔然，占领外蒙古；西并天山南北路及锡尔河流域，建立极大之游牧帝国；南向侵略中国，北朝之北周、北齐，皆汲汲以买其欢心为必要。隋室建国日浅，人望未孚，对于突厥始终取羁縻政策。唐室勃兴，始取积极政策，太宗、高宗二代，先后灭东西两突厥，并吞其领土，融合其民族，于是汉民族中始有大多数突厥民族血统加入，人种上又一进化矣。兹述其事迹如下：

突厥本西方小国，姓阿史那氏，世居金山（今阿尔泰山）之阳，为柔然铁工。梁武帝大同年间（西历纪元五三五至五四五）酋长土门在位，有勇略，南破天山东麓同族之高车，并其部落五万余众，国势大张。求婚于柔然，柔然头兵可汗詈之，土门怒，自立为伊利可汗（北方民族总首领之名称，等于中国之皇帝，匈奴之单于），击柔然，大破之，杀头兵，灭其国，尽取内外蒙古。自此以后，累代多英主，南向侵略中国。北周北齐对峙时代，双方皆厚赂之以买其欢心。隋室统一中国，用远交近攻策，东结现在热河境内东胡遗民之奚、契丹，西结中亚境内突厥别部之达头可汗，使双方牵掣突厥。突厥沙钵略可汗势孤，乃请和亲，上表称臣入贡。沙钵略殂后，其子都蓝可汗与其弟子突利可汗对立，隋室纵反间计，离间都蓝与突利。突利为都蓝所败，请降于隋，隋立突利为启民可汗，居之大利城（在今绥远归化城西），都蓝寻为其下所弑，余众皆降于启民，启民北归外蒙古境内之可汗庭，事隋甚谨。

启民殂后，子始毕可汗立，适值隋亡唐兴，中国北部之群雄，若马邑（今山西北部）校尉刘武周，朔方（今绥远西部）郎将梁师都，榆林（今陕西北部）流人郭子和等，各据郡起兵，争引突厥为后援，竞称臣于突厥以媚之。唐高祖起兵太原，亦遣使称臣借兵，赂遗甚厚。突厥恃功骄倨，每遣使至长安，多暴横。始毕殂后，弟颉利可汗、子突利可汗并立，屡助刘武周、梁师都及河北群雄夏王窦建德之故将刘黑闼等侵略北边，唐室患之。唐太宗纵反间计离间二可汗，突利归心于唐。颉利怒，陵虐突利，突利奔唐。贞观四年（西历纪元六三〇年），太宗乘突厥内乱，以李靖为大将，统诸军击灭之，执颉利，分其地为六州，左置定襄，右置云中二都督府以统之。分突利故地，置顺、祐、化、长四都督府。以突利为顺州都督，颉利为右卫大将军、启民可汗弟苏尼失为北宁州都督，封怀德郡王；颉利族人思摩为化州都督，封怀化郡王，寻进拜右武侯大将军，赐姓李，使统颉利故部。其余酋长，拜将军、中郎将者五百人，奉朝请者百余人，因而入居长安者近万家。于是突厥遗民多数被同化于汉族。苏尼失子阿史那忠，处罗可汗次子阿史那社尔，别部酋长执失思力与西突厥特勤史大奈等，皆仕于唐，有战功，为有唐初年名将。李光弼副将白元光，亦突厥人，为肃宗灵武中兴名将。

东突厥世系表　附表一百零五

姓阿史那氏，自土门统一漠北，传十一世七十八年（五五二至六三〇），为唐所灭。余烬复燃者数次，又阅百余年而全亡。其地入于回纥。

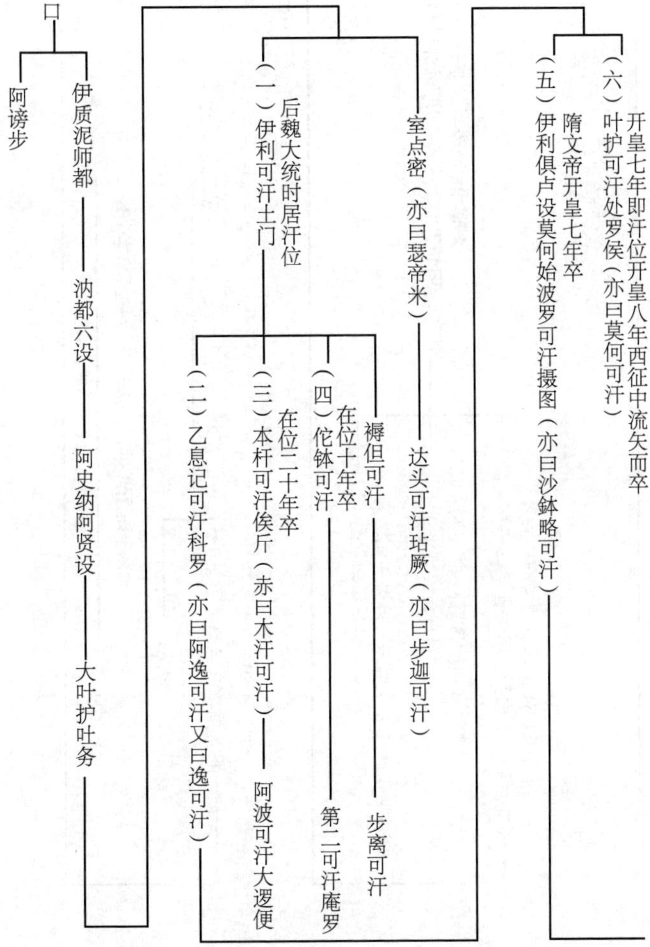

口（颉利之疏族）

- （十三）默啜可汗 天授初自立玄宗开元四年北讨拔曳固负胜轻归被击杀
  - 小可汗匐俱
- （十二）骨咄录可汗 高宗永淳元年自立为汗武后天授初病卒
  - 阙特勤
  - （十四）毗加可汗默棘连 开元四年立开元二十年被毒卒

突利可汗什钵苾

- （七）颉伽施多那都蓝可汗（亦曰都蓝可汗） 开皇八年即汗位十九年为部下所杀
- （八）意利珍豆启民可汗染干（亦曰启民可汗） 开皇十九年受封炀帝大业五年卒
  - （十一）颉利可汗咄苾 武德三年立太宗贞观四年被擒至八年卒
  - （十）处罗可汗俟利弗 武德二年立武德三年卒
  - （九）始毕可汗咄吉世（即咄吉亦作吐吉） 大业五年立唐高祖武德二年卒

判阙特勤
登利可汗
之从父

（十八）白眉特勤鹘陇匐可汗（即白眉可汗）
天宝三载立天宝四载为回纥部攻杀东突厥亡

（十七）乌苏米施可汗（即乌苏可汗）
玄宗天宝元年立天宝三载为拔悉蜜部攻杀

（十六）登利可汗（即宓伽骨咄可汗）
开元二十二年立开元二十九年为其从父判阙特勤所杀

（十五）伊然可汗
开元二十年立开元二十二年病卒

西突厥世系表 附表一百零六，东突厥宗室，分国而治。

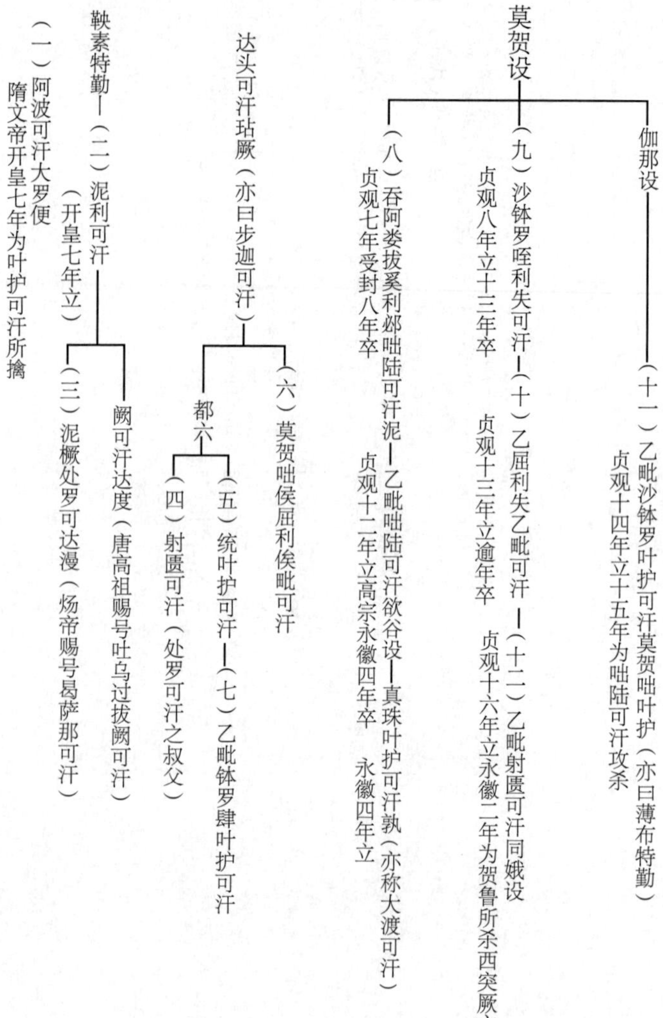

凡例

一、本表系据《周书》、《隋书》、《北史》、《旧唐书》、《新唐书》、《突厥传》作成。

二、《周书》、《隋书》记突厥世系矛盾处则依《北史》为标准，《旧唐书》、《新唐书》记突厥世系矛盾处依《新唐书》为标准。

三、可汗在位年代之可考者概为注出。

四、表中可汗在位年代不见于正史者系采自《通鉴》。

五、此表系孟君咸宇代作，附志于此以表谢忱。

第四节　铁勒血统之加入

铁勒者，亦突厥民族，散居漠北，分薛延陀、回纥、都播、骨利干、多葛滥、同罗、仆固、拔野古、思结、浑、斛薛、奚结、阿跌、契苾、白霫等十五部；旧臣属突厥。颉利政衰，薛延陀部酋长夷男率其徒击颉利，大破之，众共推夷男为主。朝廷方图突厥，用远交近攻策，遣间使立为真珠毗伽可汗。突厥亡后，其部落多北附薛延陀，夷男建庭于都尉鞬山，回纥以下诸部皆隶之。唐太宗贞观十九年（西历纪元六四五年）夷男殂，子多弥可汗立，猜褊好杀，国人不附。回纥部酋长吐迷度率诸部叛，击杀多弥可汗，余众西走，贞观二十一年（西历纪元六四七年）朝廷遣李世勣率师击灭之。回纥以下诸部相继来降，请吏奉贡，愿为内臣。诏以回纥为瀚海都督府，仆固为金微都督府，多滥葛为燕然都督府，拔野古为幽陵都督府，同罗为龟林都督府，思结为卢山都督府；浑为皋兰州，斛薛为高阙州，奚结为鸡鹿州，阿跌为鸡田州，契苾为榆溪州，思结别部为姚林州，白霫为寘颜州；拜其酋长为都督、刺史，置燕然都护府于漠北以统之。于是北荒悉平，诸部酋长多入居中国，仕朝廷为显宦，若契苾氏之何力、明父子为有唐初年名将；仆固氏之怀恩、玚父子，浑氏之释之，为肃宗灵武中兴名将；释之之子瑊为德宗奉天定难功臣，阿跌氏之光进、光颜兄弟，并赐姓李，为宪宗元和功臣；回纥阿布思之族廷凑，为王武俊养子，穆宗时据成德叛，子元逵，孙绍鼎、绍懿，曾孙景崇，玄孙镕相继据镇州（今正定县）者百年，后为部将张文礼所杀；李茂勋、可举父子，亦回纥阿布思族，唐末，窃据幽州，称卢龙节度使，后为沙陀李克用所灭；皆其中之铮铮佼佼者。其后回纥统一漠北，安史之乱（在唐玄宗天宝末年）两次入援中国皆有功，肃宗以皇女宁国公主妻其葛勒可汗，穆宗又以皇妹太和公主妻其崇德可汗，待遇甚优，因而回纥人移入中国内地者不少。武宗会昌中（西历纪元八四一至八四六）回纥为黠戛斯（国名，在今俄领西伯利亚伊尔库次克省）所破灭，遗民降幽州者前后万余人，皆散隶各道，于是回纥人遂遍布于中国内地矣。

回纥世系表

附表一百零七，据《旧唐书·回纥传》。

姓药罗葛氏，自时健起始为酋长，至吐迷度始称可汗，至骨力裴罗国始强大，传十五世至奉诚可汗而系绝，詘跌氏继之复传九世至特勒遏捻，为黠戛斯所灭，两系共传二十四世二百余年。

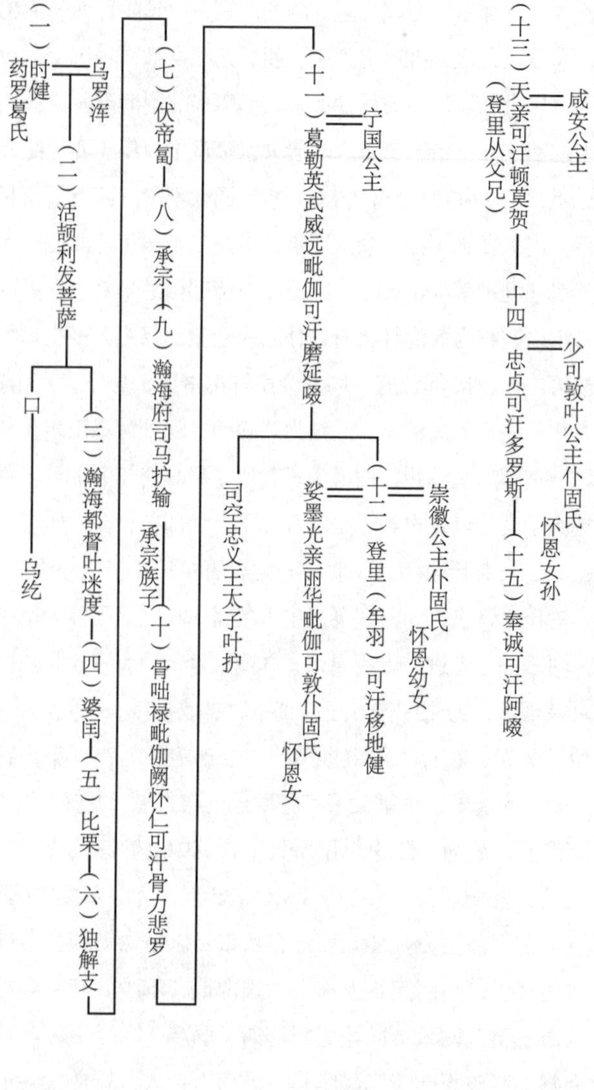

续表

（二十四）特勤遏捻

（二十三）乌介特勤

（二十）昭礼可汗曷萨

太和公主

（十九）崇德可汗——（二十一）彰信可汗胡——（二十三）盧𫘝特勤

（十六）怀信可汗骨咄禄——（十七）腾里可汗——（十八）保义可汗

𨁴跌氏

薛延陀世系表 附表一百零八，据《唐书·回鹘传下》，下同。

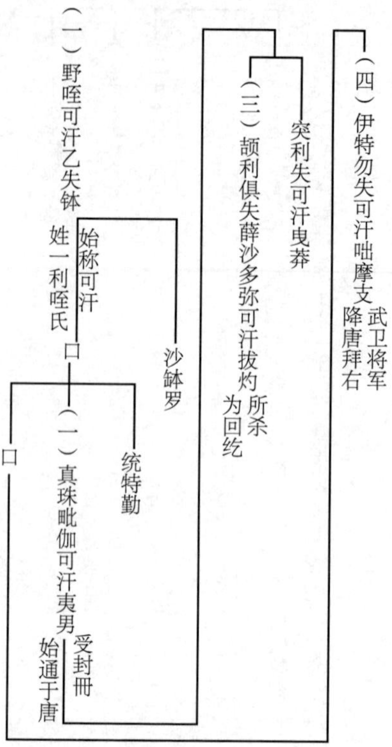

仆固世系表 附表一百零九

（一）娑匐俟利发歌滥拔延 降唐拜右武卫大将军金微州都督（二）怀恩 唐朔方节度使大宁郡王 玚

浑世系表 附表一百一十

大俟利发浑 唐云 汪麾将军

（一）俟利发阿贪支 降唐拜皋兰州刺史（二）回贵——（三）——大寿（四）释之 唐朔方留后宁朔郡王

瑊 唐河中节度使咸宁郡王

契苾世系表 附表一百一十一

（一）易勿真莫贺可汗哥愣

（二）莫贺咄特勤——（三）何力 降唐拜榆溪州刺史

多滥葛世系表　附表一百一十二

（一）俟斤多滥葛末 $\frac{\text{降唐拜燕}}{\text{然都督}}$（二）多滥葛塞匐

阿跌世系表　附表一百一十三

詘跌思泰

┌光进 $\frac{\text{赐姓李}}{\text{附属籍}}$
└光颜

第五节　沙陀血统之加入

沙陀者，亦突厥民族，旧名处月，为西突厥别部。西突厥强盛时代，处月与其别部处密，分据伊犁河流域。其后西突厥衰乱，处月徙居现在新疆东北部沙雷务雷山（塔尔巴哈台山脉之分支，在哈密县北部）之南，巴里坤湖（属镇西县）之东，其地有大碛，名沙陀，因号沙陀突厥。西突厥亡后，处月降唐。高宗永徽年间（西历纪元六五〇至六五五）即其地置金满、沙陀二州，皆领都督。龙朔中（六六一至六六三）其酋长朱邪金山，从薛仁贵讨铁勒有功，授墨离军讨击使，累封张掖郡公。金山卒，子辅国嗣，游吐蕃祸，徙部北庭（今新疆迪化县），累封永寿郡王。辅国卒，子骨咄支嗣，从肃宗讨安禄山有功，拜特进、骁卫上将军。骨咄支卒，子尽忠嗣，累迁金吾卫大将军，封酒泉县公。

是时河陇沦没，北庭、西州（今新疆吐鲁番县）闭不通，朝奏使皆道出回纥。回纥贪婪，沙陀苦其暴敛，德宗贞元中（西历纪元七八五至八〇四）遂附吐蕃，与共寇北庭，陷之；吐蕃徙其部甘州，以尽忠为军大论（吐蕃官名）。沙陀劲勇冠诸胡，吐蕃每战，以为前锋。久之，回纥攻吐蕃，取凉州，吐蕃疑尽忠持两端，欲徙沙陀于河外，尽忠与其子执宜谋复归唐。宪宗元和三年（八〇八年）率部落三万而东，吐蕃兵追之，自洮水转战至石门（关名在今甘肃固原县北），凡数百合，死者大半，尽忠没于阵，执宜率余众诣灵州降（今宁夏灵武县）。节度使范希朝置之盐州（故城在今宁夏盐池县北），为市牛羊，广其畜牧，善抚之。诏置阴山府，以执宜为兵马使，执宜乃保神武川之黄花堆（一名黄瓜堆，在今山西山阴县北），更号阴山北沙陀。文宗大和中（八二七至八三五）徙治云朔塞下（今山西北部长城外），授执宜阴山府都督。执宜生赤心，以讨庞勋功，授大同军节度使，赐姓李，名国昌。国昌生克用，以讨黄巢功，授河东节度使，封晋王。克用生存勖，遂灭朱梁，尽取黄河流域，自立为皇帝，国号唐，史称后唐，是为突厥民族君临中国之始。其后后晋石敬塘，后汉刘知远，北汉刘崇，皆为其同族，于是沙陀人之分布地遂遍于黄河流域矣。

沙陀世系表 附表一百一十四，据《唐书·沙陀传》。

姓朱邪，降唐后赐姓李，为后唐之租

阿阙 孤注 那速

（一）张掖公郡金山—（二）永寿郡王辅国—（三）骁卫上将军骨咄支—

—（四）酒泉县公尽忠—（五）阴山府都督执宜—（六）大同节度使赤心—

—赐姓名李国昌—（七）晋王克用—（八）后唐庄宗存勖

第六节 党项血统之加入

党项亦图伯特族，本西羌别种，其字音为羌之音转，其散布地在现在四川西部西北边外，当青海之南，山谷崎岖，以姓别为部，一姓又分为数小部落，大者万骑，小数千，有细封氏、费听氏、往利氏、颇超氏、野辞氏、房当氏、米禽氏、拓拔氏，而拓拔最强。旧臣属吐谷浑，唐太宗贞观八年（西历纪元六三四年）西海道行军大总管李靖征服吐谷浑，党项亦同时内属，朝廷分其地为三十二州，即首领拜刺史，授拓拔氏酋长赤辞为西戎州都督。赐姓李。其后吐蕃强盛，拓拔氏渐为所逼，遂请内徙，诏移其部落于庆州，（今甘肃庆阳县），置静边等州以处之，是为拓拔氏杂居甘肃之始。其后时叛时服，朝廷苦之。郭子仪都统朔方、邠宁、鄜坊，奏请徙静边州都督、夏州乐容等六府党项于银州（令陕西米脂县）之北，夏州（今横山县）之东，召其首领拓拔朝光等五刺史入朝，厚赐遣远，是为拓拔氏移住陕西之始。其后世居夏州者号平夏部，黄巢之乱（在僖宗广明元年至中和四年，西历纪元八八〇至八八四年），其酋长拓拔思恭起兵勤王，助都统郑畋讨贼有功，授定难节度使，统夏、绥（今绥德县）、银、宥（在今鄂尔多斯右翼中后二旗，元和十五年，移至靖边县）等州，封夏国公，赐姓李。思恭卒，弟思谏、孙彝昌相继嗣职，后梁太祖开平四年（九一〇年）彝昌为其下所杀，将士立其族父仁福。仁福卒后，子彝超、彝兴，孙克睿，曾孙继筠相继嗣职。适值宋室勃兴，继筠称臣，入贡，修好于宋，助宋太宗灭北汉有功，朝廷优加赏赉。继筠卒，弟继捧袭职，宋太宗太平兴国七年（九八二年）举族入朝纳土，族弟继迁不从，叛走地斤泽（在横山县东北）。宋廷剿抚失机，遂令继迁坐大。至其孙元昊，遂占领现在绥远、宁夏与陕甘北部，建都宁夏，称大夏皇帝。与宋对峙二百余年，时起冲突，侵略陕甘中部，宋廷卒无如之何。至有元勃兴，始统一于蒙古民族势力范围之下，复与中国合并。

党项世系表一

定难军节度使时代。附表一百一十五，据《唐书·党项传》。

党项酋长姓拓拔氏，自赤辞始归唐，授西戎州都督，至思恭始为定难节度使，赐姓李，传九世至继捧，入朝于宋纳土，从弟继迁叛走，袭据银州，契丹封为夏国王，是为西夏之始。

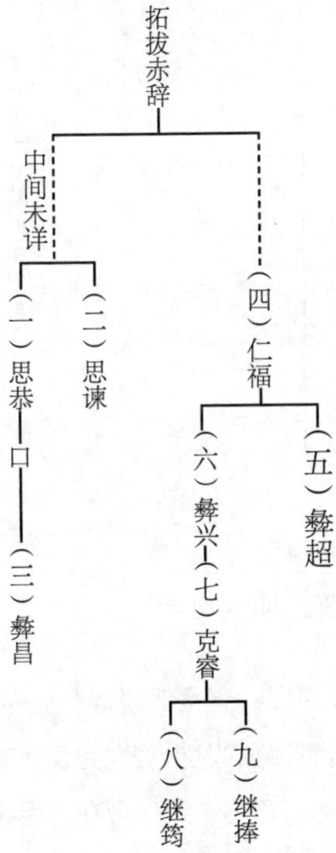

党项世系表二

西夏建国以后。附表一百一十六，据《宋史·西夏传》。

自继迁始称夏王，后降宋，赐姓赵，至元昊称皇帝，复姓李，凡传十二世二百五十八年，为蒙古所灭。

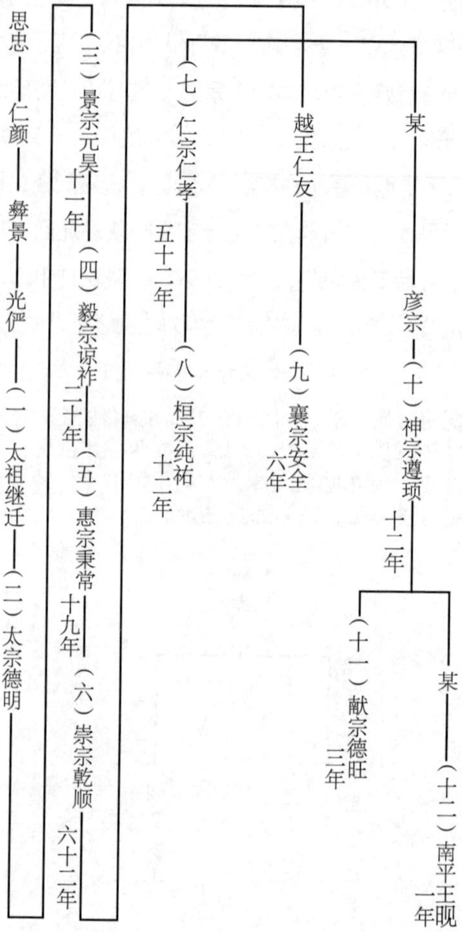

第七节　吐蕃血统之加入

吐谷浑、党项相继内属，唐室西境遂与吐蕃相接。吐蕃亦图伯特族，本西羌属，在吐谷浑西南，其根据地为现在前藏都城拉萨。隋唐之交，其国浸强，并吞近旁各部落，统一现在前后藏。唐初，击破吐谷浑及党项，并吞现在青海与西康，创立藏族空前绝后之一统大帝国。贞观十五年（西历纪元六四一年）其赞普（吐蕃君主之称，犹中国之皇帝，匈奴之单于，突厥之可汗）弃宗弄赞请婚于唐，太宗以宗室女文成公主，妻之。复遣诸豪子弟留学中国，学习诗书；又请儒者典章疏，于是中国文化输入西藏。高宗、武后、中宗、玄宗在位时代（六五〇至七五五年），吐蕃屡次发兵窥甘肃、新疆，朝廷派大将，统重兵，与之角逐于青海之东及天山之南，互有胜负，西方苦于兵役。武后圣历二年（中宗嗣圣十六年，西历纪元六九九年），吐蕃大将论赞婆率所部千余人，论弓仁以所统七千帐来降，于是多数藏人归化于中国。安史之乱（七五五至七六三年）朝廷尽调陇右（今甘肃南部）、河西（今甘肃北部）、安西（今天山南路）、北庭（今天山北路）诸镇之精兵东征，留兵单弱，吐蕃乘机蚕食河西、陇右，尽取现在甘肃、西宁二省，与唐以陇山为界；复移兵南下，破四川西部诸州；德宗贞元六年（七九〇年），复陷安西北庭，取现在天山南北路；于是甘肃、西宁、新疆与四川西部皆为藏族杂居地。武宗时代（八四一至八四六年），吐蕃内乱，诸部分裂，国势衰微。宣宗大中三年（八四九年），吐蕃秦（今甘肃天水县）、原（今甘肃固原县）、安乐（在今宁夏灵武县境内）三州，木峡、石门、驿藏、制胜、石峡、六盘、萧关等七关（皆在今平凉、固原等县境内）守将相继来降；沙州（今甘肃安西县）汉族张义潮阴结豪杰，逐吐蕃守将，发兵略定其旁十州郡，尽复河西、陇右，朝廷置归义军于沙州，统河陇十一州，以义潮为节度使，镇之；西川节度使遣兵取维州（故城在今四川理番县西十里），恢复川西诸州县；于是现在甘肃、四川境内吐蕃遗民皆被同化于汉族。北宋初年，尚有许多小部落，分据甘肃西南部；对于中国政府，称臣，纳贡，为保护国，具半独立之势。李继迁作乱，太宗曾任命西凉府（今武威县）境内六谷都首领潘罗支为大将，使之牵掣继迁；李元昊反，仁宗又利用鄯州（今西宁）境内邈川大首领唃厮啰武力，使之夹击元昊，颇能效忠于中国。其后元昊陷西凉府，六谷部落为所兼并。神宗时代，经略使王韶复河、洮、岷、宕、叠等州（俱在今甘肃西部），邈川首领木征（唃厮啰玄孙）纳土，入朝，授荣州团练使，赐姓名赵思忠，于是甘肃境内藏族首领渐夷于庶姓。有元勃兴，灭金，灭夏，统一黄河流域。西与西藏交通，尊喇嘛教首领八思巴为国师，崇拜其教；于是藏族与蒙族结合，中国境内之吐蕃遗民，在蒙古帝国势力范围之下，完全被同化于汉族。

吐蕃世系表

附表一百一十七，据《唐书·吐蕃传》。

姓勃窣野氏，自瘕悉董摩始见史册，至弃宗弄赞国始强大，传十七世至达磨而系绝，湴氏之乞离胡继之，国遂衰不能复通于中国云。

（一）瘕悉董摩——（二）陀土度——（三）揭利失若——（四）勃弄若——（五）讵素若

（六）论赞素——（七）弃宗弄赞 卒于六五〇——（八）某 六五〇至六七九——（九）器弩悉弄 六七九至七〇三

（十）弃隶蹜赞 即位七〇三——（十一）乞黎苏笼腊赞 卒于七五二——（十二）挲悉笼腊赞 即位七五三

？（十三）乞立赞 卒于七九七

（十四）足之煎 七九七至八〇四

（十五）某 八〇四至八一七

（十六）可黎可足 彝泰赞普 八一七至八三八

（十七）达磨 八三八至八四二

（十八）乞离胡（綝氏） 即位八四二

第八节 奚血统之加入

西喇木伦、老哈木伦流域，为东胡旧根据地，西汉初年，为蒙古境内之游牧帝国匈奴所破灭，其遗族分为乌桓、鲜卑二大部落，羁縻于匈奴。东汉末年，乌桓为曹操所灭，其遗族多徙居中国边地，被同化于汉族。两晋南北朝时代，鲜卑各部落多徙居中国内地，占领黄河流域，创立许多短命之帝国王国，与汉族南北对峙。后魏之衰，鲜卑威名扫地，其遗族与汉族合体，建设隋唐二大帝国，为政界主要分子。其旧根据地西喇木伦、老哈木伦流域遗民，始终未移居中国，尚未与汉族同化者，在有唐初年，尚分二大部落：一曰奚，一曰契丹。

奚居乌桓旧地，元魏时，自号库真奚。隋时，始去库真，但曰奚。其地东北接契丹，西接突厥，南临白狼河（今大凌河，发源热河凌源县之松岭山脉，经辽宁锦县，入渤海），北隣霫（即白霫，在今热河北部西喇木伦河北），大体在现在热河中部西喇木伦、老哈木伦流域，为游牧之国，分五部，每部各置一俟斤（官名）主之。唐太宗贞观三年（西历纪元六二九年）始来朝，自此以后，至贞观二十年，凡四次朝贡。二十一年，太宗伐高丽，奚从战有功，二十二年（六四八年），其酋长可度者请内属，诏以其地为饶乐（水名即西喇木伦河）都督府，授可度者都督，封楼烦县公，赐姓李。以阿会部为弱水（元魏时名弱洛水，略称为弱水，音转而为饶乐水）州，处和部为都黎州，奥失部为洛瓌州，度稽部为大鲁州，元俟折部为渴野州，各以其部长为刺史，并隶饶乐都督府，而置东夷校尉于营州（今热河朝阳县）以统之。武后万岁通天（六九六年）中，契丹酋长李尽忠、孙万荣反，奚亦叛，与连兵。睿宗太极元年（七一二年），幽州都督孙佺、将军李楷洛、周以悌率兵击奚，兵败，佺、以悌皆为所虏。玄宗开元二年（七一四年），其酋李大酺遣使谢罪请降，复授饶乐都督，封饶乐郡王，以宗室出女辛氏为固安公主，妻之。八年（七二〇年），从营州都督许钦澹讨契丹叛酋可突干，兵败，战死，弟鲁苏代领其众；诏授都督，袭王，以成安（《唐书·奚传》作盛安，公主中无封盛安者，此据诸公主传订正）公主女韦氏为东光公主，妻之。十八年（七三〇年），可突干胁奚人叛降突厥，鲁苏不能制，奔榆关（今山海关）。二十年（七三二年），河北副元帅信安王祎将兵伐契丹，奚酋李诗等率部落五千帐迎降，诏以其地为归义州，拜诗都督，徙其部落于幽州之傍，于是奚人始南徙。多数奚人杂居内地，仕于朝为显官，若德宗建忠功臣义武节度使张孝忠，本名阿劳，成德叛将李宝臣、惟岳父子，穆宗时魏博叛将史献诚，其最著者也。天宝三载（七四四年），安禄山兼范阳节度使，诱奚王李日越，杀之，俘其骁壮戍云南，于是奚入始杂居中国西南部。自此以后，时常朝贡，终唐之世，为东北藩臣；虽偶有侵寇，然大体平和时多，冲突时少。懿宗（八六〇至八七三年）以后，契丹强盛，奚不能抗，为所羁縻。契丹虐待奚人，奚人怨恨，其酋去诸引别部内附，保妫州（今察哈尔来县）之北山，于是奚人始杂居口北十县境内，分为东西奚。东部附属契丹，后随辽人同被汉化；西部附属中国，唐末已全部被汉化矣。

奚世系表

附表一百一十八，据新、旧《唐书·奚传》。
世袭饶乐都督，赐姓李。

（一）楼烦县公可度者（二）匹帝（三）饶乐郡王大酺═固安公主辛氏
（四）奉诚郡王鲁苏═东光公主韦氏
（五）归义王李诗（六）怀信王延宠═宜芳公主杨氏
（七）昭信王娑固
（八）日越……归诚王梅落

第九节　契丹血统之加入

契丹居鲜卑旧地，东接高丽，西接奚，南接中国之营州，北接室韦（今黑龙江上流流域唐代部落之总名），大体在现在辽河中流流域（即热河东北部，辽宁西北部），为游牧之国。其君长姓大贺氏，胜兵数万人，分八部。旧臣属突厥，隋唐之交，始为中国所羁縻。唐太宗贞观二十一年（六四七年），帝自将伐高丽，至营州，契丹酋长窟哥来朝，请内属。二十二年，即其地置松漠都督府，授窟哥都督，封无极男，赐姓李。以其属下达稽部为峭落州，纥便部为弹汗州，独活部为无逢州，芬问部为羽陵州，突便部为曰连州，芮奚部为徒河州，坠斤部为万丹州，伏部为匹黎、赤山二州，各以其部长为诸州刺史，并隶松漠都督府；置东夷校尉于营州，兼辖松漠、饶乐二都督府，使汉官为校尉以统之。武后万岁通天元年（六九六年）营州都督赵文翙陵辱契丹，窟哥之孙李尽忠、时为松漠都督，怨文翙，与其别部酋长归诚州刺史孙万荣举兵反，陷营州。尽忠自称无上可汗，以万荣为前锋，分兵四略，所向皆破。会尽忠卒，突厥默啜可汗乘契丹倾国南侵之隙，袭破松漠都督府，虏尽忠、万荣妻子。万荣军溃，为其下所杀，于是契丹附于突厥。玄宗开元二年（七一四年），尽忠从父弟失活见默啜政衰，复率众来降，授都督，封松漠郡王，以东平王外孙杨元嗣女为永乐公主，妻之；所统八部，各擢其酋长为刺史。自此以后，时叛时服，朝廷取羁縻政策，辄以宗室出女妻其君主，授都督，封王爵，与之连和。武后时，其酋长李楷洛入朝，累官左羽林大将军，封蓟郡公。楷洛之子光弼事玄宗，以功荐擢至朔方节度副使。安史之乱，奉诏经略河北，镇抚河东，恢复河南，有大功，拜太尉、中书令，封临淮王，为肃宗灵武中兴功臣之首，与郭子仪齐名。光弼之弟光进事肃宗，有战功，掌禁兵；代宗时，出为渭北邠宁节度使，封武威郡王。光弼之子汇有志操，廉介自持。宪宗时，授宿州刺史，迁泾原节度使，有惠政，卒赠工部尚书。自此以后，契丹李氏为唐室世臣，与国家同休戚。成德藩镇王武俊、士真、承宗祖孙父子，安禄山部将孙孝哲，皆契丹人；

安禄山及其部将李怀仙皆营州柳城（今热河凌源县）胡人，亦奚契丹同族人也。

契丹世系表 附表一百一十九，据新、旧《唐书·契丹传》。

姓大贺氏，自摩会始入朝于唐，至窟哥始拜松漠督，赐姓李，传十二世至楷洛，中间叛服不常，嗣后遂附回纥，其世次不可得而详云。

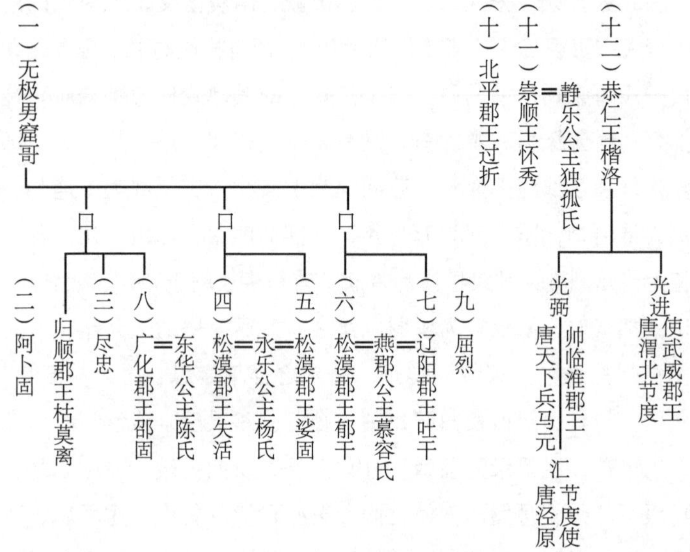

此外若高宗朝之大将李谨行、任雅相，中宗朝之大将李多祚，德宗朝之大将李怀光，皆秣鞨（今吉林黑龙江境内通古斯族）人；玄宗朝大将论弓仁，肃宗朝大将论惟贞，皆吐蕃人；玄宗朝大将哥舒翰本突骑施（西突厥别部）人，李光弼副将白孝德本安西胡人，德宗奉天定难功臣李元谅本安息人，玄宗朝之秘书监朝衡本日本人，原名阿部仲麻吕，皆归化人中之卓有声望者。

隋唐幅员辽阔，领土内民族极复杂；又其皇室血统本不单纯，当时最流行之佛教，又系众生平等主义；又承袭北周系统，颇以赐国姓一节为极平常之事。故隋唐时代种族观念极薄弱，对于外民族之杂居内地者，一律与以平等待遇。通婚之事固多，赐国姓、认为国宗者亦不少。兹试列表于下，以供参考：

隋隋室外族女子入宫表　附表一百二十

谥号及姓氏	原籍及父兄	宫中原来位置	所生之子女	何族	今为何族	根据何书
文献皇后独孤氏	讳伽罗，云中人，周太保、大宗伯、卫国公信第七女	文帝皇后	房陵王勇，炀帝广，秦孝王俊，庶人秀，庶人谅	鲜卑	满蒙混血	《北史·后妃传下》、《隋书·后妃传》
房陵王妃元氏	洛阳人，柱国、泾州刺史、洵阳公孝矩女	太子勇元妃	无	同	同	《隋书·房陵王勇传》、《元孝矩传》
蜀王妃长孙氏	洛阳人，上柱国、泾州刺史、薛国公览女	蜀王秀妃		同	同	《隋书·长孙览传》
汉王妃豆卢氏	本姓慕容氏，昌黎徒河人，上柱国、夏州总管、楚国公蛃女	汉王谅妃		同	同	《隋书·豆卢蛃传》
华阳王妃元氏	黄门侍郎元岩女，死江都之难	华阳王楷妃		同	同	《隋女·列女传》

计皇后一人，太子妃一人，王妃三人，共五人，皆鲜卑女子。内中后魏皇族三人，前燕皇族一人，北周贵族一人；有本传者一人，附见于他人传者四人。

室公主下嫁外族表　附表一百二十一

封号	父或兄弟	下嫁何人	家世	何族	今为何族	根据何书
昌乐长公主	文帝妹	豆卢通	本姓慕容，燕北地王精之后，后周大司寇、楚国公、宁之子，上柱国、夏州总管㤝之兄。仕至洪州总管，封南陈郡公	鲜卑	满蒙混血	《隋书·豆卢㤝传》
广平公主	文帝女	宇文静礼	上柱国、凉州总管、汝南郡公庆之子，仕至熊州刺史，封安德县公	同	同	《隋书·宇文庆传》
光化公主	宗室女	慕容伏	吐谷浑可汗	同	同	《隋书·吐谷浑传》

继表

同	同	慕容伏允	吐谷浑可汗。伏弟	同	同	同
安义公主	同	阿史那染干	突厥启民可汗。沙钵略可汗之子	突厥	同	《隋书·突厥传》
义成公主	同	同	同	同	同	同
信义公主	未详	阿史那达漫	西突厥处罗可汗。泥利可汗之子，其母向氏本中国人也	同	同	《隋书·西突厥传》
南阳公主	炀帝长女	宇文士及	右卫大将军述子，篡贼化及之弟。仕唐为中书令	鲜卑	满蒙混血	《隋书·列女传》、《宇文化及传》
华容公主	宗室女	麹伯雅	原籍金城榆中，本汉族，世为高昌王	汉	汉	《北史·西域传》
淮南公主	未详	阿史那什钵苾	突厥突利可汗，降唐拜顺州都督	突厥	同	《唐书·突厥传上》

计皇妹一人，皇女二人，宗室女四人，未详者二人，共九人。所嫁之驸马：计鲜卑五人，突厥三人，汉族一人，共九人。内中中国大臣三人，外国君主六人。

说明 高昌麹氏虽汉人，但久居外国为王，与朝鲜李氏、暹罗郑氏、安南阮氏相同，故列入此表。

唐室外族女子入宫表 附表一百二十二

谥号及姓氏	原籍及父兄	宫中原来位置	所生子女	逝去年	何族	今为何族	根据何书
文德皇后长孙氏	隋左骁卫将军晟女	太宗皇后	废太子乾，濮王泰，高宗治	太宗贞观十年六月崩	鲜卑	满蒙混血	《唐书·后妃传上》、《太宗诸子传》
贞懿皇后独孤氏	左威卫录事参军颖女	代宗贵妃	韩王回，华阳公主	代宗大历十年薨	同	同	《唐书·后妃传下》
宇文昭仪	中书令、郢国公士及妹	高祖昭仪	韩王元嘉，鲁王灵夔	未详	同	同	《唐书·高祖诸子传》、《宇文士及传》
毗伽公主	回纥葛勒可汗磨延啜可敦妹，为葛勒养女	敦煌郡王承菜妃			突厥	同	《唐书·回鹘传上》

计皇后一人，皇妃二人，王妃一人，共四人。内中鲜卑女子三人，一皇族，二贵族；突厥女子一人，贵族？有本传者二人，附见于他人传者一人，外国传者一人。

唐室公主下嫁外族表　附表一百二十三

封号	何帝女	下嫁何人	家世	何时归化	何部人	今为何族	根据何书
长沙公主	高祖女	豆卢怀让	隋相州刺史通之孙，礼部尚书、左卫大将军、芮国公宽之子，武后宰相钦望诸父	后魏	鲜卑	满蒙混血	《唐书·豆卢钦望传》、《公主传》
房陵公主	同	贺兰僧伽	据《通志·氏族略》，贺兰氏魏孝文帝时改贺氏	同	同	同	《唐书·公主传》
九江公主	同	执失思力	突厥酋长，降唐授左领军将军	唐初	突厥	同	同
衡阳公主	同	阿失那社尔	西突厥处罗可汗次子，降唐授右卫大将军	隋	同	同	同
长乐公主	太宗女	长孙冲	太尉、赵公无忌子，仕至秘书监。无忌得罪，流岭南而卒	后魏	鲜卑	满蒙混血	《唐书·长孙无忌传》、《公主传》
东阳公主	同	高履行	侍中、右仆射、申公士廉子	同	同	同	《唐书·高俭传》《公主传》
安康公主	同	独孤湛		同	同	同	《唐书·公主传》
新兴公主	同	长孙曦		同	同	同	同
新城公主	同	长孙诠	陕州刺史操子，无忌从子，无忌得罪，流嶲州被害	同	同	同	《唐书·长孙无忌传》、《公主传》
卫国公主	玄宗女	豆卢建		同	同	同	《唐书·公主传》
贞阳公主	同	源清		同	同	同	同

续表

封号	何帝女	下嫁何人	家世	何时归化	何部人	今为何族	根据何书
东阳公主	同	高履行	侍中、右仆射、申公士廉子	同	同	同	《唐书·高俭传》《公主传》
安康公主	同	独孤湛		同	同	同	《唐书·公主传》
新兴公主	同	长孙曦		同	同	同	同
新城公主	同	长孙诠	陕州刺史操子，无忌从子，无忌得罪，流雋州被害	同	同	同	《唐书·长孙无忌传》、《公主传》
卫国公主	玄宗女	豆卢建		同	同	同	《唐书·公主传》
贞阳公主	同	源清		同	同	同	同
信成公主	同	独孤明		同	同	同	同
宿国公主	肃宗女	豆卢湛		同	同	同	同
宁国公主	同	回纥英武威远可汗	名磨延啜，怀仁可汗子	独立国	突厥	回	同
义章公主	德宗女	张茂宗	义武节度使孝忠次子	肃宗时	奚	满蒙混血	同
咸安公主	同	回纥武义成功可汗	名顿莫贺，登里可汗从父兄，后改封长寿天亲毗伽可汗	独立国	突厥	回	《唐书·公主传》、《回鹘传上》
襄阳公主	顺宗女	张克礼	义武节度使孝忠孙，茂昭子	肃宗时	奚	满蒙混血	《唐书·公主传》、《张孝忠传》
虢国公主	同	王承系	成德节度使武俊孙，士真子，承宗弟	同	契丹	同	《唐书·公主传》、《王武俊传》

续表

封号	何帝女	下嫁何人	家世	何时归化	何部人	今为何族	根据何书
普宁公主	宪宗女	于季友	山南东道节度使訹子	后魏	鲜卑	同	《唐书·公主传》、《于訹传》
太和公主	同	回鹘崇德可汗	保义可汗子，姓詌，跌氏	独立国	突厥	回	《唐书·公主传》、《回鹘传下》
广德公主	宣宗女	于琮	周太师谨之后，为右仆射，死黄巢之难，公主同殉国	后魏	鲜卑	满蒙混血	《唐书·公主传》、《于志宁传》

计皇女二十一人。所嫁之驸马：鲜卑十三人，突厥五人，奚二人，契丹一人，共二十一人。内中中国大臣十六人，外国君主三人，外国皇子一人，外国酋长一人。

唐室宗女下嫁外族表　附表一百二十四

封号	其父何人	下嫁何人	家世	何时下嫁	何部族	今为何族	根据何书
未详	未详	宇文士及	隋右卫大将军述子，本姓破野头	高祖时	鲜卑	满蒙混血	《唐书·宇文士及传》
临洮县主	同	契苾何力	铁勒哥论曷勿施莫贺可汗之孙，莫贺咄特勒葛之子	唐初	突厥	回	《唐书·契苾何力传》
寿安公主	绛王悟	王元逵	回纥阿布思之族，成德节度使王廷凑子，袭父职	唐中叶	同	同	《唐书·王廷凑传》
荣义郡主	未详	安庆宗	范阳节度使禄山子，为太仆卿	玄宗时	胡	蒙	《唐书·安禄山传》
定襄县主	未详	阿史那忠	本名泥孰，突厥启民可汗弟苏尼失子	太宗时	突厥	回	《唐书·阿史那社尔传》、《突厥传上》
金山公主	宋王成器	突厥可汗默啜	颉利可汗族，骨咄禄之弟	睿宗时	同	同	《唐书·突厥传上》
南和县主	蜀王	杨我支特勤	默啜子	玄宗时	同	同	同
交河公主	未详	阿史那昕	斛瑟罗孙，怀道子，袭十姓可汗	未详	同	同	《唐书·突厥传下》

续表

封号	其父何人	下嫁何人	家世	何时下嫁	何部族	今为何族	根据何书
文成公主	未详	弃宗弄赞	吐蕃赞普。论赞素之子	太宗贞观十五年	蕃	藏	《唐书·吐蕃传上》
金城公主	豳王守礼	弃隶蹜赞	同　弃宗弄赞玄孙，器弩悉弄之子	中宗景龙三年	同	同	同
少宁国公主	荣王琬	英武可汗磨延啜	回纥君主。怀仁可汗子	肃宗时与宁国公主为媵	突厥	回	《唐书·回鹘传上》
同	同	英义可汗移地健	同　英武可汗次子	英武死，改嫁其子	同	同	同
弘化公主	未详	河源郡王诺曷钵	吐谷浑可汗。伏允孙，西平郡王顺之子	太宗贞观十三年	鲜卑	满蒙混血	《唐书·西域传上》
金城县主	同	苏度模末	诺曷钵长子	尚宗初	同	同	同
金明县主	同	闼卢模末	诺曷钵次子	未详	同	同	同
安化长公主	同	南诏圣明文武帝法	景庄帝酋龙子，袭王，僭伪号	僖宗时	南诏	苗	《唐书·南蛮传中》
和义公主	同	宁远奉化王阿悉烂达干	拔汗那王	玄宗天宝三载十二月	未详	未详	《通鉴》卷二百一十五

计王女五人，未详其家世者十一人，共十六人。内中封公主者九人，封郡主者一人，封县主者五人，未详其封号者一人。所嫁之驸马：鲜卑四人，突厥八人，胡一人，吐蕃二人，南诏一人，未详其民族者一人，共十七人。内中中国大臣三人，外国君主九人，外国皇子五人；有本传者二人，附见于他人传者三人，见于外国传者十二人，见于《通鉴》者 一人。

说明　拔汗那在今俄领中亚，其地为黄白人种杂居地，故不敢臆断其为何族。

唐室甥女下嫁外族表　附表一百二十五

姓氏及封号	家世	下嫁何人	家世	何时下嫁	何部族	今为何族	根据何书
未详	琅邪公主外孙	禄东赞	吐蕃宰相	太宗贞观十五年	吐蕃	藏	《唐书·吐蕃传上》
永乐公主杨氏	东平王外孙，杨元嗣女	松漠郡王失活	契丹酋长，李尽忠从父弟	玄宗开元四年	契丹	满蒙混血	《唐书·契丹传》
同	同	松漠郡王娑固	同　失活弟	同五年	同	同	同
燕郡公主慕客氏	率更令嘉宾女，玄宗从妹所出	松漠郡王郁干	同　娑固从父弟	五年以后	同	同	同
同	同	辽阳郡王吐干	同　郁干弟	同	同	同	同
东华公主陈氏	宗室女所出	广化郡王邵固	同　尽忠弟	同	同	同	同
静乐公主独孤氏	同	崇顺王怀秀	同	天宝四载	同	同	同
固安公主辛氏	同	饶乐郡王李大酺	奚酋长	开元二年	奚	同	《唐书·奚传》
东光公主韦氏	中宗外孙，成安公主女	饶乐郡王鲁苏	同　大酺弟	开元间	同	同	同
宜芳公主杨氏	宗室出女	怀信王延宠	同　李诗子	同	同	同	同

计八人，内中封公主者七人，未详其封号者一人。所嫁之驸马：吐蕃一人，契丹六人，奚三人，共十人。内中外国君主九人，外国大臣一人。

唐代外族赐国姓者表　附表一百二十六

姓名	字	家世及出身	本姓	何时归化	官爵	何族	今为何族	根据何书
李突地稽		靺鞨酋长	未详	隋末唐初	燕州总管、耆国公、右卫将军	靺鞨	满	《唐书·李谨行传》

续表

姓名	字	家世及出身	本姓	何时归化	官爵	何族	今为何族	根据何书
李谨行		突地稽子	同		营州都督、积石道经略大使、燕国公	同	同	同《本传》
李多祚		其先靺鞨酋长，号黄头都督	同	未详	右羽林大将军、辽阳郡王	同	同	《唐书·本传》
李楷洛		契丹酋长	大贺	武后时	左羽林大将军、蓟郡公	契丹	满蒙混血	《唐书·李光弼传》
李光弼		楷洛子	同		太尉、侍中、兵马副元帅、临淮郡王	同	同	同《本传》
李汇		光弼子	同		泾原节度使	同	同	同《李光弼传》
李光进	太应	光弼弟	同		渭北邠宁节度使、武威郡王	同	同	同
李元谅		安息人，少为宦官骆奉先养子，冒姓骆，名元光	安	未详	陇右节度使、武康郡王	Dake	阿利安	《唐书·本传》
李光进		铁勒阿跌部酋长，世袭鸡田州刺史	阿跌	唐初	灵武节度使	铁勒	回	同
李光颜	光远	光进弟	同	同	司徒、侍中、河东节度使	同	同	《唐书·李光进传》
李宝臣	为辅	范阳内属奚，为张锁高养子，冒姓张，名忠志	未详	未详	成德节度使	奚	满蒙混血	《唐书·藩镇传》
李惟岳		宝臣子			宝臣卒，自称留后以拒命，为部将王武俊所杀	同	同	同 附载《李宝臣传》
李惟简		惟岳弟			凤翔节度使、武安郡王	同	同	同

续表

姓名	字	家世及出身	本姓	何时归化	官爵	何族	今为何族	根据何书
李茂勋		回鹘阿布思之裔，以功赐姓名		开元初	卢龙节度使	回鹘	回	《唐书·藩镇传》
李可举		茂勋子			同	同	同	同　附载《李茂勋传》
李思摩		突厥颉利可汗族人，父曰咄六设	阿史那	唐初	乙弥泥敦可汗、右武卫将军	突厥	同	《唐书·突厥传上》
李思忠		回鹘王子，本名嗢没斯	药罗葛	武宗时	左监门卫上将军、怀化郡王	回鹘	同	《唐书·回鹘传下》
李思贞		回鹘特勤，本名阿历支	同	同	左威卫大将军、宁边郡公	同	同	同
李思义		同　本名习勿啜	同	同	同　昌化郡公	同	同	同
李思礼		同　本名乌罗思	同	同	同　宁朔郡公	同	同	同
李弘顺		回鹘大酋，本名爱邪勿	同	同	右领军大将军、宁塞郡公	同	同	同
李国昌		沙陀酋长朱邪执宜子，本名赤心	朱邪	唐初	大同振武节度使	沙陀	同	《唐书·沙陀传》
李克用		国昌子	同		河东节度使、晋王	同	同	同
李窟哥		契丹酋长	大贺	唐初	松漠都督、无极男	契丹	满蒙混血	《唐书·契丹传》
李尽忠		窟哥孙	同		同	同	同	同

续表

姓名	字	家世及出身	本姓	何时归化	官爵	何族	今为何族	根据何书
李失活		尽忠从父弟	同		同　松漠郡王	同	同	同
李娑固		失活弟	同		同	同	同	同
李郁干		娑固从父弟	同		同	同	同	同
李吐干		郁干弟	同		同　辽阳郡王	同	同	同
李邵固		尽忠弟	同		同　广化郡王	同	同	同
李屈烈		为部将可突干所拥立，叛唐	同		同	同	同	同
李过折		斩可突干及屈烈，复来归	同		同　北平郡王	同	同	同
李怀秀		契丹大酋	同		同　崇顺王	同	同	同
李可度者		奚酋长	未详	唐初	饶乐都督、楼烦县公	奚	同	《唐书·奚传》
李大酺		同	同		同　饶乐郡王	同	同	同
李鲁苏		大酺弟	同		同　奉诚郡王	同	同	同
李诗		奚酋	同		同　归义王	同	同	同
李延宠		诗子	同		同　怀信王	同	同	同
李婆固		奚酋	同		同　昭信王	同	同	同
李日越		同	同		同	同	同	同
李梅落		同	同	元和元年	归诚郡王	同	同	同
李索氏		梅落部将，赐姓	同	同	檀蓟州游奕兵马使	同	同	同
李没辱孤		同	同	同	平州游奕兵马使	同	同	同

续表

姓名	字	家世及出身	本姓	何时归化	官爵	何族	今为何族	根据何书
李献诚		黑水靺鞨酋长	未详	开元十年	黑水都督	靺鞨	满	《唐书·黑水靺鞨传》
李赤辞		党项酋长	拓拔	贞观中	西戎州都督	党项	藏	《唐书·西域传上》
李思恭		党项平夏部首领	同		定难节度使、夏国公	同	同	同
李思谏		思恭弟	同		同	同	同	同
李思孝		同	同		保大节度使	同	同	同
李思敬		思孝弟	同		同	同	同	同
李怀光		渤海靺鞨人，父常为朔方部将，赐姓李，名嘉庆	茹	未详	朔方节度使	靺鞨	满	《唐书·叛臣传上》
李献忠		突厥西叶护，本名阿布思		天宝元年八月	朔方节度副使、奉信王	突厥	回	《通鉴》卷二百一十五、一十六

计靺鞨五人，契丹十四人，安息一人，铁勒二人，回鹘七人，突厥二人，沙陀二人，奚十三人，党项五人，共五十一人。内中有本传者八人，附见于他人传者八人，见于外国传者三十四人，见于《通鉴》者一人。

鲜卑人复姓之风，在西魏末年盛极一时，至北周末年而中止。普六茹坚、大野渊，既一律复汉姓曰杨，曰李，其他赐鲜卑姓之汉人，复旧姓之鲜卑人，当然继续改回汉姓。以故隋唐时代之汉姓大臣当然有一部分非真正汉人，但历史上未注明其先世系统何属者，亦无从推测而断定其必非汉人。兹姑将隋唐时代外族出身人物中之本身归化者，或先世归化而未冠汉姓者，或已冠汉姓，而另有证据证明其非汉人者列表于下，以供参考：

隋隋代外族出身人物表　附表一百二十七

姓名	字	官爵	籍贯	今地	家世及出身	出于何族	今为何族	根据何书
李穆	显庆	太师、上柱国、申国公	高平	甘肃固原县	汉都尉陵之后，世居漠北，随后魏南迁，复归汧陇。周西河公、贤阳平公远弟	匈奴	汉蒙混血	《隋书·本传》
李浑	金才	右骁卫大将军、郕国公	同	同	穆第十子	同	同	《隋书·李穆传》
李崇	永隆	幽州总管、广宗郡公	同	同	穆兄贤子	同	同	同
于义	慈恭	上柱国、潼州总管、建平郡公	洛阳	河南洛阳县	周太傅、燕国公谨子	鲜卑	满蒙混血	《隋书·本传》
元景山	瑶岳	上柱国、行军元帅、平原郡公	同	同	魏安定王燮孙，宋安王琰子	同	同	同
源雄	世略	上柱国、朔州总管、朔方公	西平乐都	甘肃碾伯县	南凉王秃发傉檀之玄孙，魏陇西王源贺之曾孙，祖怀父纂皆袭封陇西王	同	同	《魏书·源贺传》、《隋书·本传》
豆卢烋	定东	上柱国、夏州总管、楚国公	昌黎徒河	辽宁锦县西北	本姓慕容，燕北地王精之后。周楚国公宁子	同	同	《隋书·本传》
贺若谊	道机	柱国、灵州刺史、海陵郡公	河南洛阳		魏云州刺史伏连孙，右卫将军统子	同	同	同
贺若弼	辅伯	上柱国、宋国公	同		谊兄，周金州听管敦子	同	同	同
宇文忻	仲乐	上柱国、杞国公	朔方	陕西横山县	魏安平公莫豆干孙，周大司马、许国公贵子	同	同	同
宇文恺	安乐	工部尚书、安平郡公	同	同	忻弟	同	同	同

续表

姓名	字	官爵	籍贯	今地	家世及出身	出于何族	今为何族	根据何书
元谐		柱国、乐安郡公	洛阳			同	同	同
元胄		上柱国、右卫大将军、武陵郡公	同		魏昭成帝什翼犍六代孙，祖顺，魏濮阳王，父雄，武陵王	同	同	同
长孙平	处均	太常卿，判吏部尚书	洛阳		周柱国俭之子	同	同	同
元晖	叔平	魏州刺史义宁公	同		魏恒朔二州刺史琛孙，尚书左仆射翌子	同	同	同
宇文庆	神庆	上柱国、凉州总管、汝南郡公	同		魏征南大将军、安吉侯金殿孙，夏州刺史显和子	同	同	同
元孝矩		柱国、泾州刺史、洵阳郡公	同		魏尚书仆射修义孙，仆射子均子	同	同	同
元衰	孝整	柱国、齐州刺史、河间郡公	同		孝矩弟	同	同	《隋书·元孝矩传》
长孙览	休因	上柱国、泾州刺史、薛国公	同		魏太师、上党王稚孙，周小宗伯、上党郡公绍远子	同	同	《隋书·本传》
长孙炽	仲光	户部尚书、饶良县子	同		览从子	同	同	《隋书·长孙览传》
长孙晟	季晟	右骁卫将军	同		炽弟	同	同	《隋书·本传》
达奚长儒	富仁	荆州总管、蕲春郡公	代	山西大同县东	祖俟，魏定州刺史；父庆，骠骑大将军、仪同三司	同	同	同

续表

姓名	字	官爵	籍贯	今地	家世及出身	出于何族	今为何族	根据何书
贺娄子干	万寿	榆关总管、巨鹿郡公	同	同	祖道成，魏侍中、太子太傅；父景贤，右卫大将军	同	同	同
伊娄谦	彦恭	泽州刺史、济阳县公			祖信魏中部太守，父灵，相隆二州刺州	同	同	同
元亨	德良	卫州刺史、平凉公	洛阳		父季海，魏司徒、冯翊王	同	同	同
高劢	敬德	洮州刺史	渤海蓨	河北景县	北齐太尉、清河王岳子	同	同	同
尔朱敞	乾罗	徐州总管、边城郡公	秀客	山西忻县西北	魏大丞相尔朱荣族子	契胡	同	同
周摇	世安	幽州总管、济北郡公	洛阳		其先与后魏同源，初为普氏，后改周氏。曾祖拔拔，祖右六肱，俱封北平王。父恕延，行台仆射、南荆州总管	鲜卑	同	同
乞伏慧	令和	秦州总管、西河郡公	马邑	山西朔县	祖周，父纂，并为魏第一领民酋长	同	同	同
侯莫陈颖	遵道	桂州总管、升平郡公	代		父崇，周太保、大司徒、梁国公	同	同	同
宇文㳚	公辅	礼部尚书、平昌县公	洛阳		祖直力觐，魏巨鹿太守，父珍，周宕州刺史	同	同	同
于仲文	次武	右翊卫大将军、延寿郡公	同		建平公义之兄子，父寔，周大左，辅燕国公	同	同	同
宇文述	伯通	左卫大将军、许国公	代郡武川	绥远武川县	本姓破野头，役属鲜卑俟豆归，从其主姓	同	同	同

续表

姓名	字	官爵	籍贯	今地	家世及出身	出于何族	今为何族	根据何书
宇文化及		右屯卫将军	同		述子，弑炀帝，僭称许帝。后为窦建德所诛	同	同	同
宇文智及		将作少监	同		化及弟，后为窦建德所诛	同	同	《隋书·宇文化及传》
元岩	君山	益州长史、平昌郡公	洛阳		父祯，魏敷州刺史	同	同	《隋书·本传》
元寿	长寿	内史令、仪陇县侯	同		祖敦，魏侍中、邵陵王，父宝，周凉州刺史	同	同	同
杨义臣		礼部尚书、泰兴县公	代		本姓尉迟氏，父崇，仕周为仪同大将军	同	同	《隋书》本传、《周书·尉迟迥传》
慕容三藏		淮南太守、河内县男	燕		父绍宗，齐东南道大行台	同	同	同
吐万绪		左屯卫大将军、谷城县公	代		父通，周郢州刺史	同	同	同
源师民		刑部侍郎	洛阳		父文宗，莒州刺史	同	同	《隋书·本传》、《唐书·源乾耀传》
斛斯政		兵部侍郎，以与杨玄感通谋，伏诛	河南		先世为莫弗大人。祖椿，魏太傅、尚书令、常山王。父恢，散骑常侍、新蔡郡公	同	同	《北史·斛斯椿传》、《隋书·杨玄感传》
独孤盛		右屯卫将军，死江都之难			上柱国楷之弟	同	同	《隋书·诚节传》

续表

姓名	字	官爵	籍贯	今地	家世及出身	出于何族	今为何族	根据何书
元文都		内史令、鲁国公，死王世充之变	洛阳		洵阳公孝矩兄子，父孝则，周小冢宰、江陵总管	同	同	同
厍狄士文		贝州刺史、雍州长史			祖干，北齐太宰、章武郡王。父敬武，卫将军、肆州刺史	同	同	《北齐书·神武本纪下》、《厍狄干传》、《隋书·酷吏传》
元弘嗣		幽州长史、黄门侍郎、殿内少监	洛阳		祖刚，魏渔阳王。父经，周渔阳郡公	同	同	《隋书·酷吏传》
元善		国子祭酒、江阳县公	同		祖义，魏侍中。父罗，梁青冀二州刺史	同	同	《隋书·儒林传》
独孤罗		上柱国、左武卫大将军、蜀国公	云中	山西祁县东	父信，周太保、大宗伯、卫国公	同	同	《隋书·外戚传》
谯国夫人冼氏		抚定南越有功	高凉	广东阳江县北	局城冼氏女，梁局放太守冯宝妻，陈石龙太守仆母，隋高州刺史盎祖母	越	苗	同
韩觊妻于氏	茂德	早寡，以节义闻	洛阳		父寔，周大左辅	鲜卑	满蒙混血	同
元旻		左卫大将军、五原公				同	同	《隋书·房陵王勇传》

计匈奴三人，鲜卑四十六人，契胡一人，越一人，共五十一人。内中有本传者四十四人，附见于他人传七人。

唐代外族出身人物表　附表一百二十八

姓名或谥号	字	官爵	籍贯	今地	家世及出身	出于何族	今为何族	根据何书
王世充	行满	隋恭帝侗大将，篡位称郑帝	新丰	陕西临潼县东北	祖西域胡支詖耨。父收为王粲养子，冒姓王	西域	未详	《唐书》本传
刘季真		隋末群盗，降唐授石州总管，封彭山王	离石	山西离石县	群盗龙儿之子	胡	蒙	《唐书·梁师都传》
屈突通		洛州都督	昌黎徒何	辽宁锦县西北		鲜卑	满蒙混血	《通志·氏族略》第五、《唐书·本传》
尉迟恭	敬德	开府仪同三司、鄂国公	朔州善阳	山西朔县		同	同	同
高俭	士廉	侍中、右仆射、申国公	渤海蓨	河北景县	北齐清河王岳孙	同	同	同
高履行		户部尚书、益州长史	同	同	士廉子	同	同	《唐书·高俭传》
宇文士及	仁人	中书令、殿中监、郢国公	长安	陕西长安县	本姓破野头，隋右卫大将军述子	同	同	《唐书·本传》
于志宁	仲谧	侍中、左仆射、太子太师、同二品	京兆高陵	陕西高陵县西南	周太师、燕国公谨之孙，隋内史舍人宣道子	同	同	同
于休烈		太常卿、工部尚书、东海郡公	同	同	志宁曾孙	同	同	《唐书·于志宁传》
于敖	蹈中	户部侍郎、宣歙观察使	同	同	休烈孙	同	同	同

续表

姓名	字	官爵	籍贯	今地	家世及出身	出于何族	今为何族	根据何书
于琮	礼用	中书侍郎、同平章事、右仆射，尚宣宗女广德公主，死黄巢之难	同	同	敖子	同	同	同
长孙忌	辅机	右仆射、太尉、同二品、赵国公	洛阳	河南洛阳县	隋左骁卫将军晟子，文德皇后之兄	同	同	《隋书·长孙晟传》、《唐书·本传》
长孙顺德		左骁卫大将军、薛国公			无忌族叔	同	同	《唐书·长孙无忌传》
史大奈		右武卫大将军、丰州都督、窦国公			西突厥持勤，与处罗可汗俱降隋	突厥	同	《唐书·诸夷蕃将传》
冯盎	明达	上柱国、高州总管、耿国公	高州良德	广东茂名县东七十里	北燕王冯弘裔孙，隋谯国夫人冼氏孙	越	汉苗混血	同
冯智戴		左武卫将军	同	同	盎子	同	同	同
阿史部社尔		右卫大将军、毕国公，尚高祖女衡阳长公主			西突厥处罗可汗之次子	突厥	同	同
阿史那忠	义节	右骁卫大将军、薛国公，尚宗室女定襄县主			突厥启民可汗弟苏尼失子	同	同	新、旧《唐书·阿史那社尔传》

续表

姓名	字	官爵	籍贯	今地	家世及出身	出于何族	今为何族	根据何书
执失思力		左领军将军、安国公，尚高祖女九江公主			突厥酋长	同	同	《唐书·诸夷蕃将传》
契苾何力		左卫大将军、凉国公，尚临洮县主			铁勒哥论易勿施莫贺可汗之孙，莫贺出特勤葛之子	同	同	同
契苾明	若水	左鹰扬卫大将军，袭凉国公			何力子	同	同	同《契苾何力传》
黑齿常之		河源道经略大使、燕国公			百济西部人，为百济达帅，后降刘仁轨	同	同	《唐书·诸夷蕃将传》
李谨行		积石道经略大使、燕国公			靺鞨酋长突地稽子	靺鞨	满	同
泉男生	元德	右卫大将军、卞国公			高丽莫离支泉盖苏文子	高丽	同	同
泉献诚		右卫大将军			男生子	同	同	同《泉男生传》
李多祚		右羽林大将军、辽阳郡王			其先靺鞨酋长，号黄头都督	靺鞨	同	《唐书·诸夷蕃将传》
论弓仁		左骁卫大将军、酒泉郡公			吐蕃宰相论钦陵子	吐蕃	藏	同
论惟贞		左领军卫大将军、萧国公			弓仁孙	同	同	同《论弓仁传》

续表

姓名	字	官爵	籍贯	今地	家世及出身	出于何族	今为何族	根据何书
尉迟胜		原王傅、武都郡王			于阗国王，安禄山反，自将入援。因留不归	于阗	未详	《唐书·诸夷蕃将传》
尚可孤	可孤	神策京畿渭南商州节度使、冯翊郡王			东部鲜卑宇文之别种	鲜卑	满蒙混血	同
裴玢		山南西道节度使、忠义郡王			五世祖纠本王疏勒，武德中来朝，留居京兆	疏勒	未详	同
豆卢钦望		左仆射、平章军国重事	雍州万年	陕西长安县境内故咸宁县治	后周大司冠楚国公宁玄孙，本姓慕容氏，前燕支庶	鲜卑	满蒙混血	《周书·豆卢宁传》、《唐书·本传》
王毛仲		监牧使、霍国公			高丽人，父坐事没为官奴	高丽	满	《唐书·本传》
源乾耀		侍中、尚书左丞相、安阳郡公	相州临漳	河南临漳县西南十里	祖师民，隋刑部侍郎。父直心，高宗时大常伯	鲜卑	满蒙混血	同
哥舒翰		陇右河西节度使、西平郡王，禄山反，拜兵马元帅，战败被害	安西	新疆库车县	其先盖突骑施酋长。父道元，安西都护。母，于阗王女	突厥	回	同
哥舒曜		东都汝州节度使			翰子	同	同	《唐书·哥舒翰传》
高仙芝		安西四镇节度使、密云郡公，禄山反，拜副元帅，遭谗被杀			高丽人，父舍鸡，以将军隶河西，为四镇校将	高丽	满	《唐书·本传》

续表

姓名	字	官爵	籍贯	今地	家世及出身	出于何族	今为何族	根据何书
夫蒙灵詧		安西节度使				西羌	藏	《通志·氏族略》第五《关西复姓》、《唐书·高仙芝传》、《唐书·突厥传下》
李楷洛		左羽林大将军、蓟郡公	营州柳城	热河凌源县	契丹酋长，武后时，入朝，留不归	契丹	满蒙混血	《唐书·李光弼传》
李光弼		太尉、侍中、天下兵马副元帅、临淮郡王，灵武中兴功臣之首，与郭子议齐名	同	同	楷洛子	同	同	同
李彙		泾原节度使	同	同	光弼子	同	同	同
李光进	太应	渭北邠宁节度使、武威郡王	同	同	光弼弟	同	同	同
茘非元礼		镇西北庭行营节度使	宁州	甘肃宁县	光弼裨将	西羌	藏	《通志·氏族略》第五、《唐书·李光弼传》
白孝德		邠宁节度使、昌化郡王	安西	新疆库车县	安西胡人，光弼裨将	安西	未详	《旧唐书·本传》

续表

姓名	字	官爵	籍贯	今地	家世及出身	出于何族	今为何族	根据何书
白元光		灵武留后、定远城使，南阳郡王			其先突厥人，宁朔二州刺史道生子，光弼裨将	突厥	回	《唐书·李光弼传》
元结		道州刺史、容管经略使			后魏常山王遵十五代孙	鲜卑	满蒙混血	《唐书·本传》
王思礼		司空、河东节度使、霍国公	营州	热河朝阳县	本高丽人，父为朔方军将	局丽	满	同
张孝忠	孝忠	义武节度使			本奚种，世为乙失活酋长，开元中，父谧纳款，拜鸿胪卿	奚	满蒙混血	同
张茂宗		兖海节度使，尚德宗义章公主			孝忠次子	同	回	《唐书·张孝忠传》
张茂昭	丰明	中书令、河中节度使			孝忠长子	同	同	同
浑瑊		中书令、河中节度使、咸宁郡王	皋兰州		铁勒九姓部落之一，世为皋兰都督	铁勒	回	《唐书·本传》
浑释之		开府仪同三司、试太常卿、宁朔郡王			瑊父	同	同	《唐书·浑瑊传》
李元谅		陇右节度使、武康郡王	安息		本安氏，少为宦官骆奉先养子，名元光。后立功赐姓名	Dake	阿利安	《唐书·本传》
独孤及	至之	濠舒常三州刺史	洛阳	河南洛阳县		鲜卑	满蒙混血	同
独孤朗	用晦	御史中烝、工部侍郎、福建观察使	同	同	及子	同	同	《唐书·独孤及传》

续表

姓名	字	官爵	籍贯	今地	家世及出身	出于何族	今为何族	根据何书
独孤郁	古风	右拾遗、翰林、学士知制诰	同	同	朗弟	同	同	同
野诗良辅		陇州刺史				未详	未详	《唐书·高固传》
李光进		灵武节度使	太原	山西阳曲县	其先河曲诸部，姓阿跌氏，世袭鸡田州刺史	铁勒	回	《唐书·本传》
李光颜	光远	司徒、侍中、河东节度使	同	同	光进弟	同	同	《唐书·李光进传》
石洪	濬川	集贤校理			乌重胤慕僚，其先姓乌石兰，后独姓石	鲜卑	满蒙混血	《唐书·乌重胤传》
于詖	允元	山南东道节度使、燕国公			周太师谨七世孙	同	同	《唐书·本传》
于季友		明州刺史，尚宪宗女永昌公主			詖子	同	同	《唐书·于詖传》、《白氏长庆集》
元稹	微之	工部侍郎、同平章事、武昌节度使	河南	河南洛阳县	隋兵部尚书岩六代孙	同	同	《唐书》本传、《白氏长庆后集》
豆卢瑑	希真	翰林学士、户部侍郎、同平章事，死黄巢之难	同	同		同	同	《唐书·刘邺传》
石演芬		李怀光部将，赠兵部尚书			西域胡人，李怀光养子，怀光反，演芬效忠朝廷，被害	西域	未详	《唐书·忠义传下》

续表

姓名	字	官爵	籍贯	今地	家世及出身	出于何族	今为何族	根据何书
谢偃		弘文馆直学士			本姓直勒氏，祖孝政仕北齐，改姓谢	未详	未详	《唐书·文艺传上》
元澹	行冲	太子宾客、弘文馆学士、常山县公			后魏常山王素莲之后	鲜卑	满蒙混血	《唐书·儒学传》
元万顷		凤阁侍郎			后魏京兆王子推裔，祖白泽，仕唐，为梁利十一州都督	同	同	《唐书·文艺传上》
乙弗弘礼			高唐	山东高唐县	系出吐谷浑渠帅青海王，后降魏，徙居洛阳	同	同	《唐书·方技传》内《袁天纲传》、《北史·文帝文皇后乙弗氏传》
独孤怀恩		工部尚书，以谋反诛			周太保、大宗伯、卫公信孙，隋涿郡太郡整子	同	同	《隋书·独孤罗传》、《唐书·外戚传》
高力士		内侍监、齐国公			高州总管冯盎孙，中人高延福养子	越	汉苗混血	《唐书·宦者传上》
吐突承璀		左神策中尉	闽			鲜卑	满蒙混血	《通志·氏族略第五》、《唐书·宦者传上》
索元礼		游击将军				胡	蒙	《唐书·酷吏传》

续表

姓名	字	官爵	籍贯	今地	家世及出身	出于何族	今为何族	根据何书
史宪成		魏博节度使	灵武建康	甘肃高台县	其先奚人，祖父身三世为魏博将	奚	满蒙混血	《唐书·藩镇传》
李宝臣		成德节度使			本范阳内属奚，为张锁高养子，名忠志，后赐姓名	同	同	同
李惟岳		宝臣子，自称留后，为部下所杀			宝臣子	同	同	同《李宝臣传》
李惟简		凤翔节度使、武安郡王			惟岳弟，奉天元从功臣	同	同	同
王武俊	元英	成德节度使			本出契丹怒皆部，父路俱入居蓟	契丹	同	《唐书·藩镇传》
王士真		同			武俊子	同	同	《唐书·王武俊传》
王承宗		同			士真子	同	同	同
王承元		平卢节度使、岐国公			承宗弟，纳土归国	同	同	《唐书·本传》
王廷凑		成德节度使			本回纥阿布思之族，为王武俊养子，冒姓王	回纥	回	《唐书·藩镇传》
王元逵		同　尚绛王悟女寿安公主			廷凑次子	同	同	《唐书·王廷凑传》
王绍鼎		同			元逵长子	同	同	同
王绍懿		同			元逵次子	同	同	同
王景崇	孟安	同			绍鼎子	同	同	同
王镕		同			景崇子	同	同	同

续表

姓名	字	官爵	籍贯	今地	家世及出身	出于何族	今为何族	根据何书
李怀仙		卢龙节度使	柳城	热河凌源县	柳城胡，世事契丹，守营州。为安禄山部将，降唐，授官	胡	满蒙混血	《唐书·藩镇传》
李茂勋		同			回鹘阿布思之裔，降卢龙军，积功，赐姓名	回纥	同	同
李可举		同			茂勋子	同	同	《唐书·李茂勋传》
李正己		平卢节度使			高丽人，为营州副将，本名怀玉，后赐名正己	高丽	满	《唐书·藩镇传》
李纳		同			正己子	同	同	《唐书·李正己传》
李师古		同			纳子	同	同	同
李师道		同			师古弟	同	同	同
仆固怀恩		太保、中书令、河北副元帅、大宁郡主			铁勒九姓大首领仆骨歌滥拔延孙，世袭金微都督	突厥	回	《唐书·叛臣传上》
仆固玚		朔方行营节度使			怀恩子	同	同	《唐书·仆固怀恩传》
李怀光		太尉、中书令、兵马副元帅、朔方节度使			渤海靺鞨人，本姓茹。父常徙幽州，为朔方部将，赐姓名李嘉庆	靺鞨	满	《唐书·叛臣传上》
安禄山		范阳、平卢、河东节度使，叛唐称燕帝	柳城	热河凌源县	营州柳城胡，本姓康，少孤，随母阿史德氏改嫁安延偃，冒其姓	胡	满蒙混血	《唐书·逆臣传上》

续表

姓名	字	官爵	籍贯	今地	家世及出身	出于何族	今为何族	根据何书
安庆绪		弑禄山自立			禄山子	同	同	《唐书·安禄山传》
阿布思		朔方节度使			铁勒九姓首领，开元初来降，授官	铁勒	回	同
孙孝哲		禄山部将			契丹部人	契丹	满蒙混血	同
史思明		杀安庆绪，自称燕帝			宁夷州突厥种，初名窣干。玄宗赐名	突厥	回	《唐书·逆臣传上》
史朝义		弑思明自立			思明子	同	同	《唐书·史思明传》
源休		京兆少尹，使回纥还，除光禄卿，后降朱泚为伪相，泚平伏诛				鲜卑	满蒙混血	《唐书回纥传》、《朱泚传》
纥干承基		废太子乾遣刺于志宁者，承基不忍	未详			鲜卑	满蒙混血	《唐书·于志宁传》
荔非守瑜		将军，为封常清扼罂子谷，拒败安禄山兵，以众寡不敌，战死				西羌	藏	《通志·氏族略第五》、《唐书·安禄山传》
朱邪执宜		金吾卫将军、阴山府都督			金满洲都督、张掖郡公金山玄孙，世为处月酋长	沙陀	回	《唐书·沙陀传》

续表

姓名	字	官爵	籍贯	今地	家世及出身	出于何族	今为何族	根据何书
朱邪赤心		大同军节度使，赐姓名李国昌			执宜子，以讨庞勋功赐姓名，预属籍	同	同	同
李克用		检校太师兼中书令、河东节度使、晋王			赤心子	同	同	同
朝衡		左补阙、仪王友、左散骑常侍、安南都护			日本留学生，本姓名为阿部仲麻吕。易姓名曰晁衡，曾为秘书监，与王维、李白为友	日本	大和	《唐书·日本传》、《王右丞集》、《李太白诗集》
拓拔思恭		定难军节度使、夏国公，赐姓李	夏州	陕西横山县	西戎都督赤辞之后，世为党项首领	党项	藏	《唐书·党项传》
慕容玄荃		静难军使，降突厥默啜				鲜卑	满蒙混血	《唐书·突厥传上》
贺兰进明		河南节度使				同	同	《魏书·官氏志》、《唐书·张巡传》
宇文节		侍中				同	同	《唐书·高宗本纪》
阿史那承庆		安禄山部将				突厥	回	《通鉴》卷二百十六
火拔归仁		火拔州都督，陇右十将				铁勒	同	《通鉴》卷二百十七

续表

姓名	字	官爵	籍贯	今地	家世及出身	出于何族	今为何族	根据何书
浑惟明		皇兰府都督				同	同	同
安思顺		朔方节度使、户部尚书			禄山弟	柳城胡	满蒙混血	同
安元贞		太仆卿			思顺弟	同	同	同
安庆宗		太仆卿			禄山子	同	同	同
安思义		安禄山部将				同	同	《纲目》卷四十四
罗好心		神策军正将	北天竺迦毕试国		智慧舅氏之子	印度	未详	《高僧传二集》、《智慧传》

说明　西域、于阗、疏勒、安西皆在天山南路，为各民族杂居地，故不易定为何族。

计西域二人，胡一人，鲜卑三十四人，突厥十五人，越三人，靺鞨三人，高丽九人，吐蕃二人，于阗一人，疏勒一人，西羌三人，契丹九人，安西一人，奚七人，铁勒七人，安息一人，回纥八人，柳城胡七人，沙陀三人，日本一人，党项一人，印度一人，未详者二人，共一百二十二人。内中有本传者五十七人，附见于其他传者六十五人。

唐代归化部落甚多。兹试列表于下，以供参考：

唐代归化部落表　附表一百二十九

国名或部落名	首领	今地	何时代征服/降附	户口数	善后处置	何族	根据何书
东突厥	颉利可汗	察绥北部，外蒙南部	太宗贞观四年征服	降唐者十余万，入长安自籍者数千户	自幽州属灵州，建顺、化、长、祐四州为都督府，左置定襄、右置云中二都督府统之	回族	《唐书·突厥传上》

续表

国名或部落名	首领	今地	何时代征服/降附	户口数	善后处置	何族	根据何书
西突厥	继往绝可汗斛瑟罗	俄领中亚吹河流域	武后圣历二年入朝不归	与其部人六七万内迁	未详	同	《唐书·突厥传下》
回纥	宰相赤心特勤那颉啜		武宗会昌二年，幽州节度使张仲武击破之	悉降其众七千帐		同	《唐书·回鹘传下》
同	特勤庞俱遮阿敦宁等及将军曹磨你		同年，因仲武降	众三万		同	同
同	王子嗢没斯		同年，诣振武降	三部及特勤大酋二千骑	诏处其家于云朔间，分其兵隶诸节度	同	同
同	乌介可汗		三年，天德副使石雄大破回鹘	降其众数万		同	同
仆固	歌滥拔延	外蒙古北部	太宗二十一年，来降。开元初，移居朔方	户三万，兵万人	以其地为金微州，歌滥拔延为都督	同	同
浑	阿贪支	外蒙古南部	同年，来降，后移朔方		以其地为皋兰州，阿贪支为刺史	同	同
契苾	何力	外蒙古西部	贞观六年来归		诏处之甘凉间，以其地为榆溪州。永徽四年，以其部为贺兰都督府，太和中，其种帐附于振武	同	同
阿跌	詘跌思泰	外蒙古	开元中，来降		诏袭鸡田州刺史	同	同

续表

国名或部落名	首领	今地	何时代征服/降附	户口数	善后处置	何族	根据何书
沙陀	朱那执宜	甘州	宪宗元和三年，来降	士二千，骑七百	诏处其部盐州，以执宜为阴山府兵马使	同	《唐书·沙陀传》
同	朱邪万勒阿波	同	同年，来降	七百人	诏授万勒阿波阴山府都督	同	同
党项	拓跋赤辞	青海东南部	贞观年间，来降		诏安置其众于庆州，置静边等州处之。其后分居夏州者号平夏部	藏族	《唐书·西域传上》
吐谷浑	诺曷钵	青海	高宗龙朔三年至凉州来归	数千帐	置安乐州于灵州境内，拜诺曷钵刺史。后吐蕃陷安乐州，乃移于朔方河东	满蒙混血	同
吐浑杂部	论弓仁	同	周武曌圣历二年，来降	七千帐		藏及满蒙混血	《唐书·诸夷蕃将传》
突厥	阿史那社尔	外蒙古	贞观十年，来降	万余家	敕处其部落于灵州之北	回族	《通鉴纪事本末》卷一百六十七
吐蕃	论赞婆		周武曌圣历三年，来降	千余人	使将其众守洪源谷	藏族	同　卷一百七十五
西突厥	叶护阿布思西杀葛腊哆等		玄宗天宝元年，来降	千余帐		回族	同　卷一百七十六

唐代移民表 附表一百三十

年代	所移之民	户口数	何族	移居何地	今为何地	其地旧民	何族	根据何书
太宗贞观四年	突厥酋长	近万家	回族	长安	陕西省城	汉人	混血	《通鉴纪事本末》卷一百六十七
高宗总章二年	高丽降民	三万八千三百户	满汉混血	江南、淮南、山南、京西	三江、两湖、陕西	同	同	同 卷一百七十四
仪凤元年	百济降民		同	建安	辽东半岛	同	同	同

唐代东西交通频繁，陆路由甘肃河西，经天山南路，直抵中央亚细亚；水路由福建泉州、岭南广州、安南都护府交州，经过爪哇、苏门答腊，直抵锡兰。唐室势力范围，西南抵波斯都城之疾陵都督府（《唐书·西域传下》），西北抵锡尔河北岸俄领吹河流域之昆陵、蒙池两都护府（《唐书·突厥传下》）。中国僧人留学于印度者甚多，印度及西域各国高僧与祆教、景教、摩尼教大师来中国传教译经者亦不少。中国商人经由南洋至印度、波斯、阿剌伯者甚多，西方各国商人来中国经商者亦不少。以故唐代文化为多方面的，其宗教、学术思想以及文学、美术、工艺、建筑等俱带有西方色彩。其中原因虽甚复杂，而得力于西来之宗教家及商人者当然甚多。宗教家多独身主义，与中国民族血统无关；商人可以自由结婚，当然与中国民族血统发生不少关系。兹试列表于下，以供参考：

隋唐时代西来高僧表 附表一百三十一

姓名	汉名	原籍及家世	到中国年代	住居何地	今地	事业	根据何书
那连提黎耶舍	尊称	北天竺乌场国人，其王与佛同姓释迦，刹帝利种	北齐天保七年	邺	河南安阳县	译经	《高僧传二集·本传》
阇那崛多	德志	北贤豆（即天竺）犍陀啰国人，姓金步，刹帝利种	周明帝武成年	长安		同	同

续表

姓名	汉名	原籍及家世	到中国年代	住居何地	今地	事业	根据何书
达摩笈多	法密	南贤豆（即天竺）罗啰国人，刹帝利种，姓弊耶伽罗	隋文帝开皇十年	同		同	同
波罗颇迦罗蜜多罗，一名波颇	作明知识	中天竺人，本刹利王种，姓刹利帝	唐高祖武德九年	同		同	同《波颇传》
那提三藏	福生	中印度人	唐高宗永徽六年	同		同	同
勒那漫提		天竺	元魏	洛京永宁寺		感通	同
阇提斯那		住中天竺摩竭提国	隋文帝仁寿二年	长安		同	同
跋日罗菩提	金刚智	南印度摩赖耶国人，父婆罗门，为建支王师	唐玄宗开元己未	先至广府，后住长安荐福寺		译经	《高僧传三集·本传》
阿目佉跋折罗	不宗金刚	北天竺婆罗门族，幼丧父，随叔父观光东国，师事金刚智	开元二十年	侍师至洛阳		同	同
			同　二十九年	附昆仑舶赴师子国			
			天宝五载	还长安终于大兴善寺			
戍婆揭罗僧诃	善无畏	中天竺人，甘露饭王之后，因国难分王乌荼，父曰佛手王	开元四年丙辰	至长安，住兴福寺		同	同
般刺若	智慧	姓憍答摩氏，北天竺迦毕试国人	德宗贞元二年	至长安		同	同
	玄觉	高昌国人，玄奘弟子				同	同

续表

姓名	汉名	原籍及家世	到中国年代	住居何地	今地	事业	根据何书
若那跋陀罗	智贤	南海波凌(亦曰诃凌)国人，成都沙门会宁译友		未至中国，仅传其译本		同	同
佛陀多罗	觉救	北天竺罽宾人		至洛阳，住白马寺		同	同
佛陀波利	觉护	北印度罽宾国人	唐高宗仪凤元年丙子至五台			同	同
伽梵达磨	尊法	西印度人	永徽中			同	同
阿地瞿多	无极高	中印度人	永徽三年壬子正月	至长安		同	同
般刺蜜帝	极量	同	中宗神龙元年	至广州		同	同
实义难陀	学喜	于阗人	证圣元年乙未（天册万岁）	至东都，住大遍空寺	河南洛阳县	同	同
地婆诃罗	日照	中印度人	咼宗上兀年间	至长安		同	同
提雷般若	天智	于阗人	武后永昌元年	至洛阳，住魏国东寺		同	同
	慧智	其父印度人，婆罗门种，因使游中国而生智	高宗时	奉敕度为弟子		同	同
弥陀山	寂友	烋货逻国人	同	至长安		同	同
	智严	姓尉迟氏，于阗国质子	神龙二年五月	入道		同	同

续表

姓名	汉名	原籍及家世	到中国年代	住居何地	今地	事业	根据何书
阿你真那	宝思惟	北印度迦湿密罗国人，刹帝利种	武后长寿二年	至洛阳，住天宫寺		同	同
菩提流志		南天竺国人，姓迦叶氏，婆罗门种	高宗永淳二年	至洛阳，住福先寺		同	同
牟尼室利	寂默	北印度人	德宗贞元十六年	至长安，住兴善寺		同	同
勿提提羼鱼	莲华精进	屈支城人，即龟兹国		未至中国，仅传其译本		同	同
尸罗达摩	戒法	于阗人，住北庭龙兴寺	贞元中	其译本传至长安		同	同
	莲华	中印度人	德宗兴元元年	谒德宗		同	同
般若		罽宾国人	宪宗以前	在京师充义学沙门		同	同
	满月	西域人	文宗开成以前			同	同
般若斫迦三藏	智慧轮	同	宣宗大中中			同	同
	法藏	姓康，字贤首，康居人	武后时	至长安，后居洛京佛授记寺		义解	同
	智藏	姓皮氏，西印度种族。祖父从华，世居官宦，侨寓庐陵	贞元中	隐居越州暨阳杭乌山		同	同
	神会	姓石，西域人，祖父徙家于岐，遂为凤翔人	同	隐居成都净众寺		习禅	同
	利涉	西域人，大梵婆罗门之种姓	玄宗时	在长安		护法	同
	僧伽	葱岭北何国人，姓何氏	高宗龙朔初年	隶名山阳龙兴寺		感通	同

续表

姓名	汉名	原籍及家世	到中国年代	住居何地	今地	事业	根据何书
	后僧会	康居人僧会之后身	永徽中	见形于越，称游方僧		同	同
	安静	西域人	开元十五年	至定陶		同	同
	亡名	同	韦皋生三日斋僧时至皋家			同	同
难陀	喜	未详其为何国人及其种姓	德宗建中年间	至成都，见节度使张延赏		同	同
	纯陀	西域人	肃宗上元中	至长安		杂科声德	同

计天竺二十一人，生长中国之印度种族二人，罽宾一人，高昌一人，于阗四人，龟兹一人，康居二人，睹货逻国一人，何国一人，西域六人，生长中国之西域种一人，南海波凌一人，未详者一人，共四十三人。内中有本传者四十二人，附见于他人传者一人。

唐代西来宗教家表　附表一百三十二

姓名	何国人	职位	到中国年代	至何处	今地	传教所	传何教	根据何书	备考
未详	波斯国人	拂多诞	唐武后延载元年	长安			摩尼教	《摩尼教入中国考》第二章引《佛祖统纪·摩尼教经》	拂多诞译为知教义者
同	吐火罗国	大慕阇	唐玄宗开元七年	同			同	同《引册府兀龟》九七一	慕阇译为师
同	回鹘又遣八人	未详	唐德宗贞元十二年	同		大云光明寺	同	《摩尼教入中国考》第四章引《册府元龟》九七九	史云又遣，则不自此始也

续表

姓名	何国人	职位	到中国年代	至何处	今地	传教所	传何教	根据何书	备考
志净等四人	回鹘	同	唐武宗会昌三年	振武军	绥远归绥县		同	同 引《旧唐·回鹘传》	
何禄	波斯	穆护	唐太宗贞观五年	长安		祆寺	祆教	《火祆教入中国考》第十一章引《西汉丛语》卷二、《佛祖统纪》五四	
阿罗本	同		唐太宗贞观九年	同		波斯大秦寺	景教	桑原隲藏《东洋史要》卷二第八篇、第九章	
及烈	同		唐玄宗初年	广州		同	同	《册府元龟》卷五百四十六《大秦景教流行中国碑》	

计波斯四人，回鹘十二人，吐火罗一人，共十七人。其中摩尼教家十四人，祆教家一人，景教家二人。

外商之姓名事迹正史阙于记载，然唐时外商之繁盛颇可由他方面证明。阿部西得（Abu Zeyd）所著《中国见闻录》中有一节云："有Confu者，为商舶荟萃地，……纪元二百六十四年，叛贼Punzo陷Confu，杀回、耶教徒及犹太、波斯人等十二万。"回教纪元二六四年，当景教纪元八七七至八七八年，即唐僖宗乾符四年至五年；Confu者，广府之译语，即广州都督府之略语；Punzo者，黄巢之译语；与中国史上事实正合。被杀之外国人至十二万，则平日广州居留外商之繁盛可知矣（看梁任公《中国历史研究法》第五章第一节，日本桑源隲藏《唐宋元时代中西通商史》本文一考证五坎富之位置）。

《新唐书》卷一百四十一《邓景山传》云："宋州刺史刘展反，……拥兵二万渡淮。……平卢节度副使田神功讨展，……至扬州，大掠居人，发冢墓。大食、波斯贾胡死者五千人。"卷一百四十四《田神功传》云："入扬州，遂大掠居人赀产，发屋剔窌，杀商胡波斯数千人。"此事系肃宗上元元年，西历七六〇年事，则扬州平日居留外商之繁盛可知矣。（看《唐宋元时代中西通商史》本文一考证九唐代扬州之外国贸易）。

《全唐文》卷七十五载文宗太和八年诏书云：“其岭南、福建及扬州蕃客，宜委节度观察使常加存问。”岭南指交州、广州，福建当指泉州，此据宋明以后记载推定，唐代关于泉州之记载现在犹未发现也（看《唐宋元时代中西通商史》本文一考证十唐代泉州之外国贸易）。

关于外国居留民与中国人通婚一节，《唐会要》卷一百有云：“贞观二年（六二八年）六月十六日敕：诸蕃使人所娶得汉妇女为妾者，并不得将还蕃。”此只禁止其携归本国，在中国境内迎娶，当然不在禁止之列。

《资治通鉴纲目》卷四十七唐德宗贞元三年七月，“停西域使者廪给分隶神策军条”下云：“初，河陇既没于吐蕃，安西、北庭及西域使人在长安者归路阻绝，皆仰给于度支。李泌入相，知胡客皆有妻子，买田宅安居，不欲归；命停其给，分隶神策两军。”可见外国人在中国境内与中国女子结婚，固甚自由也（《唐宋元时代中西通商史》本文二考证二十五蕃汉通婚之事实）。

第六章

汉族第三次蜕化时代　五代及宋元

南匈奴、鲜卑、氐、羌之杂居中国，在东汉初年，至西晋末年，五胡乱华之祸始出现；沙陀、党项、契丹之杂居中国，在有唐初年，至五代及宋初，辽、夏压迫中国之祸复出现；盖西北民族自有史以前至现在，始终有向东南方面移动之趋势，一有机会可乘，动辄阑入中国内地，历汉至宋，无二致也。沙陀李氏、石氏、刘氏之根据地在太原，所创立皆短命帝国，影响于汉族者较小，其与汉族混合也较易；党项李氏之根据地在绥远，其势力范围伸张至陕甘内地，契丹耶律氏之根据地在热河，其势力范围伸张至河北、山西内地，所创立皆大国，建国之年代较久，终北宋一代苦于应付。女真勃兴，始灭辽，与契丹混合；蒙古勃兴，复灭夏，与党项混合；灭金，与女真混合；灭宋，与汉族混合；于是党项、契丹、女真，同在蒙古势力范围之下，与汉族融化，变成极复杂之混血族，汉族第三次蜕化之机始成熟矣。兹述其事迹如下。

第一节　五代与宋之递嬗

安史之乱以后，唐室衰微，藩镇跋扈，至昭宗末年遂一发而不可收拾。朱全忠以宣武节度使篡窃得国，传二世，十七年，是为后梁。沙陀李克用、存勖父子以河东节度使，用唐室宗室世臣名义，仗义讨贼，灭朱梁而有天下，传三姓，四世，十四年，是为后唐。沙陀石敬塘以河东强藩，勾结契丹耶律德光为外援，篡后唐而得国，传二世，十一年，是为后晋。旋与契丹起冲突，为耶律德光所灭，黄河流域主权由沙陀人之手转入契丹人之手。德光旋死，沙陀刘知远以河东藩镇，代表汉族，驱逐契丹，得国名义之正尤在后唐以上，传二世，四年，是为后汉。旋为部下藩镇郭威所篡，是为后周。郭威以魏博强藩，篡窃得国，传三世，二姓，十年，为部将赵匡胤所篡，是为宋太祖。宋太祖以归德节度使、殿前都点检，篡后周而得国，其创业之经过与五代君主同，而其守成之精神则与五代迥异。太祖深思远虑，知唐室及五代之亡由于藩镇，不去藩镇则国家秩序没由维持，社会秩序不能恢复，乃用种种平和方法削除藩镇职权。即位后之第二年，罢功臣典禁兵。旋用谋臣赵普议，因节度使之卒或迁徙或致仕，皆以文臣代之。罢节度使、观察使、刺史之名称，命文臣以京官知各府、州、军事。又令节镇所领支郡直隶中央，得自奏事，于是武人渐失政权。又置诸路转运使，掌管诸路收支；各府、州、军长官皆不预金书金谷之籍，于是财政之权归于上。又命诸州长吏择本道兵骁勇者送阙下，以补禁旅之阙；立更戍法，分遣禁旅戍守边城；选强壮卒定为兵样，分送诸道召募教习，俟其精练即送阙下；自是将不得专其兵，而士卒之骄惰亦息。于是自有唐中叶以后，跋扈恣横，动辄与中央政府龃龉之藩镇至是始销声匿迹，北宋建国以后百六十八年间所以无藩镇之祸者以此。然而削藩镇权太过，地方武力不能集中，河北、关西始终为契丹、党项所侵扰，无力抵抗，终北宋一代，苦于应付。及其末年，女真崛起，侵扰两河，到一州，一州破；到一府，一府破；到一军，一军破；始终不能集中兵力与金人抵抗，于是黄河流域复沦于夷狄。南宋初年，始变更地方制度，四川、京湖、两淮各置大帅，然积弱之余，不能自振，荏苒百余年，蒙古勃兴，中国全部遂蹂躏于蒙人铁蹄之下矣。

后五代时代，汉族战败，沙陀李氏、石氏、刘氏相继握中国主权，契丹耶律氏亦来争霸，民族大混杂，外民族在中国称帝王为将相者甚多。兹试将当时外族出身人物列表于下，以供参考：

五代时代外族出身人物表　附表一百三十三

姓名	字	官爵	籍贯	今地	家世	出于何族	今为何族	根据何书
李克让		唐金吾卫将军，死黄巢之难			太祖克用之弟，本姓朱邪	沙陀	回	《新五代史·唐家人传第二·本传》
李克脩	崇远	唐昭义军节度使			同	同	同	同
李克恭		昭义军节度使			同	同	同	同
李克宁		振武军节度使			同	同	同	同
李存勖		后唐庄宗	晋阳	太原	太祖克用长子，本姓朱邪	同	同	《新五代史唐本纪第五》
李嗣源		后唐明宗	雁门		太祖克用养子邈佶烈，父名霓	北狄	未详	《新五代史·唐本纪第六》

续表

姓名	字	官爵	籍贯	今地	家世	出于何族	今为何族	根据何书
李嗣弼		涿州刺史			克脩长子	沙陀	回	《新五代史·唐家人传第二·本传》
李嗣肱		新州刺史、山北都团练使			克脩次子	同	同	同
李存美		邕王			克用次子	同	同	同
李存霸		昭义天平河中三军节度使、永王			克用三子	同	同	同
李存礼		薛王			克用四子	同	同	同
李存渥		义成天平二军节度使、申王			克用五子	同	同	同
李存义		建雄、保大军节度使，睦王			克用六子	同	同	同
李存确		通王			克用七子	同	同	同
李存纪		雅王			克用八子	同	同	同
李存信		郴州刺史			本姓张，父名君政，克用养子	回鹘	同	《新五代史·义儿传·本传》
李嗣恩		天雄军马步都指挥使、振武节度使			克用养子，本姓骆	吐谷浑	满蒙混血	同
李继岌		同中书门下平章事兼西南面行营都统，魏王			庄宗长子	沙陀	回	《新五代史·唐家人传第二·本传》
李继嵩		光禄大夫、检校司徒			庄宗次子	同	同	同
李继潼		同			庄宗三子	同	同	同
李继蟾		同			庄宗四子	同	同	同

续表

姓名	字	官爵	籍贯	今地	家世	出于何族	今为何族	根据何书
李继峣		同			庄宗五子	同	同	同
李从璟		金枪指挥使			明宗长子	北狄	未详	《新五代史·唐家人传第三·本传》
李从荣		河南尹、判六军诸卫事、秦王			明宗次子	同	同	同
李从厚		后唐愍帝			明宗五子	同	同	《新五代史·唐本纪第七》
李从益		曹州节度使，封许王			明宗幼子	同	同	《新五代史·唐家人传第三·本传》
李从燦		大内皇城使			明宗侄	同	同	同
李从璋	子良	晋威胜军节度使、陇西郡公			同	同	同	同
李从温	德基	晋河阳三城节度使			同	同	同	同
李从敏	叔远	汉西京留守、秦国公			同	同	同	同
李重俊		晋商州刺史			从璋子	同	同	同　附《从温传》
安重诲		唐中书令、枢密使	应州	山西应县	其先本北部豪长，父福迁为晋王克用将	未详	未详	《旧五代史·本传》
康思立		唐北面行营马军都指挥使				山阴诸部	同	《新五代史·唐臣传第十五·本传》
康义诚	信臣	唐侍卫亲军马步军都指挥使				代北三部落	同	同

续表

姓名	字	官爵	籍贯	今地	家世	出于何族	今为何族	根据何书
药彦稠		唐静难军节度使				沙陀三部落	同	同
康延孝		保义军节度使				塞北诸部	同	《旧五代史·唐列传二十六·本传》
豆卢革		唐庄宗宰相			系出慕容氏，为北周隋唐以来世家	鲜卑	满蒙混血	《新五代史·唐臣传第十六·本传》
臬捩鸡		洺州刺史			晋高祖之父	西夷	未详	《新五代史·晋本纪八高祖本纪》
石万友		追封秦王			臬捩鸡之弟，高祖叔父	同	同	《新五代史·晋家人传·本传》
石万诠		追封赵王			臬捩鸡之弟，高祖叔父	同	同	同
石敬瑭		后晋高祖	洺州	今河北永年县	臬捩鸡之子	同	同	《新五代史·晋本纪第八》
石敬威	奉信	唐彰圣右第三都指挥使，追封广王			万友子，高祖从弟	同	同	《新五代史·晋家人传·本传》
石敬赟	德和	威胜军节度使			同	同	同	同
石敬晖	德昭	曹州防御使，追封韩王			万诠子，高祖从弟	同	同	同
石敬儒		追封宋王			高祖兄	同	同	同
石敬德		唐沂州马步兵指挥使，追封福王			高祖弟	同	同	同
石敬殷		追封通王			尚祖弟	同	同	同

续表

姓名	字	官爵	籍贯	今地	家世	出于何族	今为何族	根据何书
石重贵		后晋出帝			敬儒之子	同	同	《新五代史·本纪第九》
石重信	守孚	左骁卫上将军、河阳节度使，追封楚王			高祖长子	同	同	《新五代史·晋家人传·本传》
石重乂	弘理	左骁卫大将军，追封寿王			高祖次子	同	同	同
石重英		唐右卫将军，追封虢王			高祖三子	同	同	同
石重进		唐左金吾卫将军，追封夔王			高祖四子	同	同	同
石重睿		雄武军节度使			高祖五子	同	同	同
石重杲		追封陈王			高祖六子	同	同	同
石重胤		唐皇城副使，追封郑王			高祖族弟养以为子	同	同	同
石延煦		镇宁军节度使			出帝养子，高祖诸孙	同	同	同
石延宝		威信军节度使			出帝次子	同	同	同
郭金海		检校太保、商州刺史				突厥	回	《旧五代史·晋列传第九》
李金全		彰武军节度使，降南唐为润州节度使				吐浑	满蒙混血	《新五代史·杂传三十六·本传》
安叔千	胤宗	昭武军节度使				沙陀	回	同
安从进		山南东道节度使				振武索噶部人	未详	同
安弘超		宫苑副使			安从进之子	同	同	同　附《从进传》

续表

姓名	字	官爵	籍贯	今地	家世	出于何族	今为何族	根据何书
杨光远	德明	平卢节度使			阿登啜之子	沙陀	同	《新五代史·杂传三十九·本传》
杨承祚		淄州刺史			光远长子	同	同	同 附《光远传》
杨承勋		郑州防御史			光远次子	同	同	同
张彦泽		彭国军节度使	太原			突厥	回	《新五代史·杂传四十·本传》
慕容彦超		汉泰宁节度使			后汉高祖同母弟	吐谷浑	满蒙混血	《新五代史·杂传四十一·本传》
刘知远		后汉高祖	太原			沙陀	回	《新五代史·汉本纪第十》
刘崇		北汉皇帝	太原		知远从弟	同	同	《旧五代史·僭伪列传第二·本传》
刘信		许州节度使			知远弟	同	同	《新五代史·汉家人传第六·本传》
刘承训		追封魏王			知远长子	同	汉回混血	同
刘承祐		后汉隐帝			知远次子	同	同	《新五代史·汉本纪第十》
刘承勋		开封尹			知远三子	同	同	《新五代史·汉家人传第六·本传》
刘赟		隐帝死后迎以为嗣，为郭威所弑			知远养子崇子	同	同	同

续表

姓名	字	官爵	籍贯	今地	家世	出于何族	今为何族	根据何书
刘承钧		北汉帝			刘崇次子	同	同	《旧五代史·僭伪列传第二·刘崇传》
李仁福		夏州节度使			夏州节度使拓跋思恭之族	党项	藏	《旧五代史·世袭列传第一·本传》
李彝昌		夏州节度使			李思谏之子	同	同	同　附《仁福传》
李彝超		定难军节度使			仁福次子	同	同	同　同
李彝兴		太傅兼中书令、西平王			仁福子彝超弟	同	同	同　同
李彝敬		绥州刺史			仁福子彝兴弟	同	同	同　同
李光睿		定难军节度使			彝兴子	同	同	同　同
安金全		唐振武节度使				沙陀	回	《旧五代史·唐列传十三·本传》
安审琦	国瑞	平卢军节度使，拜太师，封陈王			金全子	同	回	《旧五代史·周列传三·本传》
安审晖	明远	邢州节度使，拜太师，封鲁国公			安金全之侄审琦兄	同	回	同
安审信	行光	右金吾上将军			沙陀偏将安金祐之次子审琦从兄	同	回	同
安审通		沧州节度使			金全次子	同	回	《旧五代史·唐列传十三·安金全传》
马重绩	洞微	晋司天监			其先出于北狄	北狄	未详	《新五代史·杂传第四十五·本传》

计沙陀三十七人，北狄十一人，回鹘一人，吐谷浑三人，山阴诸部、代北三部落、塞北诸部各一人，西夷二十人，突厥二人，索噶部二人，党项六人，共八十五人。内中有本纪者七人，附见于本纪者一人，有本传者十八人，附见于他人传者十人，有合传者：《家人传》四十六人，《义儿传》二人，附见于《家人传》者一人。

说明

一、后唐明宗史称为北狄人，北狄为满、蒙、回三族之通称，故不便武断为何族人。

二、康思立为山阴诸部，康义诚为代北三部落，康延孝为塞北诸部，臬捩鸡为西夷，推定当皆系沙陀。然名从主人，不便武断更改，故用原名。

三、李金全为吐浑人，系吐谷浑之略语，本鲜卑同族。故定为满蒙混血族。

后唐、后晋，皇室皆外民族出身，兹试列其先世系统表于下，以供参考：

后唐先世系统表一

附表一百三十四，据《唐书·沙陀传》、《五代史·唐庄宗本纪》。

朱邪金山（唐金满州都督）——辅国——骨咄支——尽忠（降吐蕃授军大论复归唐为吐蕃所追击战死）——执宜（归唐授阴山府都督）——赤心（大同军节度使赐姓名李国昌）——克用（河东节度使封晋王）——存勖（后唐庄宗）

后唐先世系统表二

附表一百三十五，据《五代史·唐明宗本纪》。

霓（雁门部将本夷狄无姓氏）——邈佶烈（为晋王克用养子改名嗣源庄宗被弑即为帝是为明宗）

后晋先世系统表

附表一百三十六，据《五代史·晋本纪》。

臬捩鸡（本出西夷从朱邪氏归唐官至洺州刺史）——敬塘（始姓石尚唐明宗女宁公主是为后晋高

后唐、后晋、后汉皇室皆沙陀民族，但杂居中国已久，对于汉族向不歧视，故后妃中汉族女子独多，公主之下嫁汉族者亦不少，后唐武皇帝克用养子及庄宗存勖之大臣受养子待遇者亦多数为汉人。兹试列表于下，以供参考：

后唐后晋后汉汉族女子入宫表　附表一百三十七

朝代	谥号及姓氏	原籍及父兄	宫中原来位置	所生之子女	逝去或被废年	根据何书
后唐	太妃刘氏	代北人	晋王克用元妃	无	同光三年五月	《新五代史》卷十四《唐太祖家人传第二》、《旧五代史》卷四十九《后妃传》
	贞简皇后曹氏	太原人	晋王克用妾	庄宗	同光三年七月	同
	魏国夫人陈氏	襄州人	唐昭宗宫嫔，晋王克用妾		天祐五年落发为尼	《旧五代史》卷四十九《后妃传》
	神敬皇后刘氏	魏州成安人	贞简皇后侍女、庄宗后	魏王继岌	明宗即位赐后死	《旧五代史》卷四十九、《新五代史》卷十四
	淑妃韩氏		庄宗正室		居太原，石敬塘反时被契丹虏	同
	德妃伊氏		庄宗次室		同	同
	昭懿皇后夏氏		明宗夫人	秦王从荣及闵帝	同光初	同
	和武宪皇后曹氏		明宗皇后	晋国公主	清泰三年	同
	宣宪皇后魏氏	镇州平山人	明宗妾	废帝从珂		同
	淑妃王氏	邠州饼家女	同	抚许王从益	天福十二年被汉高祖所杀，从益同死	《新五代史》卷十五《唐家人传》
	哀皇后孔氏	横海节度使循女	愍帝皇后	生四子，均被末帝所杀	应顺元年四月为末帝所害	同　附《旧五代史》卷四十九

续表

朝代	谥号及姓氏	原籍及父兄	宫中原来位置	所生之子女	逝去或被废年	根据何书
后	废帝皇后刘氏	应州浑元人，父名茂威	废帝后		晋高祖入洛，与末帝同遇害	同
唐	郭氏	侍中崇韬女	申王存义妃			《新五代史》卷三十七《伶官传》
后晋	出帝皇后冯氏	定州人，父名蒙	局祖弟重胤夫人，出帝叔母		开运二年为契丹所虏北迁	《旧五代史》卷八十六、《新五代史》卷十七
后汉	皇后李氏	晋阳人，父为农夫	汉高祖后		显德元年春崩	《旧五代史》卷一〇四、《新五代史》卷十八

计皇后八人，元妃二人，尊为太后者一人，追尊为皇后者二人，后宫二人，王妃一人，共十五人。

后唐后晋公主下嫁汉族表　附表一百三十八

封号	父或兄弟	下嫁何人	家世	根据何书
未详	唐庄宗姊	任圜	京兆二原人，明宗宰相	《新五代史·唐臣传第十六·卢程传任圜传》
琼华公主	晋王克用弟克让女	孟知祥	后蜀高祖，仕后唐为西川节度使，叛唐自立	《新五代史·后蜀世家》
兴平公主	唐明宗女	赵延寿	本姓刘，恒山人，父邧为蓨令。赵德钧养以为子，仕唐为枢密使，降契丹为政事令、枢密使	《辽史》卷七十六《赵延寿传》
永安公主	唐明宗女从益妹	同	契丹太宗灭晋，赵延寿从行，时兴平公主已卒，乃以永安公主妻之	《新五代史·唐明宗家人传第三》
公主	晋高祖妹	杜重威	朔州人，仕晋为成德节度使，北面行营招讨使，降契丹，后为汉所诛	《新五代史·杂传第四十·杜重威传》

续表

封号	父或兄弟	下嫁何人	家世	根据何书
鲁国长公主	晋高祖女	史匡翰	雁门人，相州刺史建塘子，仕晋为义成军节度使	《新五代史·唐臣传第十三·史建塘传》

计皇女三人，皇姊妹二人，皇从姊妹一人，共六人。

后唐武皇帝义儿表　附表一百三十九

名	字	官爵	本姓名及家世	出于何族	根据何书
嗣源		明宗	无姓，雁门部将霓子	夷狄	《新五代史·唐本纪第六》
嗣昭		昭义军节度使	姓韩，汾州太谷县民家子	汉	《新五代史·义儿传》
嗣本		振武节度使	姓张，雁门人，世为铜冶镇将	同	同
嗣恩		同	姓骆，吐谷浑部人	鲜卑	同
存信		马步军都指挥使	姓张，父名君政，回鹘李思忠部人	突厥	同
存孝		邢州留后	姓安，名思敬，代州飞狐人	汉	同
存进		振武节度使	姓孙，名重进，振武人	同	同
存璋	德璜	大同节度使	云中人	同	同
存贤		卢龙节度使	姓王，名贤，许州人	同	同
存审	德详	同	姓符，陈州宛丘人，初名存，后复姓	同	《新五代史·唐臣传第十三》

计汉族七人，鲜卑、突厥各一人，夷狄一人，共十人。内中有本纪者一人，有本传者一人，有合传者八人。

后唐庄宗大臣赐姓名者表 附表一百四十

姓名	字	官爵	本姓名及家世	出于何族	根据何书
李继璟		金枪指挥使	本名从璟，明宗长子，庄宗养子。为元行钦所害	夷狄	《新五代史·唐明宗家人传》
李绍荣		邺都行营招抚使	元行钦，幽州人，为刘守光裨将	汉	《新五代史·元行钦传》
李绍冲		静胜军节度使	温韬，京兆华原人。少为盗，后镇华原，尽发唐室诸陵	同	《新五代史·温韬传》
李继麟	德光	河中节度使、西平王	朱友谦，许州人，本名简，为朱全忠养子，更名友谦。后降唐	同	《新五代史·朱友谦传》
李绍安		归德军节度使	袁象先，宋州下邑人，唐南阳王恕己之后，梁太祖之甥	同	《新五代史·袁象先传》
李绍钦		泰宁军节度使	段凝，开封人。事梁太祖以倾谄得幸。末帝时，倾王彦章代为大将	同	《新五代史·段凝传》
李绍真	子重	武宁军节度使	霍彦威，洛州曲周人。梁将霍存养子。事梁为大将，兵败降唐	同	《新五代史·霍彦威传》
李绍英	伯玉	平卢节度使、东平王	房知温，交州瑕丘人。初事梁为魏州亲随指挥使	同	《新五代史·房知温传》
李绍虔	莹之	平卢军节度使	王晏球，洛阳人，少为富人杜氏养子，事梁为行营马步军都指挥使	同	《新五代史·王晏球传》
李绍奇	邦杰	武信节度使	夏鲁奇，青州人，初事梁为宣武军校	同	《新五代史·死事传·本传》
李绍琛		保义军节度使	康延孝，代北人，仕梁为左右先锋指挥使。亡奔唐	胡	《新五代史·康延孝传》
李绍文		武信军节度使	张从楚，郓州人。少事朱瑄，瑄败，归梁为牙校。后降唐	汉	《旧五代史·李绍文传》

续表

姓名	字	官爵	本姓名及家世	出于何族	根据何书
李绍宏		枢密使	本姓马，阉官也	同	《旧五代史·马绍宏传》、《新五代史·段凝传》
李绍琼		武宁节度使	苌从简，陈州人	同	《旧五代史·苌从简传》
李绍能		洛州刺史	米君立	同	《资治通鉴》卷二百七十五“后唐明宗天成元年五月丙辰朔条”
李绍斌		卢龙节度使	赵德钧，幽州人。事刘守文、守光为军使。后降唐	同	《资治通鉴》卷二百七十五“后唐明宗天成元年九月癸酉条”

计汉族十四人，夷狄一人，胡一人，共十六人。内中有本传者十三人，附见他人传者一人，见于《通鉴》者二人。

备考　同光四年四月，明宗即位，李绍真、绍琼、绍英、绍虔、绍奇、绍能皆复旧姓名（看《通鉴纲目》卷五十五。九月，绍斌复旧姓名（看《资治通鉴》卷二百七十五）。

后唐、后晋、后汉君主虽沙陀民族出身，但杂居中国已久，对于汉族向不歧视，故汉人与之合作者甚多。兹试将当时汉族出身人物列表于下，以供参考：

后唐汉族出身人物表　附表一百四十一

姓名	字	官爵	籍贯	今地	家世及出身	根据何书
郭崇韬		侍中、枢密使、西南面行营招讨使	代州雁门	山西代县		《五代史·唐臣传·本传》
周德威	镇远	卢龙节度使	朔州马邑	山西朔县东北三十五里马邑乡		同

续表

姓名	字	官爵	籍贯	今地	家世及出身	根据何书
符存审	德详	同	陈州宛丘	河南淮阳县	克用养子，后复姓	同
符彦超		泰宁军节度使	同	同	存审长子	同
符彦饶		侍卫马步军都指挥使	同	同	存审次子	同 附《符存审传》内
史建塘	国宝	外衙骑军都将	雁门	山西代县	父敬思为晋王克用部将，死上源驿之难	同 同
王建及		代州刺史	许州	河南许昌县		同
元行钦		邺都行营招抚使	幽州	北平	初为明宗养子，庄宗爱其勇，赐姓名李绍荣	同
袁建丰		隰州刺史	定州满城	河北满城县		同
西方邺		宁江军节度使				同
符习		宣武军节度使	赵州昭庆	河北隆平县东十二里		同
符令谦		赵州刺史	同	同	习子	同 附《符习传》内
乌震		河北道副招讨使	冀州信都	河北冀县		同
孔谦		租庸使	魏州	河北大名县		同
张延朗		三司使	汴州开封	河南开封县		同
李严	初名让坤	西川兵马都监	幽州	北平		同
李仁矩		保宁军节度使				同
毛璋		金吾上将军	沧州	河北沧县		同
朱弘昭		枢密使	太原	山西阳曲县		同
冯赟		同	同	同	父璋事明宗为阍者	同 附《朱弘昭传》内

续表

姓名	字	官爵	籍贯	今地	家世及出身	根据何书
刘延朗		枢密副使	宋州虞城	河南虞城县		同
卢程		中书侍郎、同平章事				同
任圜		工部尚书、同平章事、判三司	京兆三原	陕西三原县		同
赵凤		门下侍郎、同平章事	幽州	北平		同
李袭吉		陈议大夫	洛阳	河南洛阳县		同
张宪	允中	租庸使、北京留守	晋阳	山西太原县		同
萧希甫		左散骑常侍	宋州	河南商丘		同
刘赞		秦王傅	魏州	河北大名县		同
何瓒		北京留守、西川行军司马	闽	福建		同
裴约		泽州裨将，梁破泽州，死节				《五代史·死节传·本传》
夏鲁奇	邦杰	武信节度使，镇遂州。董璋反,殉国	青州	山东益都县		《五代史·死事传·本传》
姚洪		指挥使，戍阆州。董璋反，殉国				同
王思同		西京留守，潞王反肩国	幽州	北平		同
张敬达	志通	北面副总管，石敬塘反，殉国	代州	山西代县		同
敬新磨		伶人，善谲谏				《五代史·伶官传·本传》
景进		伶人				同

续表

姓名	字	官爵	籍贯	今地	家世及出身	根据何书
史彦琼		伶人，为武德使				同
郭从谦	优名门高	伶人，从马直指挥使，弑庄宗，伏诛				同
张承业	继元	河东监军，忠于唐，庄宗自立，不食而卒			本姓康，为内常侍张泰养子	《五代史·宦者传·本传》
张居翰	德卿	枢密使			故唐掖廷令张从玫养子	同

共四十人。其籍贯属于现在河北者十一人，河南者八人，山东者一人，山西者七人，陕西者一人，福建者一人，不载籍贯者十一人。内中有本传者三十六人，附见于他人传者四人。

后晋汉族出身人物表 附表一百四十二

姓名	字	官爵	籍贯	今地	家世	根据何书
史匡翰		义成军节度使	雁门	山西代县	后唐大将建塘子	《五代史·唐臣传》中《史建塘传》
桑维翰	国侨	中书令、枢密使、魏国公	河南	河南洛阳县		《五代史·晋臣传·本传》
景延广	航川	侍卫马步军都指挥使	陕州	河南陕县		同
吴峦	宝川	守贝州，契丹人寇，死节	郓州卢县	山东茌平县西南故碻磝城		同
翟进宗		淄州刺史，杨光远反，死节				《五代史·死事传·本传》
沈斌	安时	祁州刺史，契丹人寇，死节	徐州下邳	江苏邳县		同
王清	去瑕	奉国都虞侯，拒契丹，战死	洺州曲周	河北典周县		同
石昂		宗正少卿	青州临淄	山东临淄县		《五代史·一行传·本传》
程福赟		奉国右厢都指挥使				同

共共九人。其籍贯属于现在河北者一人，河南者二人，山东者二人，山西者一人，江苏者一人，不载籍贯者二人。内中有本传者八人，附见于他人传者二人。

后汉汉族出身人物表　附表一百四十三

姓名	字	官爵	籍贯	今地	家世	根据何书
苏逢吉		中书侍郎、同平章事	京兆长安	陕西长安县		《五代史·汉臣传·本传》
史弘肇	化元	侍卫亲军马步军都指挥使	郑州荥泽	河南荥泽县		同
杨邠		枢密使、兼中书侍郎、同平章事	魏州冠氏	山东冠县		同
王章		三司使	魏州南乐	河北南乐县		同
刘铢		平卢军节度使、权知开封府	陕州	河南陕县		同
李业		武德使	晋阳	山西太原县	高祖皇后幼弟	同
聂文进		右领军大将军	并州	山西阳曲县		同
后赞		飞龙使	兖州瑕丘	山东滋阳县西二十五里		同
郭元明		同				同

共九人。其籍贯属于现在河北者一人，河南者二人，山东者二人，山西者二人，陕西者一人，不载籍贯者一人，皆有本传。

此外《杂传》中人物与后唐、后晋、后汉有关系者甚多。因此辈为五代各国共有之贰臣，不列于此表内。

宋室幅陨褊小，武力衰弱，外受辽、夏、金、元压迫，应付维艰。当时最流行之儒教哲学支配全国思想界，尊王攘夷学说成为天经地义，故种族观念极强。对于外民族一概不通婚姻，赐国姓者极少，所登庸之人物，外民族出身者亦少。

兹试列表于下，以供参考：

宋代外族赐国姓者表 附表一百四十四

姓名	家世及出身	本姓名	何时归化	官爵	何族	今为何族	根据何书
赵保忠	定难留后继筠弟	李继捧	太平兴国七年	右千牛卫上将军、宥罪侯	党项	藏	《宋史·夏国传上》
赵保吉	继捧族弟	李继迁	淳化初	定难军节度使	同	同	同
赵德明	继迁子			同　封西平王	同	同	同
赵元昊	德明子			同　同　后叛宋自立	同	同	同
赵怀德	邈川大首领瓈厮罗曾孙	陇拶	元符二年九月	知鄯州，封武威郡公	吐蕃	同	《宋史·吐蕃传》
赵怀义	陇拶弟	邦蜋勿丁呃	同	同知湟州	同	同	同
赵思忠	瓈厮罗孙，瞎毡子，陇拶父	木征	熙宁七年四月	秦州钤辖	同	同	同
赵继忠	木征弟	董谷	同	六宅副使	同	同	同
赵济忠	同	结吴延征	同		同	同	同
赵绍忠	同	瞎吴叱	同		同	同	同
赵醇忠	同	巴毡角	同		同	同	同
赵存忠	同	巴毡抹	同		同	同	同
赵怀义	木征长子	邦辟勿丁呃	同		同	同	同
赵秉义	木征次子	盖呃	同		同	同	同

计党项四人，吐蕃十人，共十四人，皆见《外国传》。

附注

赵怀义前后二见，前者本名为邦蜋勿丁呃，后者本名为邦辟勿丁呃；前者史称为陇拶弟，后者史称为木征长子；前后文义矛盾，兹姑照原文录入。

宋代外族出身人物表　附表一百四十五

姓名	字	官爵	籍贯	今地	家世	出于何族	今为何族	根据何书
慕容延钊		湖南道前军都部署	太原	山西阳曲县	父章，襄州马步军都校，领开州刺史	鲜卑	满蒙混血	《宋史·本传》
慕容延忠		磁州刺史	同	同	延判之弟	同	同	同　附《延钊传》
慕容延卿		虎捷军都指挥使	同	同	延钊之弟	同	同	同　同
慕容德丰	日新	颍州团练使，知贝瀛二州事	同	同	延判之子	同	同	同　同
慕容德琛		并代钤辖，知宪州	同	同	延钊之侄	同	同	同　同
郭从义		护国军节度使，太子太师			父绍古，事后唐武皇，赐姓李氏，从义至晋天福初始复姓郭氏	沙陀	回	同
郭承祐	天锡	宣徽南院使，判应天府			从义曾孙	同	同	同　附《郭从义传》
杨承信	守真	河中节度使、赵国公			父光远，晋太师、寿王	同	同	《宋史·本传》
王承美		天德军蕃汉都指挥使，知州事，丰州刺史，本州团练使	丰州	绥远五原县	河西藏才族都首领，其父事契丹为左千牛卫将军，开宝二年率众来归	藏才族	藏	同
米信（旧名海进）		保顺军节度使、幽州西北道行营马步军都部署				奚	满蒙混血	同
白重赞		定国军节度使、左千牛卫上将军	宪州楼烦	山西代州崞县东北		沙陀	回	同

续表

姓名	字	官爵	籍贯	今地	家世	出于何族	今为何族	根据何书
李万全		横海军节度使				吐谷浑	满蒙混血	同
呼延赞			太原	山西阳曲县	系出匈奴，本呼衍氏所改。父琮，周淄州马步都指挥使	匈奴	蒙	同 《通志》卷二十九《氏族略第五》
宇文昌龄	伯修	以宝文阁待制知开封府事	成都双流	四川双流县		鲜卑	满蒙混血	《宋史·本传》
宇文常	权可	秘阁修撰、知夔州			昌龄子	同	同	同 附《昌龄传》
宇文虚中	叔通	资政殿大学士、军前宣谕使	成都华阳	四川华阳县		同	同	《宋史·本传》
宇文绍节	挺臣	端明殿学士、签书枢密院事	成都广都	四川双流县东南七里	宇文虚中与其子师瑗俱以使北死，无子，孝宗愍之，命其族孙绍节为之后	同	同	同
宇文之邵	公南	文州曲水令	汉州绵竹	四川绵竹县		同	同	《宋史·隐逸传》
侯莫陈利用		郑州团练使	益州成都	四川华阳县		同	同	《宋史·侯幸传》
郭药师		武泰军节度使、同知燕山府太尉	渤海铁州	辽宁盖平县东北六十里		渤海	满	《宋史·奸臣传二·赵良嗣传》
万俟卨		尚书右仆射	开封阳武	河南阳武县		鲜卑	满蒙混血	《宋史·奸臣传四》

续表

姓名	字	官爵	籍贯	今地	家世	出于何族	今为何族	根据何书
刘继元		右卫上将军、彭城郡公	并州太原	山西阳曲县	祖崇，汉祖刘智远之弟，汉初为太原尹、北京留守，继元本姓何，为北汉孝和帝钧之甥，继恩被弑，遂被立，后降太宗	突厥	回	《宋史·世家五》
刘守节(原名三猪)		崇仪使，改右屯卫将军			继元子	同	同	同
李彝兴		镇夏州，统银夏绥宥静五州充定难军节度使	夏州	陕西横山县	本姓拓跋氏，唐初有拓跋赤辞来归，赐姓李，僖宗时其裔思恭以讨黄巢有功，授定难军节度使，彝兴其裔也	党项	藏	《宋史·夏国传上》
李克睿(原名光睿，避太宗讳改光为克)		定难军节度使	同	同	彝兴子	同	同	同
李继筠		定难军节度使	同	同	克睿子	同	同	同
李继捧(后赐姓赵名保忠)		定难军节度使	同	同	继筠弟，太宗太平兴国七年入朝，献所统夏银绥宥四州之地，自陈愿居京师，上亲赴阙授其官，并官其昆弟夏州蕃落指挥使，克信等十二人后叛，被执帝释之，赐爵宥罪侯	同	同	同

续表

姓名	字	官爵	籍贯	今地	家世	出于何族	今为何族	根据何书
李继迁（后赐姓赵名保吉）		定难军节度使、夏银绥宥静观察处置押蕃落等使	同	同	继捧族弟，屡降屡叛，景德元年卒	同	同	同
赵德明		定难军节度使、夏银绥宥静等州观察处置押蕃落等使、西平王	同	同	继迁子	同	同	同
潘罗支		朔方节度使、灵州西面都巡检使			西凉府六谷都首领	吐蕃	同	《宋史·吐蕃传》
厮铎督		同			潘罗支弟	同	同	同
包顺		西头供奉官	青唐		青唐大首领，本名俞龙珂，赐姓名包顺	吐蕃	同	《宋史·神宗本纪二》
蒲寿庚		提举泉州市舶，叛宋降元	泉州	福建晋江县	本姓Abu，侨居广东，父开宗移住泉州	阿剌伯	Semitic族	《新元史》卷一七七本传桑原隲藏《唐宋元时代中西通商史》
蒲寿晠		知梅州	同	同	寿庚兄	同	同	同

计鲜卑十二人，沙陀四人，藏才族一人，奚一人，吐谷浑一人，匈奴一人，渤海一人，突厥二人，党项六人，吐蕃三人，阿剌伯二人，共三十四人。内中有本传者十三人，附见于他人传者九人，见于世家者二人，见于外国传者八人，见于本纪者一人，见于《新元史》及桑原《中西通商史》者二人。

第二节　契丹之汉化

自有唐中叶以后，回纥统一外蒙古，契丹惧其强大，为所羁縻；每岁选酋豪数十人入长安朝会，朝廷恶其外附回纥，不复授官爵。武宗会昌二年（西历纪元八四二年），回纥为黠戛斯所灭，契丹酋屈戍复内附，幽州节度使张仲武奏请收其回纥所与旧印，更赐以新印。懿宗咸通中（八六〇至八七三年），其王习尔之在位，部众渐强。习尔之卒，族人钦德（旧五代史作沁丹，新五代史作遥辇，皆当系一人也）立，时唐室衰乱，中原多故，无暇顾及北方；钦德乘机侵略诸部，奚、室韦、达靼之属咸役属之；南侵幽州，节度使刘仁恭以坚壁清野策拒败之，契丹乃乞盟，献良马求市牧地。诸部谓钦德不任事，选耶律阿保机代之，于是大贺氏王统绝。阿保机雄武有大略，契丹旧有八部，部各有大人，推一人为王，建旗鼓以号令诸部，三年一代，以次为之。阿保机当国时代，适值后唐、后梁构兵，黄河流域民不安席，幽涿之人多亡入契丹；阿保机亦入塞，虏掠中国人民；以威胁制诸部，不肯授代。在位九年，七部共劫之，阿保机不得已，传旗鼓。自以所得汉人多，请帅种落居古汉城（后魏滑盐县，本汉县，故城在今热河承德县西南），别自为一部。汉城地宜五谷，有盐池之利，阿保机率汉人耕种，为治城郭邑屋廛市，如幽州制度，汉人安之。阿保机知众可用，邀诸部大人以牛酒会盐池，伏兵其傍，酒酣伏发，尽杀之，遂以兵威胁服诸部，自立为王，遂称皇帝，是为太祖。以幽州人韩延徽为谋主，建衙开府，置百官，筑城郭，立市里，以处汉人，使各有配偶，垦艺荒田，由是汉人安业，逃亡者少。又以中国隶书之半损增之，制契丹文字数千，制婚嫁，置官号，一切文物制度皆仿中国，由是契丹民族渐被汉化。北侵黑龙江上流流域之室韦、下流流域之女真，皆下之，于是东北诸部落皆人于契丹；西征突厥、吐谷浑遗族与党项、沙陀诸部，皆下之，于是内蒙古西部亦入于契丹；南侵晋，破蔚（今察哈尔蔚县）、新（今察哈尔涿鹿县）、武（今山西五寨县）、妫（今察哈尔怀来县）、儒（今察哈尔延庆县）五州，于是现今察哈尔与山西东北部、绥远东部，皆入于契丹；复移师东下，侵略幽州，略取现在山海关以南地，燕山山脉之险为契丹所有，河北北境无险可守；复旋师灭渤海，略取现在松花江流域，国势日张。后唐明宗天成二年（九二七年），太祖殂，太宗即位，乘中国有内乱，屡发兵南侵，助后唐叛将石敬塘灭后唐，敬塘割燕（今北平）、云（今山西大同县）等十六州以赂之，于是现今河北、山西北部皆入于契丹。敬塘殂，出帝即位，以事激怒契丹，太宗自将南侵，开运三年（九四六年），破汴梁，执出帝，迁之黄龙府（今吉林农安县），大掠河南州县；由是内外怨愤，皆思逐之，所在盗起，太宗不能制。居汴仅三月，北还，在路遇病，还至临城（今河北临城县）而殂，所得之地旋为后汉刘氏所恢复。

自此以后，契丹逐渐汉化，改国号曰辽，仿唐制，设公（太尉、司徒、司空）、师（太师、太傅、太保）、省（中书、门下、尚书三省）、台（御史台）、寺（太常、崇禄［本光禄寺，避太宗讳改名］卫尉、宗正、太仆、大理、鸿胪、司农等七寺）、监（秘书、司天、国子、太府、少府、将作、都水等七监）等官，谓之南面，以治汉地租赋军民之事，又置汉人枢密院，掌汉人兵马之政。中叶以后，官制益备，有给谏，有郎官，有诸卫，有东宫官，翰林掌内制，中书舍人掌外制，国史有院，起居有注，京府方州兵刑财赋之官皆用汉名，于是南面官殆遍于国内矣。其地方官制，有五京（上京临潢府、中京大定府、东京东平府、西京大同府、南京析津府）、六府（定理，今辽宁铁岭县南六十里；率宾，今吉林伊通县；铁利，今吉林抚远县；安定，当在辽宁境；长岭，今吉林长岭县西北四十六里；镇海，当在辽宁境），州军城一百五十六，县二百零九，部族五十二，属国六十，东至于海，西至金山（今阿尔泰山），暨于流沙，南至白沟（今北平南之琉璃河），北至胪朐河（今外蒙古车臣汗部克鲁伦河），幅陨万里，为当时亚东第一大国。

道宗（一〇五五至一一〇一年）在位，溺于汉化，国势浸衰；道宗好文学，采用科举制度，登庸新进人物，汉文汉诗流行于社会。又崇拜佛教，手写华严经，亲迎佛骨，禁止杀生。一岁而饭僧三十六万人，一日而祝发者三千人，日日言慈悲，言功德，而骨肉之间不能相保。皇后萧观音美而贤，工诗，善谈论，自制歌词，尤善琵琶；生太子浚，幼而好学知书，工骑射，娴辞令；为权臣耶律伊逊所诬，相继被害，群小杂进，朝政日非，契丹固有慓悍之风消灭殆尽，蒙古诸部时常背叛，辽室疲于兵役。传至天祚帝，为女真所灭而国亡，契丹遗民皆在女真势力范围之内被同化于汉族。

辽室政治中心人物为三耶律，二审密氏。三耶律者，一曰大贺氏，为隋至唐初君主；二曰遥辇氏，为唐末君主；三曰世里氏，为五代至北宋末年君主；皆皇族也（据《辽史》三十二《营卫志中·部族上》，六十三《世表》）。二审密者，一曰乙室巳氏，分大翁、小翁二房；二曰拔里氏，分大父、少父二房；即国舅也。辽太祖娶述律氏，述律氏本回鹘糯思之后，于是辽室皇室与政府遂为契丹耶律氏、回鹘述律氏之合组体（据《辽史》三十二《营卫志中·部族上》，六十七《外戚表》）。自太祖至天柞凡传九主，娶述律氏女为后者七人；太祖淳钦后平，景宗睿知后绰，圣宗宫人钦哀后萧耨斤，临朝称制者三后（据《辽史》七十一《后妃传》）；辽室公主下嫁述律氏者十四人（据《辽史》六十五《公主表》及驸马各个人本传），述律氏出身之人物有本传者二十一人，附见于他人传者倍之（看《辽室回鹘出身人物表》）。终辽室一代，皇族四帐世预南府宰相之选，国舅五帐世预北府宰相之选（据《辽史》四十五《百官志》，但《百官志》南北二字倒置，须参考各名臣传），而号称国舅别部述律氏出身之人物实占大多数；故辽室有国百余年间，凡政治之良否，文化之隆替，武力之强弱，当由耶律氏与述律氏共负其责也。兹试列表于下，以供参考：

辽室皇族表　附表一百四十六，据《辽史》六十三《世表》。

部落名或国号	国姓	时代	对外关系	称号
契丹	大贺氏	隋至唐初	受唐封为松漠都督，赐姓李	称唐官爵
同	遥辇氏	唐末	入贡于唐，仍外附回鹈	受回鹘官号
辽	世里氏	五代至北宋末	屡寇中国，宋真宗后始和	皇帝

以上三姓，号三耶律氏，世预南府宰相之选。

辽室后族表　附表一百四十七，据《辽史》六十七《外戚表》。

姓	分几房	何称	何民族	今为何族
拔里氏	大父、少父二房	称审密氏	契丹	满蒙混血
乙室巳氏	大翁、小翁二房	同	同	同
述律氏		称国舅别部	回鹘	同

以上三姓，太宗以后皆改萧氏，世预北府宰相之选。

辽世系表 附表一百四十八，据《辽史·本纪》。

初号契丹，姓耶律氏，自太祖至天祚传九世二百一十年，为金所灭。

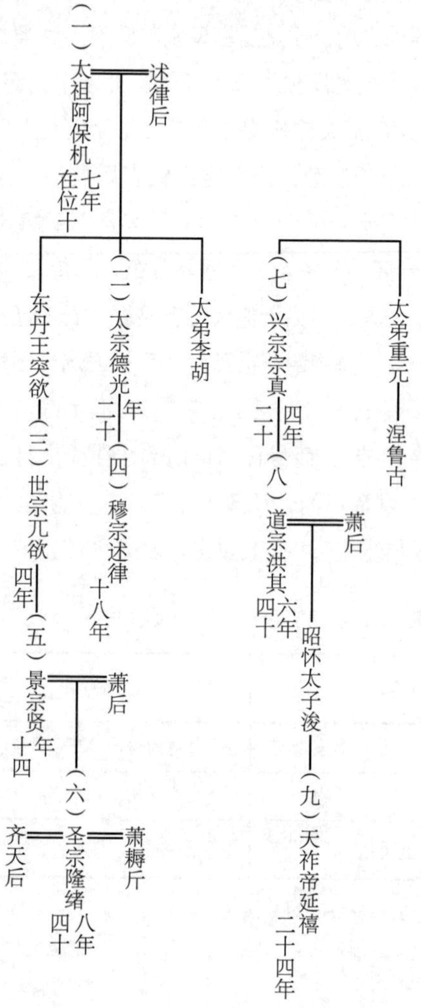

辽室回鹘女子入宫表　附表一百四十九

谥号及姓氏	名	小字	家世	宫中位置	所生子女	崩年或被弑年	根据何书
淳钦皇后述律氏	平	月理朵	其先回鹘人，父婆姑梅里仁遥辇氏为阿扎割只	太祖后	义宗倍，太宗德光，太弟李胡	穆宗应历三年崩	《辽史·后妃传·本传》
靖安皇后萧氏		温	淳钦皇后弟室鲁之女	太宗后	穆宗述律	太宗天显年崩	同
怀节皇后萧氏		撒葛只	淳钦皇后弟阿古只之女	世宗后	景宗贤	世宗天禄五年弑	同
睿知皇后萧氏	绰	燕燕	北府宰相思温女	景宗后	圣宗隆绪	统和二十七年崩	同
钦哀皇后萧氏		耨斤	阿古只五世女孙	圣宗宫人	兴宗宗真，太弟重元	道宗清宁间崩	同
仁懿皇后萧氏		挞里	钦哀皇后弟孝穆长女	兴宗后	道宗洪基，太叔和鲁斡，秦魏国王阿琏	道宗太康二年崩	同
宣懿皇后萧氏		观音	钦哀皇后弟枢密使惠之女	道宗后	太子浚	道宗太康初被害	同
天祚皇后萧氏		夺里懒	宰相继先五世孙	天祚后		从天祚西狩崩	同

计后七人，尊为太后者一人，共八人。

辽室公主下嫁回鹘人表　附表一百五十

名	封号	父	母	下嫁何人	家世	驸马略历	根据何书
质古	不载	太祖	未详	萧室鲁	述律氏，淳钦皇后弟		《辽史·公主表》
吕不古	燕国大长公主	太宗	同	萧思温	述律氏，宰相敌鲁族子	北府宰相	《辽史·公主表》、《萧思温传》
观音女	齐国公主	景宗	睿智皇后	萧继先	述律氏，思温养子	同	《辽史·公主表》、《萧继先传》

续表

名	封号	父	母	下嫁何人	家世	驸马略历	根据何书
槊古	越国公主	圣宗	钦哀皇后	萧孝忠	述律氏，钦哀皇后弟	北院枢密使	《辽史·公主表》、《萧孝忠传》
未详	朴谨公主			萧讨古	述律氏，北府宰相干从子	南京侍卫亲军都指挥使	《辽史》八四《萧干传》
长寿女	卫国公主	景宗	睿智皇后	萧排押	述律氏，北府宰相阿古只四世孙	北府宰相、东平郡王	《辽史·公主表》、《外戚表》、八八《萧排押传》
延寿女	越国公主	同	同	萧恒德	述律氏，排押弟	东京留守	同
未详	秦晋王公主			萧匹敌	述律氏，恒德子	国舅详稳、兰陵郡王	《辽史·萧排押传》
同	秦晋国王公主			萧阿剌	述律氏，北院枢密史孝穆子	北府宰相、北院枢密使、陈王	《辽史》九十《萧阿刺传》
岩母堇	秦晋国长公主	圣宗	钦哀皇后	萧惠	述律氏，排押从子	北府宰相、北院枢密使、魏王	《辽史·公才《萧惠传》
訶里	赵国公主	道宗	宣懿皇后	萧挞不也	述律氏，国舅郡王高九之孙	同知汉人行宫都部署	《辽史·公主传》、《萧挞不也传》
斡里太	郑国公主	兴宗	仁懿皇后	萧余里也	述律氏，国舅阿剌次子	北府宰相、知北枢密院事、辽西郡王	《辽史·公主表》、《萧余里也传》
阿不里		让取皇帝		萧翰	述律氏，宰相敌鲁之子	宣武度节度史	《辽史》一一三《萧翰传》

续表

名	封号	父	母	下嫁何人	家世	驸马略历	根据何书
岩母堇	见前			萧胡睹	述律氏，孝穆从子。与主不协，离婚，改适惠	同　知北院枢密事	《辽史·公主表》、《萧胡炫传》
未详	齐国公主			同	与岩母堇离婚后改尚齐国公主	同	《辽史·萧胡炫传》

计皇女九人，皇妹一人，王女二人，不载家世者二人，共十四人。内中驸马有本传者十人，附见于他人传者三人，《公主表》不载者三人。

辽室回鹘出身人物表　附表一百五十一，据《辽史》六五《公主表》，六七《外戚表》及各本传。

姓名	字	本姓	家世	官爵	根据何书
萧敌鲁	敌辇	述律氏	淳钦皇后弟，其母为德祖女弟，太祖之姑	北府宰相	《辽史》七三《本传》
可古只	撒本	同	敌鲁弟	同	同　附《敌鲁传》
萧思温	小字寅古	同	敌鲁族弟忽没里之子	同　加尚书令，封魏王	《辽史》七八《本传》
萧继先	小字留只哥	同	思温从子，养以为子	同	同
萧孝忠	小字图古斯	同	大丞相孝穆弟，钦哀皇后弟	北院枢密使	《辽史》八一《本传》
萧干	小字项烈	同	敌鲁子	北府宰相、政事令	《辽史》八四《本传》
萧讨古	括宁	同	干从子	南京侍卫亲军都指挥使	同　附《干传》
萧挞凛	驼宁	同	思温再从侄，父术鲁列官马群侍中	南京统军使、兰陵郡王	《辽史》八五《本传》
萧慥古		同	挞凛子	南京统军使	同　附《挞凛传》
萧柳	徒门	同	阿古只五世孙，幼养于伯父排押家	东路统军使	同

续表

姓名	字	本姓	家世	官爵	根据何书
萧孝穆	小字胡独堇	同	阿古只五世孙，兴宗仁懿皇后父，父陶瑰为国舅详稳	北院枢密使、齐王	《辽史》八七《本传》
萧撒八	周隐	同	孝穆子	西北路招讨使、武宁郡王	同 附《孝穆传》
萧孝先	小字海里	同	孝穆弟	北院枢密使、晋王	同 同
萧敌烈	涅鲁衮	同	宰相挞烈四世孙	中京留守	《辽史·外戚表》兴宗后父条下、八八《本传》
萧拔剌	别勒隐	同	敌烈弟	国舅详稳	同 附《敌烈传》
萧排押	韩隐	同	阿古只四世孙	北府宰相、东平郡王	《辽史》八八《本传》及八五《萧柳传》、《外戚表》淳钦后父条下
萧恒德	逊宁	同	排押弟	东京留守	《辽史》八八《萧排押传》
萧匹敌	苏隐	同	恒德子	国舅详称、兰陵郡王	同
萧阿剌	阿里懒	同	孝穆子	北府宰相、北院枢密使、陈王	《辽史》九十《本传》
萧术哲	石鲁隐	同	考穆弟高九之子	北府宰相、柳城郡王	《辽史》九一《本传》
萧药师奴		同	术哲从子	安东军节度使	同 附《术哲传》
萧惠	小字脱古思	同	阿古只五世孙	北府宰相、北院枢密使、魏王	《辽史》九三《本传》
萧慈氏奴	宁隐	同	惠子	统军都监	同 附《惠传》

续表

姓名	字	本姓	家世	官爵	根据何书
萧挞不也	斡里端	同	国舅郡王高九之孙	同　知汉人行宫都部署	《辽史》九九《本传》
萧忽古	阿斯怜	同	中京留守敌烈族子	护卫	同
萧得里底	訽邻	同	晋王孝先之孙	北院枢密使、兰陵郡王	《辽史》一百《本传》
萧奉先		同	宰相继先五世孙，天柞元妃之兄	同	《辽史》一〇二《本传》
萧嗣先		同	奉先弟	都统	同　附《奉先传》
萧札剌	虚辇	同	北府宰相排押弟	南京马步军都指挥使	《辽史·卓行传·本传》
萧蒲离不	梭懒	同	魏王惠四世孙	屡征不起	同
萧余里也	讹都椀	同	国舅阿剌次子	北府宰相知北枢密院事、辽西郡王	《辽史·奸臣传·本传》
萧翰	寒真	同	宰相敌鲁之子	宣武军节度使	《辽史·逆臣传·本传》
萧胡睹	乙辛	同	孝穆从子	同知北院枢密事	同

共三十三人，内中有本传者二十一人，附见于他人传者十二人。

辽本小夷，本部人口极少，而统辖之外民族极多，故种族观念极强，除去皇族耶律氏、后族萧氏彼此互为婚姻以外，不与异姓通婚。其执政大臣人选，亦只限于皇族、后族，而不及外民族。但为增进本部文化与统治文化程度较高之民族便利起见，不能不借重汉族与渤海遗民，于是《辽史》列传中，遂有多数汉人与少数渤海人出现。兹特列表于下，以供参考：

辽室汉族女子入宫表　附表一百五十二

谥号及姓氏	原籍及出身	宫中原来位置	所生之子女	备考	根据何书
甄氏	后唐宫人	世宗次后	宁王扎穆	后周太祖广顺元年，辽世宗天禄五年，穆宗应历元年九月，宗室泰宁王察克作乱，弑世宗，后遇害	《辽史·后妃传》
夏氏	后唐庄宗后宫	义宗贝(太宗兄，太祖长子，被废)奔后唐，明宗赐姓名李赞华，以夏氏妻之			《辽史·宗室传》中《义宗贝传》
高氏		义宗贝妾	晋王道隐		同
姜氏		圣宗妾	混同郡王侯古		《辽史·皇子表》
马氏		同	浔阳公主九哥	下嫁萧琏	《辽史·公主表》
白氏		同	同昌公主八哥	下嫁刘三嘏	同
			三河公主十哥	下嫁奚王萧局九	
			仁寿公主擘失	下嫁刘四端	
			泰哥	下嫁萧忽烈	
李氏		同	金乡公主赛哥	下嫁萧图玉	同
艾氏		同	兴哥	下嫁萧王六	同

计后一人，后宫五人，王妃一人，王侧室一人，共八人。

辽室公主下嫁汉族表　附表一百五十三

名	封号	父	母	下嫁何人	家世	根据何书
淑哥	无	景宗	渤海妃	卢俊		《辽史·公主表》
八哥	同昌公主	圣宗	白氏	刘三嘏	河间人，唐卢龙节度使抨五世孙，户部使景孙，北府宰相慎行子，三司使六符兄。三嘏行三，四端行四	《辽史·公主表》

续表

名	封号	父	母	下嫁何人	家世	根据何书
擘失	仁寿公主	同	同	刘四端		《辽史·刘景传》、《刘六符传》

计三人。内中汉女生者二人，渤海女生者一人。

辽室汉人赐国姓者表　附表一百五十四

赐姓名	本姓名	官爵	籍贯	今地	家世	根据何书
耶律隆运	韩德让	大丞相、晋王	蓟州玉田	河北玉田县	南京留守匡嗣子	《辽史·耶律隆运传》
耶律俨	李俨	知枢密院事、漆水郡王	析津	北平	南院枢密使仲禧子	《辽史·耶律俨传》
耶律继忠	王继忠	枢密使、楚王	未详		初仕宋为殿前都虞侯	《辽史·王继忠传》

共三人。

辽室汉人契丹名者表　附表一百五十五

姓名	字	有无汉名	官爵	籍贯	今地	家世	根据何书
韩雩金		无	彰国军节度使	蓟州玉田	河北玉田县	西面招使使德威子	《辽史·耶律隆运传》
韩谢十		同	惕隐	同	同	雩金子	同
韩涤鲁	遵宁	同	南府宰相、汉王	同	同	谢十弟	同
韩制心	小字可汗奴		南院大王、燕王	同	同	德威从子	同
韩高家奴			南院宣徽使	同	同	同	《辽史·韩知古传》

共五人。

辽室汉族出身人物表　附表一百五十六

姓名	字	官爵	籍贯	今地	家世及出身	根据何书
康默记	本名照	皇都夷离毕			少为蓟州衙校	《辽史·本传》
康延寿	允昌	千牛卫大将军			默记孙	同 《默记传》
韩延徽	藏明	政事令、鲁国公	幽州安次	河北安次县	父梦殷，累官蓟儒顺三州刺史	《辽史·本传》
韩德枢		宣徽南院使、行侍中、赵国公	同	同	延徽子	同 《延徽传》
韩绍勋		东京户部使	同	同	延徽孙	同
韩绍芳		参知政事兼侍中	同	同	同	同
韩资让		中书侍郎、平章事	同	同	绍芳孙	同
韩知古		左仆射、中书令	蓟州玉田	河北玉田县		《辽史·本传》
韩匡嗣		南京留守、西南面招讨使	同	同	知古子	《辽史·韩知古传》
韩德源		检校太师、同平章事、保宁军节度使	同	同	匡嗣子	同
韩德凝		大同军节度使	同	同	德源弟	同
韩果桑		天德军节度使	同	同	德凝子	同
韩果实		辽兴军节度使	同	同	同	同
韩德让		大丞相、总南北二枢府事、封晋王	同	同	匡嗣子，德源弟，赐姓名耶律隆运	《辽史·耶律隆运传》
韩德威		西南招讨使	同	同	德让弟	同
韩燕五		南京步军都指挥使	同	同	涤鲁子	同
韩德崇		武定军节度使	同	同	德让弟	同

续表

姓名	字	官爵	籍贯	今地	家世及出身	根据何书
王郁		崇义军节度使	京兆万年	陕西长安县	唐义武节度使处直子，晋王李克用婿	《辽史·本传》
赵延寿		大丞相、枢密使、封魏王	恒山	河北正定县南	本姓刘，蓨令邡子，卢龙节度使赵德钧养子，尚唐明宗女兴平公主。仕唐为枢密使，封鲁国公。随德钧降辽	同
赵思温	文美	临海军节度使	卢龙	北平	唐卢龙节度使刘仁恭部将	同
张砺		右仆射兼门下侍郎平章事	磁州	河北磁县	初仕后唐为翰林学士	同
室昉	梦奇	枢密使、政事令、郑国公、尚父	南京	北平		同
郭袭		南院枢密使、政事令				同
张俭		太师、中书令，封陈王	宛平	河北大宛县		同
邢抱朴		南院枢密使	应州	山西应县	刑部郎中简之子	同
邢抱质		侍中	同	同	抱朴弟	《辽史·邢抱朴传》
马得臣		翰林学士承旨兼侍读学士	南京	北平		《辽史·本传》
王继忠		枢密使，封楚王，赐国姓			初仕宋为殿前都虞侯，与辽战，被虏	同
武白		辽兴军节度使			初仕宋，知相州，为辽所虏	同

续表

姓名	字	官爵	籍贯	今地	家世及出身	根据何书
高勋	鼎臣	南院枢密使，封秦王	河西	甘肃西北部	晋北平王信韺子，随杜重威来降。信韺，《五代史》作允韺	《辽史·本传》、《新五代史·高万兴传》
刘景	可大	户部使、武定开远二军节度使	河间	河北河间县	唐卢龙节度使评五世孙、南京副留守守敬子	《辽史·本传》
刘慎行		北府宰相、彰武军节度使	同	同	景子	《辽史·刘六符传》
刘二元		上京留守	同	同	慎行次子	同
刘三嘏		尚同昌公主为驸马都尉	同	同	慎行三子	同
刘四端		尚仁寿公主，累官枢密直学士	同	同	慎行四子	同
刘五常		三司使，武定军节度使	同	同	慎行五子	同
刘六符		三司使	同	同	慎行六子	同
牛温舒		知南院枢密使事，加中书令	范阳	河北涿县		《辽史·本传》
杜防		南府宰相，右丞相	涿州归义	河北涿县		同
杜公谓		南府宰相	同	同		《辽史·杜防传》
高正		北院枢密副使				《辽史·本传》
杨皙	昌时	左仆射、兼中书令、枢密使，封辽西郡王	安次	河北安次县		同
杨佶	正叔	吏部尚书，兼门下侍郎、同平章事	南京	北平		同

续表

姓名	字	官爵	籍贯	今地	家世及出身	根据何书
姚景行		北府宰相、南院枢密使、辽兴军节度使	兴中县	热河朝阳县	周将姚汉英孙，汉英使辽被留，隶汉人官分	同
窦景庸		中京留守，封陈国公	中京	热河平泉县东北	中书令振之子	同
杨绩		南院枢密使、辽西郡公	良卿	河北良乡县		同
赵徽		同　知枢密院事、南府宰相、门下侍郎、平章事	南京	北平		同
王观		参知政事兼知南枢密院事	同	同		同
李仲禧		南院枢密使、韩国公，赐国姓	析津	同		《辽史·耶律俨传》
耶律俨	若思	知枢密院事、漆水郡王	同	同	仲禧子，赐国姓	同
刘仲	济时	上京留守	宛平	河北大宛县		《辽史·本传》
李处温		守太尉，蕃汉马步军都元帅	析津	北平	俨犹子	同
张琳		守太师，平章军国大事	沈州	辽宁沈阳县		同
李浣		礼部尚书、军政殿学士			后汉宰相涛弟，初仕晋为中书舍人，晋亡归辽	同《文学传上》
王鼎	虚中	翰林学士、观书殿学士	涿州	河北涿县		同《文学传下》
刘辉		礼部郎中、史馆修撰				同

续表

姓名	字	官爵	籍贯	今地	家世及出身	根据何书
马人望	俨叔	南院枢密使			后晋青州刺史允卿玄孙，南京留守廷煦曾孙，中京副留守渊孙，中京文思使诠子	《辽史·能吏传》
杨遵勖	益诚	知枢密院事、南北府宰相	涿州范阳	河北涿县		同
王棠		枢密副使、南府宰相	涿州新城	河北新城县		同
王白		彰武兴国二军节度使	冀州	河北冀县	后晋司天少监，太宗入汴得之	《辽史·方技传》
魏璘					太宗得之于汴	同
王继恩		左承宣、监门卫大将军、内库都提点	棣州	山东惠民县	睿智皇后南征，俘以归	《辽史·宦官传》
赵安仁		左承宣、监门卫大将军、内侍都知、兼都提点	深州乐寿	河北献县	自幼被俘	同
张孝杰		参知政事、同知枢密院事、封陈国公	建州永霸	辽宁锦县西北		《辽史·奸臣传上》

计六十八人，内中有本传者四十三人，附见于他人传者二十五人。其籍贯属于现在河北者四十九人，山东者一人，山西者二人，陕西者一人，甘肃者一人，热河者二人，辽宁者二人，不载籍贯者十人。《辽史·名臣传》一百七十九人，汉人三十二人，约占百分之二十不足。《文学传》七人，汉人三人，约占百分之四十以上。《能吏传》六人，汉人三人，占百分之五十。《卓行传》三人，汉人无，等于零。《列女传》五人，汉人一人，占百分之二十。《方技传》五人，汉人二人，占百分之四十。《伶官传》一人，非汉人，等于零。《宦官传》二人，皆汉人，等于百分之百。《奸臣传》十一人，汉人一人，不足百分之十。《逆臣传》十八人，无汉人，等于零。

辽室渤海女子入宫表　附表一百五十七

谥号及姓氏	宫中位置	所生子女	下嫁何人	见于何书
渤海妃	景宗妾	淑哥	卢俊	《辽史·公主表》
大氏	圣宗妾	临海公主长寿	大力秋	同

共二人。

辽室公主下嫁渤海人表　附表一百五十八

名	封号	父	母	下嫁何人	家世	根据何书
长寿	临海公主	圣宗	大氏	大力秋	未详	《辽史·公主表》

辽室外族出身人物表　附表一百五十九

姓名	别号	官爵	籍贯	今地	家世	出于何族	今为何族	根据何书
高模翰	一名松	中台省右相、悊郡公				渤海	满	《辽史·本传》
夏行美		忠顺军节度使				同	同	同
大康乂		南府宰相，知黄龙府				同	同	同
大公鼎		中京留守	中京	热河平泉县东北	先世籍辽阳	同	同	《辽史·能吏传》中《大公鼎传》
大昌龄		左承制	同	同	公鼎子	同	同	《辽史·大公鼎传》
大昌嗣		洛州刺史	同	同	同	同	同	同
大昌朝		镇宁军节度使	同	同	同	同	同	同
珠勒呼		太医				吐谷浑	满蒙混血	《辽史·方技传》

共八人。内中渤海七人，吐谷浑一人。

说明　辽室大臣除去皇族耶律氏、后族萧氏外，仅有汉族。其汉族以外之民族人列传者不过渤海数人、吐谷浑一人而已。渤海为通古斯人，今为满洲民族；吐谷浑为鲜卑人，虽与辽同为东胡遗族，而支派自别。故附入此表中。

第三节　女真之汉化

女真之先为古之肃慎氏，隋时称靺鞨，分粟末、伯咄、安车骨、拂涅、号室、黑水、白山等七部，而粟末、黑水二部最强。唐初，粟末部酋长大祚荣创立渤海王国，略取现在东三省与俄领阿穆尔省及东海滨省南部为领土，输入中国文化，开辟东方草昧，黑水以下诸部皆隶属之，为海东盛国。渤海亡后，诸部附属于辽，其部落在南者系籍于辽，号熟女真，在北者不籍于辽，号生女真。生女真完颜部酋长阿骨打有雄略，乘辽室之衰，举兵作乱，略取现在松花江流域。宋徽宗政和五年（西历纪元一一一五年），自立为帝，国号金，是为太祖。连破辽兵，尽取现在吉林、辽宁、热河及河北、山西北部，遂灭辽。[①] 又命文臣固新，仿汉字楷书，因契丹字制度，合本国语，制女真字。宣和五年（一一二三年），太祖殂，弟太宗即位，与北宋起冲突，连破宋兵，尽取现在河北、山东、山西、河南与江苏、安徽北部（淮北）、陕西中部、甘肃中部南部，与宋以秦岭山脉及淮水为界，建五京（上京会宁府、中京大定府、东京辽阳府、西京大同府、南京大兴府），十四总管府，凡分十九路。疆域东至于海，西抵贺兰，南距淮水及秦岭，北逾沙漠，幅陨之广，为当时亚东第一。

熙宗在位，采用中国制度，设三师、三公、尚书省、枢密、宣徽、翰林院、御史台、太常、大理寺、秘书、国子、太府、少府、军器、都水监等官，大率循辽宋之旧而加精整。是时皇伯父干本以首相当国，虽军国多故，而吏清政简，百姓乐业。干本卒后，皇后裴满氏干政，熙宗为后所制，内不能平，因纵酒自遣，醉后往往手杀近臣，大臣人人自危。宋尚宗绍兴十九年（一一四九年），从弟亮弑之而自立，是为海陵炀王。大杀宗室及功臣与宋辽宗室之在其国者，纳其叔母及诸宗妇与诸从姊妹于后宫。淫虐凶暴无复人理。绍兴三十一年（一一六一年），大举兵南侵宋，参赞军事、中书舍人虞允文大破其兵于采石（在今安徽芜湖道当涂县西北二十里牛渚山下，突入江之处名采石矶），亮东趋扬州，中途为部下所弑，从弟世宗即位。

世宗恭俭仁慈，即位以后，与南宋媾和，与民休息，群臣守职，上下相安；在位二十九年（一一六一至一一八九年），家给人足，仓廪有余，国人称之曰小尧舜。然是时金室承平已久，逐渐汉化，世宗深忧之，屡诏太子及宰相无忘女真旧风；创设国语学校，以女真文译

① 看《东洋史》第三编第 76 至 81 页女真之勃兴。

中国经史子书，命学士大夫学习女真文，又敕女真人不得译为汉姓；世宗之孙章宗时，复敕女真人不得学南人装束；其拳拳以保守旧风为念如此，可谓思深虑远。然历代君主一方面极力提倡女真文，一方面非常嗜好汉学。熙宗善读汉书，海陵炀王好诗词，世宗好诗，章宗好诗古文，世宗时设进士科，以汉学取士；章宗时，又敕有司购求遗书。当时文人学士，若党怀英、赵秉文、元好问等，皆为一代文豪，所著之诗文，实足以证明金代汉学发达之盛况。

同时户口逐渐减少，武力逐渐衰退。先是熙宗时代，虑汉民携贰，乃创设屯田军，徙女真部民及奚、契丹降人于中国内地，计其户口，授以官田，使自播种，春秋量给其衣，遇出征时始给钱米。其屯田区域，遍于现在黄河流域六省，直抵淮北与秦岭山脉之北，筑垒于村落间，与汉民杂居。后复集女真部民于各省要害地，筑城以居，其组织略与前清各省驻防旗相似。其后屯田之人习于怠惰，佣汉人为农奴以耕，游手好闲，无所事事，生活逐渐困难，乃卖却不动产，转移四方，于是汉人城乡市镇中添出许多新人，女真屯田军营中减却若干户口，武力逐渐衰退。至卫绍王在位（一二〇九至一二一三年），柔弱鲜智能，蒙古成吉思汗勃兴，乘隙南侵，尽取现在热、察、河北、山东、山西及东三省，驱逐金人于河南。传至哀宗天兴三年（一二三四年），卒为蒙古所灭，女真遗民皆在蒙古势力范围之内被同化于汉族。

金为东北小部落，本部人口极少，而属下外民族极多。故种族观念极强，对于被征服之宋、辽皇室极端压制，历代结婚范围多限于本部，执政大臣亦多出于皇族、贵族。历时既久，逐渐汉化，宫中府中渐染华风，于是汉族与渤海，契丹女子逐渐入宫，汉人与渤海、契丹遗民亦多数掇巍科，膺华选，出将入相者大有人在。兹试列表于下，以供参考：

金世系表一 附表一百六十，据《金史·本纪》。

姓完颜氏，自乌古迺始为辽生女真部节度使，传六世至阿骨打，遂灭辽，称皇帝，国号金

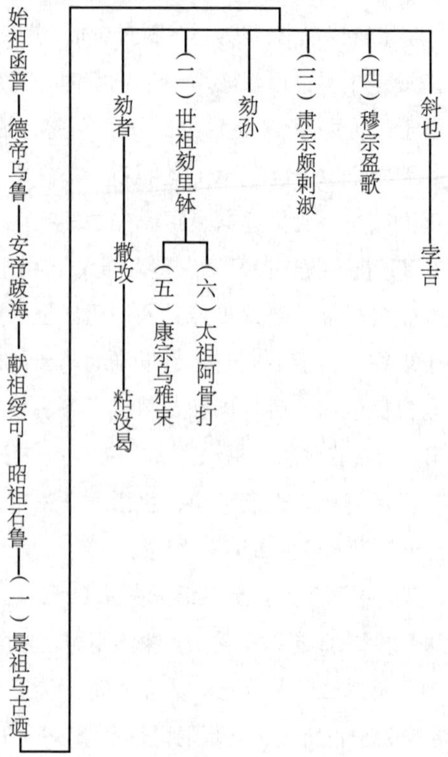

金世系表二　附表一百六十一

自太祖始称帝，凡传十世，一百二十年，为蒙古所灭。

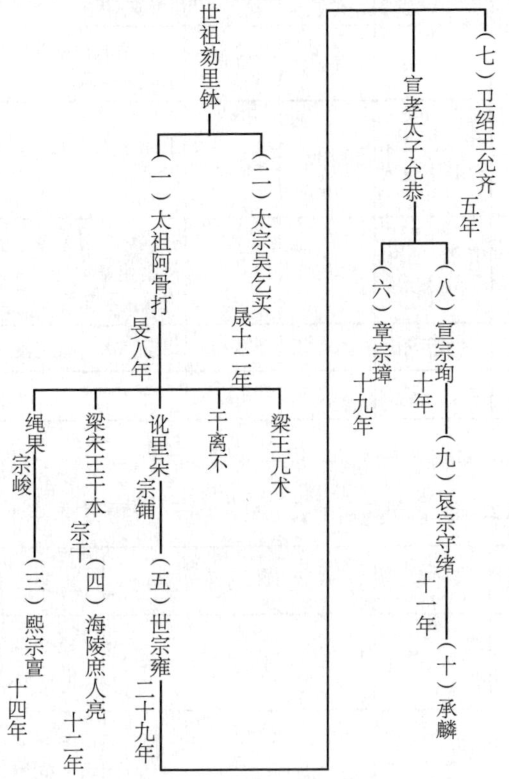

金世汉族女子入宫表一 附表一百六十二，历史上详其家世者。

谥号及姓氏	原籍及父兄	宫中原来位置	所生子女	逝去或被废年	见于何书
昭圣皇后刘氏	辽阳人	显宗宫人	宣宗	生宣宗时得疾卒，宣宗即位追谥	《金史·后妃传》
元妃李氏师儿	父湘，母王聆儿，其家有罪，没入宫	章宗妃	葛王德里	卫绍王大安元年，赐自尽	同
皇后王氏	中都民家子，父彦昌	宣宗后		天兴中，汴京破，后及诸妃嫔北迁，中路失散，不知所终	同
明惠皇后王氏	王皇后姊	宣宗妃	哀宗	正大八年九月崩	同
真妃庞氏	中都民家子	宣宗妃	荆王守纯		同

计后一人，追尊为后者一人，妃三人，共五人。

金世汉族女子入宫表二 附表一百六十三，有子而家室不可考者。

姓氏及位号	配何人	所生子女	根据何书
昭仪梁氏	世宗	豫王永成	《金史·后妃传》中《世宗元妃李氏传》
李氏	辽王宗干妾	郑王充	《金史·太宗诸子传》中《充本传》
贤妃安氏	熙宗妾	魏王道济	《金史·熙宗二子传》
裕陵充华田氏	显宗妾	郓王琮，瀛王瓌，霍王从彝	《金史·显宗诸子传》
裕陵茂仪刘氏	同	瀛王从宪	同
裕陵婉仪王氏	同	温王玠	同
资明夫人林氏	章宗妾	荆王洪靖	《金史·章宗诸子传》
丽妃史氏	旦不安	玄龄（本传云，或曰庄献太子母弟，早卒未封爵，或曰丽妃史氏所生）	《金史·宣宗诸子传》

计妃嫔七人，亲王侧室一人，共八人。

金世外族女子入宫表　附表一百六十四

谥号及姓氏	原籍及父兄	宫中原来位置	所生子女	逝年	何族	今为何族	根据何书
崇妃萧氏	?	太祖妃	纪王宾询，埒息王宁吉，莒王燕孙，任王威噘	海陵篡立，诬以隐恶杀之	契丹	满蒙混血	《金史·后妃传》、《金史·太祖诸子传》
宁妃萧氏	?	辽王宗干妾				同	《金史·后妃传》中《海陵母大氏传》
海陵母大氏	赠太尉昊天女	同	海陵王亮	贞元元年四月卒	渤海	满	同
元妃大氏	?	海陵王妾			同	同	《金史·后妃传》中《海陵后图克坦氏传》
宸妃萧氏	?	海陵妾			契丹	满蒙混血	同
丽妃耶律氏	?	同			同	同	同
柔妃弥勒	姓耶律氏	同			同	同	同
昭媛察八	同	同			同	同	同
贞懿皇后李氏	辽阳人，父雏讹只，兄李石	睿宗妾	世宗	正隆六年五月世宗即位追谥	未详	未详	《金史·后妃传》
元妃张氏	父元徵，母高氏(先世本姓尚，表明王之后)	世宗次室	赵王永中	生永中而卒	高句丽	满	同
元妃李氏	南阳郡王李石女	世宗妃	郑王永蹈，卫绍王永济，潞王永德	大定二十一年薨	未详	未详	同

计契丹六人，渤海二人，高句丽一人，未详者二人，共十一人。

说明　贞懿皇后李氏、世宗元妃李氏皆辽阳人，其祖父名用外国语，故列入此表内。

金室汉人赐国姓者表　附表一百六十五

姓名	本姓名	官爵	籍贯	今地	家室及出身	根据何书
完颜用安	国用安	京东山东行省、兖王	淄州	山东淄县	红袄贼李全余党	《金史·本传》
完颜甫	张甫	中都东路经略使、高阳公				同
完颜开	张开	昭义节度使、上党公	景州	河北景县		同

共三人。

金室汉人女真名者表　附表一百六十六

汉姓名	女真名	官爵	籍贯	今地	家世	根据何书
毛子廉	本名八十	宁昌军节度使	临潢长泰	热河林西县故临潢城东		《金史·本传》
高松	本名檀朵	崇义军节度使	澄州析木	辽宁海城县东南五十五里析木城		同
蔡	八儿	忠孝军元帅	未详			《金史·忠义传四》
郭	虾蟖	守会州殉难	会州	甘肃靖远县	世为保甲射生手	同
郭	禄大	领会州刺史	同	同	虾蟖之兄	同　附《郭虾蟖传》
王政	南撒里	保静军节度使	辰州熊岳	辽宁盖平县西南六十五里熊岳城	其先仕渤海及辽有显者	《金史·循吏传》
张仲轲	牛儿	左谏议大夫	未详			《金史·佞幸传》
马钦	韩哥	国子司业	同			同
宋珪	乞奴	内侍殿头	燕			《金史·宦者传》

共九人。

金室汉大臣赐女真姓者表　附表一百六十七

据《廿二史札记》卷二十八“金末赐姓之例”条。

本姓名	赐何姓	清译
东永昌	温敦氏	温都
包世显	乌古论氏	乌库哩
包长寿	同	
包疙疸	同	
何定	必兰氏	必喇
马福德	夹谷氏	瓜尔佳
马柏寿	同	
杨沃衍	乌林答氏	乌凌阿
资禄	女奚烈氏	
李辛	温撒氏	

金室汉大臣赐国姓者表　附表一百六十八

据《廿二史札记》卷二十八“金末赐姓之例”条。

郭仲元	郭阿怜	李霆	梁佐
李咬住	国用安	张甫	

金室汉族出身人物表　附表一百六十九

姓名	字	官爵	籍贯	今地	家世及出身	根据何书
卢彦伦		礼部尚书、大名尹、郇国公	临潢	热河林西县		《金史·本传》
卢玑	正甫	左宣徽使	同	同	彦伦子	《金史·卢彦伦传》
卢亨	继祖	莒州刺史	同	同	玑子	同
李三锡	怀邦	安国军节度使、河北西路转运使	锦州安昌	辽宁锦县西		《金史·本传》
孔敬宗	仲先	归德军节度使	辽阳	辽宁辽阳县	其先东垣人	同

续表

姓名	字	官爵	籍贯	今地	家世及出身	根据何书
李师夔	贤佐	陕西东路转运使、任国公	奉圣州永兴	察哈尔涿鹿县		同
沈璋	之达	镇西军节度使	同	同		同
左企弓	君财	守太傅、中书令	蓟	河北蓟县	后唐棣州刺史皓八世孙	同
虞仲文	质夫	翰林侍讲学士	武州宁远	山西五寨县		同
曹勇义		三司使	广宁	辽宁北镇县		同
康公弼	伯迪	干州节度使	宛平	河北宛平县	其先应州人	同
左泌	长源	陕西路转运使戴国公	蓟	河北蓟县	企弓长子	同
左渊		中都路都转运使、沁南军节度使	同	同	企弓第三子	《金史·左泌传》
左光庆	君锡	右宣徽使	同	同	渊子	同
刘豫	彦游	伪大齐皇帝，废为蜀王，改封曹王	景州阜城	河北阜城县	宋故知济南府，叛降金	《金史·本传》
刘麟	元瑞	上京路转运使、韩国公	同	同	豫子	《金史·刘豫传》
刘彦宗	鲁开	汉军都统，追封郓王	大兴宛平	河北宛平县	唐卢龙节度使评后六世，仕辽为宰相	《金史·本传》
刘萼		济南尹、任国公	同	同	彦宗季子	同
刘筈		尚书右丞相、兼中书令、燕京留守、曹王	同	同	彦宗次子	同
刘仲诲	子忠	吏部尚书、太子少师，兼御史中丞	同	同	筈子	同
刘頍	元矩	左宣徽使、御史中丞、太子少师	同	同	彦宗后	同

续表

姓名	字	官爵	籍贯	今地	家世及出身	根据何书
时立爱	昌寿	侍中、知枢密院事、郑国公	涿州新城	河北新城县		同
韩企先		尚书、右丞相、濮王	柳城	热河凌源县	本燕京籍，辽中书令知古九世孙	同
韩鏚	振安	中都路都转运使、顺天军节度使	同	同	企先子	《金史·韩企先传》
郦琼	国宝	归德尹	相州临漳	河南临漳县	宋故淮东兵马钤辖	《金史·本传》
李成	伯友	真定尹、济国公	雄州归信	河北雄县	宋故淮南招捉使	同
孔彦舟	巨济	南京留守、广平郡王	相州林虑	河南林县	宋故沿江招捉使	同
徐文	彦武	定海军节度使	莱州掖县	山东掖县	宋故淮东浙西沿海水军都统制	同
施宜生	明望	翰林侍讲学士	邵武	福建邵武县	宋故颍州教授	同
张中孚	信甫	南京留守、崇王	安定张义堡	甘肃固原县西南六十里	宋太师、庆国公达子，仕宋为知镇戎军兼安抚使	同
张中彦	才甫	临洮尹、宗国公			中孚弟，宋故知德顺军	同
宇文虚中	叔通	翰林学士承旨、礼部尚书、河内郡公	蜀	四川	宋故资政殿大学士	同
高士谈	季默	翰林直学士			宋侍中琼之后，仕宋为忻州户曹参军	《金史·宇文虚中传》

续表

姓名	字	官爵	籍贯	今地	家世及出身	根据何书
王伯龙		益都尹、广平郡王	沈州双城	辽宁铁岭县西六十里		《金史·本传》
田灏	默之	刑部尚书	兴中	热河朝阳县	辽故归德节度使	同
赵隇	德固	沁南军节度使	辽阳	辽宁辽阳县	辽故太子左卫率	同
郭企忠	元弼	沁州刺史			唐汾阳王子仪后，辽故天德军节度副使	同
郑建充	仲实	平凉尹	鄜州	陕西鄜县	宋故知延安府	同
张通古	乐之	平章政事、司徒、曹王	易州易县	河北易县	辽故枢密院令史	同
祁宰	彦辅	中奉大夫太医使	江淮	江苏安徽中部	宋季以医术补官	同
张景仁	寿甫	御史大夫、兼翰林学士承旨、修国史	辽西	州名在辽宁义县东六十里		同
李石	子坚	太尉、尚书令、广平郡王	辽阳	辽宁辽阳县	贞懿皇后弟，先世仕辽为宰相	同
李献可	仲和	山东提刑使	同	同	石子	《金史·李石传》
李师雄	伯威	河州防御使	雁门	山西代县	宋故大名清平尉	同
石琚	子美	右丞相、莘国公	定州	河北定县		同
苏保衡	宗尹	礼部尚书、参知政事	云中天成	山西天镇县	辽西京留守京子	同
翟永固	仲坚	尚书、左丞、真定尹	中都良乡	河北良乡县	宋故开德府仪曹参军	同

续表

姓名	字	官爵	籍贯	今地	家世及出身	根据何书
魏子平	仲均	参知政事平、阳尹	弘州	察哈尔阳原县		同
孟浩	浩然	参知政事	滦州	河北滦县		同
田珏		利涉军节度使				《金史·孟浩传》
梁肃	孟容	参知政事	奉圣州	察哈尔涿鹿县		《金史·本传》
赵元	善长	河北西路转运使	涿州范阳	河北琢县	辽故金部员外郎	同
马讽	良弼	大理卿、刑部尚书	大兴漷阴	河北通县南四十五里	宋宣和六年进士	同
刘徽柔	君美	中都路转运使	大兴安次	河北安次县		同
贾少冲	若虚	太常卿、顺天军节度使	通州	河北通县		同
贾益	损之	太常卿			少冲子	《金史·贾少冲传》
张九思	全行	工部尚书	锦州	辽宁锦县		《金史·本传》
杨邦基	德懋	秘书监、山东东路转运使	华阴	陕西华阴县	宋易州州佐绚子	同
丁祜仁	藏用	陕西西路转运使	大兴宛平	河北宛平县		同
庞迪	仲由	临洮尹、南京路都转运使	延安	陕西肤施县		同
杨仲武	德威	陕西西路转运使	保安	陕西保安县	宋宥州团练使遇子	同
赵兴祥		秘书监、左宣徽使、申国公	平州卢龙	河北卢龙县	辽燕京留守思温六世孙	同
敬嗣晖	唐臣	参知政事	易州	河北易县		同
毛硕	仲权	南京路都转运使	甘陵	河北清河县东南	宋故兵马都监	同

续表

姓名	字	官爵	籍贯	今地	家世及出身	根据何书
李上远	达道	山东西路转运使	曹州济阴	山东菏泽县	宋故东平府司户参军	同
曹望之	景萧	户部尚书	宣德	察哈尔宣化县	其先临潢人	同
卢孝俭		山东东路转运使	宣德州	察哈尔宣化县		同
卢庸	子宪	陕西按察转运使	蓟州丰润	河北丰润县		同
李偲	子友	陕西西路转运使	定州安喜	河北定县		同
张万公	良辅	平章政事、寿国公、山东路安抚使	东平东阿	山东东阿县		同
程辉	日新	参知政事、知河南府事	蔚州灵仙	察哈尔蔚县		同
刘玮	德玉	参知政事、尚书右丞	咸平	辽宁开原县	唐卢龙节度使仁敬之裔	同
董师中	绍祖	平章政事、御史大夫、尚书左丞	洺州	河北永年县		同
王蔚	叔文	参知政事、尚书右丞	香河	河北香河县		同
马惠迪	吉甫	参知政事、南京留守	漷阴	河北通县南四十五里		同
马琪	德玉	参知政事、安武军节度使	大兴宝抵	河北宝坻县		同
杨伯通	吉甫	参知政事、尚书左丞	弘州	察哈尔阳原县		同
黄文约	弥大	左谏议大夫、太常卿、横海军节度使	东平须城	山东东平县		同

续表

姓名	字	官爵	籍贯	今地	家世及出身	根据何书
李晏	致美	礼部尚书、翰林学士承旨、昭义军节度使	泽州高平	山西高平县		同
李仲略	简之	山东西路按察使	同	同	晏子	同
李愈	景韩	刑部尚书、知河中府事	绛州正平	山西新绛县		同
王贲	文孺	南京路按察使	宛平	河北宛平县	其先自临潢移贯宛平	同
王质	敬叔	礼部尚书	同	同	贲弟	《金史·王贲传》
许安仁	子静	汾阳军节度使	献州交河	河北交河县		《金史·本传》
梁襄	公赞	保大军节度使	绛州	山西新绛县		同
路伯达	仲显	安武军节度使	冀州	河北冀县		同
张大节	信之	震武军节度使	代州五台	山西五台县		同
张岩叟	孟弼	沁南军节度使	同	同	大节子	《金史·张大节传》
张亨	彦通	南京路转运使、知归德府事	大兴漷阴	河北通县南四十五里		《金史·本传》
韩锡	难老	知济南府事	渔阳	河北蓟县	其先自析津徙渔阳	同
邓俨	子威	户部尚书、知归德府事	懿州宜民	热河朝阳县北一百六十八里黑城子		同
巨构	子成	横海军节度使	蓟州平谷	河北平谷县		同
贺扬庭	公叟	陕西路转运使	曹州济阴	山东菏泽县		同
阎公贞	正之	大理卿、翰林侍读学士	大兴宛平	河北宛平县		同
焦旭	明锐	西京路转运使	沃州柏乡	河北柏乡县		同
刘仲洙	师鲁	定海军节度使	大兴宛平	河北宛平县		同

续表

姓名	字	官爵	籍贯	今地	家世及出身	根据何书
李完	全道	南京路按察使	朔州马邑	山西朔县东北三十五里马邑乡		同
马百禄	天锡	知河中府	通州三河	河北三河县		同
杨伯元	长卿	安武军节度使	开封尉氏	河南尉氏县		同
刘玑	仲璋	国子祭酒、太常卿	益都	山东益都县		同
刘琉	伯玉	左宣徽使、定海军节度使	同	同	玑兄	《金史·刘玑传》
刘玮		太府监、同知宣徽院事	同	同	琉弟	同
康元弼	辅之	南京路转运使	大同云中	山西大同县		《金史·本传》
贾铉	鼎臣	参知政事、知济南府	博州博平	山东博平县		同
孙铎	振之	参知政事、尚书左丞、太子太师	恩州历亭县	山东恩县西四十里	其先滕州人	同
孙即康	安伯	平章政事、崇国公	大兴	河北大兴县	其先沧州人，辽徙河北民实燕、蓟，八代祖延应迁燕	同
李革	君美	参知政事、河东行省，守平阳死节	河津	山西河津县		同
孟铸		御史中丞				同
宗端修	平叔	大理丞	汝州	河南临汝县		同
路铎	宣叔	翰林待制、兼知登闻鼓院、孟州防御使，城破殉国	冀州	河北冀县	伯达子	同

续表

姓名	字	官爵	籍贯	今地	家世及出身	根据何书
张炜	子明	安国军节度使	洺州永年	河北永年县		同
李复亨	仲修	参知政事、安国军节度使，城破死难	荥州河津	山西河津县（？）		同
耿端益	忠嗣	参知政事	博州博平	山东博平县		同
李英	子贤	御史中丞引兵救中都战没于霸州	益都	山东益都县	其先辽阳人	同
田琢	器之	山东东路转运使	蔚州定安	察哈尔蔚县东北六十里		同
邹谷	应仲	泰宁军节度使	密州诸城	山东诸城县		同
高霖	子约	兵部尚书、知大兴府、权参知政事，中都陷殉国	东平	山东东平县		同
孟奎	元秀	北京临潢等路按察转运使	辽阳	辽宁辽阳县		同
郭俣	伯有	河北西路转运使	泽州	山西晋城县		同
王扩	充之	陕西东路转运使	中山永平	河北完县		同
程寀	公弼	彰德军节度使	析津	河北宛平县		同
任熊祥	子仁	太子少师	燕	河北北平	八代祖圜为后唐宰相，圜孙睿随石晋北迁	同
孔璠	文老	衍圣公	曲阜	山东曲阜县	孔子四十九代孙，宋故朝奉郎端友从子	同
范拱	清叔	太常卿	济南	山东历城县		同

续表

姓名	字	官爵	籍贯	今地	家世及出身	根据何书
张用直		太常卿、太子詹事	临潢	热河林西县		同
刘枢	居中	中都路转运使	通州三河	河北三河县		同
王脩	翛然	定海军节度使	涿州	河北涿县		同
杨伯雄	希云	礼部尚书、翰林学士承旨、河中尹	真定藁城	河北藁城县		同
杨伯渊	宗之	山东东路转运使	同	同	伯雄族兄	《金史·杨伯雄传》
萧贡	贞卿	户部尚书	京兆咸阳	陕西咸阳县		《金史·本传》
张翰	林卿	户部尚书	忻州秀容	山西忻县西北		同
任天宠	清叔	户部尚书，中都陷，走南京中途遭难	曹州定陶	山东定陶县		同
张暐	明仲	御史大夫、安武军节度使	莒州日照	山东日照县		同
张行简	敬甫	礼部尚书、同修国史、翰林学士承旨、太子太傅	同	同	暐子	同
张行信	信甫	参知政事、尚书左丞	同	同	行简弟，先名行忠，避庄献太子讳改焉	同
贾益谦	彦亨	参知政事、尚书左丞	沃州	河北赵县		同
刘炳		御史台令史	葛城	河北安新县		同
高汝砺	岩夫	尚书右丞相、监修国史、寿国公	应州金城	山西应县		同

续表

姓名	字	官爵	籍贯	今地	家世及出身	根据何书
胥鼎	和之	平章政事、英国公、行省卫州，卒于军	代州繁畤	山西繁畤县	尚书右丞持国子	同
侯挚	莘卿	平章政事、萧国公、行京都路尚书省事，汴京陷殉难	东阿	山东东阿县	初名师尹，避讳改	同
师安石	子安	御史中丞、工部尚书、尚书右丞	清州	河北青县	本姓尹，避国讳改焉	同
陈规	正叔	右补阙	绛州稷山	山西新绛县西五十里		同
许古	道真	左补阙			汾阳军节度使安仁子	同
杨云翼	之美	礼部尚书兼侍读	平定乐平	山西昔阳县	其先赞皇檀山人，六代祖忠客乐平，遂家焉	同
赵秉文	周臣	礼部尚书、兼侍读学士、同修国史、知集贤院事	磁州滏阳	河北磁县		同
韩玉	温甫	河平军节度副使	相	河南安阳县	曾祖锡仕金为济南尹	同
冯璧	叔献	同　知集庆军节度使	真定	河北正定县		同
李献甫	钦用	右警巡使，死蔡州之难	河中	山西永济县	文学家献能从弟	同
雷渊	希颜	监察御史，翰林修撰	应州浑源	山西浑源县		同
程震	威卿	监察御史	东胜	绥远托克托县东部		同
白华	文举	右司郎中	澳州?	未详		同

续表

姓名	字	官爵	籍贯	今地	家世及出身	根据何书
崔立		汴京东面元帅，叛降蒙古	将陵	山东德县		同
聂天骥	元吉	右司员外郎，崔立叛，死难	五台	山西五台县		同
王宾	德卿	同知亳州节度使	亳州	安徽亳县		同
国用安	先名安用本名咬儿	京东、山东等路行尚书省事，兖王，赐姓完颜	淄州	山东淄川县		同
时青		滕阳公、本处兵马总领元帅、兼宣抚使	滕阳	山东滕县		同
苗道润		中都路经略使、知中山府事				同
王福		沧州经略使沧海公				同
武仙		真定经略使、恒山公	威州	河北井陉县		同
张甫		中都东路经略使、高阳公，赐姓完颜				同
萧安民		中都西路经略使、易水公	德兴府永兴县	察哈尔涿鹿县		同
郭文振	拯之	行河东北路元帅府事、晋阳公	太原	山西阳曲县		同
胡天作	景山	平阳招抚使、平阳公	管州	山西静乐县		同
张开		昭义节度使、上党公，赐姓完颜	景州	河北景县		同

续表

姓名	字	官爵	籍贯	今地	家世及出身	根据何书
燕宁		山东安抚副使、东莒公				同
张天纲	正卿	吏部侍郎、权参知政事	霸州益津	河北霸县		同
曹珪			徐州	江苏铜山县		《金史·忠义传一》
魏全		为宋所擒，被杀	寿州	安徽寿县		同
高守约	从简	观州刺史，城破殉难	辽阳	辽宁辽阳县		同
王维翰	之翰	定难军节度使，殉难	利州龙山	热河凌源县南		同
宋扆		沁南军节度使，城破殉难	中都宛平	河北宛平县		同
李谟	巨川	应奉翰林文字，任城破，殉难	任城	山东济宁县		同
刘德基		守官边邑，为夏所执，死难	大兴	河北大兴		同
王毅		东明令，城破殉难	大兴	同		同
王晦		翰林侍读学士，守顺州，城破殉难	泽州高平	山西高平县		同
齐鹰扬		淄州军事判，官城破殉难				同
扬敏中		屯留县尉致仕，与鹰扬同守淄州殉焉				《金史·忠义传》中《齐鹰扬传》
张奇噜		淄州民，同死难	淄州	山东淄川县		同
高锡	永之	河北东路按察转运使，城破殉难				《金史·忠义传一》

续表

姓名	字	官爵	籍贯	今地	家世及出身	根据何书
张顺		淄州士伍，死淄州之难				《金史·忠义传二》
马骧		曹州济阴令，城破死难	禹城	山东历城县西北九十六里		同
吴邦杰		登州军事判官，元攻日照死难				同
时茂先		日照县沙沟酒监，死郭三之乱				同
梁持胜	经甫	咸平路宣抚司经历，死蒲鲜万奴之乱				同
贾邦宪		进士，守松平寨殉难	霍州霍邑	山西霍县		同
赵益		同知太原府事，城破殉难	太原	山西阳曲县		同
侯小叔		同知河中府，城破殉难	河东	山西永济县		同
王佐	辅之	知平阳府事，救襄垣殉难	霍州	山西霍县		同
姬汝作	钦之	知汝州事，城破殉难	汝阳	河南汝阳县		《金史·忠义传三》
禹显		元帅府都监，守沁州殉难	雁门	山西代县		同
商衡	平叔	秦蓝总帅府经历，殉难	曹州	山东菏泽县		《金史·忠义传四》
杨达夫	晋卿	鄠县主簿，殉难	耀州三原	陕西三原县		同
冯廷登	子骏	权刑部尚书，汴京破殉难	吉州吉乡	山西吉县		同
毛佺		义军招抚，蔡州破殉难	恩州	山东恩县		《金史·忠义传》中《蔡巴尔传》

续表

姓名	字	官爵	籍贯	今地	家世及出身	根据何书
毕资伦		守泗州，为宋所执，闻蔡州破，投水死	缙山	察哈尔延庆县		《金史·忠义传四》
郭虾蟆		守会州，殉蒙古之难	会州	甘肃靖远县		同
韩昉	公美	参知政事、汴京留守、郓国公	燕京	北平		《金史·文艺传上》
蔡松年	伯坚	尚书右丞相、卫国公	真定	河北正定县	宋知燕山府靖子	同
蔡珪	正甫	礼部郎中、真定县男	同	同	松年子	《金史·文艺传上》、《蔡松年传》
吴激	彦高	翰林待制	建州	福建建瓯县	宋知苏州拭子	《金史·文艺传上》
马定国	子卿	翰林学士	茌平	山东茌平县		同
任询	君谟	北京盐使	易州军市	河北易县		同
赵可	献之	翰林直学士	高平	山西高平县		同
郭长倩	曼卿	秘书少监、兼礼部郎中，修起居注	文登	山东文登县		同
胡砺	文化	翰林学士、刑部尚书	磁州武安	河南武安县		同
王竞	无竞	礼部尚书、翰林学士承旨，修国史	彰德	河南安阳县		同
杨伯仁	安道	翰林侍讲学士、兼礼部侍郎、左谏议大夫、太常卿	真定藁城	河北藁城县	河中尹伯雄弟	同

续表

姓名	字	官爵	籍贯	今地	家世及出身	根据何书
郑子聃	景纯	吏部侍郎、翰林侍讲学士兼修国史	大定府	热河平泉县东北一百八十里察罕苏巴尔罕屯		同
党怀英	世杰	翰林学士承旨	泰安军	山东泰安县	宋太尉进十一代孙，本冯翊人	同
赵沨	文孺	礼部郎中	东平	山东东平县		《金史·文艺传下》
周昂	德卿	监察御史、权行六部员外郎，死国难	真定	河北真定县		同
王庭筠	子端	翰林修撰	河东	山西永济县		同
刘昂	之昂	左司郎中	兴州	热河滦平县西南		同
李经	天英	再举不第，州陷不知所终	锦州	辽宁锦县		同
刘从益	云卿	应奉翰林文字	浑源	山西浑源县		同
吕中孚	信臣		冀州南宫	河北南宫县		同
张建	吉甫	应奉翰林文字	蒲城	山西蒲县		《金史·文艺传中》、《吕中孚传》
李纯甫	之纯	翰林	弘州襄阴	察哈尔阳原县		《金史·文艺传下》
王郁	飞伯	汴京被围，死国难	大兴	河北大兴县		同
宋九嘉	飞卿	翰林应奉，没于癸巳之难	夏津	山东夏津县		同
庞铸	才卿	京兆路转运使	辽东	辽宁辽阳县		同
李献能	钦叔	翰林修撰，权左右司郎中，死国难	河中	山西永济县	左警巡使献甫从兄	同

续表

姓名	字	官爵	籍贯	今地	家世及出身	根据何书
王若虚	从之	翰林直学士	藁城	河北藁城县		同
王元节	子元	密州观察判官	弘州	察哈尔阳原县	辽户部侍郎山甫孙	同
王元德		南京路提刑使	同	同	元节弟	《金史·文艺传中·王元节传》
王国纲	正之	监察御史，死国难	同	同	元节孙	同
麻九畴	知几	应奉翰林文字	易州	河北易县		《金史·文艺传下》
李汾	长源	史馆书写	太原平晋	山西太原县		同
陈颜		世业农	卫州汲县	河南汲县		《金史·孝友传》
刘瑜			棣州	山东惠民县		同
孟兴						同
王震		赐同进士出身	宁海州文登县	山东文登县		同
刘政		太子掌饮丞	洺州	河北永年县		同
褚承亮	茂先	宋宣和进士	真定	河北真定县		《金史·隐逸传》
王去非	广道	家居教授	平阴	山东平阴县		同
赵质	景道	隐居燕城南，教授为业	卢龙	河北卢龙县	辽相思温之裔	同
杜时升	进之	隐居嵩洛，以伊洛之学教人	霸州信安	河北霸县东五十里信安镇		同
郝天挺	晋卿	元好问之师	泽州陵川	山西陵川县		同
薛继先	曼卿	隐居洛西山中，课童子读书				同
高仲振	正之	隐居嵩山	辽东	辽宁辽阳县		同

续表

姓名	字	官爵	籍贯	今地	家世及出身	根据何书
张潜	仲升	同 从高仲振学《易》	武清	河北武清县		同
王汝梅	大用	伊阳簿，以经学教人	大名	河北大名县		同
宋可	予之		武陟	河南武陟县		同
辛愿	敬之		福昌	河南宜阳县西六十五里		同
王予可	南云		河东吉州	山西吉县		同
卢克忠		陈州防御使	贵德州凤集	辽宁沈阳县东南四十五里奉集堡		《金史·循吏传》
牛德昌	彦钦	太原尹	蔚州安定	察哈尔蔚县东北六十里		同
范承吉	宠之	顺天军节度使				同
张奕	彦微	户部尚书	泽州高平	山西高平县		同
李瞻		忠顺军节度使	蓟州玉田	河北玉田县		同
刘敏行		河北东路转运使	平州	河北卢龙县		同
傅慎微	几先	礼部尚书	长安	陕西长声县	其先秦州沙溪人，后徙建昌，慎微始迁长安	同
刘焕	德文	辽东路转运使	中山	河北定县		同
高昌福		河中尹	中都宛平	河北宛平县		同
孙德渊	资深	工部尚书、御史中丞	兴中州	热河朝阳县		同
赵鉴	择善	河北西路转运使	济南章丘	山东章丘县		同

续表

姓名	字	官爵	籍贯	今地	家世及出身	根据何书
张毂	伯英	河东南路转运使	许州临颍	河南临颍县		同
赵重福	履祥	河东北路转运使	丰州	绥远归绥县东五十五里白塔尔镇		同
武都	文伯	河东路宣抚使	东胜州	绥远托克托县黄河东岸		同
张特立	文举	监察御史	曹州东明	河北东明县南三十里南东明集		同
王浩		扶沟令				同
高闾山		宁昌军节度使	澄州析木	辽宁海城县		《金史·酷吏传》
李通		参知政事、尚书右丞				《金史·佞幸传》
高德贞		礼部侍郎				同
胥持国	秉钧	参知政事、尚书右丞、枢密副使	代州繁畤	山西繁畤县		同
梁琉		内侍局使			本大旲家奴	《金史·宦者传》
刘完素	守真	洞达医术	河间	河北河间县		《金史·方技传》
张从正	子和	精于医	睢州考城	河南考城县		同
李庆嗣		同	洛	河南洛阳县		同
纪天锡	齐卿	同	泰安	山东泰安县		同
张元素	洁古	同	易州	河北易县		同
马贵中		司天监				同
武祯		司天台管勾	宿州临涣	安徽宿县西南百里临涣集		同
武亢		司天长行，蔡州破殉难	同	同	祯子	《金史·方技传中·武祯传》

续表

姓名	字	官爵	籍贯	今地	家世及出身	根据何书
李懋		有异术				《金史·方技传》
胡德新		言祸福，有奇验	河北	河北		同
张仅言	幼名元奴	少府监、劝农使，提控尚食局、只应司	平州义丰	河北滦县	南京留守珏子	《金史·叛臣传中·张觉传》

计二百七十七人，内中有本传者二百五十三人，附见于他人传者二十四人。其籍贯属于现在河北者八十九人，河南者十四人，山东者三十九人，山西者四十一人，陕西者七人，甘肃者二人，热河者十三人，察哈尔者十六人，绥远者三人，辽宁者十七人，江苏者一人，安徽者四人，江北淮南者一人，四川者一人，福建者一人，不载籍贯者二十六人，未详者二人。

《金史·名臣传》三百七十一人，汉人一百五十人，约占百分之四十以上。《世戚传》十九人，汉人无，等于百分之零。《忠义传》八十人，汉人二十六人，约占百分之三十以上。《文艺传》三十人，汉人二十八人，约占百分之九十以上。《孝友传》六人，汉人五人，约占百分之八十以上。《隐逸传》十二人，皆汉人，等于百分之百。《循吏传》二十一人，汉人十五人，约占百分之七十五以下。《酷吏传》二人，汉人一人，等于百分之五十。《佞幸传》七人，汉人三人，约占百分之五十不足。《列女传》二十一人，汉人十三人，约占百分之六十以上。《宦者传》二人，皆汉人，等于百分之百。《方技传》九人，皆汉人，等于百分之百。《逆臣传》十人，无汉人，等于百分之零。《叛臣传》三人，汉人一人，约占百分之三十三以上。

凡例

一、凡汉姓、汉名，生长中国内地或满汉杂居地、蒙汉杂居地者皆假定为汉人。全录。

二、凡汉姓、汉名，而另外有女真名，且时常补女真缺之官者另外归入《汉人女真名者表》。

三、《列女传》中人物皆不录，因皆节妇或孝女，影响及于社会者少也。

附注

白华之生地为澳洲，《金史·地理志》无此州名，疑为沈州之误。

金室外族出身人物表　附表一百七十

姓名	别号	官爵	籍贯	今地	家世	出于何部	根据何书
萧玉		司徒、尚书、左丞相、吴国公	未详			奚	《金史·宗本传》
高彪	本名召和夫	枢密副使、舒国公	辰州	辽宁盖平县	辽兴辰开三镇节度使安国孙，左承制六哥子	渤海	《金史·本传》

续表

姓名	别号	官爵	籍贯	今地	家世	出于何部	根据何书
郭药师		燕京留守，赐姓完颜	铁州	辽宁盖平县东北六十里		同	同
郭安国		兵部尚书	同	同	药师子	同	《金史·郭药师传》
张浩	浩然	太傅、尚书令、秦国公、南阳郡王	辽阳	辽宁辽阳县	本姓高，东明王之后，曾祖霸仕辽，改姓张	同	《金史·本传》
张元素	子贞	户部尚书、定武军节度使	同	同	与浩同曾祖	同	同
张汝弼	仲佐	参知政事、尚书左丞、广宁尹	同	同	彰信军节度使元征子，元素从子	同	同
张汝霖		参知政事	同	同	汝弼从弟	同	《金史·张汝弼传》
高桢		司空、太子太保、行御史大夫、代王	同	同	辽太师牟翰五世孙	同	《金史·本传》
高德基	元履	户部尚书	同	同		同	同
高湜	穆仲	吏部尚书	同	同		同	同
萧怀忠	本名好胡	西京留守、西南面兵马都统				奚	同
大怀贞	子正	彰德军节度使	辽阳	辽宁辽阳县		渤海	同
伊喇履	履道	参知政事、尚书右丞			辽东丹王突欲七世孙	契丹	同
高兹		河北西路按察转运使				渤海	同
马庆祥	瑞宁	凤翔府路兵马都统管判官，与蒙古战死节	净州天山	绥远归绥县北六七十里	先世自西域人居临洮狄道，始姓马	未详	《金史·忠义传四》

续表

姓名	别号	官爵	籍贯	今地	家世	出于何部	根据何书
萧永祺	景纯	翰林学士承旨			本名蒲烈	契丹	《金史·文艺传上》
元德明		累举不第	太原秀容	山西忻县西北	系出拓跋魏	鲜卑	《金史·文艺传下》
元好问	裕之	行尚书省、左司员外郎	同	同	德明子	同	《金史·文艺传下·元德明传》
萧肄		参知政事				奚	《金史·佞幸传》
萧裕	本名扬珠	右丞相、中书令				同	同
大兴国		河间尹				渤海	《金史·逆臣传》

计渤海十三人，奚四人，契丹二人，鲜卑二人，未详者一人，共二十二人。

说明

一、渤海与金同属满族，而部落不同，姑假定为外族。《金史》人物传中，除去女真人外，仅有多数汉人，少数渤海人，一二奚、契丹、鲜卑人而已。

二、《金史·忠义传》、《酷吏传》、《逆臣传》中多女真人，盖性情真挚之民族往往多狠辣也。《文艺传》、《隐逸传》中绝少女真人，盖文化未发达之民族，同时亦不能恬淡也。

易姓更名为融合种族上必经之阶级，凡异族进化为汉族者莫不由之。程度最高者为汉姓汉名，如前赵刘渊，后赵石勒，前秦苻坚，后秦姚苌，仇池杨茂搜，后凉吕光，成李雄，孝文帝以后之元魏，北齐高洋，后唐李存勖，后晋石敬塘，后汉刘知远，北汉刘崇，西夏李继迁、赵德明之类是也。次为外族姓汉名，如慕容廆以后之前、后、西、南诸燕，道武帝以后之拓跋魏，赫连昌以后之夏，宇文周、景宗以后之辽，世祖以后之清皆是也。最不进化者为外族姓外族名，如慕容氏之吐谷浑，西秦乞伏国仁，南凉秃发乌孤，道武帝以前之代，北凉沮渠蒙逊、景宗以前之辽，蒙古奇渥温氏之元皆是也。已冠汉姓复改胡姓者有二，夏主刘勃勃改姓赫连，西魏恭帝廓复姓拓跋之类是也。独金室一家别开生面。女真完颜氏素号多才，历代君主提倡汉学不遗余力。但一方面提倡汉学，一方面仍欲保守女真旧风，故政府之设施，常现矛盾气象。此矛盾气象散见于各方面，虽皇族命名亦不能外此例，即一方面欲进化而改汉名，一方面仍欲保守而命以女真名，此在五胡十六国及北朝偶尔一见者，在金则几成为惯例。兹试列表比较于下，以供参考：

五胡十六国及北朝皇族中汉名与外族名对照表　附表一百七十一

姓名	汉字	外族字	外族名	何族	今为何族	略历	根据何书
石勒	世龙		䓷	匈奴别部羯人	蒙	后赵世祖	《晋书》一百四本载记
慕容廆		奕洛瓌		鲜卑	满蒙混血	前燕武宣帝	同　一百八本载记
高欢		贺六浑		同	同	北齐高祖，高洋篡立后追谥	《北齐书·神武纪上》
穆氏	黄花	舍利	邪利	未明	未明	后主皇后，斛律后从婢，母名轻霄，本穆子伦婢，入宋钦道家而生后	同　《穆后本传》
高湛		步落稽		鲜卑	满蒙混血	北齐武成帝，高欢第九子，母娄后	同　《武成纪》及《上洛王思宗传》
高殷	正道	道人		同	同	北齐废帝，高欢孙，文宣帝从子，母李后	同　《废帝纪》及《上洛王思宗传》
宇文泰		黑獭		同	同	北周文帝，宇文觉篡后追谥	《北周书·文帝纪上》

续表

姓名	汉字	外族字	外族名	何族	今为何族	略历	根据何书
宇文觉		陁罗尼		同	同	北周孝闵帝，泰第三子	同 《孝闵帝纪》
宇文毓		统万突		同	同	北周明帝，泰长子	同 《明帝纪》
宇文邕		祢罗突		同	同	北周武帝，泰第四子	同 《武帝纪》
宇文护		蕯保		同	同	泰从子，北周太师、大冢宰、晋公	同 卷十一《本传》
宇文宪		毗贺突		同	同	泰第五子，北周大冢宰、齐王	同 卷十二《本传》
宇文震		弥俄突		同	同	泰第二子，早卒，追封宋公	同 《文闵明武宣诸子传》
宇文直		豆罗突		同	同	泰子，明帝母弟，北周大司徒、卫王	同 同
宇文招		豆卢突		同	同	泰子，北周大司马、太师、赵王	同 同
宇文俭		侯幼突		同	同	泰子，北周大冢宰、谯王	同 同
宇文纯		堙智突		同	同	泰子，北周太傅、陈王	同 同
宇文盛		立久突		同	同	泰子，北周太保、越王	同 同
宇文达		度斤突		同	同	泰子，北周大右弼、代王	同 同
宇文通		屈率突		同	同	泰子，北周冀公	同 同
宇文逌		尔固突		同	同	泰子，北周上柱国、滕王	同 同
杨广		阿骿		汉与鲜卑混血	汉	隋炀帝，文帝第二子，母独孤皇后	《隋书·炀帝纪上》
杨勇		睍地伐		同	同	炀帝兄，文帝太子，母独孤皇后	《隋书·文四子传》
杨俊		阿只		同	同	炀帝弟，文帝第三子，母独孤皇后	同

计帝七人，追尊为帝者三人，后一人，太子一人，亲王十二人，共二十四人。内中匈奴一人，鲜卑十九人，汉族与鲜卑混血者三人，未明者一人，有本纪

者八人，有载记者二人，有本传者三人，有合传者十一人。

辽室皇族中汉名契丹名对照表　附表一百七十二

庙号或官爵	汉名	契丹字	契丹小字	略历	根据何书
太祖	亿	阿保机	啜重只	德祖长子，母宣简皇后萧氏	商务印书馆百衲本《辽史·本纪一》
太宗	德光	德谨	尧骨	太祖次子。母淳钦皇后述律氏	同　三
世宗	阮		兀欲	太宗犹子，让国皇帝长子，母柔贞皇后萧氏	同　五
穆宗	璟		述律	太宗长子。母靖安皇后萧氏，淳钦皇后弟室鲁之女也	同　六
景宗	贤	贤宁	明扆	世宗次子，母怀节皇后萧氏	同　八
圣宗	隆绪		文殊奴	景宗长子，母睿圣皇后萧氏	同　十
兴宗	宗真	夷不堇	只骨	圣宗长子，母钦哀皇后萧氏	同　十八
道宗	洪基	涅邻	查刺	兴宗长子，母仁懿皇后萧氏	同　二十一
天祚皇帝	延禧	延宁	阿果	道宗孙，顺宗浚子，母贞顺皇后萧氏	同　二十七
淳钦皇后述律氏	平		月理朵	太祖后，其先回鹘人	同　《辽史·后妃传·本传》
义宗	倍		图欲	太祖长子，母淳钦皇后述律氏。后奔唐，赐姓名李赞华。世宗即位，追谥	同　《辽史·宗室传本传》
顺宗	浚		耶鲁干	道宗长子，母宣懿皇后萧氏，天祚即位，追尊谥号	同　同
秦晋国王	隆庆	燕隐	普贤奴	景宗次子，母睿智皇后萧氏	同　《辽史·六十四皇子表》
齐王	隆祐		胡都堇	景宗第三子，母睿智皇后萧氏	同　同
皇太叔	重元		孛吉只	圣宗次子，母钦哀皇后萧氏	同　同

计帝九人，后一人，追尊为帝者二人，亲王二人，皇太叔一人，共十五人。

附注

《辽史·后妃传》,《皇子表》,《公主表》,《皇族表》中所载之人物，多数为契丹名，少数为汉名，其兼载二种名字者，仅有此数人而已。

金室皇族中女真名汉名对照表　附表一百七十三

汉名	本名	字	庙号或官爵	家世	根据何书
旻	阿骨打		太祖	世祖第二子，母曰翼简皇后拏懒氏	《金史·本纪第二》
晟	吴乞买		太宗	世祖第四子，母曰翼简皇后拏懒氏	同　第三
亶	合剌		熙宗	太祖孙，景宣皇帝子，母蒲察氏	同　第四
亮	迪古乃	元功	海陵庶人	太祖孙，辽王宗干第二子，母大氏	同　第五
雍	乌禄		世宗	太祖孙，睿宗子，母贞懿皇后李氏	同　第六
璟	麻达葛		章本	世宗孙，显宗嫡子，母孝懿皇后徒单氏	同　第九
永济	兴胜		卫绍王	世宗第七子，母元妃李氏	同　第十三
珣	吾睹补		宣宗	显宗长子，母曰昭华刘氏	同　第十四
守绪	宁甲速		哀宗	宣宗第三子，母曰明惠皇后王氏	同　第十七
宗峻	绳果		景宣皇帝，熙宗即位后追上尊溢	太祖第二子，母曰圣穆皇后唐括氏，太祖元妃	同　第十九
宗辅	讹里朵		睿宗，仕至左副元帅，世宗即位，追上尊谥	太祖子，母宣献皇后仆散氏	《金史·本纪第十九·后妃传上》《太祖诸子传》
允恭	胡土瓦		显宗，世宗皇太子，章宗即位，追上尊谥	世宗第二子，母曰明德皇后乌林答氏	《金史·本纪第十九》

续表

汉名	本名	字	庙号或官爵	家世	根据何书
崇成	仆灰		章宗时，仕至武卫军都指挥使	昭祖石鲁玄孙	《金史·始祖以下诸子传》
昂	吾都补		郓王，皇统二年，仕至平章政事	世祖劾里钵幼子	同
勖	乌野	勉道	太师领三省事，封周宋国王	穆宗盈哥第五子	同
宗秀	斯里忽	实甫	昭义军节度使，广平郡王	勖子	同　附《勖传内》
衷	丑汉		镇西节度使	世祖曾孙	同
齐	扫合		上京留守	穆宗曾孙	同
宗贤	阿鲁		婆速路兵马都总管，景国公	宗室	同
卞	吾母		御史大夫	同	同
膏	阿里剌		知济南府	同	同
奕	三宝		同签大睦亲府事	同	同
宗隽	讹鲁观		太保领三省事，兖国王。以谋反诛	太祖子，钦宪皇后纥石烈氏生，宗望同母弟	《金史·太祖诸子传》
宗杰	没里野		追封赵王	同　圣穆皇后唐括氏生，宗峻同母弟	同
宗强	阿鲁		太师、卫王	同　元妃乌古论氏生，宗弼同母弟	同
爽	阿邻		太子太师、荣王	宗强子	同
宗敏	阿鲁补		太保领三省事，曹国王	宗强同母弟	同
元	常胜		胙王	宗峻子，熙宗弟	同
宗宪	阿懒		右丞相、巨鹿郡公	景祖乌古迺曾孙，韩国公劾者孙，国论勃极烈撒改子，宗翰弟	《金史·本传》

续表

汉名	本名	字	庙号或官爵	家世	根据何书
宗亨	挞不也		西北路兵马都统	昭祖石鲁玄孙，习不失孙，鹘沙虎子	同
宗贤	赛里		太师领三省事、都元帅、豳国公	习不失孙	同
忠	迪古乃	阿思魁	耶懒路都勃堇，追封金源郡王	始祖弟保活里四世孙，金源郡王石土门弟	同
思敬	撒改		平章政事、枢密使、济国公	金源郡王神土懑之子，辞不失弟	同
宗钦	德寿		参知政事	世祖之孙，鲁王阇母第四子	同
仲	石古乃		北京留守	金源郡王娄室子	同
晏	斡论		太尉、左丞相、都元帅、广平郡王	景祖乌古迺之孙，阿里合懑次子	同
宗尹	阿里罕		平章政事、代国公	宗室子	同
宗宁	阿土古		平章政事	景祖曾孙，太尉阿里合懑之孙	同
宗道	八十		知临洮府	系出景祖，太尉讹论之少子	同
宗雄	谋良虎		追赠太师，封楚王	康宗乌雅束长子	同
希尹	谷神		左丞相兼侍中、陈王	欢都之子	同
守贞	左靥		平章政事、萧国公	希尹孙	同
守能	胡剌		商州刺史	守贞弟	同
宗翰	粘没喝		太保领三省事、秦王	劾者孙，撒改子，宗宪兄	同
宗望	斡离不		右副元帅，追封宋王	太祖子，钦宪皇后纪石烈氏生，宗隽同母兄	同
齐	受速		特进	宗望子	《金史·宗望传》

续表

汉名	本名	字	庙号或官爵	家世	根据何书
京	忽鲁		判大宗正事、寿王，以谋反夺爵	齐弟	同
文	胡剌		判大宗正事、英王，以谋反诛	京兄，齐弟	同
宗磐	蒲卢虎		太师领三省事、宋王，以谋反诛	太宗长子	同
宗固	胡鲁		燕京留守、豳王、太保、右丞相兼中书令	宗磐弟	《金史·宗固传》
宗雅	斛鲁补		代王、中京留守，为海陵所害	同	《金史·宗固传》、《宗本传》
宗伟	阿鲁补		虞王	同	《金史·宗固传》
宗英	斛沙虎		滕王	同	同
宗懿	阿邻		薛王、东京留守，为海陵所害	同	《金史·宗固传》、《宗本传》
宗本	阿鲁		原王、太傅领三省事，为海陵所害	同	同
宗美	胡里甲		丰王、判大宗正事，为海陵所害	同	同
宗哲	鹘沙		毕王、益都尹，为海陵所害	同	同
宗顺	阿鲁带		追封徐王	同	《金史·宗本传》
卞	可喜		北京留守，为海陵所害	太宗孙	同
稟	胡离改		平阳尹，为海陵所害	同	同
京	胡石赉		左宣徽使，为海陵所害	宗固子	同
杲	斜也		谙班勃极烈、都元帅	世祖第五子，太祖母弟	《金史·本传》
宗义	孛吉		平章政事，为海陵所害	杲第九子	同

续表

汉名	本名	字	庙号或官爵	家世	根据何书
宗干	干本		太师领三省事、辽王	太祖庶长子	同
充	神土懑		右丞相、郑王	宗干子	同
永元	元奴	惇礼	彰德军节度使	充子	同
兖	梧桐		太尉领三省事、枢密使	宗干第三子，充弟	同
襄	永庆		追封卫王	海陵母弟，宗干第四子	同
衮	蒲甲		西京留守，为海陵所害	宗干第五子	同
宗弼	兀术		太师领三省事、都元帅、梁王	太祖第四子	同
亨	孛迭		芮王、广宁尹，为海陵所害	宗弼子	同
光英	阿鲁补		海陵皇太子	海陵庶人亮长子，后徒单氏所生	同
杲	撒离喝		左副元帅，为海陵所害	安帝跋海六代孙	同
永中	实鲁剌		镐王，西京留守，章宗时坐罪赐死	世宗子，母元妃张氏	《金史·世宗诸子传》
瑜	石古乃		坐罪禁锢	永中子	同　附《永中传》内
璋	神土门		坐罪弃市	同	同　同
玘	阿思懑			同	同　同
瑑	阿离合懑		坐罪弃市	同	同　同
永蹈	银术可		郑王，判定武军，章宗时以谋逆赐死	世宗子，卫绍王同母兄，母元妃李氏	同
永功	宋葛		越王，判中山府	世宗子，永中同母弟	同

续表

汉名	本名	字	庙号或官爵	家世	根据何书
琳	粘没曷			永功第三子	同　附《永功传》内
永德	讹出		潞王，判大睦亲府事	世宗子，卫绍王同母弟	同
琰	斡论			永德子	同　附《永德传》内
永成	娄室		豫王，判平阳府	世宗子，母昭仪梁氏	同
永升	斜不出		夔王，定武军节度使	世宗子，母才人石抹氏	同
瓌	桓笃		瀛王	显宗允恭子，母充华田氏	《金史·显宗诸子传》
从彝	阿怜		霍王，秘书监	显宗子，瓌同母弟	同
从宪	吾里不		瀛王，秘书监	显宗子，母茂仪刘氏	同
玠	谋良虎		温王	显宗子，母婉仪王氏	同
洪靖	阿虎懒		追封荆王	章宗子，资明夫人林氏生	《金史·章宗诸子传》
洪熙	讹鲁不		追封荣王	章宗子	同
洪衍	撒改		追封英王	同	同
洪辉	讹论		寿王	同	同
琚	猛安			卫绍王子	《金史·卫绍王子传》
瑄	按出			同	同
璪	按辰		出继郑王永蹈后	同	同
守纯	盘都		荆王，为蒙古所虏，死于青城	宣宗第二子，母真妃庞氏	《金史·宣宗三子传》
秉德	乙辛		左丞相兼侍中、左副元帅、萧王，为海陵所杀	宗室	《金史·本传》

共九十八人，内中帝九人，追尊为帝者三人，皇子三十六人，皇兄弟九人，宗室四十一人。

第四节　蒙古之汉化

蒙古民族之根据地，在今外蒙古东部，气候苦寒，为天然现象所驱，常有南下之势。秦汉之交，略取内外蒙古，建立游牧大帝国，史书称之曰匈奴。东汉中叶，南匈奴南迁中国，北匈奴西迁欧洲以后，外蒙古空虚，鲜卑人乘势徙据其地，匈奴余种十余万落皆降于鲜卑。南北朝时代，鲜卑别部柔然占领外蒙古，国势强盛，其可汗社仑，举兵攻匈奴别部，与其酋长拔也稽战于额根河（今鄂尔坤河），大破之，并其众。柔然衰亡，外蒙古为突厥所占领，唐时，蒙古族附属于室韦，《旧唐书》称之曰蒙兀室韦，《新唐书》称之曰蒙瓦部，其根据地在俱伦泊（今呼伦池）东、室建河（今额尔古纳河）南。宋初，移居不儿罕山麓，其地为斡难河（今鄂嫩河）、怯绿连河（今克鲁伦河）发源地，水草较为丰富，宜于牧畜，部族渐强。金室勃兴以后，先后遣万户胡沙虎、都元帅兀术相继征之，不能克；与之和，割西平河（今克鲁伦河）下游北二十七团寨与之，岁遗甚厚。册其酋长忽都剌为蒙辅国王，不受。南宋中叶以后，金室溺于汉化，武力渐衰；蒙古伟人成吉思汗乘机举兵灭金室，占领中国北部，是为太祖。其子太宗，孙定宗、宪宗、世祖皆英主，陆续遣兵四出征伐，占领亚洲大部及欧洲东北部，创立空前绝后之蒙古大帝国；其领土之广与现在俄国相伯仲，而地方之富庶则远过之，与现在英国相伯仲，而气脉之联络，形势之团聚则远过之。世祖至元五年（一二六四年）入都于燕，以刘秉忠为太保，参领中书省事，姚枢、许衡、商挺、宋子贞、张德辉等相继入阁。至元八年（一二七一年）改国号曰元，一切典章文物皆仿中国。传至顺帝至正二十八年（一三六八年）为明太祖所灭而国亡，蒙古遗民大半留居中国内地，与汉族同化。

蒙古排斥汉人，故汉族女子入宫者少。然后妃之中虽绝鲜其人，嫔嫱之中尚间有其迹。《新元史》卷一百四十五《赵迪传》云："子椿龄，迁西京总管兼大同尹。诏采民女实掖庭。椿龄上言：'山西距京师甚远，又无大家，民女率寒陋，无可充掖庭之选；徒令嫁娶失时，非朝廷之盛举。'同列不敢署名，椿龄独奏之，事竟报罢。"山西报罢，他处未必不奉行；此次报罢，他次当然照例举行；然则宫廷中汉族女子当然不在少数也。兹试将有史可稽者列表于下，以供参考：

元室汉族女子入宫表　附表一百七十四

姓名	原籍及父兄	宫中位置	所生子女	根据何书
郭氏		世祖宫人，赐答剌麻八剌为妾	魏王阿不哥	《新元史·明献元圣皇后传》
洪氏		武宗妾		同　《宣慈圣惠皇后传》
骆妃		同		同
龙妃		惠宗妾		同　《完者忽都皇后传》
程妃		同		同
张妃		同		同
戈妃		同		同
祁妃		同		同
也速贵	济南公张荣女曾孙，襄阳统军使宏女	诸王忽剌忽儿妃		同《张荣传》

计妃六人，后宫二人，王妃一人，共九人。

元代轻视汉族，故公主下嫁汉人者绝无，宗女下嫁汉人者仅有，兹试将仅有者列表于下，以供参考：

元室宗女下嫁汉族表　附表一百七十五

封号	出身	下嫁何人	驸马略历	籍贯	今地	根据何书
未详	宗女	也先忽都	上都留守贺仁杰孙，左丞相太平子，仕至知枢密院事	京兆鄠县	陕西鄠县	《新元史·贺仁杰传》
同	诸王女	伍□	南昌富民，本位下总管	南昌	江西南昌县	同《虞集传》

元室宫中汉人虽少，色目人则较多。贵戚大臣之间，因杂婚而混合血统者甚多，因养子而变更血统者亦非绝对无有。兹试列表于下，

以供参考：

元室外族女子入宫表 附表一百七十六

谥号及姓氏	原籍及父兄	宫中位置	所生子女	崩年	何部人	今为何族	根据何书
察合皇后嵬名氏	西夏主李安全女	太祖第三斡儿朵第五妾			党项	藏	《新元史·也遂皇后传》
肃良合妃子		太祖妾			高丽	未详	同 《也速干皇后传》
公主皇后完颜氏	金卫绍王女	太祖四斡儿朵之外别建斡儿朵			女真	满	同 《本传》
□	乃蛮女	太祖妾	术儿彻		乃蛮	同	同 《太祖诸子传》
卜鲁罕皇后伯牙吾氏	驸马脱思忽女	成宗后		大德十一年为武宗所弑	钦察	同	同 《本传》
文献昭圣皇后唐兀氏		武宗妾	文宗		党项	藏	同
贞裕徽圣皇后罕禄鲁氏	郡王阿儿斯兰后	明宗妾	惠宗		哈剌鲁	同	同
答纳失里皇后伯牙吾氏	太平王燕帖木儿女	惠宗后		后至元二年为丞相伯颜所弑	钦察	同	同
完者忽都皇后奇氏		惠宗第二皇后	昭宗	至正二十九年崩	高丽	汉	同

计皇后二人，非嫡室而有皇后之名称者三人，追尊为皇后者二人，妃一人，不知其位号者一人，共九人。内中党项女子二人，高丽女子二人，女真一人，乃蛮一人，钦察二人，哈剌鲁一人。

说明

肃良合系元室对于高丽人之赐姓，传中未载本姓，未详其为何族。

元室公主不限于皇姑，皇姊妹，皇女，虽诸王之女亦概称焉。元室制度，非勋臣世族及封国之君莫得尚主，是以世联戚畹者亲祖诸王；其藩翰屏垣之寄盖亦重矣（《元史》卷一百九《诸公主表》）。元时世尚公主者：瓮吉剌，亦乞列思，斡亦纳，皆蒙古也；高昌，汪古则色目也；高丽汉人也（钱大昕《元史·氏族表卷一瓮吉剌氏》）。元太祖第七世祖都答昆与札剌儿人战，大败，部众尽死，惟幼子海都独免。其后海都灭札剌儿，俘其人为奴，故孛而只斤氏（即奇渥温氏）不与札剌儿通婚姻。札剌儿分十族：一札益忒札剌儿，太师鲁国忠武王木华黎系此族出身，以故以元勋宿将，有大功，世为元室重臣，而其子孙无一尚主者职此之故（《新元史》卷二十八《氏族表上札剌儿氏》）。元代轻视汉人，故汉人尚主者仅有高丽王室，其余绝少；而色目人则高昌、汪古、钦察三王室之外亦间或有之，如党项出身之亦力撒合，女真出身之脱欢，皆其例也。兹试列表于下，以供参考：

元室公主下嫁外族表　附表一百七十七

封号及名	父兄	下嫁何人	驸马略历	何族	今为何族	根据何书
高昌公主也立可敦	太祖女	巴而术阿儿忒的斤	畏兀儿亦都护（回纥王）	畏兀儿	回	《新元史·后妃传》，附《公主传》
巴巴哈儿公主	定宗女	火赤哈儿的斤	亦都护（回纥王）	同	同	同
忽都鲁坚迷失公主	世祖女	高丽王王昛	后高丽元宗植子，是为忠烈王	汉	汉	同
高昌公主卜鲁罕	太宗孙女	纽林的斤	高昌王（畏兀儿亦都护封号）	畏兀儿	同	同
八卜义公主	同	同继室	同	同	同	同
高昌公主朵儿只思蛮	太宗子阔端孙女	帖木儿补化	同	同	同	同
兀鲁真公主	安西王阿难答女	纽林的斤继室	同	同	同	同
蓟国大长公主卜答失里	晋王甘剌麻女	高丽王謜	瑞子，是为忠宣王	汉	汉	同
濮国大长公女亦怜只班	营王也先帖木儿女	沈王王焘	瑞子，袭高刚王，是为忠肃王	同	同	同

续表

封号及名	父兄	下嫁何人	驸马略历	何族	今为何族	根据何书
曹国大长公主金童	魏王阿不哥女	焘继室	同	同	同	同
征懿鲁国大长公主宝塔失怜	同	高丽王颛	祯子，是为恭愍王	同	同	同
德宁公主	诸王焦八女	高丽王祯	焘子，是为忠惠王	同	同	《新元史·高丽传》
阿剌罕公主	太祖第三女	不颜昔班	汪古部长高唐忠武王阿剌兀思剔吉忽里长子	沙陀雁门	回	《新元史·阿剌兀思剔吉忽里传》
同	同	北平王镇国	阿剌兀思之孙，袭汪古部长	同	同	同
同	同	北平王孛要合	阿剌兀思幼子，袭汪古部长	同	同	同
独木干公主	睿宗拖雷女	聂古台	镇国子，袭汪古部长	同	同	同
叶里密失公主	定宗女	赵忠襄王君不花	孛要合子，袭汪古部长	同	同	同
亦怜真大长公主		赵忠烈王囊家台	君不花子，袭职	同	同	同
桑哥八剌大长公主		赵王马札罕	囊家台子，袭职	同	同	同
回鹘公主	宗王阿只吉女	赵康僖王乔邻察	囊家台弟	同	同	同
月烈公主	世祖季女	赵武襄王爱不花	君不花弟，袭职	同	同	同
忽答迭迷失公主	裕宗真金女	高唐忠献王阔里吉思	爱不花子，袭职	同	同	同
爱牙失理公主	成宗女	同继室	同	同	同	同

续表

封号及名	父兄	下嫁何人	驸马略历	何族	今为何族	根据何书
叶绵干真公主	宗王兀鲁庚女	郇忠襄王术忽难	阔里吉思弟，袭职	同	同	同
阿实秃鲁忽公主	宗王奈剌不花女	同继室	同	同	同	同
阿剌的纳八剌公主	晋王甘剌麻女	赵王术安	阔里吉思子，袭职	同	同	同
竹忽真公主	宗王卜罗出女	火思丹	孛要合孙，拙里不花子	同	同	同
奴伦公主	工本土兀泽女	阿里八庚	阔里吉思弟，术忽难兄	同	同	同
未详	诸王算吉女	亦力撒合	唐兀乌密氏，都元帅察罕从子。仕至四川行省左丞	党项	藏	《新元史·察罕传》
不鲁真公主	宗女	昔班	坤闾城达鲁花赤阙里别干赤之子，仕至中书右丞	畏兀儿	同	《新元史·本传》
未详	宪宗孙女	脱欢	湖广行省平章政事刘国杰长子，仕至四川行省平章政事	女真	满	《新元史·刘国杰传》
同	宗室女	永宁公綧	姓王，高丽清化侯璟之子。入元为质子，充总管	高丽	汉	《新元史》《洪福源传》、《王綧传》
讷伦	诸王哈纳女弟	班都察	钦察部长忽都速蛮之子	钦察	回	《新元史·土土哈传》
塔伦	诸王也只里女弟	土土哈	班都察子，仕至同知枢密院事，钦察亲军都指挥使	同	同	同
察台儿	楚王雅思秃女	床兀儿	土土哈子，仕至平章政事，钦察亲军都指挥使。封句容郡王	同	同	同
□	未详	脱思忽	伯牙吾氏，成宗卜鲁罕皇后之父	同	同	《新元史·卜鲁罕皇后传》
阿甜公主	梁王女	段功	袭蒙化知府，云南行省平章政事	大理王族	汉	《新元史·列女中·阿皇公主本传》

计皇女七人，皇孙女三人，皇子之孙女一人，追尊为帝者之女二人，一字王女七人，二字王女一人，诸王宗王女七人，诸王女弟二人，宗女二人，史书不载者二人，未详者一人，共三十五人。所适之驸马，畏兀儿五人，高丽六人，汪古部十四人，唐兀一人，女真一人，钦察四人，大理一人，共三十一人。内中外国王九人，部长十二人。外国王族八人，大臣之子三人。

附注

一、卜答失里与宝塔失怜为一人，系晋王甘剌麻女，下嫁高丽忠宣王焘者。征懿鲁国大长公主，下嫁高丽恭愍王颛者当另系一人，其名未详。《新元史》谓为宝塔失怜，疑有错误。盖《旧元史·公主表》此处有阙文也。

二、高丽王氏虽汉人。然与中国本部血统久不发生关系，故列入外族。

畏吾儿世系表

附表一百七十八，据《新元史》卷一百十六《巴而术阿而忒的斤传》。

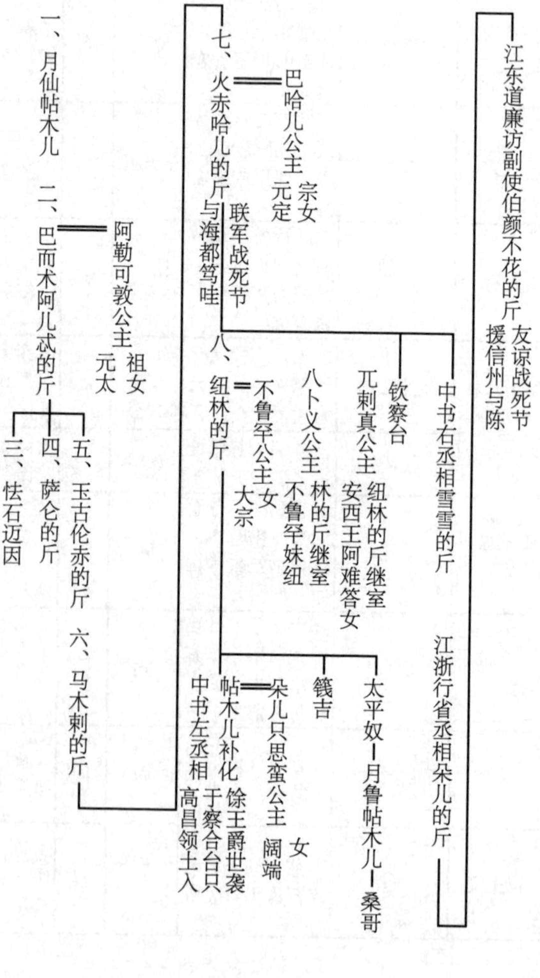

后高丽世系表

附表一百七十九，据《新元史》卷二百四十九《高丽传》。

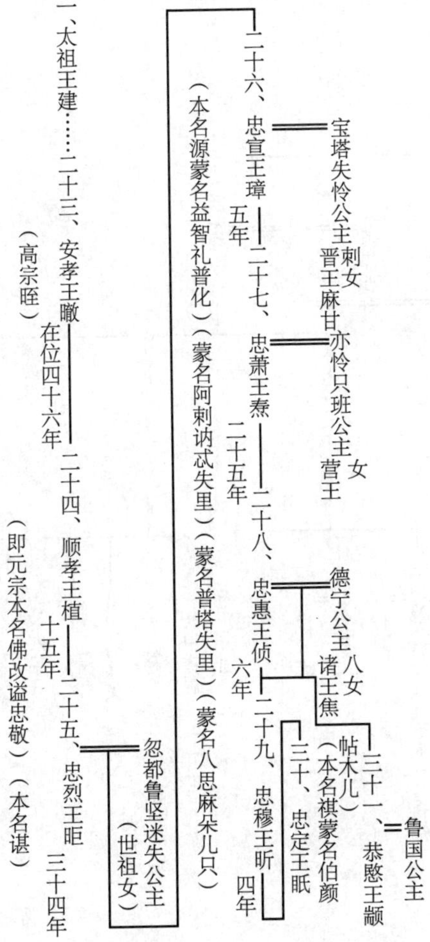

汪古部世系表

附表一百八十，据《新元史》卷一百十六《阿剌兀思剔吉忽里传》。

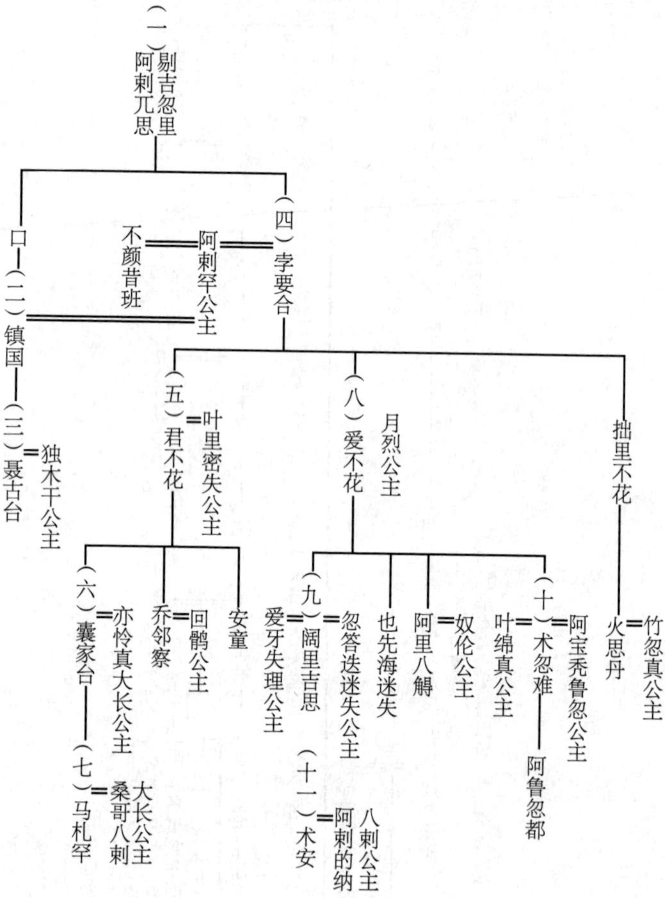

钦察世系表

附表一百八十一，据《新元史》卷一七九《土土哈传》。

- 一、忽都速蛮
  - 二、班都察＝讷伦
    - 三、土土哈＝塔伦
      - 四、床兀儿＝察吉儿
        - 燕帖木儿
          - 唐其势
          - 答纳失里皇后＝惠宗
        - 撒敦

元代杂婚表 附表一百八十二

夫名	略历	原籍	今为何族	妇名	略历	何族	今为何族	所生子女	根据何书
察罕	名益德，唐兀乌密氏	党项	藏	宏吉剌氏	太祖宫人	蒙古	蒙		《新元史·察罕传》
铁迈赤	合鲁氏	哈剌鲁	回	刘氏			汉	虎都铁本禄，字汉卿，人称之曰刘汉卿	同《铁迈赤传》
哈只哈心	阿鲁浑氏	西域	同	荀氏			同	阿散，阿散有二子，皆以荀为氏	同《哈只哈心传》
石抹世昌	彰德路总管海住孙	契丹萧氏		段氏			同		《新元史·石抹海住传》
撒吉思	阿大都督和多思次子	畏兀儿	同	翁吉剌氏	世祖宫人	蒙古	蒙		同《撒吉思传》
布鲁海牙		同	同	耶律氏	西辽菊儿汗女	契丹	蒙满混血		同《布鲁海牙传》
阿里海涯	回鹘人	同	同	郝氏	陈亳颍元帅郝谦女		汉		同《阿里海涯传》
同		同	同	同	郝氏之妹		同		同
答失蛮	哈剌鲁氏	哈剌鲁	同	脱脱伦氏		蒙古	蒙		同《答失蛮传》
忙兀的斤	畏兀氏	畏兀儿	同	忽都花	世祖宫人	同	同		同《忙兀的斤传》
燕真	康里氏，不忽木之父	康里	同	金长姬		高丽	汉		同《不忽木传》
铁哥	伽乃氏，国师那摩从子	迦叶弥儿	藏	冉氏			同		同《铁哥传》

续表

夫名	略历	原籍	今为何族	妇名	略历	何族	今为何族	所生子女	根据何书
干脱赤	铁哥之父	同	同	未详			同	太傅铁哥	同
伯得那	西域板勒纥城人	西域	同	李氏	解州总管重合剌养女		同	平章政事察罕	同《察罕传》
王逖勤	中书左丞结之祖	易州定兴	河北定兴县汉族	阿鲁浑氏		西域	回		同《王结传》
李如忠	山阴县尹	山东汶上	山东汶上县汉族	蒙古氏		蒙古	蒙	一子名任	同《列女上·冯氏传》
李罗帖木儿	宣慰副使	未详		高丽氏		高丽	满		同《列女下·高丽氏传》
李术远	礼都尚书鲁翀子	女真	满	雷氏			汉		同《列女下·雷聊氏传》
宁居斌	枢密院断事官	河内	河南沁阳县汉族	独吉氏	扬州总管独吉礼之女				同《列女传中·独吉氏传》
野仙不华	彬州路判官	顺德内邱	河北内邱县汉族	邓氏			汉		《新元史·循吏传》
罗五十三	同知宣政院事	未详		贵哥	蒙古氏	蒙古	蒙		《新元史·列女上·贵哥本传》
李罗帖木儿	宣慰副使	同		高丽氏		高丽	满		《新元史·列女下·高丽氏本传》

续表

夫名	略历	原籍	今为何族	妇名	略历	何族	今为何族	所生子女	根据何书
朵里不花	江西行省平章政事	蒙古	蒙	高丽氏	朵里不花妾	同	满		《新元史·忠义二朵里不花本传》

计男二十二人，内中党项一人，哈剌鲁二人，西域二人，畏兀儿四人，康里一人，迦叶弥儿二人，汉族三人，女真一人，契丹一人，蒙古一人，未详者三人，知籍贯不知其民族者一人。女二十三人，内中蒙古六人，汉姓者十人，契丹一人，高丽四人，西域一人，知姓氏而不能断定为何族者一人。

元代养子表 附表一百八十三

养父名	氏	何族	籍贯	今地	官爵	养子名	字	本姓	何族	官爵	根据何书
察罕帖木儿	乃蛮氏	突厥	颍州沈丘	河南沈丘县	平章政事兼知河南山东行枢密院事	扩廓帖木儿	小字保保	王	未详，察罕帖木儿之甥	右丞相、齐王	《新元史·察罕帖木儿传》
□	答失蛮氏	同	河间	河北河间县		萨都剌	天锡	朱	未详	南台侍御史	《新元史·文苑传下》

计养父二人，皆乃蛮姓；养子二人，皆汉姓。

冠汉姓，更汉名，为外族被同化于汉族时必经之阶级，后魏孝文帝时代彻底实行，而元室则适得其反。蒙古皇族，贵族，绝对不用汉姓名者无论矣，色目人中亦多数用蒙古名，列于汉人阶级中之契丹、女真、高丽人亦间或用蒙古名，汉族出身之大臣，亦往往由朝廷赐以蒙古名；一部分趋炎附势迎合潮流之汉人，亦往往自动用蒙古名；最时髦之高丽皇室，则双用汉名与蒙古名；其离奇光怪，倒行逆施，变本加厉之程度远在北周文帝宇文泰以上，而斯文扫地矣。兹试循序列表于下，以供参考：

蒙古先世世系表

附表一百八十四，成吉思汗以前，据五局版《元史》卷一《太祖本纪》。

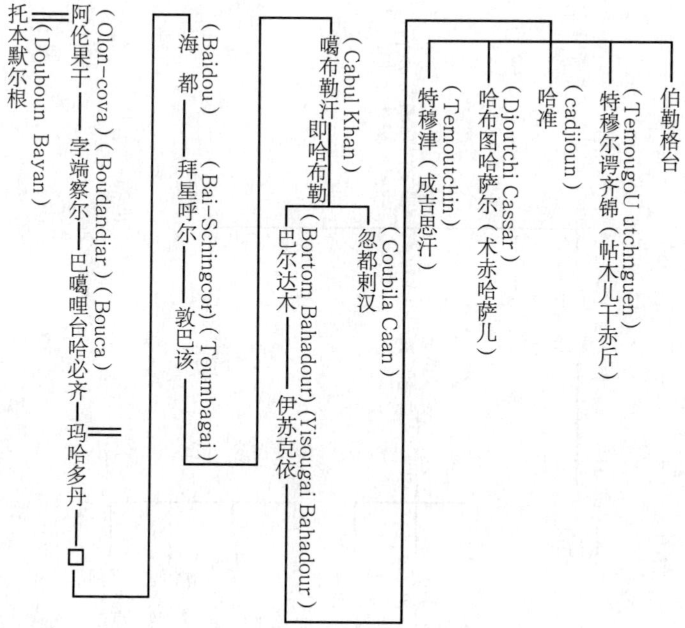

元世系表　附表一百八十五

姓奇渥温氏，自太祖即位至惠宗崩逝，凡传十四世一百五十年。自世祖灭宋入主中国至惠宗北狩，凡传十帝八十八年。惠宗殂后，其子孙仍据蒙古，传至现在为内蒙古诸王公、外蒙古诸汗王。

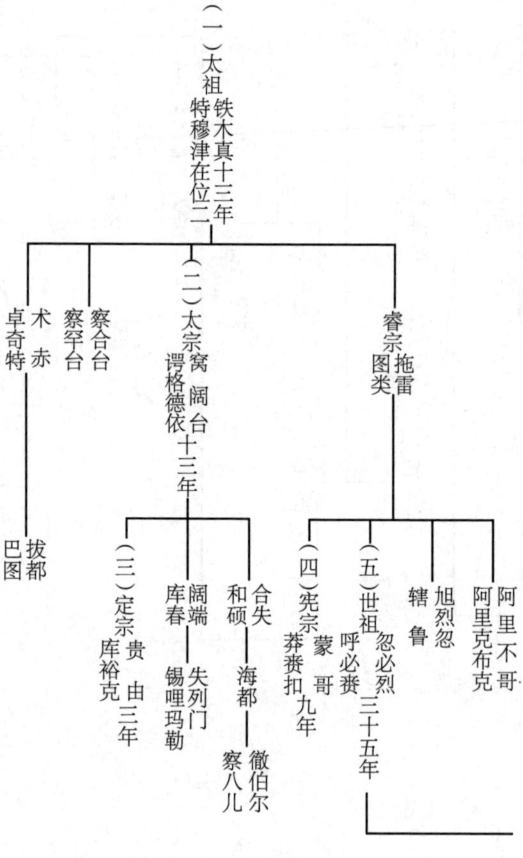

续表

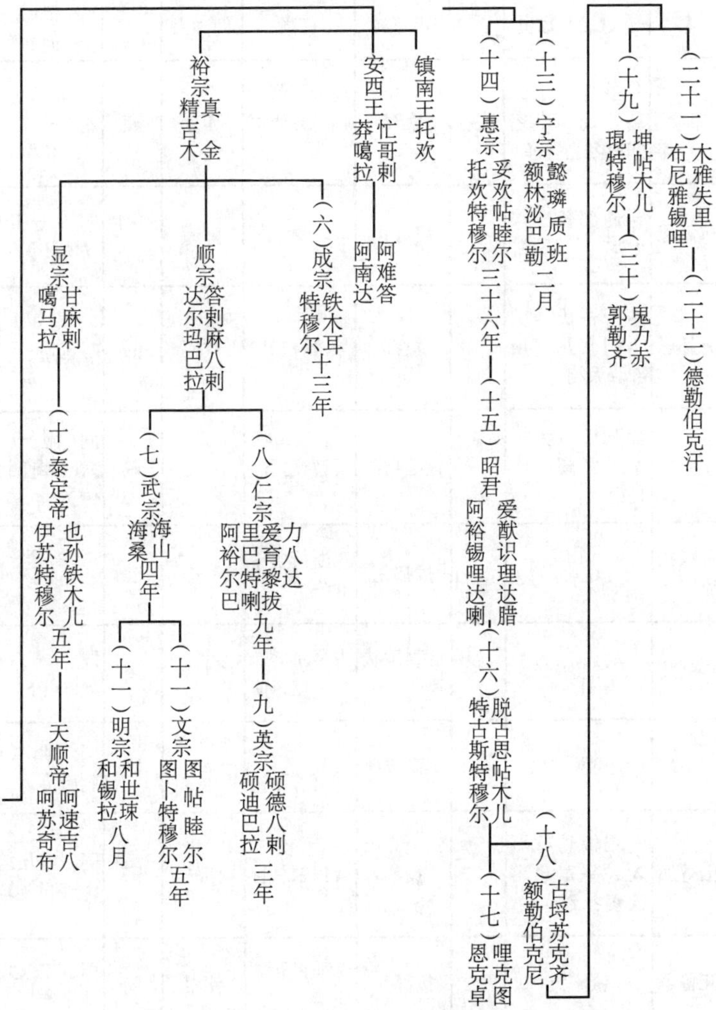

凡帝王下之人名，左为旧译之汉字，右为清朝新译之汉字。

元代色目人赐蒙古姓名者表 附表一百八十六

名	本姓名及家世	赐何姓	赐何名	官爵	何国人	今为何族	根据何书
察罕	名益德，唐兀乌密氏，乌密即嵬名之异译	蒙古	察罕	马步军都元帅，领尚书省事	西夏	藏	《新元史》卷一二六《本传》
杭忽思	阿速部长，降太宗		拔都儿		阿速	阿利安	同 一五四《本传》
忽都思	伯牙吾氏，父哈剌察儿率所部降太祖		拔都	百户	钦察	回	同 一五四《本传》
小丑	唐兀氏，大宁路总管阔阔出之祖		怯延乌兰	行营弓匠	西夏	藏	同 附一五六《阔阔出传》
完者拔都			拔都儿	江浙行省平章政事	钦察	回	同
哈剌䚟	哈鲁氏		哈剌䚟拔都	中书左丞、浙东宣慰使	哈剌鲁	同	同 一六一《本传》
八合	哈剌䚟之父		奥栾拔都		同	同	同 附《哈剌䚟传》
伯得那	西域板勒纥城人，平章政事钦察之父		拔都	解州副总管	西域	同	同 附九九《察罕传》
兀鲁思	钦察氏		拔都儿	大都督府副使	钦察	同	同 二〇五《本传》
泰不华	字兼善，伯牙吾台氏，初名达普化，文宗赐以今名		泰不华	台州路达鲁花赤	同	同	同 二一七《本传》

计西夏二人，阿速一人，钦察四人，哈剌鲁二人，西域一人，共十人，所赐之名，计拔都、拔都儿共五人，哈剌䚟拔都、奥栾拔都各一人，察罕、怯延乌兰、泰不华各一人。内中有本传者七人，附见于他人传者三人。

元代色目出身人物表　附表一百八十七

名	姓氏及家世	何族	官爵	今为何族	根据何书
察罕	名益德，唐兀乌密氏，乌密即嵬名之异译	西夏	马步军都元帅，领尚书省事	藏	《新元史》卷一二六《本传》
木华黎	察罕长子	同	蒙古军万户	同	同　附《察罕传》
塔出	察罕之孙，木华黎弟布兀剌里辛之子	同	中书右丞、行省江西	同	同　同
立智理威	察罕从子，四川行省左丞亦力撒合弟	同	湖广行省左丞	同	同　同
韩嘉讷	立智理威次子	同	御史大夫	同	同　同
铁迈赤	合鲁氏，合鲁为哈剌鲁之略语，葛逻禄之转音	哈剌鲁	蒙古诸万户府奥鲁总管	回	《新元史》卷一二九《本传》及《表第三》
虎都铁木禄	铁迈赤子，字汉卿。母刘氏，人称之曰刘汉卿	同	兵部尚书、荆湖北道宣慰使	同	同　附《铁迈赤传》
塔海	虎都铁木禄从子	同	佥书枢密院事、大都督	同	同　同
阿剌浅	西域赛夷氏。赛夷者，族长之名，因以为氏	西域	黄河以北铁门以南都鲁花赤达	同	同　卷一、三一《本传》
阿里罕	阿剌浅子	同	兵马都元帅	同	同　附《阿剌浅传》
阿剌瓦而思	回鹘八瓦耳氏，仕回鹘为千夫长。太祖西征，迎降	回鹘	从太祖征西域，卒于军	同	同　一三一《本传》
不别	阿剌瓦而思曾孙	同	隆镇卫都指挥使	同	同　附《阿剌瓦而思传》
哈只哈心	西域人，阿鲁浑氏，守阿母河拒太祖，力屈始降	西域	领怯怜口，隶旭烈兀部下	同	同　一三一《本传》

续表

名	姓氏及家世	何族	官爵	今为何族	根据何书
昔里钤部	其先本沙陀部长，唐赐姓李。以别于西夏国姓，称小李，后又讹为昔里。又名益立山	沙陀	大名路达鲁花赤	同	同　一三一《本传》
爱鲁	昔里钤部子	同	云南行省右丞	同	同　附《昔里钤部传》
教化	爱鲁子	同	中书平章政事	同	同　同
也先帖木儿	教化弟	同	江西行省平章政事	同	同　同
骨都歹	也先帖木儿弟	同	大名路达鲁花赤	同	同　同
塔本	伊吾庐氏	畏兀儿	兴平等处都元帅	同	同　一三一《本传》
阿里乞失铁木儿	塔本之子	同	同	同	同　附《塔本传》
阿台	阿里乞失铁木儿之子	同	平滦路达鲁花赤	同	同　同
迭里威失	阿台之子	同	辽阳行省参知政事	同	同　同
锁咬儿哈的迷失	迭里威失之子	同	监察御史	同	同　同
曷思麦里	虎思斡儿朵人，仕西辽为柯散城八思哈长官	西辽	怀孟河南二十八处都达鲁花赤	同	同　一三一《本传》
牙剌洼赤	忽鲁谟斯人，太祖西征，迎降	忽鲁谟斯	燕京行省札鲁忽赤。掌中原财赋	同	同　一三三《本传》
马思忽惕	牙剌洼赤之子	同	别失八里行尚书省事	同	同　附《牙剌洼赤传内》
仳理伽帖木儿	畏兀儿人，国相暾欲谷之后。袭国相	畏兀儿	赐金虎符狮纽银印	回	同　一三六《本传》
岳璘帖木儿	仳理伽帖木儿弟	同	河南等处都达鲁花赤大断事官	回	同　附《仳理伽帖木儿传》

续表

名	姓氏及家世	何族	官爵	今为何族	根据何书
都尔弥势	岳璘帖木儿子	同	广西道提刑按察使	同	同　同
哈剌普华	都尔弥势之弟	同	广东都转运使，死事	同	同　同
偰文质	哈剌普华之子	同	吉安路达鲁花赤	同	同　同
偰列篪	文质子，以父官江西，遂家焉	同	河南路经历，死事	同	同　同
撒吉思	岳璘帖木儿之弟	同	山东行省都督经略从军二使镇益都	同	同　一三六《本传》
答里麻	撒吉思之孙	同	陕西行台中丞	同	同　附《撒吉思传》
阿思兰海牙	畏兀氏，祖哈剌阿思兰都大来献方物，留事太祖	同	江南行台御史大夫	同	同　一三《六哈剌阿思兰都大传》
塔塔统阿		同	司内府玉玺金帛，教皇子畏兀儿文	同	同　一三六《本传》
哈剌亦哈赤北鲁	初为亦都护月仙帖木儿断事官	同	教诸皇子	同	同　一三六《本传》
月朵失野讷	哈剌亦哈赤北鲁子	同	独山城达鲁花赤	同	同　附《哈剌亦哈赤北鲁传》
阿邻帖木儿	月朵失野讷曾孙，秘书大监阿的迷失帖木儿子	同	翰林学士承旨，知经筵事，英宗之师	同	同　同
沙剌班	阿邻帖木儿子	同	中书平章政事，惠宗之师	同	同　同
世杰班	沙剌班子	同	翰林学士承旨	同	同　同
野里术	高昌人，父达识，尚书	同	必阇赤	同	同　一三六《本传》
铁哥术	野里术子	同	婺州路达鲁花赤	同	同　附《野里术传》

续表

名	姓氏及家世	何族	官爵	今为何族	根据何书
孟速思	畏兀儿氏，世居别失八里，后徙大都	同	断事官	同	同　一三六《本传》
阿失帖木儿	孟速思子	同	成宗、武宗之师，翰林学士承旨，知制诰	同	同　附《孟速思传》
八丹	畏兀儿氏，断事官小云石脱忽怜子	同	鹰房万户	同	同　一三六《本传》
哈剌哈孙	八丹之弟	同	中书右丞行省事	同	同　附《八丹传》
腊真	八丹第五子	同	中书平章政事兼翰林学士承旨	同	同　同
察乃	腊真子	同	中书平章政事	同	同　同
老章	察乃第四子	同	知枢密院事	同	同　同
撒马笃	老章弟	同	中书参知政事	同	同　同
阿散	八丹第四子	同	甘肃行省平章政事	同	同　同
亦辇真	察乃第三子	同	辽阳行省左丞	同	同　同
昔班	畏兀儿人，父阙里别斡赤，坤闾城达鲁花赤	同	中书右丞参议政事	同	同　一三六《本传》
干罗思密	中书右丞昔班子	同	浙东广西宣慰使	同	同　附《昔班传》
月乃合	字正卿，本雍古部，后徙静州	同	礼部尚书	同	同　一四九《本传》
岱尔拔都	康里氏，康里古高车之后	康里	怯怜口阿答赤孛可孙	同	《新元史》一五〇《本传》、《表第三康里氏》
也速台儿	岱尔拔都之子	同	钦察亲军都指挥使	同	同　附《岱尔拔都传》
也里迭儿		西域	诸色人匠总管府达鲁花赤	同	同　一四九《本传》

续表

名	姓氏及家世	何族	官爵	今为何族	根据何书
月里麻思	乃蛮氏	乃蛮	达鲁花赤	同	同　一五二《本传》
忽都哈思	月里麻思子	同	均州监战上万户	同	同　附《月里麻思传》
苫彻拔都儿		钦察	滁州路总管府达鲁花赤	同	同　一五二《本传》
脱欢	苫彻拔都儿之子	同	滁州万户府达鲁花赤	同	同　附《苫彻拔都儿传》
阿儿思兰	阿速氏	阿速		阿利安	同　一五二《本传》
失剌拔都儿	同	同	右卫阿速亲军都指挥使	同	同　一五二《本传》
口儿吉	同	同	左卫阿速亲军都指挥使	同	同　一五二《本传》
阿老瓦丁	西域木发里人	西域	回回炮手军匠副万户	回?	同　一五二《本传》
亦思马因	别马里斯丹人	同	回回炮手总管	同?	同　附《阿老瓦丁传》
拜延	质子军百户火夺都子	西夏	管军万户	藏	同　一五二《本传》
坤都岱	父库春，钦察王孙，隶速不台为百户	钦察	百户	回	同　一五二《本传》
乌克岱	坤都岱子	同	吏部侍郎	同	同　附《坤都岱传》
阿塔赤	阿速部长杭忽思长子	阿速	千户	阿利安	同　附一五四《杭忽思传》
伯答儿	阿塔赤子	同	后卫亲军都指挥使	同	同　同
斡罗斯	伯答儿子	同	同	同	同　同
都丹	斡罗斯子	同	右卫阿速都指挥使	同	同　同
福定	都丹弟	同	知枢密院事	同	同　同

续表

名	姓氏及家世	何族	官爵	今为何族	根据何书
和尚	伯牙吾氏，百户忽都思子	钦察	江南浙西道提刑按察使	回	同　附一五四《忽都思传》
千奴	和尚子	同	平章政事商议枢密院事	同	同　同
叶仙鼐	畏吾氏，父土坚海牙，从太祖、太宗平夏及金	回鹘	陕西行省平章政事	同	同　一五四《本传》
完泽	叶仙鼐子	同	平章政事知枢密院事	同	同　附《叶仙鼐传》
帖哥术探花爱忽赤	畏兀氏	同	罗罗斯副都元帅同知宣慰司事	同	同　一五四《本传》
脱力世官	帖哥术子	同	罗罗斯宣慰使兼管军万户	同	同　附《帖哥术传》
也罕的斤	匣剌鲁氏，祖匣答儿密立，千户。父，密立火者	哈剌鲁	四川行枢密院副使	同	同　一五四《本传》
怯烈	西域人	西域	同	同	同　一五四《本传》
月举连赤海牙	畏兀氏	畏兀儿	四川行省参知政事	同	同　一五四《本传》
也速薛儿	伯牙乌氏，五十户爱伯子	钦察	万户钦察亲军指挥使	同	同　一五四《本传》
昔都儿	钦察氏，百户秃孙之子	同	炮手匠军达鲁花赤	同	同　一五四《本传》
谟克博罗	今译为马可波罗，英文作 Marco Polo	维尼斯	杭州管税官	拉丁	同　一五五《本传》
赛典赤瞻思丁	一名乌马儿，回回教主之裔。赛典赤，华目贵族也	东大食	云南行省平章政事	Semitic	同　一五五《本传》
纳速拉丁	瞻思丁长子	同	同	同	同　附《瞻思丁传》

续表

名	姓氏及家世	何族	官爵	今为何族	根据何书
马忽速	同第五子	同	同	同	同　同
伯颜	纳速拉丁子	同	中书平章政事	同	同　同
乌马儿	同	同	江浙行省平章政事	同	同　同
沙的	同	同	云南行省左丞	同	同　同
伯颜察儿	同	同	中书平章政事	同	同　同
忽辛	瞻思丁第五子	同	江西行省平章政事	同	同　同
布鲁海牙		畏兀儿	真定顺德等路宣慰使	回	同　一五五《本传》
阔阔出	唐兀氏	西夏	大宁路总管	藏	同　一五六《本传》
朵朵赤	字道明，宁州人	同	云南廉访使	同	同　一五六《本传》
暗伯	唐兀人	同	知枢密院事	同	同　一五六《本传》
阿乞剌	暗伯子	同	同	同	同　附《暗伯传》
亦怜真班	同	同	御史大夫知枢密院事、江浙行省左丞相	同	同　同
桑哥答思	亦怜真班子	同	岭北平章政事	同	同　同
沙嘉室理	同	同	岭北参知政事	同	同　同
马的室理	同	同	佥书枢密院事	同	同　同
阿里海涯		畏兀儿	湖广行省左丞相	回	同　一六〇《本传》
贯只哥	阿里海涯子	同	湖广行省参知政事	同	同　附《阿里海涯传》
昂吉儿	野蒲氏，世为夏将	西夏	淮西宣慰使、河南行省平章政事	藏	同　一六一《本传》
塔里赤	父也里里白，太祖时帐前总校	康里	浙东道宣慰使、都元帅	回	同　一六一《本传》

续表

名	姓氏及家世	何族	官爵	今为何族	根据何书
沙全	哈剌鲁氏，父沙的，从太祖平金。全初名抄儿赤，五岁为宋军所虏，年十八，隶刘整帐下。宋人以其父名之首字为其姓，名之曰全	哈剌鲁	松江万户府达鲁花赤	同	同　一六一《本传》
囊加歹	世为乃蛮大将	乃蛮	同知枢密院事、河南江北平章政事	同	同　一六一《本传》
伯帖木儿		钦察	中书平章政事知枢密院事	同	同　一七八《本传》
玉哇失	父也烈拔都儿，阿速军千户	阿速	前卫亲军都指挥使	阿利安	同　一七八《本传》
答失蛮	父哈只事太宗为宝儿赤	哈剌鲁	宣徽院使	同	同　一七八《本传》
明安		康里	贵赤亲军都指挥使司达鲁花赤	同	同
帖哥台	明安子	同	平章政事	同	同　附一七八《明安传》
孛兰奚	同	同	中卫亲军都指挥使	同	同　同
彻里		阿速	左卫阿速亲军都指挥使	阿利安	同　一七八《本传》
土土哈	伯牙吾氏，世为钦察部长	钦察	同知枢密院事、钦察亲军都指挥使	回	同　一七九《本传》
床兀儿	土土哈之子	同	平章政事知枢密院事、钦察亲军都指挥使	同	同　附《土土哈传》
燕帖木儿	床兀儿子	同	太师、右丞相、太平王	同	同　同
撒敦	燕帖木儿弟	同	太傅、左丞相、荣王	同	同　同

续表

名	姓氏及家世	何族	官爵	今为何族	根据何书
唐其势	燕帖木儿子	同	左丞相、太平王	同	同 同
来阿八赤	河西人	西夏	征交趾行省右丞	藏	同 一八〇《本传》
亦黑迷失		畏兀儿	平章政事集贤院使	回	同 一八一《本传》
迦鲁纳答思	畏兀氏	同	翰林学士承旨	同	同 一九二《本传》
大乘都	别失八里人，畏兀贵族	同	翰林学士	同	同 一九二《本传》
大理都	大乘都子	同	枢密院参议	同	同 附《大乘都传》
大慈都	同	同	中书平章政事	同	同 同
洁实弥尔	回鹘氏	同	宣政使，领延庆使	同	同 一九二《本传》
兀玉笃实	洁实弥尔之兄	同	同知宣政院事	同	同 附《洁实弥尔传》
燕只不花	字延真，回鹘氏，居哈剌和卓，为北庭大族。哈剌和卓即火州，今土鲁番县东南百零八里	同	广东道宣慰使副元帅	同	同 一九二《本传》
忙兀的斤	畏兀氏，父朵罗术，授世祖畏兀文	同	中尚监	同	同 一九二《本传》
普颜	字君卿，畏兀氏	同	淮西江北道肃政廉访使	同	同 一九二《本传》
秃忽鲁	字亲臣，康里部长之孙	同	枢密副使	同	同 一九七《本传》
不忽木	汉名时用，字用臣，康里氏，世为其部大人	同	昭文馆大学士平章军国事	同	同 一九八《本传》
燕真	不忽木父	同		同	同 附《不忽木传》

续表

名	姓氏及家世	何族	官爵	今为何族	根据何书
回回	不忽木子，字子渊	同	中书右丞	同	同　同
巎巎	回回弟，字子山	同	翰林学士承旨	同	同　同
铁哥	伽乃氏，国师那摩从子	伽叶弥儿	开府仪同三司、太傅录军国重事	阿利安	同　一九九《本传》
伯颜	铁哥子	同	中书平章政事	同	同　附《铁哥传》
斡罗思	康里氏	康里	四川行省平章政事	回	同　一九九《本传》
庆童	斡罗思子	同	左丞相，殉国	同	同　附《斡罗思传》
爱薛		西域	翰林学士承旨、秦国公	同	同　一九九《本传》
曲枢		同	太保录军国重事集贤大学士	同	同　一九九《本传》
伯颜	曲枢子	同	中书右丞	同	同　附《曲枢传》
伯帖木儿	同	同	大都留守武卫亲军都指挥使	同	同　同
阿沙不花	康里氏	康里	右丞相、行御史大夫、平章政事、知枢密院事	同	同　二〇〇《本传》
亦纳脱脱	阿沙不花弟	同	平章政事、御史大夫、左丞相、知枢密院事	同	同　二〇〇《本传》
铁木儿塔识	字九龄，亦纳脱脱子	同	御史大夫、左丞相、录军国重事	同	同　附《亦纳脱脱传》
达识帖睦迩	字九成，铁木儿塔识弟	同	江浙行省左丞，死张士诚之乱	同	同　同
伯撒里	达识帖睦迩弟	同	右丞相、永平王	同	同　同
倒剌沙		西域	左丞相	同	同　二〇四《本传》

续表

名	姓氏及家世	何族	官爵	今为何族	根据何书
阿礼海涯	回鹘氏，集贤大学士脱烈子	畏兀儿	平章政事	同	同　二〇四《本传》
和尚	乃蛮台氏	乃蛮	后卫亲军万户	同	同　二〇四《本传》
教化	阿速氏	阿速	章佩卿	阿利安	同　二〇四《本传》
彻里帖木儿	阿鲁温氏	西域	平章政事	回	同　二一〇《本传》
定住	康里氏	康里	太保、右丞相	同	同　二一〇《本传》
老的沙	罕禄鲁氏，明宗徽裕皇后之弟	哈剌鲁	平章政事	同	同　二一〇《本传》
奕赫抵雅尔丁	字太初，回回氏，父伊速马音，大都兵马都指挥使	东大食	江东建康道肃政廉访使	Semitic	同　二一四《本传》
野讷	回鹘尔氏，父脱烈，集贤大学士	畏兀儿	枢密副使	回	同　二一四《本传》
完者都	朵鲁伯萸氏，乃蛮太阳汗之族	乃蛮	浙东道宣慰使、都元帅	同	同　二一四《本传》
卜颜帖木儿	字珍卿，唐兀吾密氏	西夏	江浙行省平章政事	藏	同　二一五《本传》
道童	字石岩，高昌人	畏兀儿	江西行省平章政事，死事	回	同　二一五《本传》
福寿	唐兀特氏	西夏	江南行台御史大夫，守集庆，死事	藏	同　二一七《本传》
普化帖木儿	字兼善，答鲁乃蛮氏	乃蛮	同　死事	回	同　二一七《本传》
星吉	字吉甫，河西人	西夏	江西行省平章政事，战鄱阳，死事	藏	同
迈里古思	字善卿，宁夏人	同	行枢密院判官，守绍兴，御史大夫拜住哥党于方国珍，杀之，追封西夏郡侯	同	同　附二一九《石抹宜孙传》

续表

名	姓氏及家世	何族	官爵	今为何族	根据何书
也儿吉尼	字尚文，唐兀氏	同	广西行省平章政事，守广西，殉难	同	同　二一九《本传》
阿合马	回鹘人，阿勒赤那颜家奴，阿勒赤女察必皇后媵臣	畏兀儿	中书平章政事，世祖聚敛之臣	回	同　二二三《本传》
桑哥	瞻巴国师弟子	同	尚书右丞相，世祖聚敛之臣	同	同
哈麻	字士廉，母为宁宗乳母	康里	中书左丞相，惠宗佞臣	同	同　二二四《本传》
雪雪	哈麻弟	同	御史大夫，惠宗佞臣	同	同　附《哈麻传》
燕立帖木儿	畏兀人	畏兀儿	西乡县尹	同	《新元史·循吏传》本传
观音奴	字志能，唐兀氏，居新州	西夏	知归德府	藏	同
孛罗帖木儿	字国宾，高昌人	畏兀儿	襄阳路达鲁花赤，讨贼，殉难	回	《新元史·忠义传二·本传》
卜里牙敦	北庭人	回鹘	山南廉访使。守中兴，死事	同	同
神保	同	同	林州达鲁花赤，刘福通兵陷林州，死事	同	《新元史·忠义传三》
迭里弥实	字子初，回回人	东大食	漳州路达鲁花赤，明兵破福建，死事	Se-mit-	同
拜住	字闻善	康里	翰林国史院都事	回	《新元史·忠义传四》
阿尼哥		尼波罗	人匠总管	藏	《新元史·方技传》
八思巴	土番萨斯迦人，族颖氏	吐蕃	帝师	同	《新元史·释老传》

计西夏二十二人，哈剌鲁七人，西域，即花剌子模十三人，回鹘，即畏兀儿

六十四人，沙陀五人，西辽一人，忽鲁谟斯二人，康里十七人，乃蛮六人，钦察十四人，阿速十一人，维尼斯一人，东大食十人，伽叶弥儿二人，尼波罗一人，吐蕃一人，未详者五人，共一百八十二人。内中有本传者九十八人。附见于他人传者八十四人。

附注一

塔本一家共五人，姓伊吾庐氏，钱大昕《元史・氏族表卷二》定为伊吾庐人，假定以地为姓，当系哈密人，亦畏兀儿人也。

附注二

阿速，《汉书・西域传》称奄蔡，《后汉书・西域传》称阿兰聊（西罗马末年之 Alan），其邻国后汉时有粟弋（西罗马史之 Suevi），《魏书・西域传》称粟特，一称温那沙（西罗马之 Uandals），与东、西峨时同族，实阿利安中条顿民族也（看梁启超《中国历史研究法》第六章《史迹之论次》）。

元代契丹大臣赐蒙古名者表　附表一百八十八

姓名	家世	赐何名	籍贯	今地	官爵	根据何书
耶律希亮	字明甫，中书令楚材孙，左丞相铸子	秃忽思			翰林学士承旨、知制诰兼修国史	《新元史》卷一二七《耶律楚材传》
耶律善哥	辽王留哥子，嗣辽王薛阇弟	蒙古歹			广宁尹	《新元史》卷一三四《耶律留哥传》
移剌涅儿		赛因必阇赤	霸州	河北霸县	军民都达鲁花赤都提控元帅	《新元史》卷一三五《本传》

共三人，内中生长内地者一人，不得其籍贯者二人；有本传者一人，附见于他人传者二人。

元代契丹出身人物表　附表一百八十九

姓名	字	蒙古名	生地	今地	家世	官爵	根据何书
耶律留哥					仕金为北边千户，起兵隆安，自立为辽王	辽王	《新元史》卷一三四《本传》
薛阇					留哥长子	嗣辽王，行广宁路都元帅府事	同　附《留哥传》
收国奴		石剌			薛阇子	嗣辽王，行广宁路总管军民万户府事	同　同

续表

姓名	字	蒙古名	生地	今地	家世	官爵	根据何书
耶律阿海					金桓州尹撒八儿之孙，尚书奏事官脱迭儿之子	太师，行中书省事于撒马尔干	同　一三五《本传》
绵思哥					阿海子	太师，监撒马尔干城，改中都路也可达鲁花赤	同　附《阿海传》
买哥					绵思哥子	中都路也可达鲁花赤	同　同
秃花					国语质子也	太傅总领也可那延、濮国公	同　同
秃满答儿					秃花之孙，太傅领也可那延百家奴子	四川行省右丞	同　同
忙古带					秃花曾孙，随路新军总管宝童子	云南行省左丞、大理金齿等处宣慰使、都元帅	同　同
买奴					移剌涅儿之子	征东大元帅	同　附一五三《移剌涅儿传》
元臣		哈剌哈孙			买奴子	佥湖广行枢密院事	同　同
石抹也先					本姓述律氏，辽之后族，入金改姓。祖库列儿不食金禄，率部落远徙	御史大夫、提控诸路元帅府事、兴胜府尹	同　一三五《本传》
查剌					也先子	御史大夫、真定北京两路达鲁花赤	同　附《也先传》
库禄满					查剌子	黑军总管	同　同

续表

姓名	字	蒙古名	生地	今地	家世	官爵	根据何书
石抹明安			桓州	察哈尔多伦县		太傅、蒙古汉军兵马大元帅、守中都	同　一三五《本传》
咸得卜					明安子	袭父职	同　附《明安传》
石抹孛迭儿			霸州	河北霸县		汉军都统霸州等路元帅	同　一三五《本传》
石抹海住	仲通				本辽萧氏，金改为石抹氏，后复姓萧氏	彰德路总管兼行军总元帅府事	同　一三五《本传》
耶律戎末					父丑哥，辽都统，辽亡，殉国	河北西路安抚使兼泽潞元帅府事	同　一三五《本传》
石抹明里					祖合鲁，太祖膳夫	尚食令	同　一五一《本传》
石抹按只			太原	山西阳曲县	父大家奴，以汉军五百人归太祖	河中府船桥水手军总管	同　一六三《本传》
石抹不老			同	同	按只子	保宁等处万户	同　附《按只传》
石抹乞儿					祖高奴降太祖，授千户	万户	同　一六三《本传》
石抹狗狗					乞儿之子	夔州路万户	同　附《乞儿传》
萧拜住					石抹氏	中书平章政事	同　一八三《本传》
萧丑奴					拜住曾祖	檀顺昌平万户	同　附《萧拜住传》
萧青山					拜住祖	湖北提刑按察使	同　同
萧哈剌帖木儿					拜住父	知檀州	同　同

续表

姓名	字	蒙古名	生地	今地	家世	官爵	根据何书
回回			信都	河北冀县	哈剌乞台（黑契丹之转）氏	大都路总管兼大兴府尹	同　二一四《本传》
石抹宜孙	申之					江浙行省参知政事，守处州，死事	同　二一九《本传》

共三十人，内中生长内地者五人，不载籍贯者二十五人；冠姓者十七人，不冠姓者十三人；有本传者十三人，附见于他人传者十七人。

元代女真出身人物表　附表一百九十

姓名	别号	家世	籍贯	今地	官爵	根据何书
粘合南合		金女奚烈氏，中书左丞相重山子			中书平章政事	《新元史》一三三《粘合重山传》
夹谷常哥					万户兼招讨使	《新元史》一四六《刘伯林传》
忙古带		夹谷常哥子			兴元军民安抚使行省事	同
高闹儿					总管山前十路工匠军	《新元史》一四七《本传》
元长		高闹儿长子			李阳万户	同　附《高闹儿传》
灭里千		元长子			袭父职	同　同
谒只里		祖昔宝味也不干，金进士			浙东宣慰使	同　一六一《本传》
完颜石柱					四川行省参知政事	同　一六六《本传》
完颜拿住		石柱父			同州管民达鲁花赤	同　附《石柱传》
夹谷之奇	士常	其先女真加古部，讹为夹谷	滕州	山东滕县	吏部尚书	同　一八八《本传》

共十人，内中生长于内地者一人，不详其籍贯者九人；冠姓者四人，不冠姓者六人；有本传者四人，附见于他人传者六人。

元代高丽人蒙古名者表　附表一百九十一

姓名	字	蒙古名	籍贯	家世	官爵	根据何书
洪		波立儿	高丽唐城	管领高丽军民长官福源孙，同知枢密院事君祥兄子	监造战船	《新元史》一七六《洪福源传》
王		阿剌帖木儿	高丽王族	高丽军民总管㬚子	袭虎符总管、充征东左副元帅	《新元史》一七六《王㬚传》
王		阔阔帖木儿	同	同	管民总管	同
王		兀爱	同	同	沈阳安抚使高丽军民总管	同
朴	德中	赛因不花	肃良合台氏		平章政事，大都破，殉国	《新元史·忠义四·本传》
朴		不花	高丽	完宗二皇后奇氏同乡，以阉人事皇后	资政院使，惠宗佞臣	《新元史·宦者传·本传》

共六人，有本传者二人，附见于他人传者四人。

元代汉臣赐蒙古名者表　附表一百九十二

姓名	字	蒙古名	籍贯	今地	家世	官爵	根据何书
刘敏	德柔	玉出干	宣德	察哈尔宣化县	太祖七年被俘，录用	安抚使，行尚书省于燕京	《新元史》卷一三三《本传》
刘世亨		塔塔儿	同	同	敏子	行尚书省于燕京	同　附《敏传》
刘世济		散祝台	同	同	同	必阇赤	同　同
史天泽	润甫	拔都	永清	河北永清县	行北京路尚书六部事秉直子，河北西路兵马都元帅天倪弟	中书右丞相、枢密副使、平章军国重事	《元史》卷一三八《史秉直传》
张柔	德刚	同	涿州定兴	河北定兴县		河北东西路都元帅节制河南兵马、蔡国公	《新元史》卷一三九《本传》

续表

姓名	字	蒙古名	籍贯	今地	家世	官爵	根据何书
张宏范	仲畴	同	同	同	柔第九子	蒙古汉军都元帅	同 附《张柔传》
张荣	世辉	赛因拔都儿	济南历城	山东历城		济南路万户、济南公	《新元史》卷一四〇《本传》
张宓	渊仲	蒙古台	同	同	荣之孙，淮安路总管邦宪子	山东东西道宣慰使	同 附《荣传》
汪世显	仲明	中山	巩昌盐川	甘肃漳县西南五里	本姓王，父彦忠隶于汪古部，改姓汪	秦巩十余州总帅	同 一四二《本传》
汪德臣	舜辅	田哥	同	同	世显次子	袭父职	同 附《世显传》
杨杰只哥		拔都	大兴宝坻	河北宝坻县		总管新附军民	同 一四三《本传》
刘思敬		哈八儿都	济南历城	山东历城县	济南万户斌子	江西行省参知政事	同 附一四三《刘斌传》
邸顺		察纳合儿	保定行唐	河北行唐县		行军万户	同 一四四《本传》
邸常		金那合儿	同	同	顺弟		同 附一四四《邸顺传》
张		拔都	昌平	河北昌平县		炮手诸色军民人匠都元帅	同 一四七《本传》
张荣		兀速赤	鄢陵	河南鄢陵县		水军炮手元帅	同 一四七《本传》
孙威		伊克乌兰	浑源	山西浑源县		顺天安平怀州河南平阳诸路工匠都总管	同 一四七《本传》

续表

姓名	字	蒙古名	籍贯	今地	家世	官爵	根据何书
刘		哈喇八都鲁	河东	山西永济县	世业医，事世祖，赐名哈喇斡税克赤，复赐名察罕斡脱克赤，最后赐名哈喇八都鲁	咸平道宣慰使、御史中丞	同　一五一《本传》
许扆	君黻	忽鲁火孙	绛州曲沃	山西曲沃县	集贤大学士国桢子	陕西行省右丞	同　附一五一《许国桢传》
王	本名昔剌	昔剌拔都	保定	河北清苑县		同佥东川行枢密院事	同　一五三《王昔剌本传》
郑鼎		也可拔都	泽州阳城	山西阳城县	父皋，金忠昌军节度使	湖北谨宣慰使	同　一六三《本传》
郑温		同	真定灵寿	河北灵寿县		江浙行省左丞	同　一六三《本传》
张兴视		拔都	中山无极	河北无极县	父林，史天泽部将，授千户	真定新军万户	同　一六五《本传》
韩进		同	彰德安阳	河南安阳县		行军都镇抚	《新元史》一六五《蔡珍传》
贾		昔剌	大都大兴	河北大兴县	其父为庖人，故昔剌善烹调	提点尚食尚药二局事	《新元史》一七五《本传》
管如德		拔都	黄州黄陂	湖北黄陂县	淮西宣抚使景模子	江西行省左丞	同　一七七《本传》
高兴	功起	拔都鲁	蔡州	河南汝南县		河南行省左丞相	同　一八一《本传》
姚天福	君祥	巴而思（虎也）	绛州稷山	山西稷山县		参知政事行大都路总管、大兴尹	同　一八四《本传》
张惠	廷杰	兀鲁忽讷特	成都新繁	四川新繁县		平章政事	同　一八六《本传》
石天麟	天瑞	蒙古台	大都顺州	河北顺义县		同	同　一八六《本传》

续表

姓名	字	蒙古名	籍贯	今地	家世	官爵	根据何书
燕公楠	国材	赛因囊加带	南康建昌	江西永修县		湖广行省右丞	同　一八八《本传》
吴恭祖	景庄	忙古萸	孟州河阳	河南孟县西三十五里	祖益以医术侍世祖	福州路总管	同　二〇三《本传》
段兴智		摩诃罗嵯	大理	云南大理县	大理皇帝，其先凉州武威人	总管	《新元史》二二一《信苴日传》
杨汉英	熙载	赛因不花	播州	贵州遵义县	其先太原人，远祖端破南诏，复播州，世镇其地	播州宣抚使	《新元史》二二一《本传》
杨嘉贞		延礼不花	同	同	汉英子	袭父职	同　附《汉英传》
攸兴哥		哈剌拔都	渤海	山东滨县	金末避地大宁，保高州以拒元	河东北路兵马都元帅	《新元史·忠义传一·本传》

共三十六人，内中赐名拔都者八人，拔都鲁者一人，赛因拔都儿者一人，哈剌八都鲁、哈剌拔都者各一人，昔剌拔都一人，也可拔都二人，蒙古台二人，忙古萸一人，察纳合儿、金那合儿各一人，赛因不花、延礼不花各一人，昔剌一人，赛因囊加带一人，皆类似之名；其余十二人则皆非类似之名也。其籍贯隶于现在河北者十二人，河南者四人，山东者四人，山西者五人，甘肃者二人，察哈尔者三人，四川、湖北、江西、云南者各一人，贵州者二人。内中有本传者二十四人，附见于他人传者十二人。

元代汉大臣赐蒙古姓名者表　附表一百九十三

姓名	字	赐姓	赐名	籍贯	今地	家世	官爵	根据何书
贺惟一	允中	蒙古	太平	京兆鄠县	陕西鄠县	上都留守仁杰孙，胜子	左丞相、太傅	《新元史》一七五《贺仁杰传》

元代汉人蒙古名者表　附表一百九十四

姓名	字	蒙古名	籍贯	今地	家世	官爵	根据何书
董士元	长卿	不萍	真定藁城	河北藁城县	左副元帅俊之孙，中书左丞文炳之子	千户	《新元史》一四一《董俊传》
杨		杰只哥	大兴宝坻	河北宝坻县		总管新附军民	《新元史》一四三《本传》
高		塔失不花	辽阳	辽宁辽阳县	都总管宣曾孙，兵部尚书天赐孙，兵部尚书谅子	大司农集禧院使	《新元史》一四四《高宣传》
贾		塔剌浑	冀州	河北冀县		元帅	《新元史》一四五《本传》
贾		抄儿赤	同	同	塔剌浑子	袭父职	同　附《塔剌浑传》
贾		冀驴	同	同	抄儿赤子	袭父职	同　同
贾		六十八	同	同	冀驴弟	炮手军匠万户	同　同
梁		乞住	襄陵	山西襄陵县	都元帅成之孙，千户正视之子	袭千户	同　附一四五《周献臣传》
薛		塔剌海	大兴	河北大兴县		水军炮手诸色人匠元帅	同　一四七《本传》
薛		夺失剌	同	同	塔剌海子	袭父职为都元帅	同　附《塔剌海传》
薛		军胜	同	同	夺失剌弟	武卫军炮手元帅	同　同
薛		四家奴	同	同	军胜子	炮手万户	同　同
张		忙古台	昌平	河北昌平县	都元帅拔都子	行军副万户	同　附一四七《张拔都传》

续表

姓名	字	蒙古名	籍贯	今地	家世	官爵	根据何书
张		奴婢	鄢陵	河南鄢陵县	水军炮手元帅荣子	袭父职	同　附一四七《张荣传》
常		咬住	信都	河北冀县	祖父资，太祖选入宿卫，典御膳	吏部尚书，同知宣徽院事	同　一五一《本传》
常		兀迭笃	同	同	咬住父	宿卫典御膳	同　附《咬住传》
常		普兰奚	同	同	咬住子	徽政院使、赵国公	同　同
常		小和尚	同	同	同	内宰司丞	同　同
常		普化	同	同	普兰奚子	集贤学士领典瑞院	同　同
李庭玉		忽兰吉	陇西	甘肃陇西	父节，仕金，自巩昌石门山以城降	陕西行省右丞	同　一六三《本传》
郑		阿儿思兰	泽州阳城	山西阳城县	大都留守制宜子，潞国公鼎之孙		同　附一六三《郑鼎传》
张		塔剌齐	中山无极	河北无极县	万户兴祖子	袭真定新军万户	同　附一六五《张兴祖传》
王		燕出不花	胶州高密	山东局密县	左武卫亲军千户国昌孙，屯储卫亲军都指挥使通子	右卫亲军副都指挥使	同　附一六六《王国昌传》
解		帖哥	易州定兴	河北定兴县	水军万户诚孙，汝楫子	广东道宣慰使	同　附一六六《解诚传》
赵		匣剌				东川路先锋使	《新元史》一六六《本传》
孔		那海	真定	河北正定县	右卫亲军总管元曾孙	袭千户	同　附一六六《孔元传》

续表

姓名	字	蒙古名	籍贯	今地	家世	官爵	根据何书
綦		忙古台	益都乐安	山东广饶县	都元帅、宣慰使公直子，知宁海州泰弟	湖州炮手军匠万户	同　附一六六《綦公直传》
谢		孛完	丰州丰县	绥远归绥县	淮东宣慰使仲温孙	冀宁等路管民提举司达鲁花赤	同　附一七四《谢仲温传》
贺胜	贞卿	伯颜	京兆鄠县	陕西鄠县	上都留守仁杰子	上都留守兼本路都总管开平府尹	同　附一七五《贺仁杰传》
贺均	公秉	也先忽都	同	同	胜孙，太傅太平子	知枢密院事宣政院使	同　同
贾		丑妮子	大都大兴	河北大兴县	提点尚食尚药二局事昔剌子	追封临汾郡公	同　附一七五《贾昔剌传》
贾		虎林赤	同	同	丑妮子之子	佥宣徽院事，领尚膳使	同　同
贾		秃坚不花	同	同	虎林赤子	宣徽使	同　同
贾		班卜	同	同	秃坚不花子	监察御史	同　同
贾		忽里台	同	同	同	同	同　同
贾		也速古	同	同	同	章佩监少监	同　同
贾		秃忽赤	同	同	同	中书客省使	同　同
吕		合剌	大都	北平	其先辽东咸平人	中书参知政事	同　一七五《本传》
史弼	君佐	塔剌浑	蠡州博野	河北博野县		中书平章政事、鄂国公	同
朱		完者都	扬州崇明	江苏崇明县	海道运粮万户清子	枢密院判官	同　附一八二《朱清张瑄传》
崔斌	仲文	燕帖木儿	大同弘州	察哈尔阳原县		江淮行省左丞	同　一八三《本传》

续表

姓名	字	蒙古名	籍贯	今地	家世	官爵	根据何书
崔彧	文卿	拜帖木儿	同	同	斌弟	中书右丞、御史中丞、平章政事	同　一八四《本传》
张		金界奴	大都宛平	河北宛平县	平章政事九思子	河南行省右丞	同　附一八六《张九思传》
王恪		安童	霸州文安	河北文安县	大都留守伯胜子	兵部尚书、南台治书侍御史	同　附一八六《王伯胜传》
王		马儿	同	同	同	武卫亲军都指挥使	同　同
梁德珪	伯温	暗都剌	大都良今	河北良乡县		平章政事	同　二〇七《本传》
褚	君实	不华	隰州石楼	山西石楼县		淮东廉访使，守淮安，殉国	同　二一七《本传》
褚		伴哥	同	同	不华子	与不华同殉国	同　附《不华传》
李老保		保保	阳武	河南阳武县		平章政事，留守益都，降明	同　附二二〇《察罕帖木儿传》
魏		赛因不花	息州	河南息县		中书平章政事	同　同
关	文祖	关	温县	河南温县		同知河南行枢密院事	同　同
宋		蒙古歹	曾竹长官	贵州贵阳县西北八十里	云南平章政事阿重孙	八番顺元等路宣慰使	同　附二二一《杨汉英传》
杨通贯		完者	城步土官	湖南城步县		江浙行省左丞，为张士诚所害	同　二二一《本传》

续表

姓名	字	蒙古名	籍贯	今地	家世	官爵	根据何书
杨		伯颜	同	同	完者弟	为张士诚所害	同　附《完者传》
王简	伯敬	伯颜	滨州沾化	山东沾化县		知福宁州，死事	《新元史·忠义传二·本传》
桂		完泽	永嘉		浙江永嘉县	平江路管军镇抚，死事	同

共五十六人，内中名不花、普化、不华者各一人，塔失不花、燕出不花、秃坚不花、赛因不花各一人，塔剌浑二人，塔剌海、塔剌齐各一人，忙古台二人，蒙古歹一人，伯颜三人、普兰奚、忽兰吉各一人，完者都、完者、完泽各一人，燕帖木儿、拜帖木儿各一人，皆名之类似者；其余三十二人则各不相同也。其籍贯隶于现在河北者三十二人，河南者四人，山东者三人，山西者四人，陕西者二人，甘肃者一人，辽宁者一人，察哈尔者二人，绥远者一人，江苏、浙江、贵州各一人，湖南二人，不载籍贯者一人。内中有本传者十四人，附见于他人传者四十一人。

元室汉大臣中蒙古名者甚多，是为汉族被同化一例证。然色目人中汉姓名者甚多，汉姓蒙古名者亦不少；契丹、女真人中汉姓名者有之，契丹姓汉名、女真姓汉名者亦不少；高丽当然用汉姓名，最少数之例外，则蒙古人亦有用汉姓名者，是为外族入中国后被同化一原则，虽以蒙族为政治上之中心点，极力提倡蒙化，阻止汉化，而亦不能完全打破此例也。兹试列表于下，以供参考：

元代色目人汉姓名者表　附表一百九十五

姓名	字	蒙古名	家世	官爵	何族	今为何族	根据何书
廉希闵			畏兀世族，父布鲁海牙官廉访使，子孙以廉为氏	蕲黄等路宣慰使	畏兀儿	回	钱大昕《元史·氏族表卷二·廉氏》
廉希宪		忻都	希闵弟	中书平章政事	同	同	同

续表

姓名	字	蒙古名	家世	官爵	何族	今为何族	根据何书
廉孚			希宪子	佥辽阳行省事	同	同	同
廉恪			同	台州路总管	同	同	同
廉恂		迷只儿海牙	同	中书平章政事、集贤大学士	同	同	同
廉忱			同	邵武路总管	同	同	同
廉恒			同	御史中丞	同	同	同
廉惇			同	陕西行省左丞	同	同	同
廉希恕			希宪弟	中书参知政事、湖广行省左丞	同	同	同
廉希贡			同	昭文馆大学士、蓟国公	同	同	同
廉希贤		中都海牙	布鲁海牙从子	礼部尚书、国信使	同	同	同
贯云石		小云石海涯	畏兀世族，湖南行省左丞相阿里海牙之孙，江西行省平章政事贯只哥子，以贯为氏	翰林侍读学士	同	同	《元史·氏族表卷二·贯氏》、《新元史》一六〇《阿里海涯传》
唐古直			畏兀人，子孙以唐为氏	达鲁花赤	同	同	《元史·氏族表二·唐氏》
唐仁祖			古直孙	翰林学士承旨	同	同	同
唐恕			仁祖子	翰林待制	同	同	同
李惟忠			唐兀人，西夏之后，本姓拓跋，唐赐姓李，宋赐姓赵	益都淄莱军民都达鲁花赤	西夏	藏	《元史·氏族表卷二·乌密氏》《新元史》八〇一《李恒传》

续表

姓名	字	蒙古名	家世	官爵	何族	今为何族	根据何书
李恒			惟忠子	中书左丞，行省荆南	同	同	同
李屺		薛彻干	恒之孙	翰林直学士	同	同	同
李屿		薛彻秃	同	怀远大将军袭万户	同	同	同
李岩			同	栖霞县达鲁花赤	同	同	同
李嵘			同	江西行省理问	同	同	同
高智耀			唐兀人，西夏世族，父良惠，仕夏为右丞相	翰林学士、中兴等路提刑按察使	同	同	《元史·氏族表卷二》、《新元史》一五六本传
高长寿			智耀子	佥行枢密院事	同	同	同
高睿			长寿弟	南台御史中丞	同	同	同
高纳麟			睿子	南台御史大夫	同	同	同
高涸			纳麟从子	枢密院经历	同	同	同
高玉林			涸子	行台御史、广东廉访佥事	同	同	同
杨教化			唐兀世族，世居宁夏。父失刺唐吾台，给事裕宗潜邸	江西湖北道廉访使将作院使	同	同	《元史·氏族表卷二·杨氏》、《新元史》一八三《杨朵儿只传》
赵世荣		那怀	雍古氏，回鹘别部。祖按竺迩，幼育于外大父术要甲家，声讹为赵家，子孙因以赵为氏。父国宝，文州吐蕃万户府达鲁花赤	蒙占汉军都元帅、吐蕃宣慰使议事都元帅	汪古部	回	《新元史·表第三·雍古氏》一四九《按竺迩传》

续表

姓名	字	蒙古名	家世	官爵	何族	今为何族	根据何书
赵世延		达察儿	世荣弟	奎章阁大学士、中书平章政事、翰林学士承旨、鲁国公	同	同	同
马世忠			雍古氏，祖锡礼吉思仕金为凤翔兵马判官，死节，因以马为氏。父月乃合	常平仓都转运使	同	同	《新兀史·表第三·马氏》，一四九《月乃合传》
马世昌			世忠弟	行尚书省左右司郎中	同	同	同
马润			世昌子	漳州路同知	同	同	同
马祖常			润子，字伯庸	御史中丞	同	同	同
郝天益			河东北路行省和尚拔都子，安肃人	太原路军民万户都总管	朵鲁别族	未详	《新元史》一四八《郝和尚拔都传》
郝仲威			同	袭宣德西京太鳳平阳延安五路万户	同	同	同
郝天举			同	大都路总管兼府尹	同	同	同
郝天祐			同	陕西奥鲁万户	同	同	同
郝天泽			同	夔州路总管	同	同	同
郝天麟			同	京兆等路诸军奥鲁万户	同	同	同
郝天挺	继先		同	中书左丞、御史中丞、河南行省平章政事	同	同	同

续表

姓名	字	蒙古名	家世	官爵	何族	今为何族	根据何书
郝佑	君辅		天挺子	陕西行省参知政事、陕西行台侍御史	同	同	同
郝忠恕			天挺子	翰林待制	同	同	同
李桢	干臣		其先西夏族子	襄阳军马万户	西夏	藏	《新元史》一五六《本传》
刘容	仲宽		西宁青海人，高祖阿勒华，西夏主尚食。父海川徙云内	广平路总管	同	同	同　一五六《本传》
赵德寿			临洮府达鲁花赤官卓斯结之子	云南行省左丞	同	同	《新元史》一三一《赵阿哥潘传》
虎益			河西人，淄川军民总管穆苏和勒善子，以祖名为姓	徽州路达鲁花赤	同	同	《新元史》一六六《本传》
郝经	伯常		天键之孙，其先潞州人，徙泽州陵川	江淮荆湖南北等路宣抚副使	朵鲁别族	未详	同　一六八本传
李世安		散木廌	中书左丞恒子，西夏之后	江西行省平章政事	西夏	藏	《新元史》一八〇《李恒传》
李世雄		囊家歹	世安弟	益都淄莱万户	同	同	同
李世显		宋都廌	世雄弟	同知湖南宣慰司事	同	同	同
高克恭	彦敬		其先西域人，后占籍大同	大名路总管	西域	回	同　一八八《本传》
安藏	国宝		畏兀氏，世居别失八里	翰林学士承旨	畏兀儿	回	同　一九二《本传》

续表

姓名	字	蒙古名	家世	官爵	何族	今为何族	根据何书
余阙	廷心		唐兀氏，世居河西。父沙剌藏卜官庐州。遂为合肥人	淮南行省左丞，守安庆。殉节	西夏	藏	《新元史》二一八《本传》
王翰	用文	那木罕	河西人，先世以千户镇卢州，遂为庐州人	潮州路总管。元亡。明太祖征之。自杀	西夏	藏	《新元史·忠义传四·本传》
乃贤	易之		葛逻禄氏，世居金山之西。随兄塔海宦江浙，遂家明州	编修官，长于诗	哈剌鲁	回	《新元史·文苑传下·本传》
丁鹤年			西域人，父职马禄丁徙居武昌，因以丁为氏	长于诗，不仕	西域	同	同
丁月娥			鹤年之姊，适葛通甫	通经史，豫章城陷，殉节	同	同	《新元史·列女传中·本传》

计畏兀儿十六人，西夏二十二人，汪古部六人，朵鲁别族十人，西域二人，哈剌鲁一人，共五十七人。

附注

朵鲁别今译为杜尔伯特，或都尔伯特，系蒙古部落之一；《新元史·郝和尚拔都传》、《元西域人华化考》文学篇“郝天挺”条，俱目为色目人，今姑从之，其详俟考。

元代色目人中汉姓蒙古名者表　附表一百九十六

名	家世及籍贯	官爵	何族	冠何姓	今为何族	根据何书
贯只哥	畏兀世族，湖南行省左丞相阿里海涯之子，湖广行省左丞忽失海牙之弟	江西行省平章政事、楚国公	畏兀儿	子孙以贯为氏	回	钱大昕《元史·氏族表二·贯氏》
乞台萨理	畏兀人，一名万全	释教都总统同知总制院事	同	其后因称全氏	同	同《全氏》

续表

名	家世及籍贯	官爵	何族	冠何姓	今为何族	根据何书
全普庵撒里	史云高昌人，疑是全氏同族	江西行省参知政事，守赣州，死事	同	全	同	同　《新元史·忠义传二·本传》
迦鲁纳答思	畏兀人	翰林学士承旨、大司徒	同	其子因氏鲁	同	《元史·氏族表二·鲁氏》
昔里钤部	唐兀世族，以别于国姓，称小李，讹为昔里。本沙陀族，徙居沙州。父答加沙，西夏宰相	大名路达鲁花赤	西夏	李	同	同　《昔里氏》
杨朵儿只	唐兀世族，世居宁夏，江西湖北道廉访使教化之弟	御史中丞、集贤大学士	同	杨	藏	同《杨氏》
完泽	世居张掖	监察御史、陕西道廉访副使	同	刘	未详	同《刘氏》
也先不华	王氏，亦称唐兀氏。元初，其祖从大兵下江淮有功，留镇庐州	袭千户	同	王	藏	同《王氏》
察罕	西域板勒纥城(今阿富汗波尔克)人，父伯德那为河东民赋副总管，徙居解州	中书平章政事	西域	仁宗赐姓白氏	回	同　《板勒纥城条》
察罕帖木儿	乃蛮人，家于汝宁，改姓李	中书平章政事、知河南山东行枢密院事	乃蛮	李	同	《新元史》卷二二〇《本传》
扩廓帖木儿	察罕帖木儿养子，本姓王	太傅、中书左丞相、齐王	未详	同	未详	同
脱因帖木儿	扩廓帖木儿之弟	陕西平章政事	同	同	同	同

续表

名	家世及籍贯	官爵	何族	冠何姓	今为何族	根据何书
赵阿哥潘	土波思乌斯臧掇族氏，其先世臣附于宋，赐姓赵氏。世居临洮	临洮府元帅	吐蕃	赵	藏	《元史·氏族表卷二》《新兀史》一三一《本传》
赵阿哥昌	阿哥潘之父	临洮府元帅	同	同	同	《新元史·赵阿哥潘传》
赵重喜	阿哥潘之子	巩昌十四处宣慰使	同	同	同	同
赵官卓斯结	重喜之子	临洮府达鲁花赤	同	同	同	同
哈八石	回回于阗人，世居大都路宛平县，以丁为氏	廉访佥事	于阗	丁	回	《元史·氏族表卷二》
唐古德	不知其部族，其父为御史中丞，追封覃国公，葬龙兴北门外	江西行省掾	未详	马	未详	同
里约著	畏兀世族，山东经略统军二使撒吉思孙。以伯父及父名皆有里字，冠姓里	隆禧观使	畏兀儿	里	回	《新元史》一三六《撒吉思传》
郝和尚拔都	安肃人，出于朵鲁别族，以小字行	河东北路行省便宜行事	同	郝	未详	《新元史》一四八《本传》
廉惠山海牙	畏兀世族，真定顺德宣慰使布鲁海牙孙，广德路达鲁花赤阿鲁浑海牙子	翰林学士承旨、知制诰、兼修国史	同	廉	回	《新元史·布鲁海牙传》
按竺迩	雍古氏，幼居于外祖达工家，达工术要甲氏，讹为赵家，故按竺迩亦姓赵氏	征行大元帅	汪古部	赵	回	《新元史·表第三·雍古氏》、一四九《本传》

续表

名	家世及籍贯	官爵	何族	冠何姓	今为何族	根据何书
车　里（彻里）	按竺迩子	征行元帅	同	同	同	同　附《按竺迩传》
步鲁合答	车里子	云南万户府达鲁花鲁	同	同	同	同　同
国宝	车里弟，一名黑仔	文州吐蕃万户府达鲁花赤	同	同	同	同　同
野峻台	国宝孙，鲁国公赵世延子	四川行省参知政事	同	同	同	同　同
阿巴直	国宝弟，一名国安	文州吐蕃万户府达鲁花赤	同	同	同	同　同
杨不花	御史中丞朵儿只子	河东廉访司佥事	西夏	杨	藏	《新元史》一八三《杨朵儿只传》
杨按札尔不花	西夏人	同知宣政院事	同	同	同	《新元史》一九六《宋翼传》
阿鲁浑萨里	回鹘人，乞台萨理之子	平章政事、集贤大学士、太史院使	回鹘	全	回	《新元史》一九七《本传》
岳住	阿鲁浑萨里子	湖广道宣慰使	同	同	同	同　附《阿鲁浑萨里传》
乞台普济	河西人，祖拉吉尔威，父考算尔威为宿卫近臣	太傅、右丞相、录军国重事、安吉王	西夏	史	藏	同　一九九《本传》
也克吉儿	乞台普济子	御史大夫、知枢密院事	同	同	同	同　附《乞台普济传》
刘哈剌不花	江西人，探马赤军户	河南平章政事	未详	刘	未详	同　附二一〇《太不花传》

续表

名	家世及籍贯	官爵	何族	冠何姓	今为何族	根据何书
马哈麻		政和尉，拒贼，死事	回鹘	马	回	《新元史·忠义三·陈元善传》

计畏兀儿、回鹘十三人，西夏八人，西域一人，乃蛮一人，吐蕃一人，于阗一人，汪古部六人，未详者四人，共三十五人。其中唐古德一名系唐古特之音转，疑亦藏人也。

元代契丹人汉姓名者表 附表一百九十七

姓名	字	本姓	籍贯	今地	家世	官爵	根据何书
王珣	君宝	耶律	义州闻义	辽宁义县	祖父成避难辽西，因改姓王	兵马都元帅，镇辽东	《新元史》一七一《本传》
王荣祖	敬先	同	同	同	珣长子	北京等路征行万户、沿边招讨使	同 附《王珣传》
张孔孙	梦符		隆安	吉林农安县	其先出辽之乌若部，为金人所并，迁隆安	集贤大学士，商议中书省事	同

共三人，其籍贯属于现在辽宁者二人，吉林者一人，内中有本传者二人，附见于他人传者一人。

元代契丹人契丹姓汉名者表 附表一百九十八

姓名	字	家世	官爵	根据何书
耶律楚材	晋卿	辽东丹王突欲八世孙	中书令	《新元史》卷一二七《本传》
耶律铸	成仲	楚材子	左丞相	同 附《楚材传》
耶律有尚	伯强	楚材从孙	昭文馆大学士兼国子祭酒	同 同
萧世昌	荣甫	石抹海住孙	千户	同 一三五《石抹海住传》
耶律天祐		河北西路安抚使忒末子	潞州征行元帅、赵州安抚使	同 一三五《耶律忒末传》

续表

姓名	字	家世	官爵	根据何书
耶律伯坚	寿之	桓州人，今察哈尔多伦县	清苑县尹	同《循吏传·本传》

共六人，内中有本传者二人，附见于他人传者一人。

元代女真人汉姓名者表　附表一百九十九

姓名	字	本姓	籍贯	今地	家世	赐名	官爵	根据何书
赵良弼	辅之	术要甲氏	赵州赞皇	河北赞皇县	父悫，事金，殉国难		秘书监兼国信使、同金书枢密院事	《新元史》一五八《本传》
李庭	小字劳山	蒲察氏	济阴徙寿光	山东寿光县	本金人，金末，改姓	拔都儿	平章政事、商议枢密院事	同　一六二《本传》
刘国杰	国宝	乌古论氏	益都	山东益都县	世仕金，父德宁始改姓刘氏	拔都	湖广平章政事	同　一六二《本传》
王庭玉	国宝	完颜氏	保定清苑	河北清苑县	父安住，金安州刺史，改姓王		涟海州等处屯田总管	同　一七三《本传》
孙泽	润甫	乌古孙氏	大名	河北大名县	祖壁降蒙古，冠姓孙		江东建康道肃政廉访使	同　一七四《本传》
高庚	彦解	未详	庚州上党	山西长治县	本女真渤海部人	失剌(面黄也)	河南宣慰使	同　一八六《本传》

共六人，其籍贯属于现在河北者三人，山东者二人，山西者一人，皆有本传。

元代女真人女真姓汉名者表　附表二百

姓名	字	本姓	籍贯	今地	家世	官爵	根据何书
粘合重山	名钧	女奚烈氏			初为质子	中书左丞相	《新元史》卷一三三《本传》
奥敦世英			淄州	山东淄川县	先世仕金为淄州刺史	德兴府尹	同　卷一四七《本传》
奥敦保和			同	同	世英弟	真定保定顺德诸道元帅，管农事	同　附《世英传》

续表

姓名	字	本姓	籍贯	今地	家世	官爵	根据何书
奥敦希恺			同	同	保和子	知河中府	同 同
奥敦希尹			同	同	希恺弟	同知广东道宣慰司事	同 同
奥屯世英	伯豪		蒲城	山西永济县	其先居上京胡里改路	军民万户	同 一五一《本传》
奥屯贞	正卿		同	同	世英子	顺庆嘉定两路总管	同 附《世英传》
孛术鲁翀	子翚		邓州顺阳	河南淅川县	其先隆安人，移广平又移顺阳	集贤学士、国子祭酒、礼部尚书	同 二一〇《本传》
孛术远	朋道		同	同	翀子	南阳县尹，死事	同 附《翀传》

共九人，其籍贯属于现在河南者二人，山东者四人，山西者二人，不载籍贯者一人；内中有本传者四人，附见于他人传者五人。

元代高丽人汉姓名者表 附表二百零一

姓名	字	生地	家世	官爵	根据何书
李伯祐				侍卫亲军都指挥使	《新元史》一四五《本传》
洪福源		高丽唐城	父大纯为麟渊都领，因家焉	管领高丽军民长官	同 一七六《本传》
洪俊奇	小字茶丘	同	福源子	征东行省右丞	同 附《洪福源传》
洪君祥	小字双叔	同	福源第五子	同知枢密院事、辽阳行省平章政事	同 同
洪万	小字重喜	同	茶丘子	辽阳行省右丞	同 同
王綧			高丽清化侯璟之子，封永宁公	总管	同 一七六《本传》

共六人，内中有本传者三人，附见于他人传者三人。

元代蒙古人汉姓名者表　附表二百零二

姓名	官爵	根据何书
郭庸	参知政事，大都陷，殉国	《新元史·忠义传四》

元代蒙古人冠汉姓者表　附表二百零三

名	字	本姓	冠何姓	家世	官爵	根据何书
谙都剌	瑞芝	凯烈氏		祖阿思兰从阿术伐宋有功，子孙以兰为氏	益都路总管	《新元史·循吏传》

附注　凯烈疑系克烈、克埒、怯烈之音转。

元史中汉姓蒙名而不载籍贯者颇多，中国籍贯而外族姓名者亦有。汉姓蒙名者当然可假定为汉族，外族姓名者亦可假定为非汉族。兹试各列表于下，以供参考：

元代汉姓外族名人物表　附表二百零四

姓名	字	家世	官爵	根据何书
张万家奴	史书失载	河东南北路船桥随路兵马都总管万户札古带子	副都元帅	《新元史》一六六《本传》
魏赛因不花	同		元昭宗为太子时部将	《新元史》二二〇《察罕帖木儿传》
李朵儿	同		江西左丞	《新元史·忠义二·桂完泽传》
周术忽	同		官平阳	《新元史·列女上·周术忽妻崔氏传》
张买奴	同		官钱塘	同　《张买奴妻王氏传》
赵伯颜不花	同		惠宗宦者，明兵攻大都，请惠宗死守	《新元史·宦者传·野仙帖木儿传》
杨兀鲁台	同		同知两江宣慰司使	《新元史》二四八《黄圣许传》
袁赛因不花	同		监察御史	《续资治通鉴》二一二元顺帝至正十四年十二月“削脱脱官爵”条

续表

姓名	字	家世	官爵	根据何书
宋伯颜不花	同		江浙廉访使	同　十七年九月“吴取衢州条”

元代汉籍外族姓名人物表　附表二百零五

姓名	字	籍贯	今地	家世	官爵	何族	根据何书
鲜卑仲吉	庆仲	中山徙滦州	河北滦县		滦州节度使	史书未载	《新元史》一四四《本传》
鲜卑准		同	同	仲吉子	大都屯田万户	同	同　附《仲吉传》
鲜卑诚		同	同	准子	金武卫亲军都指挥使司事	同	同　同
鲜卑忽笃土		同	同	诚子	袭千户	同	同　同
野仙不华	彦貌	顺德内丘	河北内丘县		彬州路判官	同	《新元史·循吏传·本传》
哈都赤		大都固安州	河北固安县			同	《新元史·笃行下·本传》

元史中外族姓名者当然可假定为非汉族，然尽有汉人苗名者，则元初归化之大理王室段氏是也。兹试列表于下，以供参考：

元代汉人苗名者表　附表二百零六

名	姓	家世	籍贯	今地	官爵	根据何书
信苴日	段	其先世为大理酋长	大理	云南大理县	云南行省参知政事	《新元史》二二一《本传》
信苴福	同	信苴日兄	同	同		同　附《信苴日传》
阿庆	同		同	同	大理金齿等处宣慰使、都元帅	同　同

蒙古起朔方，兵制简易，部众自十五岁以上，七十岁以下，尽佥为兵，非其部族者谓之探马赤军；及取中原，佥民兵，谓之汉军，得

宋降兵，谓之新附军；南北混一之后，以蒙古、探马赤军屯于中原，江淮以南，则以汉军新附军戍焉（《新元史》卷九十八《兵志一》）；故蒙古及探马赤军户杂居于中国内地。诸路总管府下之附属机关有所谓录事司者，凡路府所治之地，置一司以掌城中民户之事（《元史》卷九十一《百官志》“诸路总管府条”）。钱大昕“元史氏族表”所引“元统癸酉进士录”中之蒙古、色目进士籍贯，有许多为某路某县军户或某路录事司者，其军户皆在今河北、山东、山西、河南等省（计河北一人，山东二人，山西二人，河南淮北一人），录事司皆在今湖北、湖南、江西、安徽、浙江等省（计湖北一人，湖南一人，江西四人，安徽一人，浙江一人），可见杂居内地之人数颇不少也。兹将有史可稽者列表于下，以供参考：

元代蒙古人杂居内地者表 附表二百零七

名	氏	部族	家世	移居何地	今地	官爵	根据何书
奥鲁赤	札剌儿	白塔塔儿	行省事忒木台子，木华黎之近属	河南洛阳	河南洛阳县	领蒙古军四万户，湖广江西行省平章政事	钱大昕《元史·氏族志卷一》、《新元史》卷二十八《表第二》
博颜达	同	同	大名路达鲁花赤曲帖儿之曾孙	初居大名后居江州路录事司	河北大名县、江西九江县	元统元年进士，徽州路婺源州判官	《元史·氏族志卷一》
博颜歹	同	同		济宁路金乡县军户	山东金乡县	同　益都路莒州判官	同
脱颖	同	同		晋宁路高平县军户	山西高平县	同　大都路通州判官	同
□□先	忙兀台氏	黑塔塔儿	其先忙兀台为孛端察儿之玄孙，与元同族	沔阳府景陵县	湖北天门县	同　南阳路同知邓州事	同

续表

名	氏	部族	家世	移居何地	今地	官爵	根据何书
买闾	斡罗台氏	同	其先斡罗纳儿，为孛端察儿五世孙抄真斡儿帖该之子，与元同族	濮州蒙古军户	山东濮县	同　礼仪院太祝	同
阿必察	别速氏	同	孛端察儿五世孙曰察刺孩领忽，有子曰别速台，因以为氏	汴梁阳武县	河南阳武县	蒙古军总管，管领左右手两万户军	同
孛兰奚	瓮吉剌氏	同	以后族备太祖宿卫	应昌	察哈尔多伦县东	信州路达鲁花赤	同
竹温台	同	同	以国族为鲁国公主媵臣，冒姓翁吉剌	全宁	热河赤峰县	管领随路打捕鹰房诸色人匠钱粮都总管府达鲁花赤	同
虎理翰	瓮吉剌氏	同		奉元	陕西长安县	元统元年进士，翰林应奉	同
也先溥化	瓮吉剌氏	同		平阳路太平县军户	山西汾城县	同	同
敏安达尔	亦乞列思氏	同		真定路灵寿县	河北寿灵县	同　河间路同知鄚州	同
阿剌不花	怯烈氏	未详	一作克烈，部落名，后降蒙古	开平	察哈尔多伦县东	江西行省参知政事	同
燕质杰	同	同		陵州	山东德县	元统元年进士，益都路密州判官	同
□□达	燕只吉歹氏	同	一作衍只吉氏，一作晏只吉蔗氏	建德路录事司	浙江建德县	同　国史院编修	伺

续表

名	氏	部族	家世	移居何地	今地	官爵	根据何书
察伋	塔塔儿氏	白塔塔儿		莱州掖县	山东掖县	同　同	同
脱脱	默而吉台氏	同	一作蔑里乞，北方部落，为太祖所灭	范阳	河北涿县	陕西行台御史大夫翰林学士承旨	同
忽都达儿	捏古台氏			云中	山西大同县	延祐四年举人，五年进士，婺州路总管	同
亦速歹	扎只剌歹氏	黑塔塔儿		龙兴路录事司	江西南昌县	元统元年进士，瑞昌路同知新昌州事	同
囊加歹	察罕达□□氏	未详		济南路济阳县	山东济阳县	同　河间路陵州判官	同
朵列图	乞失里台氏	同		曹州济阳县	同	同　礼仪院太祝	同
阿虎歹	未详	同	蒙古侍卫军户	大名路内黄县	河南内黄县	同　益都路同知莒州事	同
百嘉讷	同	同		河南府洛阳县	河南洛阳县	同　襄阳路录事司达鲁花赤	同
野仙脱因	同	同		河中府河东县	山西永济县	同　礼仪院太祝	同
彦智杰	哈儿柳温台氏	同	世家朔漠，同知许州事海庐之兄	许州长葛县	河南长葛县	中千户	《新元史》卷二十八《表第二》

共二十五人，其寄籍隶于现在河北者二人，河南者五人，山东者六人，山西者四人，陕西者一人，热河者一人，察哈尔者二人，湖北者一人，江西者二人，浙江者一人。

附注

《新元史》卷六十二《百官志》诸路总管府下有录事司，秩正八品，凡路府所治置司以掌城中民户之事。中统二年验民户多寡，定员数二千户以上设录事司、候判官各一，员二千户以下省判官。

元代色目人杂居内地者表　附表二百零八

名	氏	何部族	今为何族	原籍	今地	寄籍	今地	官爵	根据何书
仁同海淮	畏兀氏	畏兀儿	回	别失八里	新疆迪化县	绍兴路	浙江绍兴县	进士	钱大昕《元史·氏族表卷二》
寿同海涯	同	同	同	同	同	同	同	元统元年进士	同
道同	同	同	同	同	同	池州路	安徽贵地县	同　江州路录事司、达鲁花赤	同
铎护伦	同	同	同	未详		临江路录事司	江西清江县	同　袁州录事司、达鲁花赤	同
普达世理	同	同	同	别失八里	新疆迪化县	岳州录事司	湖南岳阳县	同　常德路龙阳州判官	同
余阙	唐兀氏	西夏	藏	武威	甘肃武威县	卢州路录事司	安徽合肥县	同　淮南行省右丞，守安庆，死事	同
楚仙普化	同	同	同			德州	山东德县	同　大名路滑州判官	同
买住	同	同	同			广平路成安县	河北成安县	同　保定路同知安州事	同
伯颜	同	同	同			成都路温江县	四川温江县	同　成都路同知崇庆州事	同
明安达耳	同	同	同			曹州	山东菏泽县	同　宿州判官，潜江县达鲁花赤	同
安笃□	同	同	同			滕州邹县	山东邹县	同　卫辉路辉州判官	同
塔不台	同	同	同			东昌路聊城县	山东聊城县	同　襄阳录事司、达鲁花赤	同　见《元史·忠义传》

续表

名	氏	何部族	今为何族	原籍	今地	寄籍	今地	官爵	根据何书
琏赤	同	同	同			濮州鄄城县	山东濮县东二十里	山东宣慰司副都元帅	同
王也先不华	同	同	同			卢州	安徽合肥县	袭千户	同
寿同	乃蛮氏	乃蛮	回		外蒙中部以西	汴梁路开封县	河南开封县	元统元年进士，安丰路濠州判官	同
彻台	同	同	同			广平曲周县军籍	河北曲周县	同	同
察罕帖木儿	同	同	同			颍州沈丘	河南沈丘县	中书平章政事，知河南山东行枢密院事，改姓李	同
完者都	钦察氏	钦察	同		俄领窝瓦河下流西岸	彰德	河南安阳县	江浙行省平章政事	同
阿哥潘	士波思乌思臧椶族	吐蕃	藏			临洮	甘肃临洮县	临洮府元帅，其先世臣附于宋，赐姓赵	同
哈八石	丁氏	回回于阗	同	于阗	新疆于阗、和阗二县	大都路宛平县	河北宛平县	廉访佥事	同
乌马儿		回回阿里马里	同		新疆绥定县	大名路	河北大名县	元统元年进士，国史院编修官	同
阿都剌		回回昔马里	同			中兴路录事司	湖北江陵县	同　湖广省照磨	同
剌马丹	回回氏	未详	同			绍兴路新昌县	浙江新昌县	同　温州路录事司、达鲁花赤	同

续表

名	氏	何部族	今为何族	原籍	今地	寄籍	今地	官爵	根据何书
瞻思		大食国	Se-itic		亚洲西南部	真定	河北真定县	江东廉访副使	同
别罗沙		别失八里	回			龙兴路录事司	江西南昌县	元统元年进士，吉安路同知□州事	同
脱颖	木速鲁蛮氏	木速蛮	同			南康路	江西星子县	同　抚州路临川县丞	同
大吉慈	哈儿鲁氏	哈剌鲁	同		俄领七河省	真定路	河北真定县	同	同
丑闾	哈剌鲁	同	同			河南淮北蒙古军户		同　保定路遂州判官	同
托本	同	同	同	同		大名路濮阳县	河北濮阳县	同　将作院照磨	同
伯颜	同	同	同	同		开州濮阳县	同	翰林待制，江西廉访佥事	同
迺贤	合鲁（即哈剌鲁）	葛逻禄（即哈剌鲁）	同	同		自南阳徙居浙东	浙江	未详	同
伯德那	未详	板勒纥城人	同			解州	山西解县	河东民赋副总管。子察罕，仁宗时，赐姓白	同
马□	未详	未详	同			龙兴	江西南昌县	御史中丞，追封覃国公。子唐古德与吴澄游	同
楔列篪	楔氏	畏兀儿人	同		新疆土鲁番县	江西	江西	河南路经历，父文质官江西，遂家焉	《新元史·偰哲笃伽帖木儿传》

续表

名	氏	何部族	今为何族	原籍	今地	寄籍	今地	官爵	根据何书
孟速思	畏兀儿氏	同	同	别失八里	新疆迪化县	大都	北平	断事官	《新元史·本传》
月乃合	雍古氏	雍古部	回	雍古	察哈尔	静州	当在辽宁境	礼部尚书	《新元史·本传》
拔都儿	阿速氏	阿速	阿利安	阿速	俄领阿速海北	上都	察哈尔多伦县	后卫亲军副部指挥使	同
别吉连	同	拔都儿之子	同	同	同	同	同	袭父职	同　附《拔都儿传》
爱伯	伯牙乌氏	钦察	同	钦察	俄领窝瓦河下流西岸	济阴	山东菏泽县	五十户	同　附《也速虔儿传》
伯行	玉吕伯里氏	未详	同	西北部	未详	大名路清丰县	河北清丰县	资国院使	同
铁连		乃蛮	回	乃蛮	外蒙西部	绛州	山西新绛县	绛州达鲁花赤	同
黄头	唐兀氏	西夏	藏			濮州鄄城	山东濮县东二十里	海道都漕运万户	同
脱烈海牙	畏兀氏	畏兀儿	同	别失八里	新疆迪化县	真定	河北真定县	淮东宣慰使	同
瞻思		西域	同	丰州	绥远归绥县	同	同	浙东肃政廉访司佥事	同
达理麻识里		高昌	同	高昌	新疆土鲁番县	常州宜兴	江苏宜兴县	泰和州达鲁花赤	同
泰不华	伯牙吾台氏	钦察	同	白里山		台州	浙江临海县	台州路达鲁花赤，守台州，殉国	同

续表

名	氏	何部族	今为何族	原籍	今地	寄籍	今地	官爵	根据何书
余阙	唐兀氏	西夏	藏	河西		庐州合肥	安徽合肥县	淮南行省左丞，守安庆，殉国	同
观音奴	同	同	同			新州	广东新兴县	知归德府	《新元史·循吏传》
纳速剌丁	马合木五子	未详	回			大名	河北大名县	淮东宣慰司掾，拒张士诚于高邮，战死	《新元史·忠义传一》
普元理		高昌	同	局昌	新疆土鲁番县	公安	湖北公安县	湖广行省参政，死事长沙	《新元史·忠义传三》
伯颜	哈剌鲁氏	哈剌鲁	同			开州濮阳县	河北濮阳县	江西廉访佥事，殉难磁州	《新元史·忠义传四》
伯颜子中		西域	同			江西	江西	吏部侍郎。元亡，明太祖以礼聘之，子中仰药死	同
畏兀氏三女	畏兀氏	畏兀儿	同			钱塘	浙江杭县		《新元史·烈女上·葛妙真传》

计畏兀儿、高昌十一人，西夏十二人，乃蛮四人，钦察三人，吐蕃一人，于阗一人，阿里马里一人，昔马里一人，大食国一人，别失八里一人，木速蛮一人，哈剌鲁、葛逻禄六人，板勒纥、西域三人，雍古部一人，阿速二人，未详者四人，共五十三人。其寄籍属于现在河北者十四人，河南者三人，山东者七人，山西者二人，甘肃者一人，察哈尔者二人，辽宁者一人，江苏者一人，安徽者四人，浙江者六人，江西者六人，湖北者二人，湖南者一人，四川者一人，广东者一人，河南淮北难定地点者一人。

第五节　西域诸国人之汉化

蒙古先破金，取河北；继灭乃蛮、花剌子模与西北各小国，取西域；复灭夏，灭金，灭宋，尽取中国本部；西域人之从军者，被虏者，贸易者，接踵而入中国，与汉族杂居；一传再传，逐渐汉化。元初，分人民为四阶级：曰蒙古，本部人属之；曰色目，西域诸国人皆属之；曰汉人，旧金领土内之汉人、契丹人、女真人、高丽人及云南、四川二省之汉人属之；曰南人，除四川外，凡旧宋领土内之汉人属之。当时乡会试分两榜，蒙古、色目为右榜，汉人、南人为左榜；凡内外各行政机关，皆以蒙古或色目人为长官，而汉人、南人贰焉。色目人中学者辈出，若畏兀儿人廉希宪、家铉翁、阿鲁浑萨里，康里人不忽木及其子回回、巎巎，雍古部人赵世延、马祖常，伯牙吾氏之泰不华，哈剌鲁氏之伯颜师圣、也速答儿赤，汪古部长驸马高唐王阔里吉思，回回人瞻思丁及其子忽辛，大食国人瞻思等皆儒学家；泰不华与葛逻禄人迺贤，唐兀人余阙，西域人伯颜子中、丁鹤年，朵鲁别族人郝天挺，回回人萨都剌等皆诗人，赵世延、马祖常、余阙、瞻思与畏吾儿人贯云石等皆文学家；不忽木、贯云石与西域人马九皋、琐非复初等皆词人；此外书家、画家、建筑学家尚多，或寄居中国内地，或仍住在塞外各部落，而其原籍则皆西域人也。其详已见于各色目人表中，兹不赘述。

第七章

汉族第三次休养时代　明

秦、汉、隋、唐四朝为大帝国，宋、明二朝为小帝国；秦、汉、隋、唐对外方针为积极的，趋于进取，故东夷、西戎、南蛮、北狄侵扰东周数百年，而混一于秦汉，匈奴、乌桓、鲜卑、氐、羌侵扰三国、两晋及南朝数百年，而混一于隋唐；宋、明对外方针系消极的，趋于保守，故契丹、党项、女真侵扰宋室三百年，而混一于元，鞑靼、瓦剌侵扰明室三百年，而混一于清；汉唐时代汉族之蜕化系自动的，吸收他族而融化之，宋明时代汉族之蜕化系他动的，受外族所吸收而与之融化；宋代汉族向外发展力极弱，而外族向内发展力极强，故史域之伸缩极大，史迹之波澜极壮阔；明代汉族向外发展力极微，外族向内发展力亦有限，故史域之伸缩极小，史迹殊觉寂寥也。兹述其事迹如下。

第一节　云南之汉化

云岭以南地方，为苗蛮杂居地，地处中国西南，属亚热带地方，居云岭之脊。地势高燥，气候温暖，夏无大暑，冬无大寒，花无断时；居民受其影响，体魄较为健康，脑筋较为清醒，与安南、暹罗、缅甸之土人情形稍有不同；金沙江、元江、澜沧江、怒江流贯其间，交通较为便利，农产亦甚丰盈，所谓地灵者人杰，云南之开化较易于他方，亦天赋之惠使之然也。自战国末年，楚王族庄蹻奉楚威王命，将兵循江上略巴（今四川东部）、黔中（今贵州东部）以西；遂至滇池（今云南昆明池），略定其旁各部落，因以其众王滇，是为汉族建国于云南之始。汉武帝时，使王然于使滇，讽使其王入朝，滇不奉命；诏将军郭昌发巴蜀临兵滇，滇王恐，举国降，请置吏，入朝；诏以其地为益州郡（今云南中部，故云南府），赐滇王玉印，复长其民，是为云南东部直隶于中央政府之始。东汉明帝时，哀牢夷内属，置永昌郡（今云南西部，故永昌府）以治之，是为云南西部直隶于中央政府之始。三国时代，益州耆帅（耆西南夷部落名）雍闿反，与郡人孟获略据益州牂舸（今贵州故遵义、平越二府）、越隽（今四川故宁远府及越隽卫）、永昌四郡，蜀汉丞相诸葛亮南征，讨平之；置狳降都督驻守其地，镇平夷（今云南平彝县）。晋武帝时，置宁州刺史，治狳降故地。五胡乱华时代，成李氏据四川，以武力压迫云南；宁州刺史李毅、王逊，皆以一介武臣，率数千疲卒，镇守遐荒，内抚蛮夷，外抗成李氏，威惠甚著。王逊卒后，嗣任者非将帅才；晋室衰微，中原多故，中央政府之势力不及于云南，土豪爨氏乘机自为雄长，对于中国南朝，虽称臣纳贡，受其封号，而时叛时服，不受中央政府节制；中国虽屡次用兵，迄未能操必胜之算也。有唐初年，滇西蒙氏勃兴，并吞近旁各小部落，建立南诏王国；乘爨氏内讧，尽取其地；北与唐室，西与吐蕃交通，利用双方武力，使之互相牵掣；又乘安史之乱，中国边备虚弱，进兵侵略四川南部，取剑南节度使属下各羁縻州；其全盛时代领土，北抵四川南部，川边南部，东抵贵州西南部，广西西部及越南北部，为南方大国，与唐室对峙者二百余年，武力之强亚于吐蕃、回纥。复遣皇室及大臣之子弟留学中国，登庸汉族降人整理内政，招徕及虏掠西川匠人大兴工业，文化之隆亚于新罗、日本。唐室亡后，南诏亦衰，长和郑买嗣（九〇二至九二八年）、天兴赵善政（九二八至九二九年）、义宁杨千贞（九二九至九三七年），相继篡立，以暴易暴，不旋踵而灭，国祚之短尚不及后五代。段氏勃兴，段思平以北方汉族苗裔建国于南方，承袭南诏正统，国号大理；崇拜佛教，取持盈保泰主义，不勤远略；传十四世，一百五十八年（九三七至一〇九四年）而中绝，世臣出身之宰相高升泰代立，国号大中，在位二年（一〇九四至一〇九六年）而殂，遗命以国仍还段氏，史称后理；又传八世，一百五十七年（一〇九六至一二五三年），为蒙古世祖忽必烈所灭，封皇五子忽哥赤为云南王，世镇云南，降段氏君主为总管，世镇大理（大理、后理故都即今云南大理县）。有元末年，中原大乱，云南僻在西南，忽哥赤裔孙把匝剌瓦尔密以梁王镇守其地，抚治有威惠，境内粗安。明太祖洪武十四年（一三八一年），以傅友德为征南将军，蓝玉、沐英副之，征云南；大破其兵于白石江（在今云南曲靖县东北），把匝剌瓦尔密自杀，进克大理，擒总管段世，云南平，置云南布政使司、都指挥使司各一，诏友德及玉班师还京，留英以西平侯镇云南。英沉毅寡言笑，好贤礼士，抚卒伍有恩，在滇百务具举，简守令，课农桑，岁较屯田增损以为赏罚，垦田至百万余亩，浚滇池以防水患，通盐井之利以来商旅，辨方物以定贡税，视民数以均力役，疏节阔目，民以便安，于是云南户口日增，文化日进。英卒，子春、晟、昂相继镇守云南，以战功进世爵为黔国公，子孙世袭。沐氏累代多名将，边人畏其威，怀其惠，于是云南乂安，土人多数与汉族同化。有明衰亡，沐氏最后之黔国公天波殉国，清廷以降将平西王吴三桂留镇云南。清圣祖康熙十二年（一六七二年），三桂举兵反，陷云、贵、湖南、四川等省，靖南王耿精忠以福建，平南王尚之信以广东，将军孙延龄以广西，提督王辅臣以陕西，总兵杨嘉来以襄阳应之，中国大乱，骚扰及于浙江、江西、甘肃；朝廷竭全国之力，费八年之光阴，仅得荡平之，始废除武臣世镇之制，由云贵总督及云南巡抚、提督分掌民政、军政，然土司之世袭者自若。

以上所举云南境内诸酋长：庄蹻、郑买嗣、段思平皆汉族，雍闿、孟获、爨氏、蒙氏、赵善政、杨千贞皆土人，云南王忽哥赤、西平侯沐英、平西王吴三桂为中央政府派遣之镇守大臣；计云南有史以来二千余年，由部落制度进为半独立国家，又进为独立国家；其对于中国之关系，初为汉族建设之殖民国家，次为直隶于中央政府之州郡，次为羁縻之属国，最后仍为直隶之州郡；其对于中国分离合并之历史颇似朝鲜、越南，朝鲜、越南夷为外人奴隶，而云南犹为我国同胞，溯厥由来，不能不归功沐氏也。

第二节　贵州之汉化

贵州居苗岭上，为苗族分布地之中心点，古罗施鬼国，汉西南夷牂柯武陵（今湖南西部故常德府）诸傍郡地；自蜀汉时，夷有火济者，从诸葛亮南征孟获有功，封罗甸国王，子孙世袭，历唐及宋，皆以归顺不失爵土。元置八番（今贵州定番县）、顺元（同贵阳县）诸宣慰司以羁縻之。太祖初平陈友谅，兵威振南服，思南（治所在今贵州思南县）宣慰使田仁智，思州（治所在今贵州思县）宣抚使田仁厚率先归附，即以故官授之，命世守其地。洪武五年（一三七二年），火济后裔贵州宣慰使霭翠，同知宋钦及普定（今贵州普定县）女总管适迩等先后来归，皆予以原官，世袭，赋税听自输纳。已而仁智之孙思南宣慰使田宗鼎、仁厚之孙思州宣抚使田琛构怨，相仇杀，朝廷屡禁之，不能止。成祖永乐十一年（一四一三年），命镇远侯顾成率师擒之，送京师。分其地为思南（今贵州故思南府）、镇宁（今贵州故镇宁州）、铜仁（今贵州故铜仁府）、乌罗（治所在今铜仁县西）、思州（今贵州故思州府）、新化（故城在黎平境内）、黎平（今贵州故黎平府）、石阡（今贵州故石阡府）等八府，镇远（今贵州故镇远府）、安顺（今贵州故安顺府）、永宁（今贵州关岭县即故永宁州）、普安（今贵州普安县）等四州，设贵州布政使司，而以长官司七十五分隶焉，贵州为内地自此始。清圣祖康熙三年（一六六四年），霭翠裔水西宣慰使安坤作乱，吴三桂以云贵兵讨平之，分其地为黔西（今贵州黔西县）、平远（今贵州织金县即故平远州）、大定（今贵州故大定府）、威宁（今贵州故威宁州）四府。三藩之乱，清室余威震于殊俗，世宗雍正四年（一七二六年），以鄂尔泰巡抚云南，尔泰奏请改土归流，从之；六年，以鄂尔泰为云贵广西总督，尽罢三省境内诸土司，改为流官，有不服者，以武力镇压之，经营五年，始克成功，于是西南苗民逐渐汉化。

明室虽幅陨褊小，国际关系方面远不如汉唐之阔大；然太祖、成祖两朝外交方针系积极的，对外关系多系主动，非被动；对于外族归化人，大体表示欢迎，与以优待；故外族女子入宫者有之，外族出身之大臣列于朝班者，终有明一代固不乏其人也。兹试列表于下，以供参考：

明室外族女子入宫表　附表二百零九

谥号及姓氏	原籍及父兄	宫中原来位置	所生之子女	何族	根据何书
䃼妃	高聊人	太祖妾	成祖棣	未详	《明诗综》卷四十四《沈玄华》《敬礼南都奉先殿纪事诗》，《曝书亭集》卷四十四《南京太常寺志》
恭献贤妃全氏	朝鲜人，光禄卿永均之女	成祖妾		同	《明史·后妃传一》
孝穆纪太后	广西贺县人，蛮土官女	宪宗女史	孝宗祐樘	同	同
秦王妃	元河南王王保保妹	太祖第二子秦王樉元妃		同	《明史·太祖诸子传》，《摈廓帖木儿传》

续表

谥号及姓氏	原籍及父兄	宫中原来位置	所生之子女	何族	根据何书
高丽妃韩氏	高丽人	太祖妾	含山公主	同	《明史·公主传》

计追尊为太后一人，妃三人，王妃一人，共五人。内中高丽四人，广西土官女一人，蒙古女一人。

附注

朝鲜为汉、满、韩三族混合体，史书不载貀妃、全妃、韩妃籍贯，不敢武断其为何族人。广西土司之民皆非汉人，土官亦有汉人，史书不载纪太后家族，故断难定其为何族人。王保保为元大将察罕帖木儿养子，本其甥也。察罕乃蛮氏，本突厥族，寄籍颍州沈丘。王保保本生父为何如人，史书不载，故保保之父系未详，只知其母系为突厥族耳。秦王妃为保保本生父家之妹，抑养父家之妹？史书不载，故无从断定其为何如人。

明代外族出身人物汉姓名者表

附表二百一十，节录张鸿翔《明外族赐姓考》。

赐姓名	本名	何部人	旧资格及家世	赐姓名年月	官爵	今为何族	根据何书
霍庄	火你赤	蒙古		洪武九年三月癸未	翰林院蒙古编修	蒙	《明太祖实录》一〇五，《日知录集释》二三注《北音火如霍》
李观	观音保	同	元云南右丞	洪武十六年二月庚子	金齿指挥使	同	《明太祖实录》一五二
海荣	那海	同	元右丞相伯卜花之子	洪武中	都指挥同知	同	《明史稿》一四四《毛胜传》
李贤	丑驴	鞑靼	元工部尚书	洪武二十一年	右都督、忠勤伯	同	《明史稿》一四四，《明史》一五六《薛斌传》
薛台		蒙古	元知院	同	燕山右护卫指挥佥事	同	《明太祖宪宗实录》二四二、一四九
朱氏		同	洪武十八年戊辰科状元襄阳任亨泰妻			同	《野获编》三

续表

赐姓名	本名	何部人	旧资格及家世	赐姓名年月	官爵	今为何族	根据何书
吴允诚	拔都帖木儿	同	元平章，驻甘肃塞外塔滩（明史作塔沟）	永乐三年七月	左都督、恭顺伯，驻凉州	同	《明太宗实录》一八七，《明史》一五六《本传》
柴秉诚	伦都儿灰	鞑靼	阿鲁台部下，居甘肃塞外塔滩	同	右军都督佥事，居凉州	同	《明太宗实录》七三，《明史》一五六《吴允诚传》
杨效诚	保住	同	吴允诚部将	同	指挥佥事，居凉州	同	《明史稿》一四四，《明史》一五六《吴允诚传》
柴志诚	满束儿灰	同		永乐四年正月	都指挥同知，居凉州	同	《明太宗实录》五十，《弇山堂别集》一四
柴志敬	伯帖木儿	同		同	指挥使，居宁夏	同	同
柴永谦	祖住不花	同		同	庄浪卫指挥佥事	同	同
杨汝诚	阿儿剌台	同		同	凉州卫都指挥佥事	同	同
杨必敬	脱脱	同		同	指挥佥事，居凉州	同	同
吴克诚	只兰	同		同	同	同	同
吴存敬	朵列干	同		同	凉州卫指挥佥事	同	同
韩以谦	火失谷	同		同	指挥佥事，居庄浪卫	同	同
安汝敬	猛哥	同		同	凉州卫指挥同知	同	同

续表

赐姓名	本名	何部人	旧资格及家世	赐姓名年月	官爵	今为何族	根据何书
安汝坚	达册	同		永乐四年十二月	指挥佥事，居庄浪卫	同	《明太宗实录》六二
柴永正	苦木帖木儿	同		同	陕西都督经佥事	同	《明太宗实录》六二，《弇山堂别集》一四
平以正	把的	同		同	正千户，居庄浪卫	同	同
赵忠美	把秃	同		永乐七年十月	后军都督佥事，留守北京	同	《明太宗实录》九七，《弇山堂别集》一四
宋一诚	伯克帖木儿	同		同	北京右军都督佥事	同	同
张隆善	哈剌你敦	同		同	同	同	同
王懋忠	演只不花	同		同	陕西都指挥佥事	同	同
刘允信	撒儿桃	同		同	同	同	同
吴克忠	答兰	同	允诚子		太子太保、恭顺侯，土木之变，死王事	同	《明史稿》一四四，《明史》一五六《吴允诚传》
薛斌	脱欢	蒙古	薛台子		右军都督同知永顺伯	同	《明太宗实录》二四，《明史》一五六《本传》
薛贵	脱火赤	同	斌弟		中军都督佥事、安顺侯	同	《明宣宗实录》六四，《明史》一五六《薛斌传》

续表

赐姓名	本名	何部人	旧资格及家世	赐姓名年月	官爵	今为何族	根据何书
金忠	也先土干	鞑靼	元太保不花六世孙	永乐八年四月	太保忠勇王	同	《明太宗实录》二六四，《弇山堂别集》，《明宣宗实录》八八二、一四，《明史·本传》
滕	瓒住	蒙古	元知枢密院	洪武中	燕山右卫指挥使	同	《明史稿》一四四，《明史》一五六《吴成传》
滕定		同	滕住子		都督佥事奉化伯	同	同
李诚	哈只	同		宣德二年十一月甲午	锦衣卫指挥使	同	《明宣宗实录》
薛绶	寿童	同	斌子		永顺伯	同	《明史稿》一四四，《明史》一五六《薛斌传》
蒋信	把台	鞑靼	忠勇王金忠甥	宣德二年十一月甲午	都督忠勇伯	同	《明太宗实录》二六四，《弇山堂别集》，《明宣宗实录》三三、一四，《明史》，《明英宗实录》二四三，《金忠传》
蒋善	也儿孛忽	同	信子	天顺元年二月	嗣忠勇伯	同	《明英宗实录》二七五，《明史稿》一四四，《弇山堂别集》一四
白忠	北斗奴	蒙古		天顺元年三月	鞑官都督	同	《明英宗实录》二七六，《弇山堂别集》一四
穆义	阿拉帖木儿	同		同	鞑官	同	同

续表

赐姓名	本名	何部人	旧资格及家世	赐姓名年月	官爵	今为何族	根据何书
丁顺	顶住驴	同		同	同	同	同
李安	季伯家奴	同		同	同	同	同
陈守忠	恰恰	同		天顺元年四月	鞑官都督佥事	同	《明英宗实录》二七七
毛胜	福寿	鞑靼	元右丞相伯卜花孙	永乐间	左都督、副总兵、南宁伯	同	《明英宗实录》二九四，《明史》一五六《本传》
毛济		同	胜之兄	同	羽林卫指挥使	同	同
陈玄	黑汉	同		天顺二年十二月辛巳	金吾左卫带俸都指挥使	同	《明英宗实录》二九八，《弇山堂别集》一四
白毅	伯家驴	同		同	羽林前卫带俸都指挥同知	同	同
姚智	饶五十	同		同	羽林前卫都指佥事	同	同
郭美	歹都	同		同	同	同	同
苗刚	牙失纳	同		同	锦衣带俸都指挥同知	同	同
焦礼		同	通州指挥佥事把思台子		左都督、宁远总兵、东宁伯	同	《明史稿》一四四，《明史》一五六《本传》
王英	开平始	同		成化八年八月	金吾左卫带俸都指挥佥事	同	《明宪宗实录》一〇七
张友	奴儿	同		同	金吾左卫带俸指挥使	同	同

续表

赐姓名	本名	何部人	旧资格及家世	赐姓名年月	官爵	今为何族	根据何书
柏英	脱脱不花	同		同	燕山前卫指挥同知	同	同
崔云	白汉	同		同	城武后卫指挥同知	同	同
白瑜	阿讨剌	同		同	锦衣卫带俸都指挥使	同	同
张永	爱牙思	同		同	锦衣卫指挥使	同	同
马玉	阿力迭儿必失	同		同	同	同	同
王玉	别吉	同		词	锦衣卫指挥佥事	同	同
和勇	脱脱孛罗	同	和宁王阿鲁台孙	天顺元年	左都督、靖安伯	同	《明宪宗实录》一二五，《明史稿》一四四，《明史》一五六《本传》
金顺	阿鲁哥失里	瓦剌		永乐七年	左军都督佥事、顺义伯	同	《明宣宗实录》一〇六，《明史》一五六《吴成传》
王麒	麻子帖木儿	女真	建州松花江人，元开原路达鲁花赤贵子	洪武中	后军都督同知	满	《明太宗实录》二五四
李诚善	阿哈出	同		永乐中	掌毛怜等卫	同	《明英宗实录》三
宋全		同			武骧左卫勇士	同	《殊域周咨录》二四
昌英		回鹘	百户松忽儿之子	永乐十一年	后军都督佥事	回	《明英宗实录》二六六

续表

赐姓名	本名	何部人	旧资格及家世	赐姓名年月	官爵	今为何族	根据何书
杨铭	哈铭	蒙古		英宗时	锦衣卫指挥使	蒙	《殊域周咨录》一七，《正统临戎记》，《正统北狩事迹》，《明史》一六七《袁彬传》
朱虎仙	写亦虎仙	回鹘	哈密回回头目	正德十三年	同	回	《明武世宗实录》一七五、八，《殊域周咨录》一二及一三
朱黑麻	米儿马黑麻	同	虎仙侄婿	同	锦衣卫官	同	《明世宗实录》八，《殊域周咨录》一二
陈澄	黎澄	安南	安南篡臣季犛子	永乐中	工部尚书、世袭锦衣卫指挥使	汉	《殊域周咨录》五，《野获编》一七，《郑开阳杂著》六
邓氏		同	澄弟		尚书	同	《孤树裒谈》三
王瑾	陈芜	同		宣宗时	御马监太监	同	《水东日记》三四
吴成	买驴	未详	辽阳人，元辽阳行省右丞通伯子	洪武二十一年内附	左都督、清平侯		《明宣宗实录》一〇七，《明史》一五六《本传》
火真	火里火真	蒙古			征虏右副将军、同安侯	蒙	《殊域周咨录》一七，《明史·邱福传》
马维良	朵儿只	未详		永乐五年正月己卯	都指挥佥事居陕西		《明太宗实录》六三，《弇山堂别集》一四
柴克恭	铁住	同		同	宁夏都指挥佥事		同

续表

赐姓名	本名	何部人	旧资格及家世	赐姓名年月	官爵	今为何族	根据何书
李显忠	释家奴	满洲	指挥阿哈出子	永乐八年八月	建州卫指挥使	满	《明太宗录实》一〇七，《弇山堂别集》一四
张志义	咎卜	同		同	建州卫指挥佥事	同	同
李从善	阿剌失	同		同	建州卫正千户	同	同
郭以诚	可捏	同		同	同	同	同
安思谦	迷南失加	未详		同	沙州卫副千户		同
王存礼	乃马歹	同		同	同	同	
吴守义	把敦抗	同	海山人	永乐中	右军都督佥事、西和伯		《明宣宗实录》五五，《弇山堂别》一四
高礼	额里孛罗	同		正统九年四月	都督佥事		《明英宗实录》一一五，《弇山堂别集》一四
莫清	那罕赤	同		同	同	同	
吴良	完者帖木儿	同		正统中	指挥		《殊域周咨录》一七，《正统北狩事迹》
马克顺	皮儿马黑麻	同		天顺元年七月	后军左都督，留京师		《明英宗实录》二八
于忠	伯颜达里	同		同	后军都督佥事，居山东	同	
毛忠	哈喇	同	凉州人，千户哈喇歹会孙		左都督甘肃副总兵、伏羌伯		《明宪宗实录》六〇，《明史》一五六《本传》

续表

赐姓名	本名	何部人	旧资格及家世	赐姓名年月	官爵	今为何族	根据何书
戚斌	北斗	同	金山人，金吾卫正千户察罕台子	永乐中	中军都督佥事		《明宪宗实录》一一一
昌英	谨六十	同	山后人，副千户谨只者子	景泰中	都督佥事		《明宪宗实录》一五三
罗秉忠	克罗俄领占	同	沙州卫都督佥事困即来第三子		左都督游击将军、顺义伯		《明英宪宗实录》二九二、《明英宪宗实录》二一〇
李英		西番	西宁卫指挥佥事南哥子		左都督西宁卫指挥、会宁伯	藏	《明史稿》一四四，《明史》一五六《本传》
李荣		未详	山后人，凉州卫指挥使显子		右都督甘肃副总兵		《明宪宗实录》一三六
芮成		同	大同金山人，燕山护卫正千户孛罗子		右都督四川总兵		《明宪宗实录》一五二
鲍政		同	山后人，燕山右卫正千户完者不花孙		都督同知甘肃总兵		《明宪宗实录》一五九
叶春		同		永乐二年	都督佥事		《明宪宗实录》一九五
冯升		番	宁夏人		南京左军都督府同知		《明孝宗实录》八二
张晟		未详	山后金山人，高祖伯颜帖木儿来归，赐姓张	洪武中	都督佥事		《明孝宗实录》一七六
夏贵	曲仑台	同					《弇山堂别集》一四

续表

赐姓名	本名	何部人	旧资格及家世	赐姓名年月	官爵	今为何族	根据何书
脱顺	脱脱孛罗	同					同
和爱	同	同					同
王义	阿的纳	同					同
陆忠	五十六	同					同
田义	丑丑	同					同
王彪	虎三	同					同
朱采	采住儿	同					同
朱静	脱火赤	同					同
朱满	浣即儿	同					同
朱恩	都忽	同					同
朱窥	卜刁罕	同					同
吴克勤		蒙古	恭顺伯允诚弟三子，克忠弟		都督，土木之变死王事		《明史》一五六《吴允诚传》
赉吴瑾		同	恭顺侯克忠子		恭顺侯，曹钦之变死王事		同
李截		西番	会宁伯英子		左军都督佥事		《明史》一五六《李英传》
李文		同	英从子		左都督、高阳伯		同
毛锐		未详	伏羌伯忠孙		湖广总兵伏羌伯		《明史》一五六《毛忠传》
陈友		同	其先西域人，家全椒		右都督宁夏总兵、武平伯		《明史》一六六《方瑛传》

续表

赐姓名	本名	何部人	旧资格及家世	赐姓名年月	官爵	今为何族	根据何书
鲁鉴		蒙古	其先西大同人，祖阿失都巩卜失加，庄浪百夫长		延绥总兵		《明史》一七四本传，《清史稿·土司传》“六平番县条”下
鲁麟		同	鉴子		甘肃左副总兵		同　附《鉴传》
鲁经		同	麟子		陕西总兵		同　同
猛如虎		未详	塞外降人，家榆林		总兵，守南阳拒李自成，死王事		《明史》二六九《本传》
虎大威		同	榆林人，本塞外降卒		总兵，守汝宁，死王事		同
龙在田		同	石屏州土官舍人		副总兵		《明史》二百七十《本传》
满桂		蒙古	幼入中国，家宣府		武经略，拒清兵于永定门外，死王事	蒙	《明史》二七一《本传》
汪直		猺	大藤峡猺种		提督西厂太监		《明史》三〇四《宦官传一·本传》
赵安	脱铁木儿	蒙古	元陕西平章、宣慰使、司都元帅	太祖初年	临洮卫土官指挥同知	蒙	《清史稿·土司传》“六狄道州条”下
何贞南		未详	河州人，元陕西平章、宣慰使、司都元帅	同	河州卫土官指挥		同　“河州条”下

续表

赐姓名	本名	何部人	旧资格及家世	赐姓名年月	官爵	今为何族	根据何书
杨洪传	旺秀	卓泥族番	洮州卫人，土官指挥佥事洞的玄孙	正德间	袭土官指挥佥事	藏	同“洮州厅条”下
韩宝元		撒拉尔回人		洪武三年	世袭管军百户	回	同“循化厅条”下
祁震		蒙古	西宁卫指挥佥事朵尔只失结孙		袭西宁卫指挥佥事	蒙	同“碾伯县条”下
祁秉忠		同	震之后		援剿总兵官，援西平堡战死	同	《清史稿·土司传》六“碾伯县条”下、《明史》二百七十一《罗一贯传》
李南哥		西番	元西宁州同知，会宁伯英之父	洪武初	西宁卫指挥佥事	藏	《清史稿·土司传》六“碾伯县条”下
阿吉		蒙古	小旗失剌子，始冠祁姓		总旗	蒙	同
甘肃		未详	百户帖木录孙，千户大都子，始冠甘姓		袭千户		同
朱荣		同	小旗乩铁木孙，千户金刚保子，始冠朱姓		同		同
冶祥		西域缠头回	所镇无薛也陕舍孙，更姓冶氏		袭所镇抚	同	同
辛庄奴		西宁州土人	小旗朵力乩孙，七十狗子		袭小旗		同

续表

赐姓名	本名	何部人	旧资格及家世	赐姓名年月	官爵	今为何族	根据何书
鲁印昌		蒙古	陕西总兵经曾孙		西宁副总兵，闯贼寇河西，印昌殉国	蒙	同　“平番县条，下
鲁镛		同	延绥总兵鉴同族		总旗	同	同
鲁之鼎		同	同		世袭土指挥副使	同	同
鲁福		同	鉴次子		屡立战功，官未详	同	同
鲁国英		同	元裔		正千户	同	同
鲁三奇		同	同		世袭副千户	同	同

计蒙古、鞑靼七十六人，瓦剌一人，女真、满洲七人，回鹘三人，安南三人，番六人，猺一人，回二人，西宁州土人一人，未详者四十人，共一百四十人。内中有本传者二十人。

明初外族出身人物汉姓外族名者表　附表二百一十一

姓	名	籍贯	今地	何族	今为何族	家世	官爵	何时代出现	根据何书
刘	帖木儿			未详			鸿胪丞	永乐四年	《明史》三二九《西域传》“柳城火州二条”下
赵	党只管卜	岷州卫	甘肃岷县	同			世袭土官百户	洪武间	《清史稿·土司传》六“峨州条”下
昝	南秀节	洮州卫	甘肃临潭县	底古族西番	藏	底古族头目	洮州卫世袭中千户所百户	洪武十一年	同　“洮州厅条”下
昝	卜尔结	同	同	同	同	南秀节子	洮州卫百户	洪武二十年	同

续表

姓	名	籍贯	今地	何族	今为何族	家世	官爵	何时代出现	根据何书
永	鲁札刺肖	同	同	著逊族番	同		土官百户	永乐间	同
祁	贡哥星吉			蒙古	蒙	元裔，初封金紫万户候，龄西土	副千户	洪武元年	同　“西宁县条”下
祁	锁南			同	同	贡哥星吉子	正千户	永乐十年	同
汪	南木哥	西宁州	青海西宁县	未详			金吾左卫指挥佥事	洪武四年	同
赵	朵儿	岷州	甘肃岷县	同		元招藏万户		洪武三年	同　“碾伯县条”下
薛	都尔丁			西域缠头回	回	元甘肃省佥事	小旗	洪武四年	同
薛	也里只			同	同	都尔丁子	所镇抚		同
薛	也陕舍			同	同	也里只子	袭所镇抚		同

计番三人，蒙古二人，回三人，未详者四人，共十二人。

明代外族出身人物非汉姓名者表　附表二百一十二

姓名	字	籍贯	今地	何族	今为何族	家世及出身	官爵	根据何书
答禄与权	道夫			蒙古	蒙	初仕元为河南北道廉访使佥事	御史、翰林修撰	《明史》一二六《崔亮传》
道同		河间	河北河间县	同	同		番禺知县	《明史》一四○本传
招囊猛				未详		云南孟琏长官司土官舍人刁派罗妻		《明史》三○一《列女传·本传》

续表

姓名	字	籍贯	今地	何族	今为何族	家世及出身	官爵	根据何书
桑噶尔塞				蒙古	蒙		辽东总兵祖大寿部下参将	《清史稿·列传》二十一《祖大寿传》
绰思觉				革那族生番	藏		明宣德间，授土官副千户	《清史稿·土司传》六“岷州条”下
洞的		洮州卫	甘肃临潭县	卓泥族番	同		明永乐间，授土官指挥佥事	同　“洮州厅条”下
纳沙密				西番	同		明洪武四年，授总旗	同　“西宁县条”下
吉保				同	同		洪武四年，授百户；二十三年，授锦衣卫前所镇抚	同
朵尔只				同	同	吉保子	袭父职	同
朵尔只失结				蒙古	蒙	元甘肃行省右丞	洪武六年，授西宁卫指挥佥事	同　“碾伯县条”下
失剌				同	同	元甘肃省郎中	洪武初，选充小旗	同
帖木铭		西宁卫	青海西宁县	未详		元百户	洪武四年，授百户	同
乩铁木		同	同	同			洪武四年，充小旗	同
金刚保		同	同	同		乩铁木子	千户	同
朵力乩		西宁州	同	同			洪武四年，充小旗	同
七十狗		同	同	同		朵力乩子	袭小旗	同

续表

姓名	字	籍贯	今地	何族	今为何族	家世及出身	官爵	根据何书
哈喇反		同	同	同			洪武四年，充小旗	同
薛帖里加		同	同	同		哈喇反子	百户	同
喇苦		同	同	同		薛帖里加子	副千户，子孙以喇为氏	同
巩卜失加				蒙古		元裔，平章政事、武定王脱欢子	洪武四年，授百夫长，升百户	同 "平番县条"下
失加				同		巩卜失加子，延绥总兵鲁鉴父	庄浪卫指挥同知	同
把只罕				同		脱欢长子	指挥佥事，赐姓鲁	同

计蒙古八人，番五人，未详者九人，共二十二人。

第八章

汉族第四次蜕化时代　清

第一节　满洲之汉化

清室以满洲民族入主中国，颇有移风易俗之意，顺治初年，下令汉民薙发，易衣冠，概从满洲制；许汉族官民通婚，禁止汉人妇女缠足；又令翰林院庶吉士分别读满汉书，准满洲蒙古八旗子弟以满文应乡会试；又设宗学，选满洲官教习宗人满书，设八旗官学，使八旗子弟入学，学习满汉书；京师设满洲蒙古汉军八旗，每旗各以都统掌之，各省分设驻防旗，以将军、都统、副都统、城守尉或防守尉掌之，以武力镇压各处人民，强制汉族使之同化于满族。然京师八旗及各省驻防旗人与汉族杂居日久，习于汉俗，读汉书，学汉语，饮食起居皆同化于汉族；浸假而满文废弃，浸假而满语沦亡，甚至乡僻小县驻防旗人，为结婚便利起见，妇女亦间有缠足，学汉人装束者。奉天东北部及吉林、黑龙江二省，本满洲民族发祥地，清初，禁止满洲以外人民移殖，而提倡本地土人屯田。初由屯驻于吉林（今吉林县）、伯都讷（今吉林西北部扶馀县）、阿什河（一名阿勒楚喀，即今吉林省阿城县）、宁古塔（今吉林省宁安县）、三姓（今吉林省依兰县）等处旗人着手开垦。圣祖康熙二十五年（一六八六年），与俄国启衅，政府为国防起见，屯田于黑龙江沿岸及齐齐哈尔（今黑龙江省城龙江县）；世宗雍正十三年（一七三五年），移奉天八旗于呼兰河流域屯田，乾隆、嘉庆年间，复移殖中国本部罪人前往开垦，然卒无成效。乾隆中年（一七九〇年），直隶、山东荐饥，贫民无法生活，相率破禁潜往；最初为旗人雇工人，稍有余暇，即从事开垦荒地；移住之民渐多，地利日辟，本地满洲惰民亦往往秘密卖其土地与移住民，于是东三省土地所有权逐渐转移于汉族。山东与东三省南北相对，仅隔渤海一衣带水，交通甚便；其地居黄河下流，其人口密度居全国之冠，而东三省原有之满洲人，清初多数移殖于关内，充各处驻防，故烟户稀疏；山东人对于满洲情形较为熟悉，故移殖者较各省人为多，清政府当局设法极力防止之，然大势所趋，终无效果。已而俄人以西伯利亚为根据地，南下经营满洲，文宗咸丰八年（一八五八年），依《爱珲条约》，割黑龙江北岸与俄，置阿穆尔省；十年（一八六〇年），依《北京条约》，割乌苏里江东岸与俄，隶属东海滨省，东北藩篱全撤，大势渐不能支。政府为对抗俄人计，开放满洲一部分，允许内地汉人移住开垦。德宗光绪十三年（一八八七年），遂允全部开放，十八年（一八九二年），俄国修筑东清铁路，劳动者之需要骤增，食物之需要亦增，开垦之事业亦因而发达，满洲移民骤呈活泼气象，每年由山东移住者数以十万计，东三省全部皆汉化，只有省城驻防营一小部分，犹多少保存满洲旧风而已。

第二节　内蒙古之汉化

内蒙古特别三区，为汉族、蒙族杂居地，汉唐全盛时代皆隶属中国。汉室在现在热河平泉县置右北平郡，河北蓟县置渔阳郡，察哈尔怀来县置上谷郡，山西恒山北平鲁县置雁门郡，绥远和林格尔县置定襄郡，托克托县置云中郡，五原县置五原郡，鄂尔多斯右翼后旗置朔方郡，左翼前旗置西河郡，以监视热河北部之乌桓、鲜卑，并防护绥远境内之匈奴。唐室在现在北平置范阳节度使，热河朝阳县置平卢节度使，山西恒山北大同县置大同节度使，绥远归绥县置振武节度使，五原县置天德军防御使，甘肃灵武县置朔方节度使，以监视热河境内之奚、契丹，并防制绥远边外之突厥、回纥。唐亡以后，热、察二区没于辽，绥远没于夏，终有宋一代不能恢复；辽亡，热、察二区入于金，夏与金相继衰亡，热、察、绥三区入于元；明室勃兴，驱逐元人于漠北，在现在热河平泉县置大宁卫，赤峰县置全宁卫，察哈尔多伦县置开平卫，山西大同县置大同都卫，绥远东胜县置东胜卫，甘肃宁夏县置宁夏卫，以防御外蒙古境内之鞑靼、瓦剌。有明中叶以后，武力浸衰，大宁、全宁、开平东胜诸卫皆放弃或移置，热、察、绥三区复沦入蒙古。清初，相继来降附，朝廷分热河境内之蒙古部落为东四盟，绥远境内之蒙古部落为西二盟，置热河都统、绥远将军以临理之，分察哈尔境内蒙古为东西二翼，置察哈尔都统以管理之，一面提倡喇嘛教以减杀蒙古人之生殖力，一面遮断交通以封闭蒙古人之耳目，定制蒙古人不准延聘内地书吏教习，不准私自开垦，然口内贫民固时常有私往开垦者，热河方面多直隶、京兆人开垦，察哈尔左翼张北、沽源、多伦等县多直隶人开垦，右翼丰镇、兴和、凉城、陶林等县多山西人开垦，绥远方面多山西、陕西人开垦；语言亦各从其乡音，为京兆、直隶、山西、陕西乡音，流行于各区。蒙人与汉人杂居久，知自种之利多，出租之利少，遂由牧畜生活变为耕稼生活，操作一如汉人，惟坚忍耐劳程度略有逊色；语言亦多操汉语，纯熟一如汉人，且往往有不能操蒙语者；大抵汉人足迹之初至河套，约当乾隆之时，至道光、咸丰间而极盛，至光绪末年，贻谷以绥远将军兼垦务大臣，而垦务乃大坏，尽夺民垦之地入官，又以重价租与民，于是蒙人失所有权，汉人失占有权，相率群起反抗贻谷，朝廷派军机大臣鹿传霖往查办之，贻以重贿赂首相庆亲王奕劻，卒得无事。

自有清中叶以后，内蒙古生聚逐渐蕃衍，朝廷于热河境内置张家口（今张北县）、独石口（今沽源县）、多伦诺尔（今多伦县）三厅，隶于直隶，于察哈尔、绥远境内分置十二厅，隶于山西，欲以渐改为郡县制度。民国成立，外蒙古受俄人蛊惑，倡言独立，政府有鉴于此，乃改热、察、绥为特别区域，置都统为其长官，直隶于中央政府，其下分设各县，割直隶之承德一府、围场一厅隶热河，直隶之张家口、独石口、多伦诺尔三厅，山西之丰镇（今县）、宁远（今凉城县）、兴和（今县）、陶林（今县）四厅隶察哈尔，归化、绥远（今归绥县）、萨拉齐（今县）、清水河（今县）、托克托（今县）、和林格尔（今县）、五原（今县）、武川（今县）、东胜（今县）九厅隶绥远，尽改为县，设知事以管理之，与内蒙古诸部杂居，于是内蒙古逐渐汉化。

第三节　新疆之汉化

帕米尔高原以东，为东亚各民族发祥地，汉时名为西域，天山北路属乌孙，天山南路分三十六国，附属于匈奴。汉武帝击破匈奴，收复现在绥远及甘肃北部为中国领土，遣使通好乌孙，妻以公主，招来天山南路诸小国为保护国，置西域都护以统辖之，于是现在新疆全省皆入于汉。汉衰，西域诸小国复分离而独立，两晋南北朝时代，为前凉、后凉、北凉、后魏、柔然、高车、绖哒、突厥所羁縻；唐兴，复恢复之，在现在天山北迪化县置北庭都护府，吐鲁番县置西州都督府，统辖天山北路；天山南库车县置安西都护府，焉耆县置焉耆都督府，最西南之于阗县置于阗都督府，疏勒县置疏勒都督府，统辖天山南路，于是新疆全省复入于唐。唐衰，分隶于吐蕃、回纥；辽室全盛时代，羁縻于辽；辽亡，隶于西辽；西辽亡后，隶于蒙古；蒙古在现在迪化县置别失八里元帅府，绥定县置阿力麻里元帅府以统辖之，于是新疆全省入于元。元衰，复分为若干部落，隶于瓦剌；清初，分为厄鲁特四卫拉（瓦剌之音转）部，曰绰罗斯，牧伊犁；曰都尔伯特，牧额尔齐斯（河名，回语遵胝之谓，言其河水湍溜驶急也。在阿尔泰山之南二百里，科布多之西三百余里，雅尔之东，乌鲁木齐之北各八百余里，后为屯田之所曰土尔扈特，牧雅尔（今天山北塔城县，即塔尔巴哈台）；曰和硕特，牧乌鲁木齐（今迪化县）。圣祖康熙中，绰罗斯酋长噶尔丹篡立，自称准噶尔汗，并吞四卫拉特及南部回疆城郭诸国，东侵喀尔喀土谢图汗部，破土谢图汗及车臣汗、札萨克图汗兵，略据外蒙古。二十九年（西历纪元一六九〇年），复南侵内蒙古，朝廷遣兵拒战于乌兰布通（山名在热河赤峰县东南），大破其兵，噶尔丹遁还。三十四年，复大举入寇，抚远大将军费扬古大破其兵于昭莫多（译言大树林也。在肯特山之南，土腊河之北，汗山之东），噶尔丹走死，其兄子策妄拉布坦据伊犁为根据地，侵略青海、西藏。五十八年，朝廷发大兵两路攻之，复西藏。世宗雍正五年（一七二七年），策妄拉布坦卒，子噶尔丹策零立，狡黠好兵，屡犯边，七年，朝廷发大军两路攻之，不克。高宗乾隆十年（一七四五年），噶尔丹策零卒，子那木札尔立，童昏无行，诸酋长弑之，立其庶兄剌麻达尔札，部将阿睦撒纳复袭杀之而立其同族达瓦齐，国内大乱。二十年（一七五五年），朝廷乘机发兵两路攻灭之，置伊犁将军、乌鲁木齐都统、塔尔巴哈台参赞大臣以统其地，于是现在天山北路及阿尔泰区域入于中国。二十二年，天山南路回教徒首领博罗尼都、霍集占作乱，朝廷发大兵攻灭之，置喀什噶尔（今疏勒县）参赞大臣以统其众，于是天山南路亦入于中国。太平天国之乱，中国内地骚然，回民乘机作乱，陷陕西、甘肃境内要地及新疆全省。朝廷以左宗棠为陕甘总督，率师恢复之。德宗光绪十年（一八八四年），置新疆巡抚，驻乌鲁木齐，统辖全省，裁撤乌鲁木齐都统，缩小伊犁将军行政权，于是新疆全省悉改为郡县制度。其民族约分为六种：

一、缠回　汉代城郭诸国之后，散居新疆全省，而天山南路尤多。男子不蓄辫发，以白布缠首，故俗名之曰缠头。蓄须甚早，衣仅过膝，妇人辫发着长裙，男女皆着皮鞋，奉回教。

二、甘回　为缠回之同化者，多数住天山北路，男女服装略似内地，但男不辫发，女不缠足；语言亦同汉人，奉回教。

三、布鲁特　为汉代休循、捐毒诸国苗裔，散居新疆西南部，奉回教，风俗略同缠回。

四、哈萨克　汉代康居人种，居新疆西北部，奉回教，语言服装近于缠回，而以游牧为业则似蒙古人。

五、蒙古　分额鲁特、土尔扈特、和硕特等族，散居新疆东北部，信喇嘛教，以游牧为业。

六、汉人　内地移居者，各省人皆有。官界以湖南、湖北人为多，商界以天津人为多，尤以天津之杨柳青镇人为多，农界则陕、甘人为多，其他若山西人则经商，四川人大致为农与商，三江人则为官，统计约占新疆全省人数之半。虽皆名为奉佛教，实则两湖、四川人多在哥老会，天津人多在理门。

清初利用汉族降人，翦灭明室，故对于汉人极力联络，宫廷中汉族女子颇多，皇女、宗室女下嫁汉族者亦不少。中叶以后，停止满汉通婚，然汉族编入旗籍者，待遇亚于满洲人，通婚姻固自由，在政界上之位置亦远在普通民籍汉人以上。兹试列表于下，以供参考：

清室汉女入宫表

附表二百一十三，据《清史稿·皇后传》、《皇子传》、《皇子世表》、《公主表》、《外戚表》。

谥姓及尊号	原籍及父兄	所配之帝及	所生之子	女	嗣皇帝即位后所加之尊号	逝去年
恪妃石氏	史部侍郎申女，滦州人	世祖妃				
巴氏		世祖庶妃	妞妞，为世祖长子，二岁殇			
陈氏		世祖庶妃	恭亲王常宁			
唐氏		世祖庶妃	奇授，殇			
钮氏		世祖庶妃	纯亲王隆禧			
杨氏		世祖庶妃		恭悫长公主，下嫁辅政大臣鳌拜从子讷尔杜		
顺懿密太妃王氏		圣祖密嫔	允禑、允禄、允祄			

续表

谥姓及尊号	原籍及父兄	所配之帝及	所生之子	女	嗣皇帝即位后所加之尊号	逝去年
纯裕勤太妃陈氏		圣祖勤嫔	允礼			
襄嫔高氏		圣祖贵人	允祎			
静嫔石氏		圣祖贵人	允祁			
熙嫔陈氏		圣祖贵人	允禧			
穆嫔陈氏		圣祖贵人	允秘			
良妃卫氏		圣祖妃	允禩			
端嫔董氏		圣祖嫔		悫靖公主，下嫁甘肃提督一等阿思哈尼哈番孙思克子承运		
贵人袁氏		圣祖贵人				
贵人陈氏		圣祖贵人	允禐，殇			
张氏		圣祖庶妃		女二，殇		
王氏		同		女一，殇		
刘氏		同		女一，殇		
敦肃皇贵妃年氏	巡抚遐龄女，大将军、一等公羹尧妹	世宗贵妃	福宜、福惠、福沛，皆殇	女一，殇		
纯悫皇贵妃耿氏		世宗裕妃	弘昼		高宗尊为裕皇贵太妃	乾隆四十九年，九十六
齐妃李氏		世宗妃	弘盼，弘昀，皆殇。弘时	怀恪公主，下嫁星德		
谦妃刘氏		世宗谦嫔	弘瞻		高宗尊为皇考谦妃	
懋嫔宋氏		世宗懋嫔		女二，皆殇		

续表

谥姓及尊号	原籍及父兄	所配之帝及原来位置	所生之子	女	嗣皇帝即位后所加之尊号	逝去年
孝仪纯皇后魏佳氏	内管领清泰女，汉军包衣旗，抬入满洲	高宗令皇贵妃	永璐，殇。仁宗，永璘，其一殇	和静公主，下嫁超勇亲王策棱孙拉旺多尔济。和恪公主，下嫁一等武毅谋勇公兆惠子扎兰泰		
庆恭皇贵妃陆氏		高宗庆贵妃				
婉贵太妃陈氏		高宗婉妃				
贵人柏氏		高宗常在				
惇妃汪氏		高宗惇妃		和孝公主，下嫁和珅子丰绅殷德		
和裕皇贵妃刘佳氏		仁宗诚贵妃	子一，殇	庄静公主，下嫁科尔沁郡王索特纳木多尔济		
简嫔关佳氏		仁宗格格		女一，殇		
逊嫔沈佳氏		仁宗格格		女一，殇		
信妃刘佳氏		仁宗贵人				
荣嫔梁氏		仁宗贵人				
豫妃尚佳氏		宣宗答应				
贵人李氏		同				
玫氏贵妃徐佳氏		文宗玫嫔	子一，殇			

计追册为皇后者一人，皇贵妃四人，贵妃一人，尊为贵太妃者一人，尊为太妃者二人，妃七人，嫔九人，贵人四人，无位号者八人，共三十七人。

凡例

一、清室自康熙以后，典制大备，宫中自皇后以下，设皇贵妃一，贵妃二，妃四，嫔六，贵人、常在、答应无定数。皇后居中宫，皇贵妃以下分居东西十二宫（据《清史稿·列传》一《后妃传序》）。皇贵妃为皇后之副，位最尊，皇后缺位时，皇贵妃摄六宫事（据《东华录》乾隆朝惯例）。

二、 凡称庶妃者，皆无位之妾。

三、 凡称格格者，皆皇子在藩邸时之妾。

四、 汉族入宫者，例于姓下加佳字，为家字之转讹。

据《皇朝通志》卷二《氏族略二》满洲八旗姓中有马佳氏，佟佳氏，同卷三《氏族略三》满洲八旗姓中有戴佳氏，兆佳氏，李佳氏，黄佳氏，章佳氏，嵩佳氏，性佳氏，索佳氏，齐佳氏，苏佳氏，卷四《氏族略四》满洲八旗姓中有栋佳氏，郭尔佳氏，杨佳氏，洪佳氏，盟佳氏，组佳氏，蔡佳氏，留佳氏，武佳氏，郭佳氏，珠佳氏，罗佳氏，高佳氏，孙佳氏，尼佳氏，培佳氏，盛佳氏，傅佳氏，赫佳氏，觉佳氏，都佳氏，虞佳氏，金佳氏，卷五《氏族略五》满洲八旗姓中有音佳氏，图佳氏，墨佳氏，拜佳氏，甘佳氏，敖佳氏，嘉佳氏，宗佳氏，姜佳氏，陈佳氏，安佳氏，田佳氏，林佳氏，秋佳氏，屈佳氏，普佳氏，蒋佳氏，庞佳氏，费佳氏，雅佳氏，飘佳氏，杭佳氏，范佳氏，申佳氏，良佳氏，舒佳氏，陶佳氏，郑佳氏，梅佳氏，瑚佳氏，保佳氏，方佳氏，全佳氏，莽佳氏，丰佳氏，崔佳氏，穆佳氏，耀佳氏，边佳氏，成佳氏，宁佳氏，官佳氏，持佳氏，石佳氏，郎佳氏，仁佳氏，唐佳氏，卷六《氏族略六》蒙古八旗姓中有海佳氏，兆佳氏，翰佳氏，猷佳氏，常佳氏，操佳氏，乌佳氏，侯佳氏，卷七《氏族略七》附载满洲八旗姓中有仓佳氏，商佳氏，大佳氏，皆非汉姓。六宫中凡有此类姓者一概不列入。

五、朝鲜姓多与汉姓同，凡六宫妃嫔非有确实证据证明其非汉人者，一律假定为汉族。

清室公主下嫁汉族表　附表二百一十四，据《清史稿·公主表》。

何帝之女	封号	生年	卒年	享寿	下嫁
太宗第十四女	和硕恪纯长公主	崇德六年	康熙四十三年	六十三岁	顺治十年下嫁平西王吴三桂子应熊
世祖抚兄承泽亲王硕塞第二女	和硕公主	顺治五年	康熙三十年	四十四岁	顺治十七年下嫁平南王尚可喜子之隆
世祖抚从兄安郡王岳乐第二女	和硕柔嘉公主	顺治九年	康熙十二年	二十二岁	康熙二年下嫁靖南王耿继茂子聚忠
圣祖第十四女	和硕悫靖公主	康熙二十八年	乾隆元年	四十八岁	康熙四十五年下嫁甘肃提督孙思克子承运

计皇女二人，养女二人，共四人。

清室宗女下嫁汉族表 附表二百一十五，据《清史稿》各《本传》。

一、佟养性，辽东人，家于抚顺。天命改元，养性来归，太祖妻以宗女，号施吾理额驸。授三等副将，后为汉军都统，封二等子。

二、李永芳，辽东铁岭人，在明官抚顺游击。天命三年，太祖攻抚顺，永芳降，授三等副将。以上第七子贝勒阿巴泰女妻之，进三等总兵官，袭三等子。

三、李率泰，永芳子，初名延龄，太祖赐名率泰；年十六，以宗室女妻之。后仕至福建总督，封一等男。

四、耿精忠，靖南王继茂长子。顺治十一年，入侍，授一等子，以肃亲王豪格女妻之，封和硕额驸。

五、耿昭忠，继茂次子。顺治间，入侍，授一等子，以贝子苏布图女妻之，进秩视和硕额驸，加太子太保。

计亲王女二人，贝子女一人，宗室女二人，共五人。

清代杂婚表 附表二百一十六

夫名	略历	原籍	今地	何族	妇名	略历	原籍	何族	根据何书
张文衡	甘肃巡抚	辽东开平卫	河北滦县东北	汉	未详	大臣雅希禅女		满?	《清史稿·列传》二十四《孟乔芳传》
完颜廷璐	泰安知府	满洲镶黄族		满	恽珠		阳湖人，字珍浦，寿平裔	汉	《清史稿·列女传一·廷璐妻恽本传》

清代汉人编入旗籍者表 附表二百一十七

姓名	字	籍贯	今地	出身	编入何旗	官爵	根据何书
李永芳		辽东铁岭	辽宁铁岭县	明抚顺所游击	汉军正蓝旗	尚太祖子阿巴泰女，授三等总兵官	《清史稿·列传》一八《本传》
马光远		顺天大兴	河北大兴县	明建昌参将	汉军镶黄旗	正黄、镶黄二旗汉军都统、一等子	同

续表

姓名	字	籍贯	今地	出身	编入何旗	官爵	根据何书
马光辉		同	同	明武举，光远弟	同	直隶山东河南总督、三等男	同　附《光远传》
李思忠	葵阳	铁岭	辽宁铁岭县	父如梃，明辽东总兵成梁族子	汉军正黄旗	陕西提督、一等男	同
李荫祖		同	同	思忠次子	同	湖广总督	同　附《思忠传》
李胜		同	同	荫祖子	同	安徽巡抚	同　同
金玉和		辽东	辽宁	明开原千总	同	副都统、二等男	同
金维城		同	同	玉和子	同	正白旗汉军副都统兼兵部侍郎、一等轻车都尉	同　附《玉和传》
孙得功				广宁巡抚王化贞中军游击	汉军正白旗	三等梅勒章京	同　同
张士彦				同	汉军正蓝旗	三等甲喇章京	同　同
张朝璘				士彦子	同	江西福建总督	同　同
金砺		辽东	辽宁	明武进士，镇武堡都司	汉军镶红旗	陕西四川总督	同　同
范文程	宪斗	沈阳	辽宁沈阳县	明县学生，宋高平公纯仁十七世孙	汉军镶黄旗	太傅、内秘书院大学士、一等子	《清史稿·列传》九《本传》

续表

姓名	字	籍贯	今地	出身	编入何旗	官爵	根据何书
范承勋	苏公	同	同	文程第三子	同	江南江西总督、兵部尚书	同 附《文程传》
范时绎		同	同	承勋子	同	两江总督、户部尚书	同 同
范时捷		同	同	文程孙，承勋弟承斌子	同	陕西巡抚、直隶提督袭、一等子	同 同
宁完我	公甫	辽阳	辽宁辽阳县		汉军正红旗	内国史院大学士	同
鲍承先		山西应州	山西应县	明副将	同	内秘书院大学士	同
耿昭忠		辽东	辽宁	靖南王继茂次子	汉军正黄旗	尚贝子苏布图女，为多罗额驸	《清史稿·列传》二一《耿仲明传》
耿聚忠		同	同	继茂第五子	同	尚柔嘉公主，为和硕额驸	同
沈志祥		同	同	明副将	汉军正白旗	续顺公	《清史稿·列传》二一《本传》
沈永忠		同	同	志祥兄子	同	袭续顺公	同 附《志祥传》

续表

姓名	字	籍贯	今地	出身	编入何旗	官爵	根据何书
沈瑞		同	同	永忠子	同	同	同　同
祖大寿	复宇	同	同	明辽东前锋总兵	汉军正黄旗	总兵	同
祖泽润		同	同	大寿从子，抚以为子	同	汉军正黄旗都统、一等子	同　附《大寿传》
祖泽溥		同	同	大寿子	同	福建总督	同　同
祖泽洪		同	同	泽溥弟	汉军镶黄旗	吏部侍郎、内弘文院学士、一等子	同　同
祖良璧		同	同	泽洪子	同	福建总督、一等男	同　同
祖可法		同	同	大寿养子	汉军正黄旗	湖广总兵、驻武昌	同　同
祖泽远		同	同	大寿从子	同	湖广总督、一等轻车都尉	同　同
李国翰		清河	辽宁新宾县西南	父继学来归，授三等副将	汉军镶蓝旗	定西将军、三等侯	《清史稿·列传》二三《本传》
夏成德		广宁	辽宁北镇县	明副将，以松山来降	汉军正白旗	三等昂邦早京	《清史稿·列传》二四《洪承畴传》
孟乔芳	心梦	直隶永平	河北卢龙县	明宁夏总兵国用子，仕明为副将	汉军镶红旗	川陕总督、三等男	《清史稿·列传》二四《本传》
张文衡		辽东开平卫	河北滦县东北	明诸生	汉军镶黄旗	甘肃巡抚	同　附《孟乔芳传》
张存仁		辽阳	辽宁辽阳县	明宁远副将	汉军镶蓝旗	直隶山东河南总督、一等子	同

续表

姓名	字	籍贯	今地	出身	编入何旗	官爵	根据何书
蒋赫德		遵化	河北遵化县	明诸生	汉军镶白旗	国史院大学士	《清史稿·列传》二五《本传》
李栖凤	瑞梧	广宁	辽宁北镇县	明诸生，本贯陕西，父维新，明四川总兵	汉军镶红旗	两广总督	《清史稿·列传》二六《本传》
马鸣佩	润甫	辽阳	辽宁辽阳县	明诸生，本贯山东蓬莱。先世为辽东副将	同	江南江西总督、三等轻车都尉	同 附《李栖凤传》
李栖凰		广宁	辽宁北镇县	栖凤弟	同	漕运总督	同 同
李栖鸣		同	同	同	同	广东提督	同 同
李镇鼎		同	同	栖凤子	同	同	同 同
马国柱		同	同	明诸生	汉军正白旗	江南江西河南总督	同
罗绣锦		同	同	同	汉军镶蓝旗	湖广总督	同 附《国柱传》
雷兴		辽东	辽宁	同	汉军正黄旗	陕西巡抚	同 同
王来用					汉军镶蓝旗	顺天巡抚	同 同
祝世昌		辽阳	辽宁辽阳县	明镇江城游击	汉军镶红旗	山西巡抚	同
李国英		辽东	辽宁	明左良玉部下总兵	汉军正红旗	四川总督、一等男	《清史稿·列传》二七《本传》
刘武元	镇藩	同	同	明祖大寿部下游击	汉军镶红旗	南赣巡抚、二等男	同
申朝纪		同	同		汉军镶蓝旗	宣大山西总督	同
朱延庆					汉军镶黄旗	江西巡抚	同 附《申朝纪传》

续表

姓名	字	籍贯	今地	出身	编入何旗	官爵	根据何书
马之先		金州卫	辽宁金县	明诸生	汉军镶蓝旗	川陕总督	同　同
刘宏遇		辽东	辽宁	明诸生，祖大寿幕客	汉军镶蓝旗	山西巡抚	同　同
于时跃		广宁	辽宁北镇县	明诸生	汉军正白旗	广西总督	同
苏宏祖		辽阳	辽宁辽阳县	同	汉军正红旗	南赣巡抚	同　附《于时跃传》
吴景道		辽东广宁	辽宁北镇县		汉军正黄旗	河南巡抚	同
李日芃		辽阳	辽宁辽阳县	明诸生	汉军正蓝旗	操江巡抚	同　附《吴景道传》
刘清泰		同	同	同	汉军正红旗	河南总督	同
秦世祯		广宁	辽宁北镇县		汉军正蓝旗	浙江巡抚	同　附《刘清泰传》
陈锦	文章	锦州	辽宁锦县	明大凌河都司	同	浙江福建总督	同
刘之源					汉军镶黄旗	本旗都统、镇海将军、三等子	《清史稿·列传》三〇《本传》
吴守进		辽阳	辽宁辽阳县		汉军正红旗	本旗都统、定西将军、一等轻车都尉	同　附《刘之源传》
张大猷		同	同	明广宁千总	汉军镶黄旗	江南提督、三等子	同　附《巴山传》
刘芳名	孝五	宁夏	宁夏灵武县	明柳沟总兵	汉军正白旗	定西将军、二等轻车都尉	同

续表

姓名	字	籍贯	今地	出身	编入何旗	官爵	根据何书
胡有陞		锦州	辽宁锦县		汉军镶黄旗	南赣总兵、一等子	同
杨名高		辽东	辽宁		同	福建漳州提督、二等轻车都尉	同
刘光弼		辽阳	辽宁辽阳县		汉军镶蓝旗	江西提督、一等轻车都尉	同　附《杨名高传》
刘仲锦		辽阳东宁卫	辽宁辽阳县		汉军正蓝旗	福建右路总兵	同　同
许定国		河南太康	河南太康县	明援剿河南总兵官	汉军镶白旗	一等子	《清史稿·列传》三五《阿本传》
刘良佐		直隶	河北	明总兵	汉军镶黄旗	直隶提督、二等子	同　附《许定国传》
左梦庚		山东临清	山东临清县	明宁南侯良玉子，充平贼将军	汉军正黄旗	本旗都统、一等子	同
郝效忠		辽东	辽宁	梦庚部将	汉军正白旗	湖南右路总兵、三等轻车都尉	同　附《左梦庚传》
卢光祖		辽东海州	辽宁海州	同	汉军镶蓝旗	川北总兵、一等轻车都尉	同　同
田雄		直隶宣化	察哈尔宣化县	明总兵	汉军镶黄旗	浙江提督二等侯	同
马得功		辽东	辽宁	同	同	福建提督、一等侯	同　附《田雄传》
张天禄		陕西榆林	陕西榆林县	同	同	江南提督、三等子	同
张天福		同	同	天禄弟	同	本旗都统、一等男	同　附《天禄传》

续表

姓名	字	籍贯	今地	出身	编入何旗	官爵	根据何书
孙可望		陕西延长	陕西延长县	流寇张献忠养子，明秦王	汉军正白旗	义王	同
白文选		陕西吴堡	陕西吴堡县	献忠党，明巩昌王	同	三等承恩公	同　附《可望传》
甘文焜	炳如	沈阳	辽宁沈阳县	其先丰城人	汉军正蓝旗	云贵总督	《清史稿·列传》三九《本传》
甘国璧		同	同	文焜子	同	云南巡抚	同　附《文焜传》
范承谟	觐公			大学士文程次子	汉军镶黄旗	福建总督	同
范时崇	自牧			承谟子	同	福建浙江总督	同　附《承谟传》
马雄镇	锡蕃			江南江西总督鸣佩子	汉军镶红旗	广西巡抚	同
马世济				雄镇子	同	漕运总督	同　附《雄镇传》
王之鼎	公定			父世选，明参将，降清授三等子	汉军正红旗	四川提督、一等子	《清史稿·列传》四〇《本传》
费雅达					汉军正白旗	汉中总兵	同　附《王之鼎传》
李兴元	若始				汉军镶黄旗	云南按察使	同
陈启泰	大来				汉军镶红旗	福建巡海道	同
吴万福				明守备	同	福宁总兵、二等轻车都尉	同　附《陈启泰传》
孙思克	荩臣			得功次子	汉军正白旗	甘肃提督、一等男	《清史稿·列传》四二《本传》

续表

姓名	字	籍贯	今地	出身	编入何旗	官爵	根据何书
蔡毓荣	仁庵	锦州	辽宁锦县	江西巡抚士英次子	同	四川湖广总督、绥远将军	《清史稿·列传》四三《本传》
董卫国					同	江西总督	同
周有德	彝初				汉军镶红旗	云贵总督	同
张德地					汉军镶蓝旗	四川巡抚	同　附《周有德传》
赵国祚				父一鹤，三等甲喇章京	汉军镶红旗	江西提督、浙江总督	《清史稿·列传》四四《本传》
徐治都				父大贵，刑部侍郎	汉军正白旗	湖广提督	同
赵赖				父梦彩，二等阿达哈哈番	汉军正蓝旗	本旗都统	同　附《赵应奎传》
吴兴祚	伯成	浙江山阴	浙江绍兴县	父执忠，礼亲王代善幕客	汉军正红旗	福建巡抚、两广总督	《清史稿·列传》四七《本传》
施琅	琢公	福建晋江	福建晋江县	明总兵	汉军镶黄旗	福建水师提督、靖海侯	同
段应举				父思信，明广宁千总	汉军镶蓝旗	福建提督	《清史稿·列传》四八《穆赫林传》
李率泰	寿畴			永芳子	汉军正蓝旗	福建总督、一等男	《清史稿·列传》六《本传》
赵廷臣	君邻				汉军镶黄旗	浙江总督	同
郎廷佐	一柱	广宁	辽宁北镇县	父熙载，明诸生	同	江南江西总督	同

续表

姓名	字	籍贯	今地	出身	编入何旗	官爵	根据何书
郎廷相	钧衡	同	同	廷佐弟	同	福建总督	同　附《廷佐传》
郭世隆	昌伯	汾州	山西汾阳县	父洪臣，湖广道州总兵	汉军镶红旗	刑部尚书	《清史稿·列传》六二《本传》
施世纶	文贤			靖海侯琅仲子	汉军镶黄旗	漕运总督	《清史稿·列传》六四《本传》
杨方兴	浡之	广宁	辽宁北镇县	明诸生	汉军镶白旗	河道总督	《清史稿·列传》六六《本传》
靳辅	紫垣				汉军镶黄旗	同	同
于成龙	振甲				同	同	同
施世骠	文秉			靖海侯琅第六子	同	福建水师提督	《清史稿·列传》七一《本传》
王国栋	左吾				汉军镶红旗	湖南巡抚	《清史稿·列传》七八《本传》
高其倬	章之			父荫爵，口北道	汉军镶黄旗	两江总督	《清史稿·列传》七九《本传》
杨宗仁	天爵				汉军正白旗	湖广总督	同
蔡珽	若璞			绥远将军毓荣子	同	吏部尚书	《清史稿·列传》八〇《本传》
田文镜					汉军正黄旗	河南山东总督	《清史稿·列传》八一《本传》
年羹尧	亮工			湖北巡抚遐龄子，工部侍郎希尧弟	汉军镶黄旗	太保、抚远大将军、一等公	《清史稿·列传》八二《本传》

续表

姓名	字	籍贯	今地	出身	编入何旗	官爵	根据何书
张庆泗					汉军镶红旗	七省经略	《清史稿·列传》八四《本传》
白钟山	毓秀				汉军正蓝旗	河东河道总督	《清史稿·列传》九七《本传》
英廉	计六			冯氏	内务府汉军镶黄旗	大学士领户部	《清史稿·列传》一〇七《本传》
黄廷桂	丹崖			父秉中，官福建巡抚	汉军镶红旗	大学士、陕甘总督、三等忠勤伯	《清史稿·列传》一一〇《本传》
禓廷璋	奉峨			世袭佐领	汉军镶黄旗	大学士、闽浙总督	同
李侍尧	钦斋			二等伯永芳四世孙	同	大学士、两广总督、袭二等昭信伯	同
李宏	济夫				汉军正蓝旗	河东河道总督	《清史稿·列传》一一二《本传》
李奉翰				宏子	同	两江总督兼江南河道总督	同　附《宏传》
杨应琚	佩之			广东巡抚文乾子	汉军正白旗	大学士、云贵总督	《清史稿·列传》一一四《本传》
杨重英				应琚子	同	江苏按察使	同　附《应琚传》
郭世勋					汉军正红旗	广东巡抚	《清史稿·列传》一一九《本传》

续表

姓名	字	籍贯	今地	出身	编入何旗	官爵	根据何书
尚维升					汉军镶蓝旗	广西右江镇总兵	《清史稿·列传》二一《许世亨传》
卢焯	光植				汉军镶黄旗	湖北巡抚	《清史稿·列传》一二四《本传》
郝硕				两江总督玉麟子	同	江西巡抚	《清史稿·列传》一二六《国泰传》
百龄	菊滨			张氏	汉军正黄旗	两江总督	《清史稿·列传》一三〇《本传》
庆成				孙氏，振武将军思克曾孙	汉军正白旗	福州将军	《清史稿·列传》一三三《本传》
蒋攸铦	砺堂	宝坻	河北宝坻县	先世由浙江迁辽东，从入关居宝坻	汉军镶红旗	大学士、军机大臣、两江总督	《清史稿·列传》一五三《本传》
官文	秀峰			王佳氏，先隶内务府正白旗汉军	满洲正白旗	大学士、湖广总督、一等果威伯	《清史稿·列传》一七五《本传》
蒋文庆	蔚亭				汉军正白旗	安徽巡抚	《清史稿·列传》一八二《本传》
双来				徐氏	同	肃州镇总兵、骑都尉	《清史稿·列传》一八九《本传》
何建鳌					汉军镶红旗	中营副将、骑都尉	《清史稿·列传》一九一《僧格林沁传》

续表

姓名	字	籍贯	今地	出身	编入何旗	官爵	根据何书
崇礼	受之			姜氏	内务府汉军正白旗	大学士	《清史稿·列传》二二七《本传》
杨儒	子通				汉军正红旗	出使俄奥和大臣	《清史稿·列传》二三三《本传》
边宝泉	润民				汉军镶红旗	浙闽总督	《清史稿·列传》二三五《本传》
铁珊	绍裴			徐氏	汉军正白旗	河陕汝道	《清史稿·列传》二三八《本传》
永山				袁氏，吉林将军富明阿子	同	侍卫	《清史稿·列传》二四七《本传》
徐桐	荫轩			尚书泽醇子	汉军正蓝旗	大学士、上书房总师傅	《清史稿·列传》二五二《本传》
徐承煜	楠士			桐子	同	刑部左侍郎	同　附《桐传》
英年	菊侪			何氏	内务府汉军正白旗	左翼总兵、工部右侍郎、左都御史	同
毓贤	佐臣				内务府汉军正黄旗	山西巡抚	同
寿山	眉峰	黑龙江驻防	黑龙江省城	袁氏，永山兄	汉军正白旗	黑龙江将军	《清史稿·列传》二五四《本传》
凤翔	集庭	吉林驻防	吉林省城		汉军镶黄旗	爱珲副都统	同
延茂				杜氏	内务府汉军正白旗	吉林江将军	《清史稿·列传》二五五《本传》

续表

姓名	字	籍贯	今地	出身	编入何旗	官爵	根据何书
凤山	禹门			刘氏	汉军镶白旗	广州将军	《清史稿·列传》二五六《本传》
赵尔丰	季和				汉军正蓝旗	四川总督	同
孙延龄				二等男龙子，定南王孔有德女婿	汉军正红旗	广西将军	《清史稿·列传》二六一《吴三桂传》
白登明	林九	奉天盖平	辽宁盖平县		汉军镶白旗	江南太仓知州	《清史稿·循吏传一·本传》
于宗尧	二巍			广西总督时曜子	汉军正白旗	常熟知县	同　附《白登明传》
董廷元					同	宽甸守备	《清史稿·忠义传一·本传》
常鼎					汉军镶红旗	副将	同
许友信				明降将左梦庚部将	汉军镶白旗	潮州副总兵	同
朱国治					汉军正黄旗	云南巡抚	《清史稿·忠义传二·本传》
杨应鹗					汉军镶黄旗	贵阳府同知	同
高天爵	君宠				同	江西建昌府知府	同
柯永升					汉军镶红旗	湖广巡抚	同
宋如椿					同	湖南乾州厅同知	《清史稿·忠义传三·本传》
徐荣	铁生	广州驻防	广州省城		汉军正黄旗	督办徽州防务	《清史稿·忠义传四·本传》

续表

姓名	字	籍贯	今地	出身	编入何旗	官爵	根据何书
瑞麟				白氏	汉军镶白旗	广西西隆州知州	《清史稿·忠义传五·本传》
文颖	鲁斋			赵氏	汉军正蓝旗	山东阳谷县知县	同
文丰				董氏	内务府汉军正黄旗	管理圆明园事务，总管内务府大臣	《清史稿·忠义传八·本传》
世增				祖氏，大寿后	汉军正白旗	云南布政使	《清史稿·忠义传十·本传》
白如镜	显斋				汉军镶黄旗	潮州左营游击	同
玉润					汉军镶红旗	甘肃秦州营游击	同
李中德					汉军旗		《清史稿·孝义传二·本传》
吕联珠	星五			隶盛京内务府，居瓦子峪村	汉军正黄旗	举于乡，授笔帖式，补催长	《清史稿·孝义传三·本传》
高其佩	韦之	奉天辽阳	辽宁辽阳县		汉军旗	户部侍郎，善画，尤善指画	《清史稿·艺术传三·本传》
朱沧翰	涵斋			明裔，高其佩甥	同	都统，善画	同　附《高其佩传》
刘源	伴阮	河南祥符	河南祥符县		同	刑部主事，监芜湖九江关，善画	《清史稿·艺术传四·本传》
唐英	俊公				同	内务府员外郎，监江西景德镇窑	同
蔡琬	季玉			绥远将军毓荣女，总督高其倬妻	汉军正白旗	能诗，工文翰，达政体	《清史稿·列女传一·本传》

续表

姓名	字	籍贯	今地	出身	编入何旗	官	爵	根据何书
蔺氏				季斌敏聘妻	汉军正蓝旗			《清史稿·列女传二·本传》

共一百七十八人，其原籍隶于现在辽宁者六十六人，吉林、黑龙江各一人，察哈尔一人，河北六人，河南二人，山东一人，山西二人，陕西四人，宁夏一人，浙江、福建、广东各一人，不载原籍者九十人，皆编人汉军旗。惟官文一人台人满洲旗。内中有本传者一百一十三人，附见于他人传者六十五人。

清室初起兵时，内蒙古首先归附，清室利用其武力与明抵抗，中叶以后，准噶尔猖獗，清廷利用外蒙古赛因诺颜部之武力击退之，故极力优待蒙古，买其欢心；宫廷中之后妃蒙古人出身者甚多，公主、郡主亦多下嫁于蒙古人者。内蒙古之科尔沁、外蒙古之赛音诺颜，代代与皇室联姻，其各部王、公、台吉入总宿卫，出握兵符者为数不少，故有清皇室实爱新觉罗氏与博尔济吉特氏之合组体。不过清廷组织，皇室国戚不与政柄，其在政治上所占之位置与在历史上所负之功过远逊于辽室之三耶律二审密氏耳。兹试列表于下，以供参考：

清室蒙古女子入宫表　附表二百一十八

谥号及姓氏	原籍及父兄	宫中原来位置	所生子女	逝去或被废年月	根据何书
寿康太妃博尔济吉特氏	科尔沁郡王孔果尔女	太祖妃		康熙四年薨	《清史稿·后妃传》
孝端文皇后博尔济吉特氏	科尔沁贝勒莽古思女	太宗后	女三，下嫁额哲、奇塔特、巴雅斯护朗	顺治六年四月崩	同
孝庄文皇后博尔济吉特氏	科尔沁贝勒塞桑女，孝端文皇后侄	太宗庄妃	子一，世祖；女三，下嫁弼尔塔哈尔、色布腾、铿吉尔格	康熙二十六年十二月崩	同

续表

谥号及姓氏	原籍及父兄	宫中原来位置	所生子女	逝去或被废年月	根据何书
敏惠恭和元妃博尔济吉特氏	孝庄文皇后姊	太宗宸妃		崇德六年九月薨	同
懿靖大贵妃博尔济吉特氏	阿霸垓郡王额音格诺颜女	太宗贵妃	子一，博穆博果尔；女一，下嫁葛尔玛索诺木	康熙十三年薨	同
康惠淑妃博尔济吉特氏	阿霸垓塔布囊博第塞楚祜尔女	太宗淑妃			同　附康惠淑妃条下
侧妃扎鲁特博尔济吉特氏		太宗侧妃	女二，下嫁夸札、哈尚		同　同
庶妃奇垒氏	察哈尔部人	太宗庶妃	女一，下嫁吴应熊		同
废后博尔济吉特氏	科尔沁卓礼克图亲王吴克善女，孝庄文皇后侄	世祖皇后		顺治十年八月废	
孝惠章皇后博尔济吉特氏	科尔沁贝勒绰尔济女	世祖继后		康熙五十六年十一月崩	同
淑惠妃博尔济吉特氏	孝惠皇后妹	世祖妃		康熙五十二年十月薨	同
恭靖妃博尔济吉特氏	浩齐特部人	同			同　附淑惠妃条下
端顺妃博尔济吉特氏	阿霸垓部人	同			同　同
孝静成皇后博尔济吉特氏	刑部员外郎花良阿女	宣宗皇贵妃	子三，奕纲，奕继，奕䜣；女一，下嫁景寿	咸丰五年七月崩	同

续表

谥号及姓氏	原籍及父兄	宫中原来位置	所生子女	逝去或被废年月	根据何书
孝哲毅皇后阿鲁特氏	户部尚书崇绮女	穆宗皇后		光绪元年二月崩	《清史稿·后妃传》、《清史稿·列传》二五五《崇绮传》

计皇后四人，皇贵妃一人，贵妃一人，妃七人，侧妃、庶妃各一人，共十五人。

清室公主下嫁蒙古人表　附表二百一十九

父	母	名	封号	下嫁何人	额驸略历	根据何书
太祖第三女	继妃富察氏	莽古济		琐木诺杜棱	博尔济吉特氏，蒙古敖汉部长，赐号济农	《清史稿·公主表》
太祖第八女	侧妃叶赫纳喇氏		和硕公主	固尔布什	同　元裔，喀尔喀台吉。授兵部右参政，封一等子	同　《恩格德尔传》
太祖抚弟舒尔哈齐第四女			同	恩格德尔	同　都统、三等男	同　同
太宗第一女	继妃乌喇纳喇氏		固伦公主	班第	同　敖汉部台吉，琐木诺杜棱弟子，进敖汉郡王	同
太宗第二女	孝端文皇后	马喀塔	温庄长公主	额哲	同　察哈尔林丹汗子，封察哈尔亲王	同
太宗第二女	同		靖端长公主	奇塔特	同　孝庄文皇后兄子，封科尔沁郡王	同
太宗第四女	孝庄文皇后	雅图	雍穆长公主	弼尔塔哈尔	同　同　袭封亲王	同
太宗第五女	同	阿图	淑慧长公主	色布腾	同　封巴林郡王	同
太宗第七女	同		淑哲公主	铿吉尔格	同　内大臣鄂齐尔桑子	同

续表

父	母	名	封号	下嫁何人	额驸略历	根据何书
太宗第八女	孝端文皇后		永安长公主	巴雅斯护朗	同　土谢图亲王巴达礼子，袭封亲王	同
太宗第九女	侧妃札鲁特博尔济吉特氏			哈尚	同	同
太宗第十一女	贵妃阿霸垓博尔济吉特氏		固伦长公主	噶尔玛索诺木	同　阿霸垓部人，封一等子	同
太宗第十二女	未详		卿君品级	班第	同　理藩院尚书	同
太宗抚从子岳托第一女			和硕公主	曼殊习礼	同　科尔沁台吉，封达尔汉亲王	同
太宗抚从兄图伦女		肫哲公主	同	奥巴	同　科尔沁台吉，赐土谢图汗号	同
世祖抚从兄济度女			固伦端敏公主	班第	同　曼殊习礼孙，袭科尔沁达汉亲王	同
圣祖第三女	荣妃马佳氏		固伦荣宪公主	乌尔滚	同　色布胜孙，袭巴林郡王	同
圣祖第五女	贵人兆佳氏		和硕端静公主	噶尔藏	乌梁罕氏，袭瞎喇沁杜棱君王	同
圣祖第六女	贵人郭络罗氏		固伦恪靖公主	敦多布多尔济	博尔济吉特氏，进封喀尔喀亲王	同
圣祖第十女	通嫔纳喇氏		和硕纯悫公主	策棱	同　定边左副将军，和硕超勇亲王，赛因诺颜部大扎萨克	同
圣祖第十三女	皇贵妃章佳氏		和硕温恪公主	仓津（初名班第）	同　袭翁牛特杜棱郡王	同
圣祖第十五女	同		和硕敦恪公主	多尔济	同　科尔沁台吉	同
圣祖抚弟常宁第一女			固伦纯禧公主	班第	同　科尔沁台吉，累官内大臣、都统、前锋统领	同

续表

父	母	名	封号	下嫁何人	额驸略历	根据何书
世宗抚兄允礽第六女			和硕淑慎公主	观音保	同　科尔沁部人理藩院额外侍郎	同
世宗抚弟允祥第四女			和硕和惠公主	多尔济塞布腾	同　喀尔喀亲王丹津多尔济子，封世子	同
世宗抚弟允禄第一女			和硕端柔公主	齐默特多尔济	同　科尔沁郡王罗卜藏喇什子，袭父爵	同
高宗第三女	孝贤纯皇后		固伦和敬公主	色布腾巴尔珠尔	同　端敏公主额驸班第孙，袭科尔沁亲王。官理藩院尚书，领侍卫内大臣	同
高宗第七女	孝仪纯皇后		固伦和静公主	拉旺多尔济	同　超勇亲王策棱孙，袭爵，官领侍卫内大臣，都统	同
高宗抚弟弘画女			和硕和婉公主	德勒克	同　巴林贝子，理藩院额外侍郎	同
仁宗第三女	皇贵妃刘氏		庄敬和硕公主	索特纳木多布济	同　齐默特多尔济孙，袭科尔沁郡王，官御前大臣。无子，以从子僧格林沁为后	同
仁宗第四女	孝淑睿皇后		庄静固伦公主	玛尼巴达喇	同　土默特贝子，历官都统，御前大臣。加郡王衔，进贝勒	同
宣宗第四女	孝全成皇后		寿安固伦公主	德穆楚札克布	同　奈曼部台吉，袭札萨克郡王，官御前大臣，都统	同

计皇女二十三人，养女九人，共三十二人。所适之额驸，计敖汉部二人，喀尔喀三人，察哈尔一人，科尔沁十一人，巴林三人，土谢图一人，阿霸垓一人，喀喇沁二人，赛因诺颜二人，翁牛特一人，土默特一人，奈曼一人，不知其属何部落者三人，共三十二人。

清代蒙古出身人物表　附表二百二十

名	姓	家世及出身	编入何旗	官爵	根据何书
明安达礼	西鲁特氏	世居科尔沁，父博博图来归，予世职游击	蒙古正白旗	吏部尚书、二等轻车都尉	《清史稿·列传》一五《本传》
明安	博尔济吉特氏	元裔，蒙古科尔沁兀鲁特部贝勒	满洲正黄旗	二等伯，女为太祖妃	《清史稿·列传》一六《本传》
昂洪	同	明安子	同	三等副将	同　附《明安传》
多尔济	同	昂洪弟	同	尚主为额驸，内大臣、三等子	同　同
恩格类	同	与明安同来归	满洲正蓝旗	游击	同　同
布当	同	恩格类从子	同	刑部右参政	同　同
布颜代	同	蒙古乌鲁特贝子	满洲镶红旗	尚主为额驸，镶红蒙古都统三等男	同　同
恩格德尔	同	元裔，蒙古喀尔喀巴约特部长	满洲正黄旗	尚太祖弟舒尔哈齐女为额驸，三等总兵官	同
额尔克戴青®®®®	同	恩格德尔子	同	领侍卫内大臣、一等公	同　附《恩格德尔传》
莽果尔代	同	恩格德尔弟	同	一等伯	同　同
古尔布什	同	元裔，喀尔喀台吉	满洲镶黄旗	尚太祖女为额驸，兵部右参政、一等子	同　同
莽果尔	同	同	同	尚太祖族弟济白里女，授一等总兵	同　同
鄂齐尔桑	同	蒙古札鲁特部贝勒巴克子	同	内大臣、三等男	同
布尔克图	同	喀喇沁部台吉	蒙古正蓝旗	尚贝勒阿巴泰第四女，一等昂邦章京	同　附《鄂齐尔桑传》

续表

名	姓	家世及出身	编人何旗	官爵	根据何书
弼喇什	同	同	蒙古镶红旗	尚宗女，授三等昂邦章京	同　同
色尔格克	同	父阿拜岱巴图鲁来归，授三等甲喇章京	蒙古正白旗	内大臣、二等男	同　同
阿济拜	卓特氏	先世为蒙古巴林部人	满洲正蓝旗	正蓝蒙古副都统、一等轻车都尉	同
恩格图	未详	蒙古科尔沁部人	蒙古正红旗	本旗都统、一等男	同　附《阿济拜传》
鄂本兑	曼靖氏	其先为蒙古人，入明为守备	蒙古正黄旗	右翼蒙古都统、三等子	同　同
和济格尔	未详（后冠汉姓为何氏）	蒙古乌鲁特部人，入明为千总	汉军正白旗	正白旗汉军副都统、一等轻车都尉	同　同
拜音达哩	同	和济格尔子	同	广州将军，袭父爵	同　同
阿赖	莽努特氏	世居喀尔喀部	蒙古正黄旗	正黄旗蒙古都统、二等男	同　同
布延	郭尔罗特氏	蒙古察哈尔部人	满洲正黄旗	内大臣、三等男	同
阿尔沙瑚	瓦三氏	初为察哈尔林丹汗护卫	蒙古镶白旗	一等轻车都尉	同　附《布延传》
果尔沁	同	阿尔沙瑚兄子	同	本旗满洲都统、一等男	同　同
额琳奇岱青	博尔济吉特氏	居翁牛特部，为察哈尔部宰桑	蒙古正白旗	一等子	同　同
德参济旺	同	世居阿布罕，为察哈尔部宰桑	蒙古正黄旗	一等子	同　同
多尔济达尔罕	同	居翁牛特部，为察哈尔部宰桑	蒙古镶黄旗	内大臣、都察院承政、三等子	同　同

续表

名	姓	家世及出身	编入何旗	官爵	根据何书
奇塔特彻尔贝	哈尔图特氏	察哈尔部宰桑	蒙古正蓝旗	一等子	同 同
洛哩	鄂尔沁氏	察哈尔林丹汗护卫	蒙古正黄旗	一等轻车都尉	同
沙哩岱	同	洛哩弟	同	散秩大臣、二等子	同 附《洛哩传》
奇塔特伟征	博尔济吉特氏	鄂尔多斯哈尔济农族人，世居克鲁伦	同	三等男	同 同
额尔格勒珠尔	同	奇塔特伟征弟	同	骑都尉	同 同
喀兰图	同	同	抬入满洲正黄旗	理藩院尚书、内大臣、一等轻车都尉	同 同
札克托会	同	同	同	正黄旗蒙古副都统、一等轻车都尉	同 同
衮楚克图英	和勒依忒氏	察哈尔宰桑	蒙古正红旗	二等男	同 同
珲锦	萨尔图氏	世居敖汉部	蒙古镶蓝旗	本旗副都统、一等轻车都尉	同 同
沙尔布	博尔济吉特氏	自察哈尔来归	蒙古镶白旗	本旗都统、骑都尉	同 同
武纳格	同	其先出自蒙古，居叶赫	蒙古正白旗	蒙古左翼都统、三等公	《清史稿·列传》一七《本传》
德穆图	同	武纳格长子	同	本旗副都统、一等轻车都尉	同 附《武纳格传》
齐墨克图	同	武纳格次子	同	本旗副都统、三等子	同
穆赫林	同	祖琐诺木，兀鲁特贝勒，太祖时，从明安来归	满洲正蓝旗	本旗都统，袭三等伯	《清史稿·列传》四八《本传》

续表

名	姓	家世及出身	编入何旗	官爵	根据何书
阿南达	乌弥氏	祖巴赖都尔莽奈事林丹汗，来降授一等梅勒章京	蒙古正黄旗	本旗都统	《清史稿·列传》六八《本传》
阿喇纳	同	阿南达子	同	镶红旗蒙古副都统	同　附《阿南达传》
宪德	西鲁特氏	尚书明安达礼孙	蒙古正白旗	四川巡抚、刑部尚书	《清史稿·列传》八一《本传》
策棱	博尔济吉特氏	兀太祖二十一世孙	蒙古赛因诺颜部	定边左副将军、超勇亲王	《清史稿》列传八三《本传》
成衮扎布	同	策棱长子	同	定边将军、亲王	同　附《策棱传》
拉旺多尔济	同	成衮扎布第七子	同	扎萨克亲王	同　同
车布登扎布	同	策棱次子	同	定边左副将军、亲王	同　同
查克丹	同	恩格德尔曾孙	满洲正黄旗	正红旗蒙古都统	《清史稿·列传》八五《本传》
梦麟	西鲁特氏	尚书宪德子	蒙古正白旗	军机大臣	《清史稿·列传》九一《本传》
雅尔图			蒙古镶黄旗	步军统领	《清史稿·列传》八五《本传》
班第	博尔济吉特氏		同	定北将军、一等诚勇公	《清史稿·列传》九九《本传》
玉保	乌朗罕济勒门氏		蒙古镶白旗	参赞大臣、三等男	《清史稿·列传》一零一《本传》
萨赖尔		本额鲁特头人，准噶尔达什达瓦部下宰桑	蒙古正黄旗	定边右副将军、一等超勇公	同
唐喀禄	他塔喇氏		蒙古正蓝旗	领队大臣	《清史稿·列传》一零二《本传》

续表

名	姓	家世及出身	编入何旗	官爵	根据何书
阿敏道	图尔格期氏	世居察哈尔	蒙古镶红旗	镶蓝旗蒙古副都统	同
舒明	乌梁海济勒莫特氏		蒙古正黄旗	绥远城将军、三等男	《清史稿·列传》一零三《本传》
福禄	旺察氏		蒙古正白旗	领侍卫内大臣	同
齐里克齐		初为额鲁特人，以地为氏	蒙古镶黄旗	领队大臣	同
伍弥泰	伍弥氏	副将军、三等伯阿喇纳子	同	大学士	《清史稿·列传》一一〇《本传》
普尔普	额尔特肯氏	父巴图济尔噶尔，本额鲁特杜尔伯特部宰桑，来降，有战功，官至内大臣	同	正红旗护军统领、二等男	《清史稿·列传》一一八《本传》
海禄	齐普齐特氏		蒙古正蓝旗	福建陆路提督	《清史稿·列传》一二〇《本传》
马尔占	巴尔汗氏	自准噶尔来降，授三等侍卫	察哈尔正白旗	副都统衔、领队大臣	《清史稿·列传》一二一《常禄保传》
花连布	额尔德特氏		蒙古镶黄旗	贵州南笼镇总兵、骑都尉	《清史稿·列传》一二一《本传》
明安图	博尔济吉特氏		蒙古正红旗	湖南镇筸镇总兵	同　附《花连布传》
保宁	图伯特氏	靖逆将军纳穆札勒子	蒙古正白旗	伊犁将军，袭三等公	《清史稿·列传》一二九《本传》
松筠	玛拉特氏		蒙古正蓝旗	大学士军、机大臣	同
富俊	卓特氏		蒙古正黄旗	大学士管理藩院	同
德楞泰	伍弥特氏		蒙古正黄旗	领侍卫内大臣、三等继勇公	《清史稿·列传》一三一《本传》

续表

名	姓	家世及出身	编人何旗	官爵	根据何书
惠龄	萨尔克图氏	军机大臣纳延泰子	蒙古正白旗	陕甘总督、二等男	《清史稿·列传》一三二《本传》
多尔济札布	巴鲁特氏		蒙古镶黄旗	广东碣石镇总兵、骑都尉	《清史稿·列传》一三六《袁国横传》
丰伸布	唐古特氏	福州驻防由马甲从征	蒙古镶红旗	西安右翼副都统、骑都尉	同 《惠伦传》
阿尔萨朗	赖奇忒氏		蒙古镶白旗	正蓝旗满洲副都统、骑都尉	同
和瑛	额勒德特氏		蒙古镶黄旗	军机大臣、刑部尚书	《清史稿·列传》一四〇《本传》
文孚	博尔济吉特氏		满洲镶黄旗	大学士、军机大臣	《清史稿·列传》一五〇《本传》
长龄	萨尔图克氏	惠龄弟	蒙古正白旗	太傅、大学士、军机大臣、一等威勇公	《清史稿·列传》一五四《本传》
巴哈布	伍弥特氏		蒙古正黄旗	江宁将军	《清史稿·列传》一五五《武隆阿传》
庆祥	图伯特氏	大学士保宁子	蒙古正白旗	伊犁将军一等公	《清史稿·列传》一五五《本传》
璧昌	额勒德特氏	尚书和瑛子	蒙古镶黄旗	内大臣	同
琦善	博尔济吉特氏	热河都统、成德子，先世格德理尔率属归附，世袭一等侯	满洲正黄旗	大学士、总督、钦差大臣	《清史稿·列传》一五七《本传》
裕谦	博罗忒氏	诚勇公班第曾孙	蒙吉镶黄旗	两江总督	《清史稿·列传》一五九《本传》
柏葰	巴鲁特氏		蒙古正蓝旗	大学士、军机大臣	《清史稿·列传》一七六《本传》

续表

名	姓	家世及出身	编入何旗	官爵	根据何书
瑞常	石尔德特氏	杭州驻防	蒙古镶红旗	大学士	同
倭仁	乌齐格里氏	河南驻防	蒙古正红旗	大学士	《清史稿·列传》一七八《本传》
赛尚阿	阿鲁特氏		蒙古正蓝旗	大学士、军机大臣、钦差大臣	《清史稿·列传》一七九《本传》
杰纯	布库鲁氏	杭州驻防	蒙古正白旗	乍浦副都统	《清史稿·列传》一·八五《瑞昌传》
锡龄	阿扎哈苏氏	荆州驻防	同	同	同
岳兴阿	博尔济吉特氏		满洲正蓝旗	湖北布政使	《清史稿·列传》一八七《徐丰玉传》
文瑞	克什克特恩氏	荆州驻防	蒙古镶蓝旗	浙江处州镇总兵、骑都尉	《清史稿·列传》一八九《饶廷选传》
僧格林沁	博尔济吉特氏	蒙古科尔沁台吉毕启子，为庄敬公主嗣子	科尔沁旗	钦差大臣、博多勒噶台亲王	《清史稿·列传》一九一《本传》
全顺	萨尔图拉氏		蒙古正蓝旗	内阁学士、副都统、翼长、骑都尉	同　附《僧格林沁传》
乐善	伊勒忒氏		蒙古正白旗	直隶提督、二等男	同　同
伊兴额	何图哩氏	吉林驻防	同	副都统，镇徐州	《清史稿·列传》二〇四《本传》
荣庆	鄂卓尔氏		蒙古正黄旗	协办大学士、军机大臣	《清史稿·列传》二二六《本传》
锡良	巴岳特氏		蒙古镶蓝旗	东三省总督	《清史稿·列传》二三六《本传》

续表

名	姓	家世及出身	编入何旗	官爵	根据何书
升泰	卓特氏		蒙古正黄旗	驻藏大臣	《清史稿·列传》二四〇《本传》
思泽	噶奇特氏	荆州驻防	蒙古镶蓝旗	吉林将军	同
恭镗	博尔济吉特氏	琦善子	满洲正黄旗	杭州将军	同
明春	巴羽特氏		蒙古正红旗	哈密办事大臣	《清史稿·列传》二四一《文麟传》
立山	土默特氏		蒙古正黄旗	户部尚书、内务府总管	《清史稿·列传》二五三《本传》
崇绮	阿鲁特氏	大学士赛尚阿子，孝哲毅皇后父	蒙古正蓝旗	户部尚书、三等承恩公	《清史稿·列传》二五五《本传》
瑞澂	博尔济吉特氏	大学士琦善孙，将军恭镗子	满洲正黄旗	湖广总督	《清史稿·列传》二五八《本传》
法式善	蒙古乌尔济氏		内务府正黄旗	侍读学士	《清史稿·文苑传二·本传》
同阿尔	巴林氏	世居巴林，以地为氏	蒙古镶红旗	骁骑校	《清史稿·忠义传一·本传》
瑞春	鄂济氏		蒙古正蓝旗	浙江湖州府知府	《清史稿·忠义传四·本传》
松兴		荆州驻防	蒙古正白旗	常备军统领	《清史稿·忠义传十·本传》
桂城	伊布抒克氏	京口驻防	蒙古正红旗	江宁宪兵协军校	同
明安图			蒙古正白旗	钦天监监正	《清史稿·畴人传一·本传》
绰尔济	墨尔根氏	蒙古人		善医伤	《清史稿·艺术传一·本传》

计编入满洲旗者二十一人，抬入满洲旗者二人，编人蒙古旗者七十七人，编入汉军旗者二人，编入内务府旗者一人，编入察哈尔、科尔沁旗者各一人，编入赛因诺颜者四人，不载旗籍者一人，共一百一十人。内中有本传者六十人，附入他人传者五十人。

清室宫廷中除去汉女、蒙女以外，外族女子入宫者绝少，然高宗宫中固尝破例为之，英雄偶一开心，固亦历史上恒有之事也。兹试列表于下，以供参考：

清室外族女子入宫表　附表二百二十一

谥号及姓氏	原籍及父兄	宫中原来位置	何族	根据何书
容妃和卓氏	回部台吉和扎麦女	高宗妾	回	《清史稿·后妃传》中《婉贵太妃传》
贵妃金佳氏	尚书金简女弟，本内务府汉军，嘉庆初，仁宗命改入满洲正黄旗	同	朝鲜	《清史稿·列传》一〇八《金简传》，《清稗类钞》爵职类朝鲜人官侍郎条

清为近世大帝国，幅陨辽阔，种族庞杂，统治极难。清廷历代多英主，用人颇不拘资格，政府直接支配之回族、藏族人物登庸者固多，间接支配之朝鲜人物登庸者亦有，其有关于特种技术，非中国人所素谙者亦时常借材异地，西洋客卿为数固不少也。兹试将历史上有名者列表于下，以供参考：

清代回族出身人物表　附表二百二十二

姓名	籍贯	今地	家世	官爵	根据何书
哈元生	直隶河间	河北河间县	其先出于回部	扬威将军、贵州提督	《清史稿·列传》八五《本传》
哈攀龙	同	同	同	贵州提督	《清史稿·列传》九八《本传》
哈国兴	同	同	攀龙子	西安提督	同　附《攀龙传》
许世亨	四川新都	四川新都县	先世出回部，武举出身	广西提督、三等壮烈伯	《清史稿》一二一《本传》
许文谟	同	同	世亨子	浙江提督	同　附《世亨传》

续表

姓名	籍贯	今地	家世	官爵	根据何书
马如龙	云南建水	云南建水县	回中世族	云南提督	《清史稿》二四三《本传》
伯锡尔	哈密	新疆哈密县	曾祖额贝都拉，祖额敏。父玉素卜，世为酋长	哈密郡王署帮办大臣	《清史稿·忠义传》七《本传》

共七人，其籍贯隶于现在河北者三人，四川者二人，云南、新疆者各一人；内中有本传者五人，附见于他人传者二人。

清代藏族出身人物表　附表二百二十三

名	姓	出身	编人何旗	官爵	根据何书
札克塔尔	张氏	金川土番	满洲正黄旗	护军统领、三等男	《清史稿·列传》一三五《本传》
桑吉斯塔尔		同	同	正蓝旗汉军副都统、骑都尉	同　附《札克塔尔传》
木塔尔		小金川人		副都统衔、管理降番副将	《清史稿·列传》一二〇《本传》

共三人，内中编入满洲旗者二人，不载编入何旗者一人；有本传者二人，附见于他人传者一人。

清代朝鲜出身人物表　附表二百二十四

名	姓	家世	官爵	根据何书
杰殷	韩	父义归太祖，授世职一等参将	护军统领、骑都尉	《清史稿·列传》四五《本传》
杰都	同	杰殷弟	巴牙甲喇章京、骑都尉	同　附《杰殷传》
金简		武备院卿三保子，赐姓金佳氏，初隶内务府汉军，抬入满洲正黄旗	工部尚书、镶黄旗汉军都统	《清史稿·列传》一〇八《本传》、《清稗类钞》爵职类朝鲜人官侍郎条
世续	索勒豁金	隶内务府满洲正黄旗	大学士、军机大臣	《清史稿·列传》二五九《本传》

续表

名	姓	家世	官爵	根据何书
奇丰额	黄	先世朝鲜人，隶内务府满洲旗，为苑勒副塞勒养子	江苏巡抚	《清史稿·孝义传三·塞勒传》

共五人，内中隶满洲旗者二人，汉军旗者一人，皆内务府包衣；不载隶何旗者二人。有本传者三人，附载于他人传者二人。

附注

世续原籍朝鲜，史书未载，系闻之吾友杨宗翰者；其人在民国初年尚生存，杨君久居北京，悉其家世，故录其言以供参考。

清代客卿表 附表二百二十五

汉姓名	本姓	本名	原字	国籍	官爵	根据何书
汤若望	方白耳	约翰亚当	Joannes Adam Schall von Bell	日耳曼	掌钦天监事、通玄教师，加通政使，秩正一品	《清史稿·列传》五九《本传》
南怀仁	阜沁斯脱	佛迪南特斯	Ferdinandus Verbiest	比利时	钦天监正加工侍郎	同
华尔				美国纽约	常胜军统领	《清史稿·列传》二二二《本传》
勒伯勒东				法国	浙江总兵，统洋枪队	同 附《华尔传》
法尔弟福				同	江苏副将，继勒伯勒东后任	同 同
戈登				英国	常胜军统领江苏总兵	同
日意格				法国	福州船政局监督	同
德克碑				同	船政局副监督	同 附《日意格传》
赫德				英国	总税务司	同
帛黎				法国	邮政总办	同 附《赫德传》

计原籍日耳曼者一人，比利时者一人，美国者一人，法国者五人，英国者二人，共十人。内中掌天文者二人，统兵者四人，掌船政者二人，总税务、司邮政者各一人；有本传者六人，附见于他人传者四人。

东北为清室发祥地，清室统一中国以后，东北人物大都从容入关，少数之留居东北者皆与政界军界无关系之平民也。中叶以后，八旗劲旅逐渐腐化，对内对外俱感武力不足，乃调用吉林、黑龙江境内之土著壮丁以补其阙，于是军界遂有多数东北人物出现。其中若索伦、达瑚尔等部落，皆契丹遗族，本非满洲人。其余若打牲、珠户亦纯粹土著人，非旗籍人也。兹试列表于下，以供参考：

清代东北出身人物表　附表二百二十六

名	姓	家世及出身	编入何旗	官爵	根据何书
富德	瓜尔佳氏	吉林驻防	满洲正黄旗	领侍卫内大臣、一等靖远成勇侯	《清史稿》一〇一《本传》
海兰察	多拉尔氏	世居黑龙江，索伦马甲出身	满洲镶黄旗	领侍卫内大臣、一等公	《清史稿》一一八《本传》
五岱	瓜尔佳氏	黑龙江人，初为前锋	满洲正黄旗	领侍卫内大臣、骑都尉	《清史稿》一二〇《本传》
乌什哈达		吉林人，起家前锋校	同	镶红旗蒙古副都统、轻车都尉	《清史稿》一二〇《官达色传》
瑚尼勒图	鄂讷氏	黑龙江人，护军出身	满洲镶黄旗	镶红旗蒙古副都统	同
哲森保	克达氏	初充吉林乌拉马甲	满洲镶蓝旗	头等侍卫、骑都尉	《清史稿》列传一二〇《本传》
阿尔素纳	禄叶勒氏	吉林人，初为前锋	满洲镶黄旗	镶白旗蒙古副都统、骑都统	《清史稿》一二一《马全传》
萨尔吉岱	博和尔氏	齐齐哈尔人（今黑龙江龙江县）	齐齐哈尔镶红旗	三等侍卫	《清史稿》一二一《科玛传》
巴西萨	布拉穆氏		索伦正红旗	佐领	《清史稿》一二一《常禄保传》

续表

名	姓	家世及出身	编入何旗	官爵	根据何书
额勒登保	瓜尔佳氏	世为吉林珠户，隶打牲总管	满洲正黄旗	经略大臣、三等威勇公	《清史稿·列传》一三一《本传》
纶布春	罗佳氏	以黑龙江学团驻京授司辔	满洲镶白旗	副都统	《清史稿·列传》一三五《本传》
格布舍	钮祜禄氏	父萨克丹布以吉林新满洲留京为前锋	满洲正白旗	宁夏将军、骑都尉	同　附《纶布春传》
德兴阿	乔佳氏	黑龙江驻防	满洲正黄旗	江北钦差大臣、骑都尉	《清史稿》一九〇《本传》
恒龄	郭贝尔氏	呼伦贝尔达呼尔人（今黑龙江呼伦、胪滨二县）	满洲镶黄旗	正黄旗护军统领、骑都尉	《清史稿》一九一《僧格林沁传》
苏克金	倭勒氏	爱珲驻防	满洲正黄旗	副都统	同
关保	乌扎拉氏	吉林驻防	同	副都统、帮办剿匪军务	《清史稿·列传》二〇四《本传》
多隆阿	呼尔拉特氏	黑龙江驻防	满洲正白旗	钦差大臣、一等男	《清史稿》一九六《本传》
善庆	张佳氏	同	满洲正黄旗	福州将军、骑都尉	《清史稿》二四〇《本传》
金顺	伊尔根觉罗氏	八世居吉林	满洲镶蓝旗	伊犁将军	《清史稿》二四一《本传》
穆图善	那拉塔氏	世居齐齐哈尔	满洲镶黄旗	钦差大臣	同
杜嘎尔	哈勒斌氏	黑龙江驻防	满洲正蓝旗	乌里雅苏台将军	同　附《穆图善传》
额尔庆额	格何恩氏	墨尔根城驻防（今黑龙江嫩江县）	满洲镶白旗	伊犁副都统	同　同
丰伸	吴扎拉氏	吉林驻防	满洲正白旗	江宁将军	同　同
依克康阿	扎拉里氏	同	满洲镶黄旗	盛京将军	《清史稿·列传》二四八《本传》

续表

名	姓	家世及出身	编入何旗	官爵	根据何书
长顺	达呼里勒贝尔氏	世居布特哈（今黑龙江布西设治局）	满洲正白旗	吉林将军	同

计吉林驻防四人，黑龙江驻防四人，爱珲驻防一人，墨尔根城驻防一人，吉林六人，黑龙江八人，不载籍贯者一人，共二十五人，皆编入满洲旗。内中索伦、达瑚尔出身者不少，但注明者不多。有本传者十四人，附载于他人传者十一人。

清室尊重汉族文化，自世祖以后，皇室概用汉名。满、蒙出身之王公大臣中，用汉名者极多，兹不赘叙；冠汉姓者亦有，兹试将历史上有名者列表于下，以供参考：

清代满大臣汉姓名者表　附表二百二十七

名	字	姓	家世	编人何旗	官爵	根据何书
鄂尔泰	毅庵	西林觉罗氏	世居汪钦	满洲镶蓝旗	大学士、军机大臣、三等伯	《清史稿·列传》七五《本传》
鄂尔奇		同	鄂尔泰弟	同	户部尚书、步军统领	同　附《鄂尔泰传》
鄂弼		同	鄂尔泰子	同	四川总督	同　同
鄂宁		同	同	同	云贵总督	同　同
徐元梦	善长	舒穆禄氏		满洲正白旗	大学士、户部尚书	《清史稿·列传》七六《本传》
马尔赛		马佳氏	大学士、三等公图海孙	满洲正黄旗	大学士、抚远大将军	《清史稿·列传》八四《本传》
尹继善	元长	章佳氏		满洲镶黄旗	大学士、军机大臣	《清史稿·列传》九四《本传》
尹泰		同	尹继善父	同	大学士	同　附《尹继善传》
高斌	右文	高佳氏	初隶内务府，慧贤皇贵妃父	同	大学士、江南河道总督、两江总督	《清史稿·列传》九七《本传》

续表

名	字	姓	家世	编入何旗	官爵	根据何书
高晋	昭德	同	斌从子	同	同	同　附《斌传》
鄂容安	休如	西林觉罗氏	鄂尔泰长子	满洲镶蓝旗	两江总督、西路参赞大臣、三等伯	《清史稿·列传》九九《本传》
温福	履绥	费莫氏	大学士温达孙	满洲镶红旗	大学士、定边将军	《清史稿·列传》一一三《本传》
鄂昌		西林觉罗氏	鄂尔泰从子	满洲镶蓝旗	甘肃巡抚	《清史稿·列传》一二五《本传》
鄂乐舜	初名鄂敏	同	同	同	同	同　附《鄂昌传》
高恒	立齐	高佳氏	大学士高斌子	满洲镶黄旗	两淮盐政内务府总管	《清史稿·列传》一二六《本传》
高朴		同	恒子	同	叶尔羌办事大臣	同　附《高恒传》

计鄂氏七人，徐氏一人，马氏一人，尹氏二人，高氏四人，共十四人。内中有本传者九人，附见于他人传者五人。

清代蒙古大臣汉姓名者表　附表二百二十八

汉姓名	字	姓	家世	编入何旗	官爵	根据何书
何天培		未详	副都统和济格尔之孙，广州将军拜音达哩子	汉军正白旗	兵部尚书	《清史稿·列传》一六《阿济拜传》
何钧	后更名立柱	同	拜音达哩曾孙	同	贵州提督	同

清室对于汉族降人编入旗籍者固多，赐国姓或满洲姓名者绝少；然一部分奴隶心重之汉人固有从满洲风，不冠汉姓者，亦有自进而用满洲名者（其最可笑者，若奉明祀之一等延恩侯不冠朱姓，而明室后裔仕清廷者用满洲名，真可谓数典忘祖矣）。其不冠汉姓者，汉军旗籍中人极多，兹不赘叙；其用满洲名者亦皆汉军旗人，人数较少，兹试将历史上有名者列表于下，以供参考：

清代汉大臣满名者表　附表二百二十九

满名	汉姓	字	籍贯	家世	官爵	根据何书
苏勒芳阿	马		镶黄旗汉军	一等顺勤侯马得功五世孙	世袭一等侯	《清史稿·诸臣封爵世表二·马得功》
拉玛	祖		正黄旗汉军	一等子祖泽润六世孙	世袭二等子	《清史稿·诸臣封爵世表四·祖泽润》
庚音布	同		同	拉玛裔	同	同
七十一	胡		镶白旗汉军	一等子胡有升六世孙	世袭一等男	同《胡有升》
扎拉丰阿	同		同	七十一子	同	同
富珠隆阿	同		同	扎拉丰阿子	同	同
富兴阿	同		同	富珠隆阿族弟	同	同
海山	同		同	富兴阿孙	同	同
巴泰	金		镶蓝旗汉军		一等子	同《巴泰》
苏赫	同		同	巴泰子	世袭一等男	同
苏白合	同		同	苏赫子	同	同
菩萨保	同		同	巴泰玄孙	同	同
讷勒贺	左		正黄旗汉军	一等子左梦庚九世从孙	世袭一等子	同《左梦庚》
色克精额	孙		正白旗汉军	三等子孙有光五世孙	世袭一等男	《清史稿·诸臣封爵世表四·孙有光》《清史稿·诸臣封爵世表五下·孙得功》
阿尔绷阿	同		同	色克精额子	同	同
那丹珠	同		同	阿尔绷阿孙	同	同
尼雅哈	刘		镶黄旗汉军	三等子刘之源子	世袭三等子	《清史稿诸·臣封爵世表四·刘之源》
塞伯理	李		正黄旗汉军	一等男李思忠子，本名显祖	世袭一等男，任浙江提督	《清史稿·诸臣封爵世表五上·李思忠》
台补	同		同	思忠玄孙	袭三等男	同

续表

满名	汉姓	字	籍贯	家世	官爵	根据何书
那达纳	同		同	台补从侄	同	同
富达纳	同		同	同	同	同
阜保	同		同	富达纳子	同	同
穆通阿	同		同	阜保族叔	同	同
哈丰阿	同		正蓝旗汉军	一等男李率泰七世孙	世袭一等男	同《李率泰》
德英额	同		同	哈丰阿子	同	同
六十三	金		正黄旗汉军	二等男金玉和五世孙	世袭二等男	同《金玉和》
法灵阿	刘		镶黄旗汉军	二等男刘泽洪孙	同	同《刘泽洪》
达隆阿	佟		镶红旗汉军	三等男佟镇国八世孙	世袭三等男	《清史稿·诸臣封爵世表五下·佟镇国》
达兴阿	同		同	达隆阿弟	同	同
刚阿泰	同		正蓝旗汉军	三等总兵官李永芳第三子	宣府总兵	《清史稿·列传》一八《李永芳传》
巴颜	同		同	永芳第五子	正蓝旗汉军都统	同
海尔图	李		镶蓝旗汉军	其先居清河，定西将军李国翰子	镶蓝旗汉军都统、袭三侯	《清史稿·列传》二三《李国翰传》
桑额	同		同	海尔图弟	云南提督	同
偏图	同		正白旗汉军，隶内务府		云南提督、镶白旗汉军都统	《清史稿·列传》四五《本传》
朱尔赓额	朱	白泉	正红旗汉军	明代王裔，两淮盐运使孝纯子	署江宁布政使	《清史稿·列传》一四九《本传》
富明阿	袁	治安	正白旗汉军	明督师崇焕裔孙	吉林将军、骑都尉	《清史稿·列传》二〇四《本传》

共三十六人，皆编入汉军旗者。内中有本传者三人，附见于他人传者四人，见于《诸臣封爵世表》者二十九人。

清之先世本为明室藩臣，其根据地之辽东又系历史上满汉杂居地，故清室统治下之满洲人原有汉籍者甚多，本系汉人者亦有，兹试将历史上有名者列表于下，以供参考：

清代汉籍出身满大臣表　附表二百三十

姓名	字	籍贯	今地	家世	编入何旗	官爵	根据何书
佟养性		辽东抚顺	辽宁抚顺县	先世本满洲，居佟佳，以地为氏	汉军正蓝旗	汉军昂邦章京施吾理额驸	《清史稿·列传》一八《本传》
佟国瑶		同	同	养性孙	同	郧阳提督、三等伯	同　附《养性传》
石廷柱		辽东	辽宁	明广宁守备，先世居苏完，姓瓜尔佳氏	汉军正白旗	镇海将军、三等伯	同
王一屏				明开原千总，先世本满洲，姓完颜氏	汉军正红旗	三等甲喇章京	《清史稿·列传》一八《金玉和传》
王国光				一屏子	同	两广总督、镇海将军、本旗都统	同
王永誉	孝扬			国光子	同	江南提督、广东将军、本旗都统	同
佟图赖				养性从兄养真子，孝康章皇后父	汉军镶黄旗	正蓝旗汉军都统、三等子	《清史稿·列传》二二《本传》
佟国正					汉军正黄旗	江西巡抚	《清史稿·列传》二三《董卫国传》

续表

姓名	字	籍贯	今地	家世	编入何旗	官爵	根据何书
佟岱				宣大总督养量弟	汉军正蓝旗	浙江福建总督、三等轻车都尉	《清史稿·列传》二七《刘清泰传》
佟凤彩	高冈			养性从孙	汉军正蓝旗	河南巡抚	《清史稿·列传》六〇《本传》
石琳				廷柱第四子	汉军正白旗	两广总督	《清史稿·列传》六三《本传》
石文晟				琳兄子	同	湖广总督	同　附《琳传》
佟国纲				图赖子	抬入满洲镶黄旗	镶黄旗汉军都统、一等承恩公	《清史稿·列传》六八《本传》
佟国维				国纲次弟，孝懿仁皇后父	同	领侍卫内大臣、一等公	《清史稿·列传》七四《本传》
隆科多				国维子，孝懿仁皇后弟	同	太保、吏部尚书、一等公	《清史稿·列传》八二《本传》
庆复	瑞园			佟国维第六子	同	文华殿大学士、一等公	《清史稿·列传》八四《本传》
三泰				都统石文炳孙	汉军正白旗	参赞大臣、三等子	《清史稿·列传》九九《本传》
佟国珑	信侯	奉天	辽宁		汉军旗	山西泽州知州	《清史稿·循吏传一·本传》

计佟氏十一人，石氏四人，王氏三人，共十八人，皆原籍辽东，编入汉军旗。佟氏孝懿仁皇后一支，抬入满洲旗。内中有本传者十一人，附见于他人传者七人。

清代满籍出身汉大臣表　附表二百三十一

名	字	氏	家世	何旗	官爵	根据何书
铁保	冶亭	栋鄂氏	先世姓觉罗，称为赵宋之裔	满洲正黄旗	吏部尚书	《清史稿·列传》一四〇《本传》
玉保	阆峰	同	铁保弟	同	兵部侍郎	同　附《铁保传》

附注

据郭克兴《黑龙江乡土录》部族志第十九章“姓氏考略”十一“满洲姓氏”董鄂氏条引《啸亭杂录》载“董鄂冶亭制府，其先为宋英宗越王之裔，后为金人所迁，居董鄂，以地为氏”云云，是此姓为宋英宗裔也。

清室世爵世秩名称自开国以来凡四变，本编所列各表概用最后名称，兹为读者便利起见，特列历代之名称于下，以供参考：

清代世爵世秩表　附表二百三十二，据《清史稿·职官志四》。

天命五年	天聪八年	顺治元年	顺治四年	乾隆元年	品级	国语相当官
	一等公	一二三等公			超品	
		一二三等侯			超品	
		一二三等伯			超品	
一二三等总兵	一二三等昂邦章京		一二三等精奇尼哈番	等子	正一品	都统
一二三等副将	一二三等梅勒章京		一二三等阿思哈尼哈番	一二三等男	正二品	副都统
一二三等参将	一二等札兰章京		一二三等阿达哈哈番	一二三等轻车都尉	正三品	参领
一二三等游击	三等札兰章京					
备御（汉语守备）	牛录章京		拜他喇布勒番哈	骑都尉	正四品	佐领
	半个前程（汉语千总）		拖沙喇哈番	云骑尉	正五品	
				恩骑尉	正七品	

结论

综合以上所述，约得断定如下：

一、中国人民为汉满蒙回藏苗六族混合体，不必互相排斥。

二、汉族主体由三支以上混合而成，一为黄河下流淮水北岸之农业民族（神农以前），二为由张家口北移入之游牧民族（黄帝），三为渭水流域之农业民族（周秦）。

三、满族之根据地在东三省，唐虞三代之肃慎，汉之扶馀，东汉三国两晋南北朝隋唐时代之高丽、百济，唐之渤海，宋之女真，明之满洲，皆其族所建立之国。由唐虞至隋末，常与汉族交通，高丽、百济衰亡，与汉族为第一次小混合，渤海衰亡，为第二次小混合；金室衰亡，为第一次大混合，清室衰亡，为第二次大混合。

四、蒙族之根据地在外蒙古，三代之荤粥、獯鬻、铖狁，秦汉时代之匈奴，两晋时代之前赵刘氏、后赵石氏、夏赫连氏、北凉沮渠氏，宋之蒙古，元之帝室与钦察、察合台、窝阔台、伊儿汗四大汗国，明之鞑靼、瓦剌，现代内外蒙古与青海诸部，皆其族所创立。五胡之乱平，与汉族为第一次大混合，元室衰亡，为第二次大混合。

五、满蒙混血族之根据地在热河，秦时之东胡，汉时之乌桓、鲜卑，三国晋初之辽东慕容氏、辽西叚氏、右北平塞外之宇文氏、雁门塞外之拓跋氏，两晋南北朝时代之前燕、后燕、西燕、南燕、西秦、南凉、后魏、北周、北齐、吐谷浑、柔然，隋唐时代之奚、契丹，宋之辽与西辽，皆其族创立之国。乌桓衰亡，与汉族为第一次小混合，前燕、后燕、西燕、南燕、西秦、南凉、后魏、北周、北齐衰亡，为第一次大混合，吐谷浑衰亡为第二次小混合，辽室衰亡，为第二次大混合。

六、回族之根据地在阿尔泰山系，秦汉时代之丁零、月氏、乌孙，南北朝时代之高车、铁勒，隋唐时代之突厥、回纥、薛延陀、沙陀，后五代时代之后唐、后晋、后汉，皆其族所创立。突厥衰亡，与汉族为第一次混合，沙陀归化，为第二次混合，回纥衰亡，为第三次混合。

七、藏族之根据地在青海西藏，秦汉时代之氐、羌，两晋时代之前秦苻氏、后秦姚氏、后凉吕氏、仇池杨氏，唐之吐蕃、党项，宋之西夏，元之缅国，清之大小金川，皆此族所创立。五胡之乱告终，与汉族为第一次混合，党项归化，为第二次混合，吐蕃衰亡，为第三次混合。

八、苗族之根据地在扬子江中流与西江流域，唐虞时代之三苗，周之荆蛮，汉之西南夷，晋之成李氏，唐之南诏，后五代时代之天兴、义宁，皆此族创立之国。春秋战国时代，楚、吴、越相继勃兴，并吞扬子江流域，建立大国，为汉族与苗族第一次混合。秦始皇统一六国，命王翦定江南，降百越，置会稽郡；废闽越王，置闽中郡；略取南越陆梁地，置南海、桂林、象郡，为第一次混合。汉武帝时，灭南越、闽越、东瓯，招降西南夷，遍置郡县，为第二次混合。元灭大理，为第四次混合，明取云南、贵州，为第五次混合，清初改土归流，为第六次混合。

九、春秋时代之南蛮为苗族，西戎为藏族，北狄为满蒙混血族，只有东夷为何族，后世无其血统，不能指名；然其族性情刚猛果敢，富于有为气象，其根据地在淮水流域与山东半岛，自此族血统与汉族混合，而淮南淮北与山东多诞生伟人，中国历史上受其影响，发生极大变化。

十、汉族对于东南方，常居主动地位，常取进取政策，常用压迫手段，其结果则中国东南方面苗族分布地全成汉族领土，土人全被汉化。汉族对于西北方，常居被动地位，常取保守政策，常用防御手段，其结果则中国西北方面汉族领土，化为满蒙回藏族杂居地，新来之客民亦自然汉化。

十一、汉族为农业国家，以文化胜；西北之满蒙回藏为游牧民族，以武力胜；满蒙回藏族以武力压倒汉族者，汉族以文化吸收之，融合之，故每一竞争，汉族势力一膨胀；无论主动或被动，无论战胜或战败，其结果同也。

十二、汉族以文化胜，西北民族以武力胜，自周秦以后，南北相持者千有余年，西北民族虽时常侵入中国内地，然卒不能永久占领，且亦未尝略有全部；故中国文化，虽尝被游牧民族所蹂躏，犹能维持一部分于不坠，稍有机会，仍恢复其本来面目，继长增高；自春秋以后，至有唐中叶，为汉族优胜时代，文化固时常进步也。自北宋弱于辽，灭于金，南宋弱于金，灭于元，于是南方开化民族，遂为北方游牧民族所压倒，国民道德逐渐退化，遂开异日西力东渐之先路；是为欧人压服中国之远因，满蒙二族之同胞实尸其咎也。

十三、中国北方民族以武力胜，愈偏于北方者，其武力愈强辽灭于金，因辽之根据地在热河，稍偏于南；金之根据地在吉林，则偏于北也。金灭于元，因金之根据地移至现在北京，太偏于南；元之根据地在外蒙东部，则偏于北也。此外若匈奴石氏灭于鲜卑慕容氏，慕容氏复灭于拓跋氏，沙陀石氏灭于契丹耶律氏，皆可以此例推也。

十四、北方游牧民族，以武力征服汉族，占领中国内地，建立大帝国时，例被汉族同化；及被同化以后，则武力骤衰，继起之北方游牧民族复取而代之。若辽之灭于金，金之灭于元，皆此例也；若后赵之灭于前燕，后燕之灭于后魏，亦不外此例也。

十五、满蒙二族同为北方游牧民族，然满洲地方距海近，河流多，交通便利，其民族开化较易；若扶馀，若高句丽，若百济，若渤海，若金，若清，皆与汉族同化，建立大国，具有文明气概者也；故可臆断之曰满族之被同化力较强。蒙古地方离海远，沙漠多，交通不便，其民族开化较难；若匈奴，若蒙古，若鞑靼，若瓦剌，若今之外蒙古诸部，与汉族接触甚久，依然保守其割腥咽膻旧俗，不肯同化于汉族。即元主中国，将及百年，亦未尝完全同化于汉族；故不旋踵为汉族所逐，遁还漠北，恢复其洪荒草昧状态，不若有清之扶植满洲势力于中国，将及三百年也；故可臆断之曰蒙族之被同化力较弱。然元虽亡，其遗族犹保持其特性，至今不灭；有清未亡以前，满族之特性已消磨殆尽，则二族之优劣，又未可以进化不进化分也。辽为东胡遗民，实满蒙混血族，其根据地距中国密迩，交通频繁，其易于被同化之程度与女真满洲人等；前乎辽者，若前燕、后燕、西燕、南燕、西秦、南凉、北魏、北周、北齐等国，皆曾略有中国领土，建立具体之文明国，在世界史及东洋史上观之，固可承认为进化之民族；然鲜卑契丹遗民已全数同化于汉族，现在世界各国中，此民族之名义已不复存在，毕竟为优为劣，又我辈论史者所难断言者矣！

十六、北方民族之特性，刚悍猛鸷，而缺乏持久性与忍耐力，故有大英雄统率之，易于成功，无大英雄驾驭之，亦易于失败；其成功也，蓬蓬勃勃，如火燎于原，不崇朝而影响达于四围环境；其失败也，如雪解，云散，烟消，雾觫，世界上几无此民族遗迹之存在焉；其特性使然也。英主如匈奴冒顿单于，鲜卑檀石槐，后魏道武帝，突厥土门可汗，后唐庄宗，金太祖，元太祖，清太祖、太宗等，其懔悍捷疾，远在秦皇汉武以上，而规模之阔大、步调之整肃不及焉，故其成绩有时反在秦汉以下也。亡国之君如金哀宗，其慷慨激烈，勇于赴义，亦远在周赧、汉献、晋怀愍、宋徽钦以上；国君死社稷，死得其所，是谓考终，不肯沁沁逩逩，低首下心，身为降虏，伺候敌国主人之颜色也。暴君如前赵刘聪，后赵石虎，夏赫连勃勃，北齐文宣帝，北周天元帝，金海陵煬王亮等，其残忍淫虐，亦远在夏桀、殷纣、宋前废帝子业、后废帝昱、齐东昏侯宝卷以上；纵欲败度，走于极端，足以表示人类社会先天上之兽性，足以代表文明人之野蛮性，不似南方各国君主，身为恶事，故隐其名，藏头露脚，欲盖弥彰，装模作样，丑态百出也。

十七、中国为东方大国，境内为一大平原，人民眼光阔大，不褊浅，不妒嫉。其所产生汉族之风俗习惯，结婚自由，信教自由，殖产兴业自由，对于一切异民族富于同情心，法律上、政治上、经济上、教育上，一切平等，无差别待遇；故西北民族自动的或被动的移入中国，经过一世至数世，百年或数十年后，辄被同化于汉族，汉族与西北民族接触，无论文化的或武力的，无论战胜或战败，总能吸收异族骨血，化为汉族系统：盖亲亲而仁民，仁民而爱物，修身齐家以治其国，而最终之目的在平天下，无国界，无种界，四海之内皆兄弟，一切民族皆平等，儒教之感人者深矣。欧洲境内多小平原，分离破碎，化为若干小国，中间多以天然之山脉、河流间隔之；故其人民眼光狭，度量小，富于竞争心及排外心，而缺乏同情心。对于异民族或异教徒，排斥掊击不遗余力，法律上，政治上，经济上，教育上，一切不与以平等待遇，剥夺其种种自由权。故匈加利移入欧洲后，经过一千五六百年，卒不肯与欧人混合；与奥国合并以后，经过几五百年，而卒与奥人分离。土耳其建国欧洲已历五百余年，欧人始终欲驱之于欧洲以外，土人亦决不肯同化于欧人之中；经过欧洲大战，双方益分道而驰，卒无融合之希望。芬人移入欧洲已历千有余年，卒不与欧人混合，与俄合并以后，经过逾二百年，而卒与俄人分离。非黄色人种故远欧人，实欧人之排外心理及其手段迫之使然也。是故中国而不欲自强也则已，中国而苟欲自强也，则北匈奴苗裔之匈加利人，西突厥遗族之土耳其人，鲜卑遗族之西伯利亚土人，皆我亲同胞，固可招之即来；黄色人种之芬人亦我嫡堂弟兄，未尝不可邀之使至；彼辈固日夜祷祝我国速强，为之向欧人一吐气也。

十八、中国舞台脚色，以汉族为正生、正旦。满蒙回藏族为净与副净，正生正旦以唱工及做工见长（文化），净与副净以架子及武工见长（武力），各有特色，彼此不相掩也。自北方民族侵入中国，汉族受种种蹂躏，文化骤然退步！北方民族移入南方，安富尊荣若干年，受环境影响，武力亦逐渐退步。南北民族同时退化，中国舞台角色，不能支撑自己本舞台门面，于是他洲角色，即思夺取其后台老板资格，起而代谋。盎格鲁撒逊之英人取印度为根据地，东据缅甸、海峡殖民地及香港，西窥云南、西藏，北向争霸于中原，代表正生、正旦；斯拉夫族之俄人据西伯利亚为根据地，东窥东三省及朝鲜，西觑天山南北路，南向争霸于中原，代表净与副净；英人不能御，乃利用东方勃兴青年国之日本为傀儡，与俄人相拼。日俄战役以后，东方形势稍缓和，而西方勃兴青年国之德意志，又利用武力、富力为后盾，以外交手段，联络奥国、土国及布国，创修汉（Hanburg）报（Baghdad）铁路，横断西亚、东欧，将出波斯湾，以与英国之苏伊士运河竞争，截断英印之交通路，制印度总督府之死命！英人不得已，乃运用其祖传之狡猾外交手段，怂恿法人出头与德宣战，而英人为其后盾，是为欧洲大战之张本。此一幕武剧，英为后台老板，法为前台老板，美为最后加入之大股东；武剧闭幕以后，法国受损失最重，美国出劳力最多，而英国则得利益最巨，彼持筹握算、操奇计赢、目光敏锐、手段老辣之岛国男儿，对于其同种同族之国家，犹惟利是视，不知正义人道为何物，更何论对于异种人，更何怪其对于异种人也。

1928 年 2 月 24 日脱稿

1933 年 8 月 1 日增订附表脱稿